nun weiter findet / dass die dicke dess erdtrichs hat 17148. teutscher meilen / vnd zwey eylfftheil einer meilen. theil diese zal weiterhin in zwey theil, so hastu wie weit es hinab ist biss zu dem centro / oder zu dem mittel puncten der erden / nemlich / 859. teutscher meilen.

Wie viel zeit würde einem darauff gehen / der das erdtrich coirckeln weise vmbgehen wolt / wann es müglich were vor den wassern / bergen / vnd wüsten / vnd gieng alle tag 4. teutscher meilen? so theile 5400. mit 4. vnd findest 1350. tag / die machen drey jar vnd 260. tag.

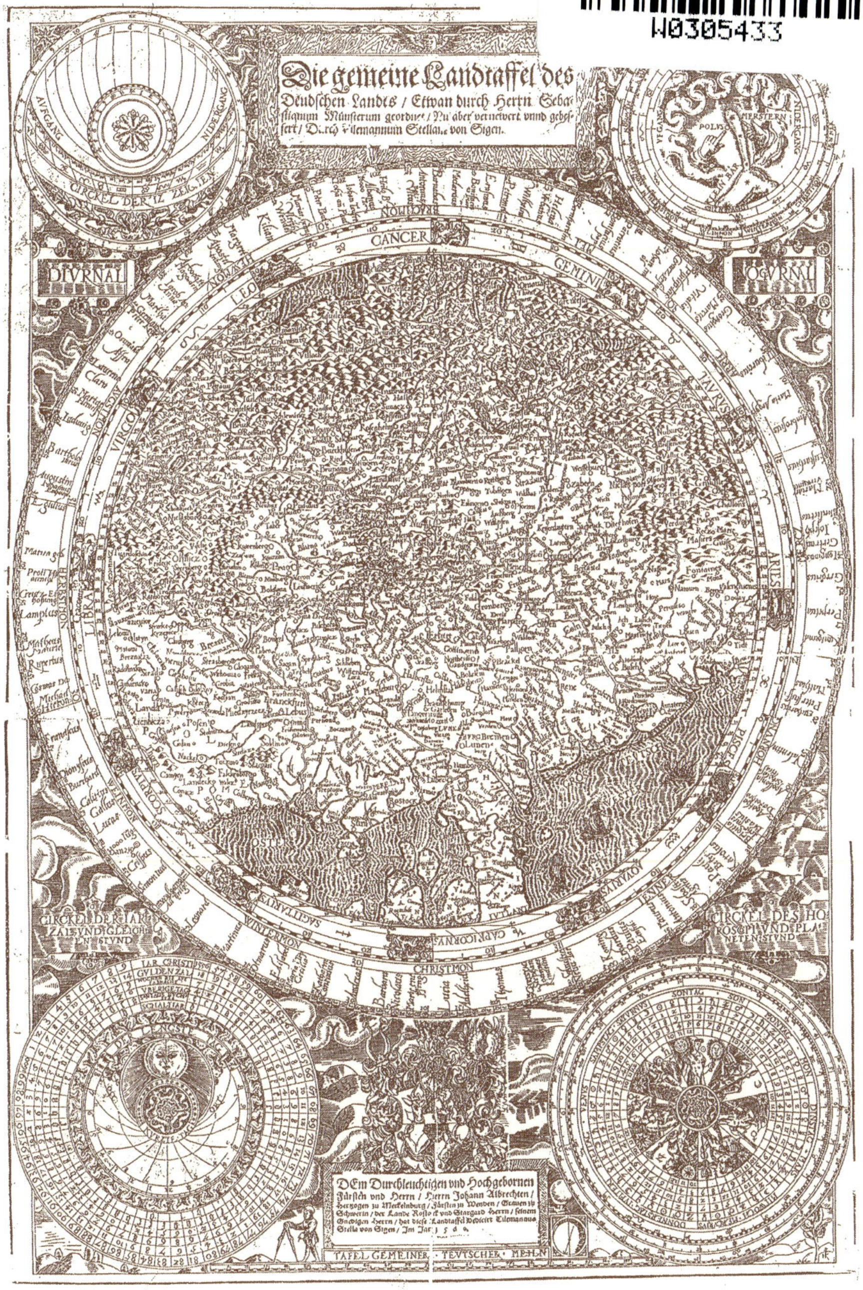

Jürgen G. H. Hoppmann

Astrologie der Reformationszeit

Faust, Luther, Melanchthon und die Sternendeuterei

mit einem Vorwort von Günther Mahal

Verlag Clemens Zerling

Meinen Kindern Heide, Fion und Jarla

Satz und Gestaltung:
ArsAstrologica
Umschlag unter Verwendung eines Tischgemäldes von
Martin Schaffner, Ulm 1533, Staatliche Museen Kassel

Druck:
Elbe-Druckerei, Wittenberg

Die Deutsche Bibliothek - CIP - Einheitsaufnahme
Hoppmann, Jürgen G. H.:
Astrologie der Reformationszeit : Faust, Luther, Melanchthon
und die Sternendeuterei / Jürgen G. H. Hoppmann
- 1. Aufl. - Berlin: Zerling 1998
ISBN 3-88468-069-2

Inhalt

Vorwort

sive astrologia sit ars sive scientia
cert una pulchra fantasia

Sei Astrologie nun Kunst oder Wissenschaft
auf jeden Fall ist sie eine wunderschöne Fantasie

Philipp Melanchthon

Man muß nicht zu den Proselyten der Sternendeuterei zählen, um dieses Buch an- und aufregend zu finden: eine historisch grundierte und differenzierte Darstellung, wie der Mann neben Luther – ganz im Gegensatz zu diesem – die Botschaften am Himmel las, Verbindlichkeiten wahrnahm und Handlungsanleitungen beherzigte. Philipp Schwarzerdt, genannt Melanchthon, deutet Horoskope, freilich nicht so professionell wie ein von ihm nicht sehr verehrter Zeitgenosse, der legendäre Doktor Faustus aus Knittlingen.

Mitten in der Geister-Wasserscheide der Epoche, innerhalb deren man längst Humanismus, Renaissance und Reformation als vielfach miteinander verquickte Leitgrößen jeweils nur temporärer Dominanz zu erkennen sich angewöhnt hat, mitten in einer Ära ostentativen (weniger freilich immer sachlichen) Abschieds vom vorgeblich dunklen Mittelalter und dessen postulierten Homogenitäten hält der kleine große Mann aus dem 1504 kurpfälzisch gebliebenen Bretten, der Nachbarstadt Knittlingens, an einem Großkoordinatendenken fest, das man heute noch in argen Verwässerungen in jeder Bunt-Postille wiederfindet und das immer neu wiederholte Wegsortierungen in den Papierkorb bloßen Aberglaubens doch überlebt hat.

Melanchthons Astrologie: das ist kein individueller Sonderweg eines verhockt Verblendeten. Seinen Glauben (denn so muß man eine über das Epistemische hinausreichende astrale Vergewisserung wohl nennen) teilt er mit vielen berühmten Zeitgenossen, ebensowenig wie mit leicht zu übertölpelnden Schlichtgemütern, oft Wissenschaftlern, die in ihren nüchternen Fächern Bedeutendes leisteten.

Daß das, was am Himmel beobachtet und für oft weitreichende Schlußfolgerungen herangezogen wurde, im frühen oder mittleren 16. Jahrhundert noch nicht säuberlich in Astrologie und Astronomie zu trennen war, in Dumpf- Gläubiges und Hell-Szientifisches (wie die mehrfach aufgeklärten Zuweisungen sich heute lesen): das weiß man mittlerweile ebenso wie das Ineinander von Alchemie und Chemie in denselben Jahrzehnten.

Abb.: Schwarzerdts Wappen mit ehernem Kreuz und Schlange, sowohl im Christentum als auch in der Alchemie gebräuchliche Symbole. Detail aus Lucas Cranachs Holzschnitt von 1561

Daß Gold ein Element und mithin nicht synthetisierbar sei: hierfür ist der Beweis erst im 19. Jahrhundert unwiderlegbar geliefert worden. Die sich an der Vier-Elementen-Lehre und an der Permutierbarkeitsdoktrin des Aristoteles orientierenden Alchemisten allesamt als betrügerische Dummköpfe hinzustellen, entspricht wissenschaftsgeschichtlich einer verkrampft-nachgereichten Propheten-Attitüde. Ähnliches hat von der Astrologie der Luther-Zeit, der Faust-Zeit, der Zeit Melanchthons zu gelten: wer hier rasch mit den Zensuren aus heutigen Notenbüchern zur Hand ist, verabschiedet sich von einer Geistes-Historie, um deren aktuelle Gewißheiten es auch nicht zum Besten bestellt ist.

Luthers oft zitiertes Diktum, es handle sich bei der Astrologie (auch jener seines Freundes Melanchthon) um „eine heillose schebichte kunst“ – man sollte es weniger als Urteil eines intellektuell Arrivierten nehmen, vielmehr als eher bauchige Aversion eines ansonsten manchem Dunklen zeitlebens Verhafteten. Die Grenzlinie zwischen den Astrologie-Befürwortern und den Astrologie-Gegnern markierte keineswegs eine Trennung von Zurückgebliebenen hier und Gescheiten oder Fortschrittlichen dort. Daß der Befürworter Philipp Melanchthon Anstrengungen unternahm, den Sternenglauben mit seiner protestantischen Religiosität in Einklang zu bringen und zu halten – das macht seine Position der Sternendeuterei desto spannender, auch für Leserinnen und Leser des auslaufenden 20. Jahrhunderts. Der vielgerühmte und auch auf der katholischen Gegenseite respektierte *praeceptor Germaniae*, der tolerante und toleranzweckende Kirchendiplomat, der versierte Altphilologe und gesuchte akademische Lehrer – er kann schwerlich als ein von irgendwelchen Dubiositäten leicht Verführbarer angesehen werden. Sein gelebtes Plädoyer für ein auf Erden und im Menschen folgenreiches siderisches Leitsystem erbringt über den Individualfall hinaus ein Stück transpersonaler Orientierungsgeschichte.

Jürgen G. H. Hoppmanns Buch bietet hierzu und darüber hinaus für die ganze Entwicklung der Sternendeuterei von der Reformation bis zur Aufklärung in Wort und Bild (hier staunenswert gut sortiert) Unterlagen gründlich recherchierter und eigene Einlässigkeit erlaubender Art.

Dr. phil. habil. Günther Mahal
Faust-Museum Knittlingen

Von planeten vnd Zeichen dess himlischen circkels vnd der 12. Zeychen Qualitäten.

Die alten weisen der himlischen ding / von stäten brauchs wegen der 12. zeichen zodiaci / das ist / himlischen vmbcirckels / haben sie ihnen eigen charakter vnd zeichen sol-cher erdacht / damit sie die ohn verdruss einbildeten / nemlich / ♈ ♉ ♊ ♋ ♌ ♍ ♎ ♏ ♐ ♑ ♒ ♓. 7. planeten ♄ ♃ ♂ ☉ ♀ ☿ ☾. 4. aspect ⚹ □ ☍, trachenkopff vnd schwantz ☊ ☋.

dann so sie den widder bezeichnen gewöllt / habens allein die hörner desselben also ♈ fürgebildet. für den ochsen / haben sie den kopff mit den hörnern fürgemakt / also ♉. die zwilling haben zween solche strich ♊ bedeut. den krebs seind zwey hörner / also ♋ bedeuten. den löwen zeiget an ein solcher löwenschwantz ♌. für die jungfraw haben sie solche kleyder gefalten gemacht ♍. die wag bezeigt ein wagbalcken ♎. scorpion ein knöpffechter scorpion schwantz ♏. den schützen ein pfeil ♐. den steinbock ein steinbock schwantz / also ♑. für den wasserman machen sie zwey solche bächlin ♒. die fisch / zween fisch / also ♓.

dieweil im himlischen bild die fisch als mit einem faden in der mitte zusamen gethan / habens etliche also fis. aussgetruckt.

ferner trachenkopff vnd schwantz zu bezeichnen / haben sie zween halbe cirkkel

---

Text und Abb. : Bacharach 1583

gemacht / beyder seit mit jren knöpfflin geendet / damit diss ☊ das haupt / das ☋ den schwantz des trachen bedeute.

darnach an statt saturni / haben sie ein alten gemalet / an ein stecken gesteuret / also ♄. fürn jupiter einen könig mit einem scepter / also ♃. fürn mars ein kriegischen pfeil ♂. die sonn ein runde figur der sonn / also ☉. den mon dess mons zwey hörner / also ☽. venus ein frawenbildt / also ♀. mercurius / ein junger der ein breyten hut auff einem runden baret tregt ☿.

*

Wider / löw / schütz / seyn feurige zeychen / warm / trucken / männlich / tägig / cholerisch / bitter / von augang.

zwilling / wag / wasserman / seind lüfftig / warm / feucht / männlich / tägig / sanguinischer complex / süss / vnd von nidergang / etlich sagen von mittag. krebs / scorpion / fisch / wässerig / kalt vnnd feucht / weibisch / nächtlich / phlegmatisch / herb / von mitternacht / etlich sagen von nidergang.

ochs / junkfraw / steinbock / seind jrdisch / trucken / weibisch / nächtlich / melancholisch / lüfftig / von mittag / etlich sagen von mitternacht.

Zwei Gesichter hat die Zeit

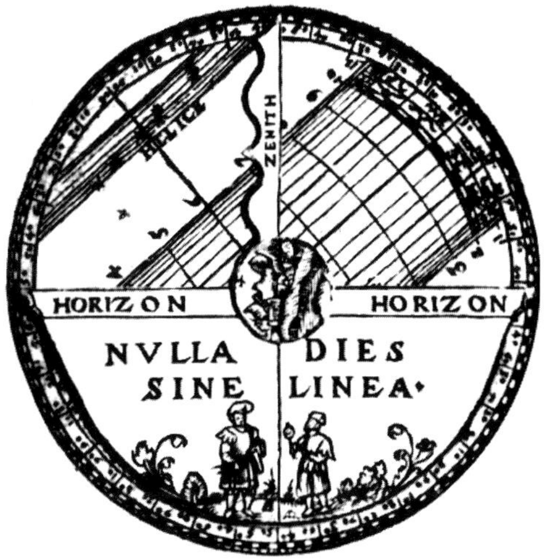

Aber dass die Bewegung der Gestirne
eine Uhr ist, mit deren Hilfe sich
Veränderungen auf der Erde messen lassen,
ist nicht so leicht von der Hand zu weisen.
Die Dinge spielen sich in komplizierten Mustern
offensichtlicher Koinzidenzien ab,
die der wache Blick des Künstlers gewahrt ...

Camille Paglia – Die Masken der Sexualität

Der Planetengott Saturn wird nach klassischer Manier des Mittelalters den Zeichen Steinbock und Wassermann zugeordnet. Die Entdeckung des Planeten Uranus zur Zeit der Französischen Revolution durch den kauzigen Militärmusiker Herschel aus Hannover, der nach England auswanderte und dort in seinem Vorgarten ein riesiges selbstgebasteltes Fernrohr errichtete, das jenes der Royal Astronomical Society zu deren Mißbehagen technisch um Längen schlug,[1] diese Entdeckung also führte nun keineswegs – auch wenn heutige Astronomen dies immer wieder behaupten – zum Zusammenbruch des astrologischen Glaubensgebäudes.

Vielmehr erweiterte und verfeinerte man die Deutungskunst.[2] Uranus wurde in zweiter Reihe, später dann alleinig dem unkonventionellen und experimentierfreudigen Wassermann zugeordnet, dort zum Zeichenherrscher erhoben. Dies soll nicht gegenständlich verstanden werden. Heutige Astrologen glauben nicht an irgendwelche Götter, die dort oben auf den Sternen sitzen und die armen Menschlein auf der Erde je nach Lust und Laune beglücken oder malträtieren. Das war auch nicht im Mittelalter so, auch nicht vor über 2.000 Jahren bei den Griechen und Römern. Und um was geht es denn dann eigentlich bei der Sternendeuterei?

Nun, zugrunde liegt die Idee einer Zusammengehörigkeit von Zeit und Raum. Die Menge, die *Quantität* der Zeit, läßt sich in Tagen, Stunden, Minuten, Litern und Metern messen: Astronomie. Und wie ist es mit der Art und Weise, der *Qualität*? Ein Körper kann groß oder klein, leicht oder schwer, dick oder dünn sein. Gilt das auch für die Zeit, und wenn ja, läßt sich dies an den täglichen und jährlichen Rhythmen ablesen, also an Sonne, Mond und Wandelsternen?

Astrologie, das wäre dann also die *Qualität* der Zeit – ein faszinierender Gedanke. Und vielleicht haben gerade deshalb in allen Ländern und in allen Kulturen der Welt Menschen geistige Systeme entwickelt, um Himmelsbewegungen und irdische Geschehnisse in einen Zusammenhang zu setzen.

Elektionshoroskop der Leucorea

Im Mittelalter gehörte Astrologie zu den *Liber artes*, den freien Künsten, und

---

Abb.: Horoskopscheibe, Sacroboscos, 1548
1) Zinner 1951, Filbey und Filbey 1986
2) Paris 1977, Arroyo 1980

wurde regulär an den Universitäten gelehrt.

Martin Pollich von Mellerstadt gehörte zu den Professoren der Leipziger Universität. Er hatte sich als Autor zahlreicher Jahreshoroskope einen Namen gemacht. In der Bestrebung, klug und

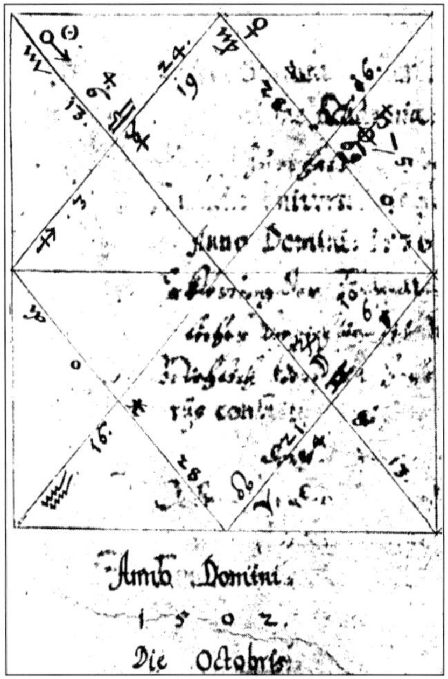

maßvoll zu arbeiten, schrieb er seine Jahresvoraussagen aus „pflicht des gehorsamß“. Er nennt es geradezu ein „unmenschlich Ding“, aus der Geburtsstunde eines Fürsten „alle leiblichen Zufälle und Mißstände künftiger Krankheiten und das vorbestimmte natürliche Ende“ absehen zu können. In seinen astrologischen Arbeiten berief er sich auf arabische und griechische Klassiker der Astrologie, als da wären Abumasar, Alfons von Kastilien, Ptolemäus und Alcabitius.[3] Als Leibarzt begleitete er den sächsischen Kurfürsten Friedrich den Weisen auf eine Pilgerfahrt nach Palästina.

Es geht die Sage, daß Pollich auf dieser Reise seinem schwer erkrankten Fürsten das Leben retten konnte. Deshalb sei ihm der Wunsch gewährt worden, in Wittenberg eine Universität zu gründen – nur kosten dürfe sie nichts.[4] Er soll auch selbst schwer krank gewesen sein, das Ende gespürt haben und habe deshalb seine Iatromathematik, d.h., all sein astromedizinisches Wissen möglichst weit verbreiten wollen.

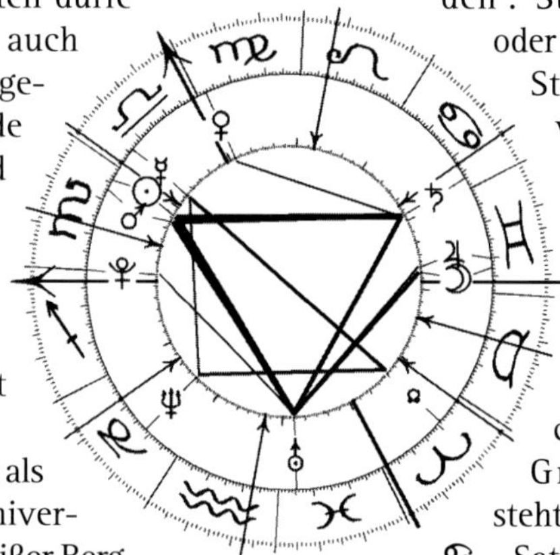

Pollich erstellte als erster Rektor der Universität Leucorea (= Weißer Berg = Wittenberg) ein Gründungshoroskop. Im *Librum Statuorum Academiae Vitebergensis* sind gleich auf der ersten Seite die *Schemata coeli* eingezeichnet.[5] Eine kulturgeschichtliche Studie von Hahne in den 20er Jahren unseres Jahrhunderts behauptet, daß Fredericus Saxonius den astrologischen Terminvorschlag nicht beachtet hätte, dem berühmten Manne doch nicht so viel an der Astrologie gelegen habe.

Diese Schußfolgerung ist falsch. Der Historiker, Rektor an der Martin-Luther-Universität Halle-Wittenberg, hatte das Horoskop einfach nicht nachgerechnet und konnte sich wohl überhaupt nicht vorstellen, welch eine Bedeutung ihm einst zukam.[6]

Er hielt selbst wohl auch nicht so viel von Astrologie, bezeichnete sie als „eine Sache, die nach Erfahrungen von Jahrtausenden die armen, schwitzenden Menschenhäupter mit und ohne Hieroglyphenmützen nie lassen werden“. Sternengläubigkeit ja oder nein – ein Blick in das Statutenbuch der Universität zeigt klar, daß der Historiker die Zeichen Krebs ♋ und Löwe ♌ verwechselte und alle daraus gezogenen Schlußfolgerungen entsprechend irren. In dem Gründungshoroskop steht tatsächlich der Krebs ♋ – Saturn ♄ im Trigon △ zu Sonne ☉ und Mars ♂ im Skorpion ♏. Dies ist astrologisch eine sehr positive Konstellation. Sie deutet auf Mut,

---

Abb. oben: Rekonstruktion Gründungshoroskope Leucorea 18.10. 1502 um 9.30 Ortszeit

Abb. links: Librum Statuorum Academiae Witebergensis (Nachschrift aus Halle von1632)

3) Eis 1954:103, Koch 1982:69

4) So der Astrologe Ernst-Jürgen Thieme-Garmann, Ul. Kosowa 23, PL-66015 Przylep, dessen Vorfahren in Wittenberg studierten.

5) Speler1987,1994

6) Hahne 1919

Kraft und ein gutes Verhältnis zur Obrigkeit hin. In der Tat wurden die großen Reformen der Leucorea stets von der Obrigkeit gedeckt. Es wäre ein gutes Elektionshoroskop. Alles deutet darauf hin, daß der Zeitpunkt von Martin Pollich absichtlich nach den Gestirnsständen ausgewählt wurde.[7]

Martin Pollich richtete die Universität zunächst einmal sehr bescheiden ein. Schwerpunkt der akademischen Bildung war die medizinische Ausbildung unter besonderer Berücksichtigung der Astrologie. Einige Jahre später wurde im Augustinerkloster eine theologische Fakultät eingerichtet. Dort studierte ab 1509 ein junger, zuerst ziemlich ernster und braver Mönch namens Martinus. Jener promovierte 1512 zum Doktor der Theologie und übernahm die Bibelprofessur, bekam zunehmend Zweifel an Papst und Kirche in Rom, veröffentlichte aufrührerische Thesen und und und ...

Die Zahl der Studenten wuchs, das Städtchen Wittenberg erstickte fast am Zustrom der Söhne wohlhabender Bürger und Adliger. Im Jahre 1517 hatten sich 232 Studenten immatrikuliert, 1520 waren es bereits mehr als doppelt so viele.[8] Luther meinte schon bald: „Wie sammelfleißige Ameisen umgeben sie mein Katheter“. Ab August 1518 hielt einer der namhaftesten Humanisten Deutschlands, der als jugendliches Genie bekannte Magister Philippus, Vorlesungen in Griechisch und Latein. Der hatte dann noch größeren Zulauf und bildete mit Dr. Martinus ein schlagkräftiges Gespann im Kampf um eine Erneuerung der Kirche. Und außerdem lehrte er – und davon handelt dieses Buch – in Wittenberg an der Elbe jahrzehntelang vor Hunderten von Studenten das Deuten der Sterne.

Doch Halt, liebe Leser! Wie kommt man überhaupt dazu, den Zeitpunkt z.B. solch einer Universitätsgründung nach den Sternen zu wählen, welche Motive trieb die Menschen damals, und wieso, weshalb, warum denn jetzt noch einmal diese alten Geschichten erzählen?

Grundideen der Sternendeutung

Man sagt, Tiere hätten keine abstrakte Vorstellung von Zeit, daß dies ein wesentlicher Punkt sei, in dem wir uns von ihnen unterscheiden. Sicherlich – es gibt

---

Abb. oben: Universitäts-Gründungsrektor Martin Pollich von Mellerstadt, Arzt und Astrologe
Abb. links: Stadtansicht Wittenbergs um 1558. Holzschnitt aus der Cranach-Werkstatt
7) Hoppmann 1997:91
8) Diwald 1982:155

Tag und Nacht, Frühjahr, Sommer, Herbst und Winter. Doch auch ganz unabhängig von Jahreszeiten und Wetter spüren wir, daß es uns in gewissen Phasen besser oder schlechter geht, und unsere Mitmenschen zur gleichen Zeit ähnlichen Stimmungen unterworfen sind. Egal, ob es sich um politische, wirtschaftliche oder persönliche Ursachen handelt: Diese Zeitstimmungen können sich über viele Monate hinziehen, und in gleich großen Räumen bewegt sich unsere Empfindungswelt.

Beim schönsten Sonnenschein können wir dunkle Wolken in uns spüren, kurze Wintertage können für unser subjektives Empfinden recht lange dauern. Mal rast die Zeit im Sauseschritt, mal scheint sie einfach nicht zu vergehen. An manchen Tagen klappt einfach alles, an anderen steht man mit dem linken Fuß auf und weiß, daß einem einfach nichts gelingen wird.

Vieles davon läßt sich mit Psychologie und Biologie erklären, doch nicht alles. Unsere eigene Lebensbiografie beschreiben wir in anderen Kategorien. Manchmal haben wir das Gefühl, *just in time* zu sein, manchmal scheint die Zeit an uns vorbei zu gehen.

Dann wieder gibt es diese plötzlichen Momente, in denen wir den Kristallisationspunkt einer langjährigen, vorausgegangenen Entwicklung sehen. Manchmal scheint es, als hätte das Geschehen selbst aus der Zukunft heraus eine Sogwirkung ausgelöst, Gegenwart und Vergangenheit beeinflußt.

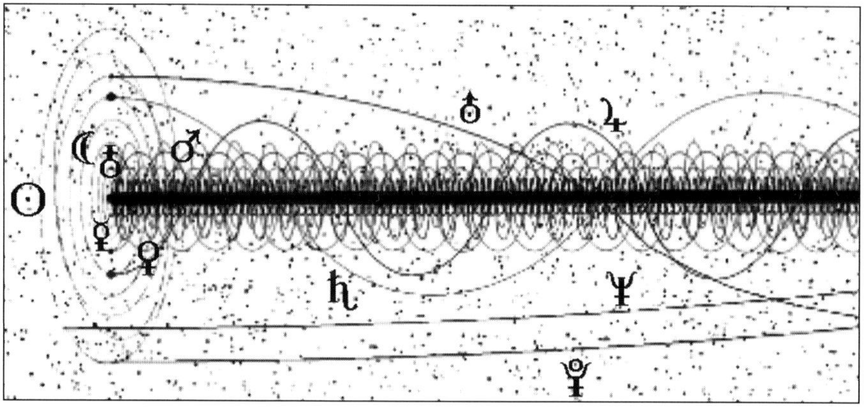

Man sagt, große Ereignisse werfen ihre Schatten voraus – gibt es dann auch eine rückwärtsgerichtete Kausalität?[9]

Das klingt alles ein wenig verrückt, aber: Wer aus rationalen Gründen solche mystischen Vorstellungen ablehnt, dem ist oft überhaupt nicht bewußt, wie sehr seine eigene vernunftbetonte Haltung von Glaubensmotiven bestimmt ist – vom Glauben an den Zufall. Daß kein Phänomen zwischen Himmel und Erde nach anderen als rein logisch-rationalen Gründen, nach beweisbaren Abläufen von Ursache und Wirkung erklärt werden darf, gehört zu den Dogmen der Wissenschaftsgläubigkeit.

Doch bietet diese Denkweise für viele wichtige Ereignisse unseres eigenen Lebens keine Erklärung. Plötzliche Erkrankung, Todesfälle, Verlust von Geld oder Arbeitsplatz, aber auch die Geburt eines Kindes, unverhoffter Lottogewinn, Scheidung, ein Flirt – wer glaubt in solch einer Situation schon an Zufälle! Das Begreifen und Meistern des eigenen Lebens beginnt oft erst jenseits aller Zufallsgläubigkeit. Besonders in Krisensituationen suchen die Menschen nach Erklärungsmustern, welche die verschiedenen Zeitpunkte des eigenen Lebens zueinander in Beziehung setzen. Auf diese Weise erhofft ein jeder, für sich das Sinnhafte hinter der glatten Oberfläche der Ereignisse zu erkennen.

Völlig unabhängig von der stets gleichförmigen, quantitativen Zeitmessung der Naturwissenschaft verläuft auch unsere persönliche Chronologie. Mit 17 Jahren kann man sich sehr, sehr alt fühlen, eine alte Seele in einem jungen Körper. Und es gibt genauso Menschen, die in hohem Alter sagen, ihr müder Körper passe so gar nicht zu ihrem wachen Geist. Ja, wer hat nicht schon einmal an seinem Geburtstag erlebt, daß er sich gar nicht so jung bzw.

Abb. oben: Sonnensystem. Grafik von Tad Mann
9) Elwell 1988

so alt fühlt, wie es die Zahl seiner Jahre vorzugeben scheint? Sprichwörter wie „Jedes Ding braucht seine Zeit" zeigen, daß für uns Menschen das Leben nicht geradlinig verläuft, eingeteilt in feste Größen wie Minute, Stunde, Monat und Jahr. Der Geruch, die Farbe, der Geschmack der Zeit – das sind viel passendere Beschreibungskriterien.

Naturwissenschaftlicher Ansatz

Das Empfinden einer nicht mit Uhren meßbaren Eigenschaft, einer Qualität der Zeit, dies ist ein Phänomen, welches zu unserem Menschsein gehört. An was kann es in der Außenwelt festgemacht werden? Es gibt da den sich alljährlich wiederholenden Lauf der Sonne am Himmel und die sich daraus ergebenden Jahreszeiten. Doch viele Entwicklungen in unserem Leben, in der Familie, der Wirtschaft und Politik

scheinen nach anderen Rhythmen abzulaufen – wenn nicht nach dem Sonnenlauf, dann vielleicht nach dem des Mondes? Und wenn durch dessen Phasen nicht alle Zeitphänomene erklärt werden können, dann vielleicht durch den Lauf der Planeten, die sich so unendlich langsam am nächtlichen Himmel bewegen? Ihre Bahnen blieben, von ganz leichten Schwankungen abgesehen, seit der Entstehung der Erde stets gleich. Alles Leben hier wuchs in diese Rhythmen hinein. Es ist bekannt, wie stark geringe, aber stets gleichförmige Kräfte wirken. Man denke nur an die Kraft des Wassertropfens in einer Tropfsteinhöhle oder die des Windes in Wüstengegenden. So winzig, wie die Massenkräfte der weit entfernten Planeten auch auf uns wirken – durch ihre schier ewige Kontinuität könnte ein großer Einfluß auf uns Menschen bestehen.

Auf der hier abgebildeten Grafik erscheint die Bewegung des Sonnensystems dreidimensional. In der Mitte bewegt sich die Sonne auf ihrer Bahn durchs Universum, drum herum kreisen die Planeten, und auch unser Heimatplanet Erde mit seinem Mond. Da sich ferner die Sonne selbst durch den Raum bewegt, schrauben sich die kreisenden Planeten also spiralförmig durch den unendlichen Weltraum. Als eine Spirale, in ihrer nach innen und außen drehenden Dynamik Metapher und Symbol zugleich, kann auch der Verlauf und das Erleben von Zeitläufen begriffen werden.[10)]

Das Horoskop als Augenblickskonstellation z. B. bei der Geburt eines Menschen, der Grundsteinlegung eines Hauses oder bei einem Unfall kann man sich als Querschnitt durch diese Raum-Zeit-Spirale vorstellen. Rein technisch entspricht dieses Modell der modernen Astro*nomie*, und sie ist stimmig mit den Vorstellungen moderner Astro*logie*. Ein Kind seiner Zeit zu sein, nichts Statisches, sondern ein Prozeß, sich lebendig in der Zeit fortwährend weiterentwikkelnd: so zeigt sich das Menschenbild der modernen Astrologie in ihrer Rückbindung an die Astrophysik.[11)]

Wir sehen, die Idee von einer Qualität der Zeit orientiert sich auch heutzutage an den jeweils gültigen wissenschaftlichen Modellen. Dafür, daß eine solche Vorstellung nicht an modernen Universitäten und Forschungseinrichtungen diskutiert wird, bietet sich eine ganz einleuchtende Erklärung an: Natürlich gibt es dort überwiegend Intellektuelle, die aus Angst um ihre wissenschaftlichen Pfründe die Finger von der Astrologie lassen – und oft begreifen solch technisch orientierte Menschen die psychische Komponente des Sternenmythos auch ganz einfach nicht.

Der moderne Wissenschaftler ist ein Spezialist und selten in ganzheitlichem Denken geübt. Die Astrophysiker hingegen wollen bei der Beobachtung

Abb.: Frontispiz Stoefflerephemeride von 1532

10) Seifert 1996:33

11) Robert Hand auf dem ersten gesamtdeutschen Astrologie-Kongreß 1993 in Berlin

der Vorgänge im Weltall allgemeingültige Gesetzmäßigkeiten entdecken. Sie erforschen organisierte Materie wie interstellares Gas und Staub, ferne Sonnen, Supernovae, Galaxien. Mit ihren Teleskopen und Radiowellenempfängern können sie immer weiter in die Unendlichkeit hinausschauen. Dabei brauchen sie stets feste Bezugsgrößen, um messen, gewichten und einordnen zu können. Unter der ungeheuren Vielzahl von Informationen und Daten, die sich in ihren Computern sammeln, müssen sie genau den Gegenstand ihrer Forschung herausfiltern.

Ceteris paribus, unter ansonsten gleichbleibenden Bedingungen: Da der Astrophysiker in das Experiment Kosmos nicht eingreifen kann, hilft ihm selbst diese Standardanmerkung naturwissenschaftlicher Formeln auch nicht weiter. Um mathematisch verifizierbare Formeln aufstellen zu können, muß er sich also auf sehr, sehr wenige Faktoren konzentrieren.

Um den Bezug zum Menschen herzustellen und somit die Thesen der Astrologie zu überprüfen, hat man psychologische Tests entwickelt. Doch welcher Mensch läßt sich mit all den vielschichtigen Schattierungen seiner Psyche schon als Fragebogenergebnis beschreiben? Märchen, Lieder, Gedichte und Bilder bleiben geeignetere Werkzeuge. Niemand brennt in physikalischem Sinne. Aber wir verstehen sofort, was mit einem feurigen Charakter gemeint ist, einem galligen, d. h. cholerischen. Die uralte Lehre von den Elementen hat viele gemeinsame Wurzeln mit Astrologie, Psychologie und Medizin. Dort denkt man nicht kausal, sondern analog, in Entsprechungen.

Kairos, der rechte Moment

Märchen sind eine weitere uralte Methode, das Seelische im Menschen zu beschreiben und ihr in krisenhaften Situationen Nahrung zu geben. Moderne Astronomen finden die Mythen der Sternbilder oft lächerlich, naiv sowie schlichtweg überholt. Die Tiefenpsychologie hingegen hat längst erkannt, welche Heilkraft für die Seele diesen Urbildern der Menschheit innewohnt. Beispielhaft genannt seien Fritz Riemann und C. G. Jung. Und viele moderne Astrologen wie Hermann Meyer, Liz Greene und C. F. Frey schufen moderne therapeutische Ansätze. Da diese Denkweise auf Analogieketten aufbaut, läßt sich keine Verbindung zur etablierten Physik herstellen.[12]

Wenn im folgenden von Ouranos berichtet wird, dann meint dies zugleich den altgriechischen Gott des Himmels, die Qualität der Zeit, der durch Astronomen entdeckte und *zufällig* von ihnen so benannte Planet Uranus ♅, sowie die diesem Planeten von astrologischer Seite zugeordneten Eigenschaften.[13] Und Kronos (griechisch) bzw. Saturn (römisch) ♄ ist zugleich der Sohn dieses Gottes, die Quantität der Zeit, und bis zum Beginn der Neuzeit für die Astronomen-Astrologen (damals noch nicht getrennte Berufe) der äußerste Planet. Die Erdgöttin Gäa bzw. Gaia repräsentiert als Schwester und Geliebte des Ouranos zugleich die Erde ♁. Folgende uralte Geschichte findet sich in der griechischen Mythologie:

Am Anfang aller Zeiten gab es nur Himmel und Erde. Jeden Abend, wenn die Sonne versunken war und sich die Wolken hinabsenkten, umarmte der Himmelsgott Ouranos seine Schwester, die Erdgöttin Gäa. Des Nachts zeugten sie gemeinsam Kinder und am Morgen, als der helle Tag begann, rissen Himmel und Erde wieder auseinander, gingen auf Distanz, trennten sich.

Abb.: Das Himmelsgewölbe, getragen von Atlas, Sohn der Erdgöttin und des Himmelsgottes.

12) Schäfer 1993

13) Greene 1985

Tag für Tag wiederholte sich das gleiche Spiel. Es entstand das Universum, und viele Kinder wurden geboren. Doch aus der Perspektive des Himmelsvaters sahen sie alle zu plump, zu roh und unbeholfen aus. Keines genügte seinen Ansprüchen und er stopfte sie zurück in den Bauch der Erdmutter.

Gäa wurde immer wütender, konnte diese Zurückweisung nicht ertragen. War sie nicht immer fruchtbar gewesen, hatte sie nicht immer das ihrige zur Entstehung des Universums getan? Heimlich fertigte sie eine Sichel an und schloß einen Pakt mit dem jüngsten und wohlgeratensten ihrer Söhne. Kronos sollte nach dem Sturz des Vaters die Herrschaft über die ganze Welt antreten. „Nur" zwei Dinge wollte Gäa für sich behalten: Macht über Geburt und Tod.

Kronos wartete im Bauch seiner Mutter auf die Nacht. Als Ouranos sich wie gewohnt zu seiner Schwester-Geliebten legte, wurde er von seinem Sohn mit einem Schnitt entmannt. Kastriert und blutend floh er gen Himmel, während sein abgeschnittenes Glied ins Meer fiel.

Daraus entstand dann Venus-Aphrodite, die Schaumgeborene. Saturn befreite all seine Geschwister. Kronos heiratete eine seiner Schwestern. Aus Angst, wiederum vom eigenen Kind gestürzt zu werden, verschlang er seine Nachkommen sofort nach der Geburt.

Letztlich war es dann Zeus' Sohn Jupiter, der mit Hilfe seiner Geschwister den Vater übermannte und die Herrschaft antrat. Seine Mutter Gäa behielt aber weiterhin die Macht über zwei Dinge: Geburt und Tod.

Wir alle werden durch die Zeit geboren und vergehen mit ihr auch wieder. Kronos/Saturn hält auf alten Drucken die Sichel des Kastrierers bzw. die Sense des großen Schnitters in der Hand, welcher die Kornähren des Lebens mäht. Im Horoskop bezeichnete er den Punkt größten Unglücks, von Armut, Krankheit und Gefängnis. Es ist damit auch der quantitative Aspekt der Zeit gemeint, die Minuten, Stunden, Tage und Jahre, mit denen die eigene Lebenszeit unerbittlich zerrinnt. Wer sich seine Vergänglichkeit verdeutlicht, die zur Verfügung stehenden Kräfte bewußt einteilt und Selbstdisziplin übt, kann Großes leisten.

Zu den Schattenseiten von Kronos, dem stets gleichförmigen Zeitbegriff, gehören die stupiden Dogmen der Konvention, ewig gleiche Handlungsabläufe und stets aufs neue zu absolvierende Pflichten, die völlig unabhängig vom individuellen Lebensrhythmus zu bewältigen sind. Seine alte Zuordnung zum Zeichen Wassermann weist auf große geistige Konzentrationskraft hin, aber auch auf seine konservativen, spießigen Seiten.

Uranus steht für die Qualität der Zeit, ihre subjektiv empfindbare Eigenheit, und ist heutzutage diesem Zeichen zugeordnet. Es heißt, daß Wassermann-geborene extreme Differenzen zwischen ihrem inneren Rhythmus und den äußeren kontinuierlichen Zeitvorgaben erleben. Zeiten tiefer Lethargie wechseln sich ab mit Momenten konzentrierten Erlebens, in denen blitzartig viele Handlungsfäden zusammenlaufen. Solche Charaktere fühlen sich erst dann frei, wenn sie nach ihrer inneren Uhr leben können – und diese wirklich starken Schwankungen unterliegt.

Saturn/Kronos als Quantität und Uranus als Qualität der Zeit – gebündelt werden sie in *Kairos*, dem rechten Moment. Dieser alte griechische Begriff wurde im Mittelalter hauptsächlich für die Alchemie benutzt. Er bezeichnete die astrologisch richtige Zeit, zu der ein chemisches Experiment gelingen kann. Arbeitete man z. B. mit Quecksilber (Mercurius), dann mußte der hierzu analoge Planet Merkur ☿ günstig stehen. *Kairos* ist also der rechte Moment, Brennpunkt saturniner Quantität und uranischer Qualität der Zeit.

Abb.: Geburt der Venus, Sandro Botticelli 1481

Freiheit oder Schicksalszwang

Im Jahr 1478 versammelte die Florentiner Regierung, geleitet von Lorenzo de Medici, die bedeutendsten Astrologen. Sie sollten herausfinden, welche der zu jener Zeit praktizierenden Schulen die vielversprechendste sei. Auch die neuplatonische Gruppe um Marsilio Ficino sowie sein Kontrahent Pico della Mirandola waren eingeladen. Für die Medici wird sich das Gelehrtentreffen gelohnt haben. Denn dem damals gerade drei Jahre alten Giovanni de Medici war prophezeit worden, einmal Papst zu werden.

Und tatsächlich: Als Leo X. machte jener dann Kirchengeschichte – in ständiger Abstimmung mit seinen Hofastrologen. Noch 100 Jahre betreibt dieses Florentiner Kaufmannsgeschlecht Politik mit Hilfe der Sterne. Katharina de Medici hörte als Frau des französischen Königs Heinrich II. auf den Rat der Astrologen Nostradamus und Gauricus. Letzterer trat mit Melanchthon in Kontakt, deutete (korrigierte, fälschte?) Luthers Horoskop und wurde dank seiner Erfolge sogar zum katholischen Bischof ernannt.

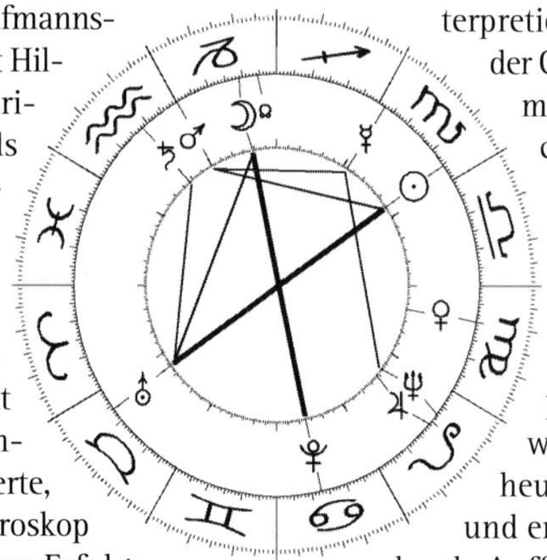

Der italienische Renaissance-Philosoph Marsilio Ficino wurde mit Mars ♂ und Saturn ♄ im intellektuell-disziplinierten Zeichen Wassermann ♒ geboren, in Quadraturspannung □ zur Sonne ☉ im leidenschaftlichen Zeichen Skorpion ♏. Diese Konstellation soll er gegenüber Freunden für seine ständige Niedergeschlagenheit verantwortlich gemacht haben. Andere sprechen davon, daß Ficino zeitlebens unter einer starken Saturnfürchtigkeit litt, weil Saturn auf seinem Aszendenten stand.[14)]

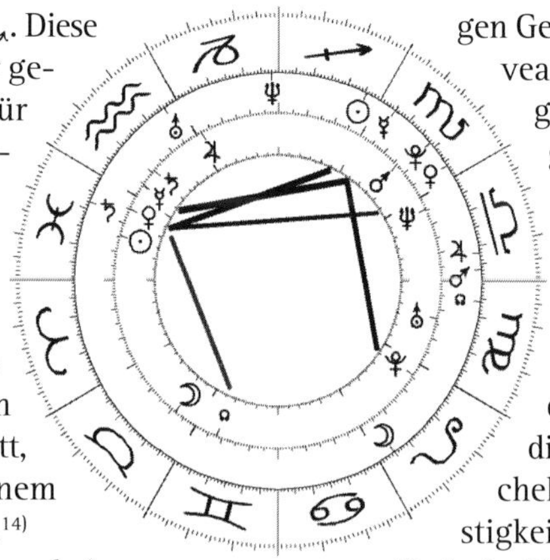

Man könnte dies als innere Spannung zwischen Körper und Geist, zwischen Schicksal und Freiheit interpretieren. Ficino wird in der Geschichtsschreibung meist als ausgesprochener Gegner der Astrologie zitiert. Tatsächlich kämpfte er jedoch nur entschieden gegen deterministische Prophezeiungen. Er entwickelte eine auch aus heutiger Sicht modern und emanzipatorisch wirkende Auffassung von astrologischer Prognose. Er war der Meinung, daß auch sogenannte Spannungstransite (ungünstige Winkel der aktuellen Gestirne, bezogen auf die Konstellation zur Zeit der Geburt) *Kairos* seien, also rechte Momente für die persönliche Weiterentwicklung.

Ficino konnte mit seinen klugen Gedanken weder das Niveau der Straßenastrologen heben, noch seinen gebildeten Fürstenfreund Pico della Mirandola für die Sterndeuterei begeistern. Pico schrieb: „Wie versteht es doch die Astrologie, die Hoffnung aufzustacheln! Mit welcher Dreistigkeit gesellt sie sich dem Kreis der Wissenschaften zu! Sie ist die Verderberin der Philosophie, beschmutzt die Medizin und legt die Axt an den Stamm der Religion."[15)]

Der Sage nach starb Pico mit schon 31 Jahren genau an dem Tag und zu der Stunde, welche ihm von mehreren Astrologen prophezeit worden sei.[16)] Der Vergleich von Geburts- mit Todeskonstellation zeigt ein gradgenaues Quadrat zwischen ♄ Saturns □ Quadrat zum ☊ Radix-Drachenkopf. Allerdings ar-

---

*Abb. oben: Pico della Mirandola *24.2.1463 †17.11.1494 lt. Taeger 1991.*

Abb. links: Marsilio Ficino 19.10.1433 lt. Taeger 1991. Bei Greene 1985 angegebene Daten dürften auf Übertragungsfehlern beruhen.

14) *Braunsperger 1928*

15) *Sementowski-Kurilo 1970*

16) *Zur Prophezeiung s. a. Eugen Garins Vorwort zu Picos Büchern gegen die Astrologie*

beitete man damals auch viel mit Primärdirektionen. Ob sich diese Geschichte tatsächlich so abspielte oder ob es sich nur um die Legende geschäftstüchtiger Horoskop-Wahrsager handelt, die durch diese gruselige Geschichte Respekt bei ihrer fürstlichen Kundschaft erheischen wollten?

Die großen astronomisch-astrologischen Kirchenuhren

In seiner *Kurzen Geschichte der Zeit* hofft Stephen Hawking, ein renommierter Physiker und Mathematiker des ausgehenden 20. Jahrhunderts:

„Wenn wir jedoch eine vollständige Theorie entdecken, dürfte sie nach einer gewissen Zeit in ihren Grundzügen für jedermann verständlich sein, nicht nur für eine Handvoll Spezialisten. Dann werden wir uns alle – Philosophen, Naturwissenschaftler und Laien – mit der Frage auseinandersetzen können, warum es uns und das Universum gibt. Wenn wir die Antwort auf diese Frage fänden, wäre das der endgültige Triumph menschlicher Vernunft – denn dann würden wir Gottes Plan erkennen."

Wie sehr ähneln diese Gedanken doch der mittelalterlichen Auffassung, wonach Gott Erschaffer des Weltalls und folglich auch Herr der Zeit sei. Schon im Altertum sprach man vom *Primum mobile*, dem unbewegten Beweger, in dessen Händen das ganze Uhrwerk von Zeit und Raum liegt!

Vor über 600 Jahren begann man in den Kirchen der reichen Hansestädte, vor allem rund um die Ostsee, riesige astronomisch-astrologische Uhren zu errichten. Durch die Erfolge im Handel mit Salz, Pelzen, Fischen und Gewürzen waren Städte wie Straßburg, Münster, Lübeck, Stralsund, Wismar, Prag, Danzig und Lund zu großem Reichtum gekommen. Eine solche Uhr kostete ein Vermögen, stellte zweifelsohne ein Prestigeobjekt dar. Dies dürfte aber nur einer der Gründe für die Erbauung gewesen sein.

Wir müssen uns beim Blick in die Geschichte immer vergegenwärtigen, daß die Menschen früher gar nicht so materialistisch ausgerichtet waren. Das geistige und philosophische Moment genoß eine viel größere Bedeutung. Solche Uhren demonstrierten die Stellung des Menschen im Kosmos, stellten einen Kontakt zum Namenlosen her. Was könnte die damalige Einheit von Wissenschaft und Religion besser veranschaulichen als diese riesigen, hochkomplizierten Maschinen in direkter Nähe des Altars? Das älteste gut erhaltene Werk findet sich in der Rostocker Marienkirche.[17] Es ist komplett restauriert und zeigt viele astrologisch-astronomische Details wie Aszendent, Medium Coeli, Sonne und Mond in den Tierkreiszeichen, Planetenregent der aktuellen Stunde usw. In Lübeck setzte man sich 1405 bei der Konstruktion sogar über gewisse theologische Grenzen des Christentums hinweg. Die dortige Uhr (im 2. Weltkrieg zerstört, nur noch auf Fotografien zu erkennen) zeigte als einzige auch die Stellung der Planeten an, so daß mit einem Blick das komplette Horoskop errechnet werden konnte. Ein ähnliches Modell, allerdings inzwischen ohne Mechanik, steht in der Stralsunder Nikolaikirche.

Vollständig erhalten und bis in das letzte Zahnrädchen hinein generalüberholt ist inzwischen die Farnesische Uhr im Vatikan. Ihr Restaurator Ludwig Oechslin, 1952 im Zeichen des Wassermann ♒ geboren, nennt die ursprünglichen Erbauer *Priestermechaniker*, da es fast alles Theologen waren, die diese komplizierten Planetenmaschinen und

---

Abb.: Die Uhr in der Rostocker Marienkirche
17) Schukowski 1992, 1997

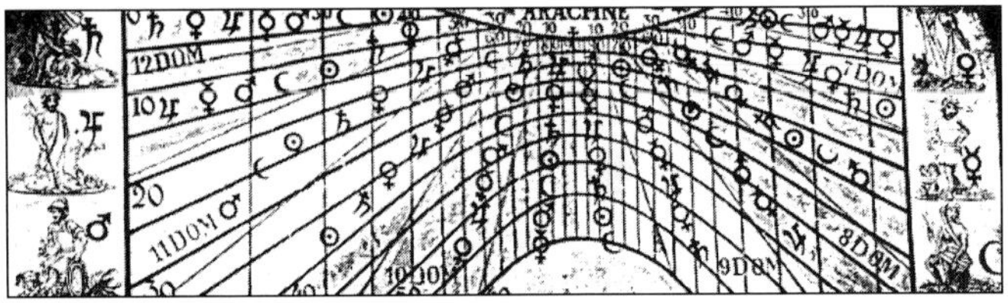

Weltmodelle konstruierten.[18] Es gab nur wenige *Magistri orlogii* (Uhrenmeister), welche die notwendigen Kenntnisse hierfür besaßen.

Der Erbauer der Danziger Uhr, welche jüngst restauriert und wieder in Bewegung gesetzt wurde, soll nach Fertigstellung des Räderwerks geblendet worden sein, um an keinem anderen Ort ein ähnliches Meisterstück anfertigen zu können. Solche Fabeln ranken sich allerdings auch um die Straßburger Münsteruhr. Sie entstand in einer Zeit, als protestantische Theologen die Stadt zu einer Hochburg der Reformation machten. Sogar Kopernikus, auf den wir auch noch zu sprechen kommen, und das Planetenmodell des Tycho Brahe bildete man dort ab.[19] Der Bildersturm der Reformationszeit verbannte allen Schmuck und alle Heiligenbilder aus den Kirchen. Wollten Straßburgs Bürger so ihr neues religiöses Selbstverständnis demonstrieren?

Nicht vergessen werden sollen in diesem Zusammenhang die vielen astrologischen Sonnenuhren mit ihren prächtigen Gitternetzlinien. Die Arachne an der alten Görlitzer Ratsapotheke am Haus Untermarkt Ecke Peterstraße trägt die Inschriften *Solarium* und *Arachne*. Letztere besteht aus einer Vielzahl an geraden und gebogenen Linien mit zahlreichen Symbolen der Lichter Sonne und Mond sowie der Planeten, an der über die Polhöhe der Sonne auch ihre Stellung im jeweiligen Tierkreiszeichen und sogar der aktuelle Stundenregent abgelesen werden kann.

Sie wurde vom Görlitzer Mathematiker und Astronomen Zacharias Scultetus im Jahre 1550 geschaffen. Eine barocke Sonnenuhr mit astrologischen Datumslinien findet sich auch am Dresdner Zwinger, entstanden in einer Zeit, als der sächsische Hof die Astrologie mit höchster Wertschätzung beachtete.

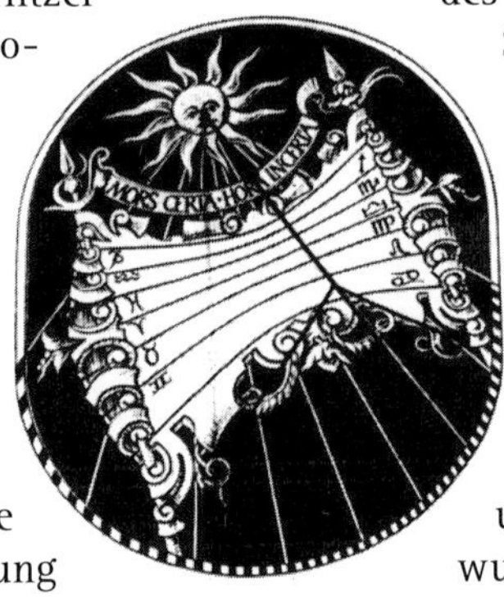

All diese Uhren zeigen also nicht nur die Quantität der Zeit, sondern auch deren Qualität. Ein sensibler und in der Kunst der Astrologie geschulter Mensch kann anhand der Darstellung des Zifferblattes vielleicht auch heute noch die aktuelle Konstellation erkennen und sich so in die Stimmung des Augenblicks hineinfühlen, d. h. Uranus erspüren, die Qualität der Zeit, und vielleicht sogar *Kairos* bestimmen, jenen *rechten Moment.*

Es ist Ausdruck unseres heutigen Zeitgeists, diese Uhren nur noch als Chronometer, als Meßwerkzeuge für Kronos /Saturn zu sehen, für die Quantität der Zeit. Man braucht sich persönlich dieser Haltung jedoch nicht anzuschließen. Gott ist (auch) Zeit – dieser mittelalterlichen Vorstellung kann sehr leicht nachgegangen werden: Man stelle sich einfach vor das Altstädter Rathaus in Prag oder dicht neben die Uhr der Rostocker Marienkirche, des Domes in Münster, der Nikolaikirche in Stralsund, des Domes zu Lund oder der Straßburger Münsteruhr, höre das gar nicht so leise Ticken und Rattern, schaue auf das Zifferblatt und spüre sich hinein in die Stimmung des Augenblicks.

Zwei Gesichter hat die Zeit, ein meßbares und ein spürbares. Früher wußte man dies noch zu schätzen – und wählte sogar den Gründungstermin einer Universität danach aus.

Abb. oben: Arachne der Görlitzer Sonnenuhr
Abb. unten: Sonnenuhr am Dresdner Zwinger
18) Meier 1995
19) Oestmann 1993 (1)

Von dem Wassermann

der wassermann ist zimlich gut
zulassen / wers begeren thut.
doch hüt der schinbein / folg du mir /
die däwend krafft sterck / rat ich dir
artzney gemeyn / das haar beschneid /
solt sähwen / pflantzen auch bey zeit.

Wassermann das eylfft zeychen / warm vnd feucht / saturnus tegliches hauss. hat am menschen die schinbein vnnd waden. wann die sonn darinn ist, gibts schnee vnnd regen.
so der mon darinn / ist bös schinbein vnd waden artzneyen / weit reysen / newe kleyder anlegen / mit herren handlen / fundamant legen / äcker bawen / sähwen / ehelich werden / vber wasser faren / mit vögel beyssen / haar abschneiden / schuld fordern / vnd was ein schnell end begert. das zeychen ist warm vnd feucht / vnd macht guten wind / vnd das alles / so das zeychen von orient auffgeht.

wer vnder disem zeychen geboren oder empfangen / hat zugleich glück vnd vnglück / leidet offt armut.
ein knab geborn zwischen dem 20. tag jenners / biss auff den 18. hornungs / ist der natur vnnd eygenschafft dess zeychens wassermann / langen haupts vnd angesichts / bald zornig / sanffter reden / stiller gescheft / hertzlich bey den leuten / leichten muts / er leidet armut / vnd nimpt sich doch sein nicht an / wovon er trawret. nach 30. jaren kompt er zu guter ruhe. sein lust ist wanderung. im werden angezeygt zwey eheliche weiber / wirt von weibern lieb gehalten / hat

Text und Abb.: Bacharach 1583

ehr von jhnen / ist etwan karg / träg / fantasiert vnd redt mit jm selbs. durch seinen bruder kompt er in widerwertigkeyt / wirt bald graw / eins guten alters / hat lust zu schwartzen farben. sein kranckheit dess leibs eräuget sich an den knien vnd schenckeln / vmb das haupt / brust / miltz / vnd bauch.

sein glück seind die land der sonnen nidergang / vnnd gegen mitternacht / der auffgang ist mittel / nicht vollkommen. aber die land dess mittags seind jhm vnglücksam / bös / tödtlich / vnnd widerwertig.

sein glückhafftige farben sind / braun / grün / aber schwartz / weiss / blaw / gemenget / seyn vnglückhafftig / die andern mittel.

sein höchste nutzung / seind alle lufftige wässerechte ding / weiher / wisen / mülen / vnd dergleichen. die übung dess feurs seind mittel / nicht böss. aber alle übungen dess felds seind jhm vnglücksam.

ein meydlin geboren zwischen obbestimmter zeit / ist auch der selbigen natur. wirt weise / vnn kompt zu grossen ehren / samlet viel guts / ist eins bösen gehörs / zeychen oder massen im angesicht. ihr glück vnd vnfall / farben vnd anders / schicken sich wie oben gemeldet.

*

Von dem Planeten Saturno

ein alt / kalt / fauler / wendt den schimpff /
unflätig / hässig / han keinn glimpff.
mein kind feindselig / neidig / herb /
metall / bley / eisen / mein gewerb.

Saturnus ist der erst vnd oberst planet / ein verderber vnnd feind der natur / gifftig von natur / katl vnnd trucken / bezeychner der arbeyt / auss den farben schwartz / sawr an dem geschmack. auss den tagen den sambstag / vnnd nächten dinstags nacht. er lauffet so hoch am himmel / dass er in 30. jaren / 5. tagen vnnd 6. stunden durch die 12. zeychen laufft / ist inn jedem zeychen dritthalb jar. von wegen seiner höhe sihet man jhn selten. die wag ist sein erhöhung / darinn er grossen gewalt hat / der steinbock vnd wassermann seine heuser. im krebs vnnd widder hat er kein glück. der widder ist sein fall.

saturnus ist einer verderbten natur / wie die sonn einer lebend machenden.

wann saturnus so nahe bey der erden wer als der mon / so were es allezit winter. die grösse saturni ist ein achttheyl der sonnen.

in den stunden saturni ist gut schwere ding kauffen vnnd verkauffen / als eisen / bley / vnnd allerley metall vnnd schwer ertz / schwere stein / schwartzgewandt / gut gärten bawen / weiher grab en / ertz graben / vnd was in der erden zuhandlen ist / gut seine feind mit list bekriegen / graw thier reiten / als esel / rossz vnnd maulesel / gut allerley speiss einkauffen / gut sähwen vnd äcker bawen.

in der stund saturni ist

Text: Bacharach 1583, Abb.: Pegius 1586

nit gut artznei nemme / newe kleyder schneiden noch anlegen / haar beschneiden / gehe in kein schiff / reyse nicht vber feld / such kein feind / mach kein ehe / wirff oder scheuss niemandt / nit aderlasse / nit schrepffe / ist nit gut gley fordern noch nemmen / er geneusst sein nicht. wer in der stund kranck wirt / ligt lang / stirbt zuletzst. es ist bös mit grossen / besonders geystlichen herrn handlen / mit fischern / jägern / vnnd freunden / böss anfahen zu bawen maurwerck / nit gut gesellschaft machen / weiber nemmen / sie leben sonst inn vnliebe.

Ein Kind geborn in Saturnus stund /

Wirt ein träger / schwermütiger mensch / mit eim dünnen bart / bleycher gelben farb / dick / hart / schwartz haupthaar / ist hochmütig / fahet viel an / richt nichts recht auss / wil vber andere leut seyn / wirt selten reich / wonet gern bey wassern / ist von natur diebisch / räubisch / neidisch vnd hässig / er sticht gern / vnglückhafft inn allen seine sachen / hat viel vnreiner hitz / wirdt schnell kranck / zürnet nicht leichtlich / helt lang zorn / seines guts vnmildt / lügenhafft / hat tieffe mörderische augen / ist vngern bey vilen leuten / tregt gern schwartz / grawet bald / ist kein frawen mann / redet gern mit jm selbst / ist wol beredt / sihet gern vndersich.

so die sonnen im christmon inn steinbock / oder im jenner inn wasserman laufft / ist saturnus viel kräftiger inn seinen stunden dann zu anderer zeit. item / so der mon new wirt in saturnus stund / derselbige monat wirt fast kalt / vnd das mehrer theyl feucht.

saturnus hat am menschen innen das miltz / darumb so artzney das miltz nit / so es in saturnus stundt ist. das recht ohr / vnd blasen / frawen vnnd manns besitzt er auch / vnnd zum theyl phlegma.

*

Glaube, Ahnungen, Gewissheit

Die Weltuntergangsprophezeiung ist also häufig nur der in die Zukunft projizierte, subjektive Zerstörungswunsch des Prognostikers.

Hermann Meyer – Befreiung vom Schicksalszwang

Zu den Fischen gehörte bis zur Mitte des 19. Jahrhunderts als Tierkreiszeichenherrscher der Planet Jupiter, der zugleich das Schütze-Zeichen regiert. Der von den Astronomen dann entdeckte ferne Planet Neptun wurde von den Astrologen bald als Mitherrscher oder Alleinregent den Fischen zugeordnet. An die Philosophie mittelalterlicher Auslegungen knüpft heutzutage der Astrologe Wolfgang Döbereiner an, wenn er in seiner *Münchner Rhythmenlehre* das Schütze-Zeichen anhand eines lautstark kanzelpredigenden Priesters, und im Gegensatz dazu die Fische am Beispiel eines zurückgezogenen, seine Wahrheit durch sich selbst lebenden Heiligen beschreibt.[1)]

Während die moderne westliche Astrologie kaum noch eine Verbindung zur Religion hat und eher für die Börsenspekulation eingesetzt wird, ist dies in Asien noch ganz anders. Um die Wiedererrichtung eines Hindu-Tempels im Norden Indiens ging es im Jahre 1997, als es zu blutigen Straßenschlachten zwischen Hindu-Fundamentalisten und Moslems mit einer ganzen Reihe von Toten kam. Die Moslems wollten keinen Neuaufbau auf dem geweihten Grund und Boden ihrer Moschee. Indische Astrologen aber hatten ausgerechnet, daß der günstigste Zeitpunkt, das alte Heiligtum neu einzuweihen, gekommen sei und nicht verpaßt werden dürfe. Die Hindus standen im wahrsten Sinne des Wortes unter Zeitdruck!

Geht man davon aus, daß die Zeit tatsächlich auch eine Qualität besitzt, wenn sich folglich anhand astronomischer Berechnungen *Kairos*, der rechte Moment, errechnen läßt, dann darf man diesen natürlich auch nicht verpassen. Und da jedes Ding zwei Seiten hat, muß es also auch einen ungünstigen Zeitpunkt geben, vielleicht sogar einen gar grausig fürchterlichen, d. h. einen, an dem die Welt untergeht. Und somit wären wir mitten drin im Jahrhundert der Reformation.

Legendäre Sintflutprophezeiung

Melanchthons Lehrer Johannes Stoeffler galt zu seiner Zeit, also vor 500 Jah-

---

Abb.: Sintflutpraktika Leonhard Reymanns zur großen Konjunktion 1524: Der Fisch bringt den Tod, in ihm stehen die Lichter und Planeten. Von links kommt ein Bauernheer, angeführt vom sensenbewaffneten Saturn. Rechts stehen die dem Jupiter zugeordneten gesellschaftlichen Kräfte Kaiser, Papst und Klerus.

1) Döbereiner 1978

ren, als unangefochtene graue Eminenz der Sternenwissenschaften. Sein Horoskop zeigt eine starke Betonung des Tierkreiszeichens Fische ♓ durch Jupiter ♃ sowie die analoge Konstellation Neptun ♆ am Medium Coeli und Venus ♀ im zwölften Haus. Dies kann als große Sensibilität und Ahnungsfähigkeit gedeutet werden. Rückzug in mönchische Abgeschiedenheit ist für solch einen Charakter notwendig, um jenseits der gesellschaftlichen Normen die eigene innere Wahrheit leben zu können. Zugleich deuten Sonne ☉, Mond ☾, Drachenkopf ☊, Merkur ☿ und Aszendent im Schütze-Zeichen auf ein starkes prophetisches Element hin, das nur in der Öffentlichkeit ausgelebt werden kann, beispielsweise in der Rolle des Predigers oder des Lehrers.

Seine genaue Herkunft ist ungewiß. Vermutlich unehelicher Sohn schwäbischer Adliger, lebte er einen großen Teil seines Lebens völlig zurückgezogen als Pfarrer einer kleinen ländlichen Gemeinde. Sein Amt ließ ihm genug Zeit, um sich der Berechnung und Deutung von Gestirnsbewegungen zu widmen.[2] Hochgestellte Persönlichkeiten aus Adel und Klerus gaben bei ihm astrologische Gutachten in Auftrag. Zugleich war er handwerklich und mathematisch hochbegabt.

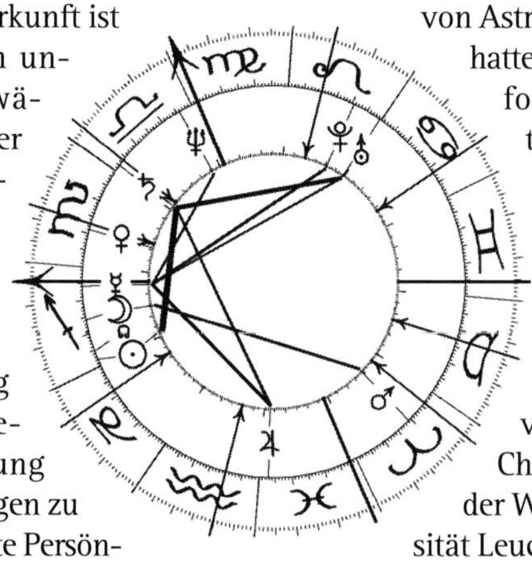

Berühmt ist sein von Kaiser Maximilian in Auftrag gegebener Himmelsglobus: ein einmaliges Prunkstück, welches die gesamten damaligen Erkenntnisse der Astronomie beinhaltet.[3] Solche Globen hatten auch eine tiefe symbolische Bedeutung. Sie sollten den geistigen Herrschaftsanspruch des Kaisers als Mittler zwischen himmlischen Mächten und irdischem Volk unterstreichen und festigen.

Erst in betagtem Alter erhielt er den Ruf an die Tübinger Universität - ohne jemals ordentlich die Professorenlaufbahn eingeschlagen zu haben. Zu seinen Schülern zählten neben dem jungen Sprachgenie Philipp Schwarzerdt (gräcisiert: *Melanchthon*) unter anderem Sebastian Münster sowie Johann Nägelin (latinisiert: *Carion*). Dieser Kreis von Astrologen/Astronomen hatte auch später, zur Reformationszeit, Kontakt zueinander behalten und brachte die Sternenwissenschaften zu ihrer Blüte. Die damals wieder neu konzipierte Verbindung von Astrologie und Christentum, wie sie an der Wittenberger Universität Leucorea gelehrt wurde, hat in ihm ihren geistigen Urheber.

Als Ergebnis seiner astronomischen Studien ließ Stoeffler Ende des 15. Jahrhunderts Ephemeriden für die nächsten 50 Jahre drucken. Die Erfindung des Buchdrucks machte das massenhafte Verbreiten solcher einst nur wenigen Gelehrten vorbehaltenen Tabellen möglich. Die Konstellationen mußten jetzt nicht mehr von Hand berechnet und dann mühselig abgeschrieben werden. Als mit der Zeit die Käufer einmal die Seiten so durchblätterten, um astronomisch und folglich auch astrologisch in die Zukunft zu schauen, blieben sie

---

Abb. oben: Johannes Stoefflers Geburtshoroskop am 10.12.1452 Blaubeuren 6:00 Ortszeit
Abb. links: Portrait aus Stoefflers Ephemeride

2) Oestmann 1993 (2)
3) Oestmann 1993 (1)

an einer kurzen, aber prägnanten Bemerkung Stoefflers[4] zum Jahre 1524 hängen: „Levate igitur, viri christianissimi, capita ad astra!“ (Laßt uns, christlichste Männer, das Haupt zu den Sternen erheben!) In jenem Frühjahr befanden sich Sonne, Mond und alle damals sichtbaren Planeten im Tierkreiszeichen Fische.

Stoeffler galt in den damaligen Intellektuellenkreisen als äußerst angesehene Persönlichkeit. Er war gleichermaßen als Astronom und als Astrologe erfolgreich, und so blieb sein diskreter Hinweis nicht unbeachtet. Diese ungeheure Ballung von Planeten beeindruckte viele Kalenderschreiber, die die Prognose übernahmen, so z. B. Lichtenberger[5] und Haßfurt. Kalenderblätter mit astrologischen Prophezeiungen waren damals so populär wie heutzutage die Boulevardpresse – und genauso sensationslüstern aufgemacht. Insgesamt wurden so an die 70 verschiedene Kommentare zu dieser Konstellation veröffentlicht. Sie könne unter Umständen eine Katastrophe ankündigen, einen Weltuntergang vielleicht sogar, der gemäß dem Signum des Fisches die Form einer Sintflut habe, folgerten die einen (Reymann). Andere (Lichtenberger, Luther) hielten es für möglich, daß durch Demut und Rückkehr zum wahren Christentum noch einmal das Schlimmste abgewendet werden könne. Nur wenige Stimmen sprachen sich ganz gegen den Sternenglauben aus, hielten solche Prognosen für Unfug.

Nach einigen Jahren der Professur an der Universität zog sich Stoeffler wieder auf seine Pfarrstelle in die Einsamkeit der Schwäbischen Alb zurück. Als tief-religiösem Menschen konnte man ihm keine unlauteren Absichten unterstellen. Aus purer Eitelkeit hätte er diesen dezenten Hinweis auf die Sterne niemals in die Ephemeriden hineindrucken lassen. Auch entsprach die Form voll und ganz den Regeln der judikativen Astrologie, d. h. verzichtete auf etwaige hellseherische Fähigkeiten und basierte lediglich auf astronomischen Berechnungen.

Diese abstrakte Form der Voraussage war selbst einem gläubigen Christen gestattet. Sie stand in Einklang mit den Richtlinien des großen Kirchenvaters Thomas von Aquin. Und auch als das Jahr 1524 immer näher rückte und man beim nun schon über 70jährigen Stoeffler in seinem ländlichen Refugium rückfragte, blieb er bei seiner Auslegung.

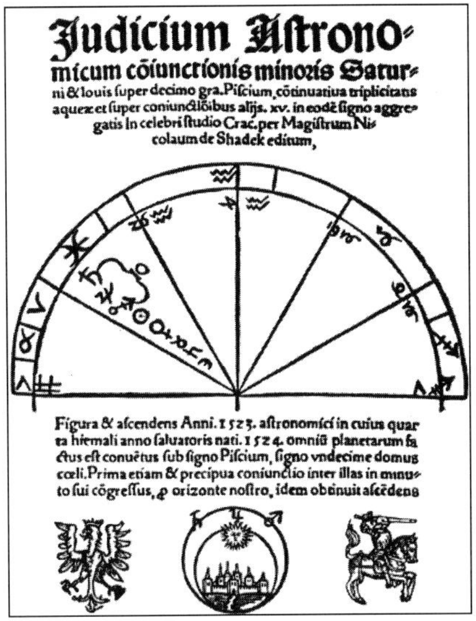

Pioniere der Gestirnsprognose

Und was geschah nun wirklich in jenem Jahr? Verraten wird jetzt erst einmal gar nichts! Zur Beruhigung sei den von Endzeitängsten geplagten Leserinnen und Lesern an dieser Stelle immerhin ein kleiner Hinweis zugespielt: Ganz so rauh wie zur Zeit der Babylonier waren die Sitten im späten Mittelalter

---

Abb. oben: Planetenkonstellation 1524 aus der Praktika „Judicum Astronomicum coniunctionis minoris Saturni et Jovis ...“. N. de Shadek

Abb. links: Stoefflers Himmelsglobus für Kaiser Maximilian I. aus dem Jahre 1497

4) Ludendorff 1942

5) Kurze 1960

nicht mehr. Man konnte mit seiner *Pracktik* ruhig mal ein wenig danebenprophezeien. Nicht einmal die Ohren schnitt man den Astrologen ab, eine ansonsten in jener Zeit durchaus übliche Strafe für Betrüger (im letzten Kapitel dieses Buches wird ein derart bestrafter Betrüger noch geschildert).

Mesopotamien, das Zweistromland zwischen Euphrat und Tigris, gilt in der klassischen Geschichtsschreibung als Wiege der Sternenwissenschaften. Mehr als bis ins 2. Jahrtausend vor Christi Geburt soll an dieser Stelle nicht zurückgegangen werden. Einige esoterische Richtungen gehen davon aus, daß man die historischen Wurzeln noch sehr viel weiter in die Vergangenheit zurückverfolgen könne, und daß die Menschen jener vorgeschichtlichen Zeiten über besondere Sinne und Naturkräfte verfügten. Wer sich dafür interessiert, möge die rosenkreuzerische und theosophische Literatur studieren.

Die vor 3.000 Jahren in der Gegend des heutigen Iran und Irak lebenden Menschen werden die Sterne wohl für göttlich gehalten haben. Wenn man Gesellschaftsgeschichte der Babylonier, Sumerer und Chaldäer studiert, bekommt man aber auch einen Eindruck von der damals üblichen brutalen Machtpolitik. Die jeweiligen Herrscher brachten oft, sobald sie an die Macht gekommen waren, ihre halbe Sippe um. Tyrannenmord durch Bruderhand gehörte zur Tagesordnung. Dem mußte vorgebeugt werden.

Außerdem war es äußerst wichtig, daß die Leute die Kompetenz des Herrschers anerkannten. Sie wollten den König als Mittler zwischen Volk und Göttern sehen, als einen gottgleichen Menschen, der zwischen Erde und Himmel Botschaften und Opfer überbringt, im Gegenzug dafür dann Gnade etwa in Form reicher Ernten erwirken konnte. Die sternebeobachtenden Priester der Städte Babylon und Ur mußten die Gestirnsbewegungen aufs Genaueste beobachten. Beispielsweise ließ eine nicht von offizieller Stelle vorhergesagte Sonnenfinsternis das Volk daran zweifeln , daß ihr Herrscher wirklich einen 'Draht nach oben' besaß. Der Erfolgsdruck, unter dem die Astronomen-Astrologen standen, war enorm. Sie betrieben regelmäßige Studien. In den Tontafeln von Ninive (7. Jahrhundert v. Chr.) schrieb ein Gestirnskundiger namens Tabija:[6)]

Wenn ein Planet im Monat Uluhu sichtbar wird: Ansteigen der Ernte, Reichlichwerden des Getreides.

Wenn die Sterne des Löwen ..., wird der König siegen, wohin er auch geht.

Wenn der Löwe dunkel ist, werden Löwen und Wölfe wüten und der Verkehr mit dem Land des Westens unterbricht.

Fehlprognosen konnten im Altertum das Leben kosten: sowohl den Priestern, als auch dem König. Es wird vermutet, daß der Sturz der chinesischen Hsia-Dynastie (1994–1523 v. Chr.) auf eine Nachlässigkeit der Sternenbeobachter und -deuter zurückzuführen ist. Die Hofastrologen des Kaisers hatten eine Sonnenfinsternis nicht rechtzeitig vorausberechnet und angekündigt. Fatale Folge: Das Volk deutete dies als Zeichen, daß sich der Himmel gegen die regierende Dynastie gewandt hatte. Zuerst ließ der Kaiser seine glücklosen Berater exekutieren, dann stürzte er selbst und mit ihm seine ganze jahrhundertelang herrschende Dynastie.[7)]

Um die Zukunft günstig zu stimmen, erdachte man eine Palette religiöser Handlungen und Bestimmungen. Zu Zeiten der Mayakultur in Mittelamerika baute man Tempel mit besonders steilen Treppen, von denen zu genau festgelegten astronomischen Konstellationen Menschen zu Opferzwecken hinabgestoßen wurden, um zu Tode zu kommen und somit den Planeten Venus gnädig zu stimmen. Und dann gab es noch eine merkwürdige Regelung, die es jedem einfachen Maya-Bauern möglich machte, ein ganzes Jahr den Luxus eines Königs zu genießen, mit allem was dazugehört.

Abb.: Babylonische Tontafel Tabija aus Ninive mit astrologisch-astronomischen Notierungen

6) Fleckner 1993:217

7) Shulman 1978:48

Die einzige „kleine“ Bedingung: Man verpflichtete sich, nach Ablauf der Zeit in einer feierlichen Zeremonie an den Altar auf der Pyramidenspitze zu kommen. Dort öffneten die Priester mit einem kultischen Messer dem lebenden Menschen den Brustkorb, rissen das noch zuckende Herz heraus und hielten es der Sonne entgegen. Eine der großen Prophezeiungen dieser mittelamerikanischen Kulturen besagte übrigens, daß eines Tages weiße Götter in Schiffen vom Meer kommen würden.

Deshalb hatten es die zahlenmäßig weit unterlegenen Spanier im 16. Jahrhundert auch so leicht, diesen Kontinent zu erobern.

Die Ähnlichkeit der mittelamerikanischen mit frühen ägyptischen Stufenpyramiden ist schon verblüffend. Die Möglichkeit, mit einem Floß aus dem Holz und dem Schilf des Nils den Atlantik zu überqueren, hat in den 60er Jahren unseres Jahrhunderts ein Norweger eindrucksvoll demonstriert.[8] Möglicherweise kam auch der Astralkult auf diesem Wege nach Amerika.

Der in Ägypten noch erhalten gebliebene Zodiak von Dendera soll der 6. Dynastie entstammen, d. h. der Zeit um 2350–2180 v. Chr.

Auch die Sphinx kann als Versinnbildlichung der vier astrologischen Hauptelemente gesehen werden: Stierkörper, Löwenpranken, Adlerflügel (=Skorpion) und ein Menschenhaupt für den Wassermann. An sich spielte für das Land am Nil einzig die Berechnung des exakten Zeitpunktes der alljährlichen Überschwemmungen eine Rolle. Dies entsprach ungefähr der Zeit im Frühjahr, zu der der Fixstern Sirius erstmalig morgens am Osthorizont zu sehen war, seinem heliakischen Aufgang. Die Berechnung oblag den Priesterastronomen, die um diese astrometeorologische Thematik herum das religiöse System von Isis, Osiris, Horus und Thot aufbauten.

Pharao Amenophis IV. wollte die Macht der Amunpriesterschaft brechen, indem er als alleinig anzubetenden Gott Aton einführte, das Licht der Sonne.[9] Er nannte sich fortan *Echnaton*, verlagerte die Hauptstadt und führte eine neue Staatsreligion ein. Seine Kulturrevolution scheiterte, die Priesterschaft arbeitete jenen Reformen entgegen. Sein Nachfolger *Tutanchaton* nannte sich dann auch bald wieder *Tutanchamun*. Die

Restauration und Zerstörung der neuen Hauptstadt Achet-*Aton* begann später, unter den Ramsessiden. Die berühmte Büste Echnatons schöner Gattin Nofretete hat ein leeres Auge. Wollte der Bildhauer damit ein Zeichen setzten, oder handelt es sich einfach nur um ein unfertiges Modell? Moderne Kunstgeschichte glaubt stets den simpleren Erklärungsmustern.

Die Pyramiden sind faszinierenderweise exakt nach astronomischen Gesichtspunkten aufgebaut. Von Menschenopfern ist bei Beschreibungen der alten ägyptischen Kulturen nichts bekannt. Grausam waren sie dennoch: Starb der Herrscher, so mußten die Arbeiter in den Totenkammern hernach auch ihr Leben lassen.

Abb. oben: Pharao Echnaton, Begründer des Aton-Sonnenkultes, Nofretete und Kinder.

Abb. links: Relief einer Steinsäule aus Guatemala, ca. 500 v. Chr.: Ein Sonnengott mit Skelett und menschlichem Haupt auf dem Altar.

8) Heyerdal 1970

9) Waltari 1976

Erste Geburtshoroskope

Besonders in Griechenland reiften rituelle Zeremonien heran, die den blutigen Kult ablösten. Dort entwickelte man die babylonische Astralmythologie weiter, schuf ein geschlossenes philosophisches System des Tierkreises, ordnete erst nachträglich die eigenen Göttergestalten den Lichtern des Himmels zu. Dies war eher eine Psychologie des Himmels, keine Religion mehr.

Das ganze System der Tierkreiszeichen, Lichter, Planeten und Aspektierungen kann auch als philosophisches Denkmodell gesehen werden, als Grundlage für den aufkommenden Wissenschaftsbegriff. Die Mythologie des Tierkreises wurde zwar verfeinert, in den Vordergrund trat jedoch die Astronomie. Der Astrologe arbeitete nun nicht mehr nur als Priester, sondern auch als Wissenschaftler, Geometriker und Mathematiker. Der Glaube an den Mythos der Sterne ist keine eigene griechische Schöpfung, sondern aus Persien importiert, z. B. durch den berühmten Astrologen Berossos, der sich auf der Insel Kos niederließ. Und so lösten sich einige Denker des alten Griechenlands vom Sternenkult und widmeten sich ganz der Berechnung und geometrischen Darstellung von Himmelsbewegungen. Hier fand erstmals eine Trennung zwischen Astrologie und Astronomie statt.

Am griechischen Philosophen Aristoteles orientierte sich Melanchthon während der Reformationszeit. Aristoteles, der sich selbst nie zur Astrologie geäußert hatte, war der Hauslehrer Alexanders des Großen. Innerhalb kürzester Zeit eroberte dieser junge Held mit seinen Truppen ganz Vorderasien, Nordägypten, das persische Reich und kam sogar bis in die Gegend des heutigen Pakistan an die Grenze Indiens. Überall ließ er Städte seines Namens (Alexandria, Alexandreia etc.) errichten, gründete griechische Kolonien.

Durch diesen Einfluß wird die indische Astrologie entstanden sein. Ähnlichkeiten der Wortstämme astrologischer Begriffe wie *Mesouranema* (griechisch), *Mesurena* (indisch) und *Medium Coeli* (lateinisch) sprechen dafür.[10] Das indische System entspricht praktisch dem altgriechischen. Und man verwendet seitdem statt des tropischen, am Frühlingspunkt orientierten Tierkreises den siderischen, der sich an den Fixsternkonstellationen zu Zeiten Alexanders des Großen ausrichtet. Ergänzt wurde dieses System durch viele Details im kleinen und großen. Die *Tatwas*, ganz feine Einteilungen des Tierkreises, ändern sich fast minütlich, und versierte indische Astrologen meinen in der Lage zu sein, die damit einhergehenden winzigen Änderungen der Zeitqualität auch spüren zu können.

Esoterische Richtungen der Astrologie[11] rechnen hingegen mit der astronomischen Kreiselbewegung der Erdachse: Alle 72 Jahre bewegt sich diese rückwärts durch einen Tierkreisgrad, in 2.160 Jahren durch ein Zeichen. Zur Zeit des sagenhaften Atlantis soll sich der Frühjahrspunkt im Zeichen Löwe befunden haben, Krebs entspräche dann den Matriarchatsreichen z. B. von Malta. Die biblische Geschichte vom Auszug des Volkes Israel und dem Tanz um das goldene Kalb könnte die Endzeit des Stierkultes symbolisieren. Mit dem rituellen Opfer eines Widders durch Abraham fängt die Hochzeit des Judentums und zugleich das Widderzeitalter an. Ungefähr zur Zeit Christi Geburt wäre dann der Beginn des religiös ausgerichteten Fischezeitalters anzusetzen, dem nun das *Age of Aquarius* folgt.[12]

Doch wann bitte schön, fängt das denn nun genau an? Der siderische Tierkreis wird je nach Astrologenschule unterschiedlich angesetzt. Demnach könnte das Wassermannzeitalter bereits 1902 oder im Jahre 1960 begonnen haben, vielleicht dauert es aber auch bis 2100. Ein ganzer Zyklus der Erdachse durch den Tierkreis dauert circa 25.820 Jahre. So lange währt es, bis der große Weltenschöpfer einmal ein- und ausgeatmet hat. Zur Zeit befinden wir uns im Yuga, im Weltzeitalter der Göttin Kali. Auf die Frage, welchen Charakter dieses Zeitalter habe und worauf hin es sich entwickele, antwor-

---

10) Siehe hierzu auf http://www.astrologix.de Robert Hands Artikel: „Die Geschichte der Astrologie", übersetzt von Frank Isfort.
11) Norelli-Bachelet 1977
12) Zeitalter des Wassermanns

ten indische Astrologen, es sei das Zeitalter des Materialismus und werde damit enden, daß Mann und Frau sich bekriegen, Mütter ihre Kinder fressen.

Kulturpessimisten werden nun sofort behaupten, daß sich angesichts der heutigen Weltlage die Theorie der Inder voll bestätigt. Doch möge man bedenken, daß es sich bei der Lehre der Weltzeitalter vermutlich nur um ein esoterisches Märchen aus dem Kreis der Theosophen um Helena Blavatsky handelt, das erst Ende des letzten Jahrhunderts im europäischen Bürgertum die Runde machte.[13)]

Erste individuelle Geburtshoroskopdeutungen sind in der Literatur mit Ptolemäus[14)] (ca. 90–160 n. Chr.) nachzuweisen. Dieser Astronom, Geograph, Kartograph und Astrologe lebte in der griechischen Kolonie Alexandria in Ägypten. Dort sammelte er alles damals verfügbare Wissen über die Sterne aus babylonischen, griechischen und ägyptischen Schriften zusammen, und er schuf mit seinen vier Büchern (griechisch: *Tetrabiblos*) das Standardwerk der Horoskopdeutung.

Bis dato gab es auf jeden Fall nur Horoskope für ein Land, astronomische Sensationen wie Sonnen- und Mondfinsternisse. Mit einer einzelnen Person beschäftigte man sich nur, wenn sie in der Rolle des Herrschers eine bedeutende Funktion für die soziale Gemeinschaft ausübte.

Mit dem Geburtshoroskop, das für einen einzelnen Menschen unabhängig von Rang und Würden gedeutet werden kann, machte die Menschheit

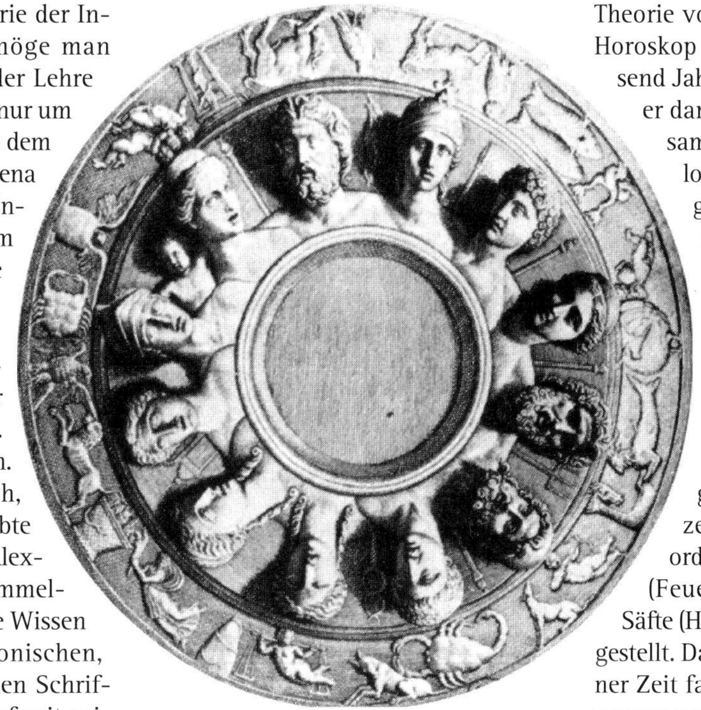

also einen großen Schritt in Richtung Individualität. Das Schicksal des Einzelnen konnte unabhängig vom Kollektiv betrachtet werden. Sicherlich schöpften die Astrologen-Wahrsager weiterhin auch aus ihren inneren Bildern, aus dem Unterbewußtsein. Doch zugleich entwickelte sich eine davon unabhängige Objektivität. Der Hintergrund der astrologischen Prognose war ein technischer, an die Berechenbarkeit der Gestirne gebunden, gedeutet nach nunmehr im *Tetrabiblos* genau festgelegten Paragraphen und Strukturen.

Ptolemäus stellt im *Tetrabiblos* eine Theorie von Feldern bzw. Häusern im Horoskop dar, die weit mehr als tausend Jahre Gültigkeit haben wird. Ob er damit vorhandenes Wissen zusammenfaßte oder ob das astrologische Häusersystem seine eigene Neuschöpfung war, kann nicht eindeutig geklärt werden. Ferner werden im *Tetrabiblos* Zusammenhänge zwischen Tierkreiszeichen und irdischen Phänomenen sowie zwischen Planetenkonstellationen und körperlichen Dispositionen aufgezeichnet, Ländern Sternzeichencharakteristika zugeordnet, ein System der Elemente (Feuer, Wasser, Erde, Luft) und Säfte (Humorallehre) ausführlich dargestellt. Das astronomische Wissen seiner Zeit faßte Ptolemäus im *Almagest* zusammen.[15)] Dort findet man auch ei-

---

Abb.: Die zwölf Götter des griechischen Pantheon, umgeben von entsprechenden Tierkreiszeichen

13) Laut Rüdiger Plantiko bezieht sich ein von Plato in Timaios (39D) definiertes „Großes Jahr" auf Planetenzyklen und ist nicht mit der Präzession, der Kreiselbewegung der Erde um ihre Polachse zu verwechseln.

14) Siehe hierzu auch Robert Hands Homepage http://www.ProjectHindsight-TGHP.com

15) Melanchthon/Ptolemäus 1553

nen Katalog von 1028 Fixsternpositionen sowie ausführliche Begründungen für die geozentrische Theorie, wonach sich die Sonne samt Planeten um die Erde drehe.

Das Faszinierende an diesem Werk (das Melanchthon im 16. Jahrhundert nochmals aus dem Griechischen übersetzte) ist die Kombination der vielen technischen Hinweise aus Astronomie und Astrologie mit philosophischen Überlegungen. Ohne Zweifel gehörten bei Ptolemäus Gestirnsforschung und -deutung zusammen. Er hält Horoskope für nützlich, weil das Wissen um die Zukunft es den Menschen erleichtern könne, ihr Schicksal anzunehmen. Und wenn man weiß, welche Schwächen man hat oder welche Situationen auf einen zukommen, dann könne man zu bestimmten Zeiten das Richtige tun, bzw. den Gefahren aus dem Wege gehen: das Horoskop als Lebenshilfe. Auch zur Frage, ob das Horoskop auf die Empfängnis oder die Geburt zu berechnen sei, äußerte er sich: „Die Empfängnis wird als der natürliche Beginn des Lebens betrachtet, aber der Augenblick der Geburt ist, obschon dem anderen gegenüber zweitrangig, mit größerer Energie ausgestattet, da diese Energie ein vollständiges menschliches Wesen beeinflußt und nicht nur einen Samen."

Roms Wahrsager und die Gnostik

Der alte chaldäische Kult vom Sonnengott Mithras hatte sich, verfeinert und mit Symbolen versetzt durch die Perser, systematisiert und psychologisiert durch die Griechen, bis Ende des 3. Jahrhunderts im Römischen Imperium gehalten. Neben der Religion des *Sol invictus* hatte sich dort die Astrologie auch zu einem regelrechten Gewerbe entwickelt. Besonders in Rom setzten sich Astrologen ganz gezielt für die Machtpolitik ein. Für politische Gegner ließ man Todeshoroskope erstellen, und Konkurrenten mit erfolgversprechenden Geburtshoroskopen wurden systematisch ermordet. Astrologie wurde damals ohne Ethik und Moral betrieben. Hier hat man auch die Gründe zu suchen, warum die christlichen Kirchenväter sie so vehement ablehnten!

Ob das Folgende nur Legende ist oder tatsächlich geschah, kann schwerlich geklärt werden: Römische Caesaren empfanden die Wahrsagerei oft als unheimlich, wenn sie nicht direkt ihrer Machtpolitik zu unterstellen war. Sie machten grausame „Feldstudien", um ihre Prognosen zu überprüfen. Der Astrologe Ascletarius-Asclation soll als eigene Todesart angegeben haben, von einem Hund zerfetzt zu werden. Kaiser Domitian beschloß, ihn verbrennen zu lassen. Doch das Feuer wurde von einem starken Regenguß ausgelöscht, und wilde Hunde zerrissen den Kadaver.[16] Es gibt eine Unmenge solch grauslicher Geschichten aus der Römerzeit, die wohl letztlich zeigen sollten, daß man seinem in den Sternen niedergeschriebenen Schicksal nicht entrinnen könne. Ob sie von der Wahrsagerzunft selbst erdichtet wurden, um sich des Respekts ihrer Klientel zu versichern?

Natürlich gab es in Rom auch Menschen, die Astrologie als Kultur betrachteten, als geistigen Erkenntnisweg.[17] Der römische Schriftsteller Firmicus Maternus lebte im 4. Jahrhun-

---

Abb.: Sonnengott Mithras tötet den Stier: Relief in einer römischen Mithraskultstätte

16) Parker 1988:127

17) Sementowsky-Kurilo 1970:133

dert nach Christi. Er schrieb das astrologische Lehrwerk *Mathesis* in acht Bänden, welches dann über viele Jahrhunderte als Standardwerk gelehrter Sternendeutungskunst galt. Maternus stellte höchste Anforderungen an die moralische Integrität von Astrologen. Im Alter konvertierte er zum Christentum und schrieb heftige Zeilen gegen *Die Irrtümer der profanen Religionen.*

Der Wechsel zwischen Astrologie und Christentum im alten Rom ging in mehreren Phasen vonstatten. Kaiser Konstantin ließ sich taufen und erklärte im Edikt von Mailand die Religionsfreiheit. Sein Neffe und Nachfolger Julian Apostata (*der Abtrünnige*) meditierte über die Geheimnisse des Himmels, glaubte an alte Sternenmythen und kannte die Astrologie gut. Julian öffnete das Land wieder den christlichen Lehren, nicht nur der Hauptrichtung, sondern ließ auch die sogenannten Sekten der Arianer, Donatisten und Nizäer zu. Vermutlich tat er dies, um dieser ganzen Bewegung letztendlich zu schaden. Er selbst gilt als letzter Hierophant der *Großen Eleusischen Mysterien* und notorischer Edelheide.

Außerdem verfügte er (was eigentlich recht und billig war, die siegreichen Christen aber sicherlich nicht glücklich machte), daß alle christlichen Gemeinden die Güter und Schätze zurückerstatten sollten, deren sie sich nach dem Edikt von Mailand durch Plünderung der „heidnischen" Tempel bemächtigt hatten. Endgültig setzte sich das Christentum 381 mit der Erhebung der Ostkirche zur Staatskirche durch, 399 dann befahl Arkadius die Zerstörung der noch verbliebenen heidnischen Heiligtümer.

Viele Gedanken vom Aufbau des Tierkreises wurden vom Christentum übernommen, ja es ist zu vermuten, daß die christliche Lehre aus gnostisch-astrologischem Gedankengut erwachsen ist. Aus den vier Elementen und den dazugehörigen Kardinalzeichen Stier (Erde), Löwe (Feuer), Skorpion (Wasser) und Wassermann (Luft) entstanden die vier Evangelisten des Neuen Testaments: Lucas als Stier ♉, Markus als Löwe ♌, Johannes als Adler (die erlöste Form des Skorpions ♏) und Matthäus als Engel (also Wassermann ♒). Jeder Evangelist beschreibt die Geschichte Jesu aus einer anderen, den Tierkreiszeichen entsprechenden Perspektive: Der Erzählstil ist bei Lucas sehr konkret, bei Markus prachtvoll und glänzend, bei Johannes voll Leidenschaft und bei Matthäus geistvoll.

In vielen Kirchen kann man auch heutzutage noch die Evangelistenzeichen erkennen: Inmitten der Decke des Hauptschiffes, am Säulenkapitell, in den Altarbildern oder sogar direkt auf dem Kreuz, wie bei vielen Prämonstratenserklöstern. Manchmal setzt man sie auch ein, um Grabsteine zu schmükken – so z. B. beim Epitaph von Martin Luthers Lehrer im Kreuzgang des Domes zu Magdeburg. Das christliche Weihnachtsfest feiert man zwei Tage nach der Wintersonnenwende, genauer gesagt, am dritten Tag der zwölf Rauhnächte, einem astronomisch genau fixierten Tag, nach Auffassung vieler Astralreligionen der Beginn einer Phase höchster energetischer Wirksamkeit. Ist das äußere Licht abgestorben, erscheint die innere Kraft bzw. das Christuslicht.

Toleranz des Islam

Am 7. August des Jahres 936 mit der Krönung Otto I. gründete sich das Heilige Römische Reich Deutscher Nation.[18] Die Bildung stand unter dem strengen Regime der Scholastik. Ihr Ideal war die mystische Gotteserkenntnis mit Hilfe der Bibel. Bücher wurden nur von Mönchen abgeschrieben, unabhängige Gelehrte oder nicht der Kirche untergeordnete Universitäten gab es nicht. Alle nicht direkt dem Erlösungsideal der Kirche dienende Literatur blieb hinter Klostermauern der Öffentlichkeit entzogen.

Etwa ab dem 9. Jahrhundert entwickelte sich unter den arabisch beherrschten Fürstentümern in Nordafrika und Spanien eine rege geistige Kultur. Arabische, jüdische und auch christliche Gelehrte übersetzten dort große Teile der alten griechischen Literatur neu, bewahrten das geistige Erbe der sogenannten *heidnischen Antike*. Es entstan-

18) Taeger gibt den 25.12.800 zur Zeit der Frühmesse in Rom an, als Kaiser Karl I. durch Papst Leo III. gekrönt wurde. Die Auflösung erfolgte am 12.7.1806 durch Napoleon I.

den islamisch mythisierte Kompilationen verschiedener astrologischer Strömungen, speziell aus dem hellenistischen und altpersischen Kulturkreis. Man bemühte sich außerdem um die korrekte Reproduktion alter Werke wie beispielsweise der des Ptolemäus. Stundenastrologie und die Aspektlehre standen im Vordergrund. Zu den berühmten Autoren jener Zeit zählen Abumasar und Al' Kindi. Techniken der Beobachtung von Sternen wie z. B. das Astrolabium verfeinerte man.

Die Blüte der islamischen Astrologie ging nur bis zur Jahrtausendwende. Dann verflachte, vulgarisierte sie ins Mantisch-Magische. Talismane entstanden gemäß der Zuordnung von Steinen zu Tierkreiszeichen und Planeten.[19] Die Lehre der großen Planetenkonstellationen führte zur maßlosen Wahrsagerei. Sobald man die Sternenkonstellationen auf Jahre vorausberechnet hatte, konnten die markanten Konstellationen erkannt werden. Vieles war in der damaligen Zeit von Endzeitstimmungen geprägt.

So bewirkte die Deutung der vorausberechneten Gestirnsstellung vom 16.9. des Jahres 1186, daß man in Südfrankreich Schiffe baute, um sich auf eine neue Sintflut vorzubereiten. Auch an anderen Orten brach die Panik aus. Sonne, Mond und alle sichtbaren Planeten standen zusammen mit dem absteigenden Mondknoten im Zeichen Waage – eine astronomisch sicherlich ungewöhnliche Konstellation.

In diese Zeit fällt auch die erste Übersetzung Ptolemäus' *Almagest* in die lateinische Sprache. König Alfons X. von Kastilien beauftragte die Gelehrten, auf dessen Basis und mit Verfeinerungen arabischer Gelehrter neue Gestirnsstandstabellen zu entwickeln. „Hätte mich der Allmächtige in dieser Angelegenheit konsultiert, hätte ich ihm etwas Einfacheres vorgeschlagen", soll Alfons der Weise bemerkt haben, als die Gelehrten ihm das komplizierte System aus Sphären, Epizykeln, Deferenten und Äquanten darlegten. Die heliozentrische Theorie ließ sich nur mit vielen Ausnahmeregeln in die Praxis umzusetzen. Diese 1252 erschienenen Alfonsinischen Tafeln bildeten mehr als 300 Jahre Berechnungsgrundlage für alle Horoskope und astrologischen Prognosen. Im Norden Spaniens, außerhalb des arabischen Einflusses, wurde wiederum der Versuch unternommen, Astrologie und Christentum auf harmonische Weise miteinander zu verbinden. Der katholische Wallfahrtsort Santiago de Compostela (= Heiliger Johannes von den Sternen) war sein kultureller Fixpunkt.[20]

Iudicia – wie Christen Horoskope deuten dürfen

Nach der Jahrtausendwende begann man sich auch in Mitteleuropa wieder mit den Sternen zu beschäftigen. Zeugnis von kaiserlicher Beschäftigung mit der Astrologie legt auch der Krönungsmantel von Heinrich II. (1002–1024) mit

seinen prachtvoll gestickten astrologischen Symbolen und Sternbildern ab.[21] Und eine der berühmtesten Astrologenschulen unterhielt der Stauferkaiser Friedrich II. in Sizilien. An seinem Hof trafen sich Christen und Araber, wurden viele wichtige Bücher neu aus dem Griechischen und Lateinischen übersetzt. Dem gingen Jahrhunderte der intellektuellen Stagnation voraus. Das Ideal der Scholastik verkörperte der nach innen gekehrte und permanent kontemplierende Mönch, der in seiner Zelle nur diejenigen Schriften kopierte und übersetzte, die mit dem christlichen Glauben der römischen Kirche übereinstimmen. Da sich die Mathematik einzig durch die andersgläubigen Araber weiterentwickelt hatte, glaub-

---

Abb.: Roger Bacon. Aus: „Der Orden der Erleuchteten", Kupferstich von Franz Cleyn, 1659

19) Durovic 1998

20) Brand 1992

21) Diözesanmuseum Bamberg

te man, sie nicht übernehmen zu dürfen. Die von ihnen verwendete Null (Symbol für das Nichts) hatte für die Christen genauso etwas Teuflisches wie die liegende Acht ∞ (Zeichen für Unendlichkeit). Sie stand für den mathematischen Begriff *unendlich* und war deshalb genauso suspekt. Wenn als äußerste Sphäre des Kosmos der göttliche Bereich galt, das *Primum mobile*, dann konnte es keine Unendlichkeit geben.

In manchen Klöstern begann man, alte astrologisch-astronomische Schriften neu zu übersetzen. Um das Jahr 1150 schrieb der schottische Mönch Sacrobosco (=John Halifax/ Hollywood/Heiligenwald) sein berühmtes Büchlein von den Sphären, eine Zusammenstellung griechischer und römischer Schriften. Noch 300 Jahre später gehörte es zur Standardliteratur an den Universitäten.

Roger Bacon (1214-1292), der englische Theologe, Philosoph und Naturforscher, beschrieb das Leben als ein Wechselspiel zwischen freiem Willen und Einflüssen der Gestirne.[22] Für die Veröffentlichung seines *Speculum astronomiae* wurde er kirchlicherseits mit gefängnisähnlichem Arrest bestraft. Als Schüler des magisch-okkult orientierten Naturphilosophen Robert Grosseteste entwickelte Bacon ein neues Verständnis der Astrologie, leitete damit ihre Wiedergeburt im Abendland ein. Fatalismus und Schicksalsgläubigkeit lehnte er ab. Statt sich auf Voraussagen zu spezialisieren sollte der Astrologe methodisch, wissenschaftlich vorgehen, Chancen und Möglichkeiten ausloten. Dem Menschen sei es möglich, innerhalb gewisser Grenzen sein Leben selbst zu bestimmen.

Der Benediktinermönch und Kirchenvater Thomas von Aquin (1225/7-1274) hatte die Sternenkunde und Sternendeutung ausführlich studiert und Richtlinien aufgestellt, nach denen ein Christ Astrologie praktizieren dürfe. Vereinbaren ließ sich mit christlichem Glauben lediglich eine natürliche Astrologie, also die Beobachtung himmlischer Phänomene sowie deren allgemeine Ausdeutung. Problematisch sei jedoch die judikative Astrologie, welche auf konkrete Vorhersagen von Ereignissen abzielt. Zwar war Aquin davon überzeugt, daß die Bewegung der Gestirne die meisten irdischen Begebenheiten beeinflußt: „Die Himmelskörper sind die Ursache allen Geschehens in der sublunaren Welt." Auch könne man mit Hilfe der Vernunft von Vergangenem und Gegenwärtigem auf die Zukunft schließen. Doch nicht alle Ereignisse aus den Sternen ließen sich ablesen. Vieles sei dem Bereich der Vorsehung zuzuordnen und somit dem göttlichen Willen zu überlassen. Damit gab er zukünftigen Generationen eine Möglichkeit, sich ebenfalls mit den Sternenwissenschaften zu beschäftigen, ohne gleich in den Verdacht der Häresie zu kommen.

Als sich zu Beginn des 15. Jahrhunderts im christlichen Europa die Bildung immer mehr von den Klöstern auf die neu gegründeten Universitäten verlagerte, die strenge, kirchlich gebundene Scholastik vom weltoffenen Geist des Humanismus abgelöst wurde, belebte dies auch den Kontakt zwischen Astrologie und Christentum. In dieser Zeit schrieb Johannes Stoeffler seine berühmten Gestirnsstandstabellen mit der Warnung an alle Christenmenschen, sich die Konstellation in den Fischen 1524 einmal näher anzuschauen. Was wirklich damals passierte, erfahren wir im nächsten Kapitel. Stoeffler selbst überlebte die Konstellation und starb hochbetagt einen damals wohl recht häufig vorkommenden Intellektuellentod: Er wurde von einem herabstürzenden Bücherregal erschlagen. Ob sich

---

Abb.: Thomas von Aquin

22) Kuper 1996

die Druckwerke auf diese Weise an ihm rächen wollten und ob er auch dieses Ereignis prognostizierte, wissen allein die Sternengötter.

Mythos und Wissenschaft, wie sehr beeinflussen sie sich doch gegenseitig! Viele der hier aufgezählten Religionen haben ihre Grundlage in rein physikalischen Phänomen wie z. B. dem Jahreslauf der Sonne und den Phasen des Mondes. Religion ist also in gewisser Weise Technik. Andererseits hängt der Nutzen der Wissenschaft stark von der jeweiligen Ethik ab. Zur Zeit der Scholastik, als die Wissenschaft praktisch in der Zange der christlichen Kirche hing, entwickelte sie sich nur sehr beschränkt weiter. Seit der Aufklärung zeigt sich, wie destruktiv eine verselbständigte Technik werden kann. Die Versuche der Reformationszeit, Astrologie/Astronomie und Christentum noch einmal zusammenzubringen, kann man auch als den Versuch verstehen, einer sich weiterentwickelnden Wissenschaft ein ethisches Konzept zu geben, um die destruktiven Kräfte des Fortschritts zu bändigen.

Von den fischen

im fischen ist ein mittel läss /
den füssen doch gar vngemäss.
purgieren gut mit pilulen /
wunden schneiden / mit bad versehn.
haarkürtzen / sähwen / pflantzen gut /
und arbeyten in feures glut.

Die fisch das zwölfft zeychen / kalt vnd feucht / phlegmatisch / jupiter hauss / hat am menschen die füss. wann die sonn darinn / wirt es dick feucht / finster / vnd regenwetter.
so der mon darinn / ist nicht gut artzneyen / nit gut gesind dingen / noch im feur arbeyten.

gut ists mit prelaten handlen / weiden / freundtschafft vnnd fried machen / tranck / artzney vnnd pilulen nemmen / kauffen vnd verkauffen / wandern gegen mitternacht / newe kleyder anlegen / haar beschneiden. ist mittel aderlassen / ohn auff den füssen / gut wunden schneiden / fischen / wasserbäw anfahen / schiffen / bäum setzen / ligende güter kauffen vnd verkauffen. es gibt wässerig / feucht / vnd kalte zeit.

wer vnder dem zeychen geborn oder empfangen / hat zugleich glück vnd vnglück. er wirt vnstät / mildt / fridsam / redt wenig / schwacher natur / forchtsam / vnd erbars lebens.
ein knäblin geborn zwischen dem 19. tag hornungs / vnd dem 20. mertzens / ist der natur dess zeychens fisch. kalt / feucht / weibisch / hübsch / langes angesichts / eines erbarn wandels / gut süsser reden / wenig lügenhafft / vnderthenig / schnellen glücks / rhumgeitzig / wolredend /

Text und Abb.: Bacharach 1583

misstrew / forchtsam / hat lust zu fischen / jagen vnd vnkeusch. sein weib gibt jhm ehr vnd gut / er helt jhr aber kleinen glauben / fellt derhalben inn armut / ist krancker natur. sein höchstes glück neyget sich zu den landen der mittnacht vnd auffgangs der sonnen / die land dem mittag vnderworffen / seind jm nit so vnglücksam. aber der sonnen nidergang ist jhm widerwertig. sein beste farben seind / braun / weiss / grün. sein beste übung seind wässerechte ding / oder was auss der erden erwunnen wirt / feurige ding seind mittel. alle lüfftige handtierung in der höhe / seind jhm vnglücksam vnd bös. seine kranckheyten dess leibs äugen sich vmb das halb alter / fast vmb das hertz / magen / nieren / seiten oder rippen / an schenckeln oder füssen / durch hitz.

ein meydlin geborn in solcher zeit ist derselben complexion. wirt ehrsam / gross / geystlich / zornig / kläffig / dummer gedancken / seltsamen glücks / wirt schand leiden bey dem ersten mann / oder in der jugent / mit dem letzten glück vnn freud erleben / wirt leide schmertzen der mutter / durch feur / der schenckel / der füss / magens / hertzen / nieren. ir farben / glück vnnd fall / wie oben gemeldet.

*

Von dem Jupiter

vernünfftig / gelehrt / verschwiegen / gerecht /
also seind all mein kind vnd knecht.
langwirig / trefflich ding treib an /
mit kauffmanschafft wol gewinnen kan.

Jupiter der ander planet / von natur warm und feucht / bezeyychner dess guten vnd rechten gerichts / fridlich / auss den farben des blaw. auss den tagen den donnerstag / vnnd nächten sontags nacht / süss am geschmack. jupiter stehet nach saturno aller höchst am himmel / lauffet 12. jar vor der sonnen / erfüllet seinen lauff in 12. jaren durch den zodiacum oder 12. zeychen / ist inn jedem zeychen ein jar. der krebs ist sein erhöhung / darinn er grossen gewalt hat. der schütz vnn fisch seind seine heuser / hat darinnen auch grossen gewalt. im zwilling / jungkfrawen / vnnd steinbock hat er keinen gewalt / er fellt im steinbock.

jupiter hat vnder den bäumen / eychbaum / bonen / zucker / nüss / mandeln.

von den edelgestein hat er den smaragd / saphir / ametist.

von den metallen zinn.

von den thieren / adler / hirss / vnnd alle hübsche zame thier / so da nit geneygt seind zu schaden.

under den geschmack süss. under den landtschafften hungern / hispanien / collen.

In den Stunden Jupiters ist gut /

könig krönen / heirat machen / kleyder schneiden vnd anlegen / allerley thier rei-

---

Text: Bacharach 1583, Abb.: Pegius 1586

ten / wandern / säwen / baum pflantzen / bäw anfahen / gut mit königen / fürsten / vnnd geystlichen herren handlen vnnd reden. die stund bringt den kauff leuten guten gewinn inn der substantz / gut gelt anlegen / mit der wechsel handlen / besonder mit silber / gut zu schiff sitzen / aderlassen / frid machen / braune rossz kauffen / ist alles gut darinn zu handlen was zur gerechtigkeyt gehört.

nit gut waffen kauffen / hüt dich vor fewr. es ist nicht gut tieffe gruben grawen / vnd in der erden vmbgehn / nit gut schaaf vnd andere thier kauffen.

Ein Kind geborn in Jupiters stund /

Wirt vernünfftig vnd weltweise / legt aber seine vernunfft nit wol an / dann er waget leib vnd seel an das zeitlich / kan sich auss falschem hertzen freundtlich gegen den leuten erzeygen / hat ein schön breyt angesicht / ein schlechte nasen / lang haar / ist barmhertzig / hat frawen heimlich lieb / hat fromme leut lieb / hasset böse leut / kan guten rath geben / hat gerechtigkeyt lieb / hat gern wolschmakkende ding / ist frölich / thue niemandt nichts zu gut / man bitt jhn dann ernstlich darumb / hat alle seine sachen heymlich / er bedarff sich wol fürsehen / dass er nicht jähling sterbe. wanns jhm wolgehet / so hilfft er den leuten.

diese obberürte eygenschafft wircket jupiter inn seinen stunden kräfftigklich / so die sonn in seinen heusern laufft / als im hornung inn fischen / im wintermonat im schützen. wann der mon neuw wirt in seiner stund / ist der halb monats trucken / das ander theyl fast windig. jupiter mit sampt dem mars hat im menschen innen die lebern / rippen / darumb hüt dich inn jren stunden / artznei die leber nicht.

*

Pionierarbeit in der Diaspora

Es gibt nichts Gutes, ausser man tut es.

Volksmund

Astrologen sind unfehlbar.

Aby Warburg

Schon im berühmten *Tetrabiblos* des Ptolemäus gehört zum kämpferischen Tierkreiszeichen Widder der feuerrot am Himmel leuchtende Planet Mars, Gott des Feuers und Krieges. Doch ganz so eindeutig ist diese astrologische Analogiekette nicht. In der Geschichte der Deutungszuordnungen vollzog sich häufig ein Bedeutungswandel, und dies betrifft auch Zeichen und Symbole.[1]

Die Astrologie im alten Griechenland schrieb vielen weiblichen Göttinnen martialische (=marsische) Eigenschaften zu, so z. B. Pallas Athene oder den Amazonen. Die Rolle des Kriegerischen übernahm zeitweilig die Planetengöttin Venus. Ihr Symbol ♀ hat seinen Ursprung vermutlich im ägyptischen Ankh, einem Henkelkreuz, das der Pharao bei allen seinen Amtshandlungen, die Schlinge umfassend, in seiner rechten Hand getragen haben soll.[2] Durch Drehung des Zeichens entstand die erste Form des Mars-Symbols. Das Kreuz ⚨ wurde dann zum Pfeil ♂, und fortan zeichnete man den nun männlichen Kriegsgott in der heute noch gebräuchlichen Form.

In der Polarität des Widders ♈ (Beginn der Frühjahrs-Tagundnachtgleiche) mit der im Jahreslauf und Tierkreis gegenüberliegenden Waage ♎ (Herbstanfang) findet sich noch etwas von diesem archaischen Antagonismus. Während moderne Astrologen die geistige Schärfe und Aggressivität der Waage mit dem Begriff *Denkpeitsche*[3] umschreiben, sprechen sie beim Widder von *Initiative.*[4] Daß die zugegebenermaßen rücksichtslose Ich-Haftigkeit der Widder-Geborenen durchaus auch Frieden erzeugen kann, zeigen z. B. Johann Carion und Ottheinrich von der Pfalz. Unsere Geschichte beginnt im katholischen Nuremberga (Nürnberg) und endet im katholischen Policy bei Paris. Dazwischen liegen aufregende Abenteuer im wilden Nordosten Europas, damals noch Diaspora genannt, Region der Ungläubigen - zumindest aus der Sicht manch überzeugter Christenmenschen und Sternendeuter.

Kämpfe der Hohenzollern

Nach der christlichen Eroberung der ostelbischen Gebiete und dem Aus-

Abb.: Detail des Weltglobus aus „The Ambassadors", Hans Holbein, London 1533

1) Müller 1992

2) Sterneder 1977:124

3) Döbereiner 1978

4) Vetter 1989:30

sterben der männlichen Linie der Askanier setzte 1412 König Sigismund den Nürnberger Burggrafen aus dem Geschlecht der Hohenzollern als Stadthalter der Mark Brandenburg ein.

Das Herrschaftsgebiet lag am äußersten nordöstlichen Zipfel des Heiligen Römischen Reiches Deutscher Nation, und das mit der Knute mühsam zwangschristianisierte slawische Volk war noch nicht vollends befriedet. Nach vielen Auseinandersetzungen mit Raubrittern, die das Territorium als erste den Slawen abgetrotzt hatten, und der rebellischen Zwillingsstadt Berlin/Cölln gestaltete sich die Situation auch zu Beginn des 16. Jahrhunderts immer noch mehr als kritisch, zumindest für den damals regierenden unbeliebten Kurfürst Joachim I.

Im Osten zeigte der Deutsche Orden Auflösungserscheinungen. Und westlich von Brandenburg regierte Joachims Bruder Albrecht als Bischof von Magdeburg und Erzbischof von Mainz, hoch verschuldet durch Zahlungsverpflichtungen an Rom und die Fugger, und dadurch zum Ablaßhandel gezwungen. Südlich schloß sich als Nachbarland Kursachsen an. Dort kämpfte der närrisch gewordene ehemalige Mönch Luther mit wachsender Popularität gegen eben diesen Handel mit päpstlichen Schuldscheinen, die Reformation in Wittenberg war derzeit schon in vollem Gange.

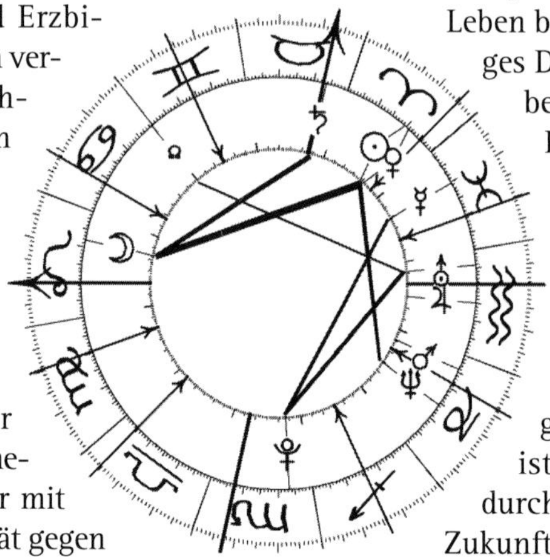

Zu allem Unglück hatte Joachim I. dann auch noch Ärger mit seinem angetrauten Eheweib, einer dänischen Prinzessin. Sie teilte sein starres Festhalten an der päpstlichen Kirche nicht und fühlte sich zudem durch eine Mätresse herabgesetzt. Ach ja: Und außerdem sollte in zwei Jahren der Weltuntergang stattfinden! Das schrieben Dutzende von Astrologen in ihren Kalenderblättern. Joachim I., genannt Nestor, befand sich also in einer klassischen Krisensituation. Der Mann hatte Probleme. Wenn das kein Grund ist, sich einen Astrologen an den Hof zu holen!

Geheimdiplomatie eines Sternendeuters

„Überhaupt liegt über seinem Leben bis 1522 ein völliges Dunkel ...“ schrieben die Historiker.[5] Für Johann Carion (1499-1537), ein rechter Widder-Geborener, gilt: Vollkommen unwichtig ist die Vergangenheit, das Leben ist hier und jetzt, durch die Tat wird die Zukunft gestaltet. Inzwi-

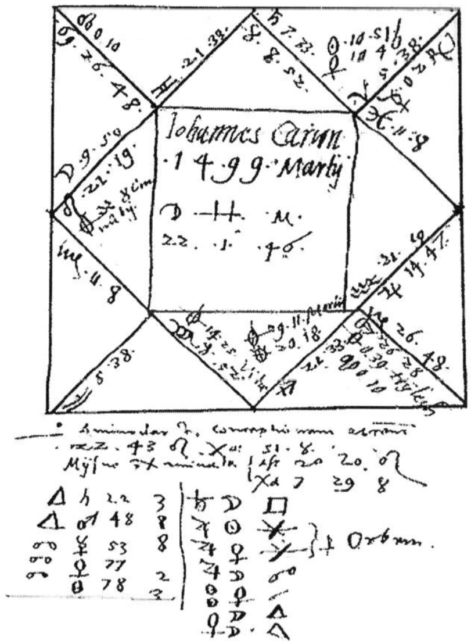

schen scheint erwiesen, daß er unter seinem ursprünglichen Namen Nägelin an der Tübinger Universität eingeschrieben war.[6] Dort erlernte er wahrscheinlich bei Johann Stoeffler die Astrologie und kam mit seinem Mitstudenten Philipp Schwarzerdt in Kontakt. Beide änderten später ihre Namen nach Humanistenart ins Lateinische bzw. Griechische um. Daß er sein Studium erfolgreich abschloß, den Magister in Frankfurt an der Oder absolvierte und in Wittenberg eine Professur innehatte,

---

Abb. oben: Carions Horoskop, Abschrift einer Zeichnung von Melanchthons Freund Schöner

Abb. links: Johannes Carions Geburt am 22. 3. 1499 in Bietigheim 13:45 Ortszeit

5) Hamel 1988:7

6) Strobel 1782, Kuhnow 1916, Wattenberg 1973/1, Fricke-Hilgers 1990, Kiessing 1990

konnte sich anhand der Universitätseintragungen nicht bestätigen. Erwiesen ist, daß er später unter großem finanziellen Aufwand seinen Doktor der Medizin machte. Im Grunde sind diese akademischen Details für die Beschreibung eines Mannes seines Kalibers aber vollkommen unwichtig. 1522 wurde Carion an den Hof des brandenburgischen Kurfürsten Joachim I. nach Berlin gerufen. Dort leistete er als erster und einziger Astrologe der Region wahrlich Pionierarbeit.

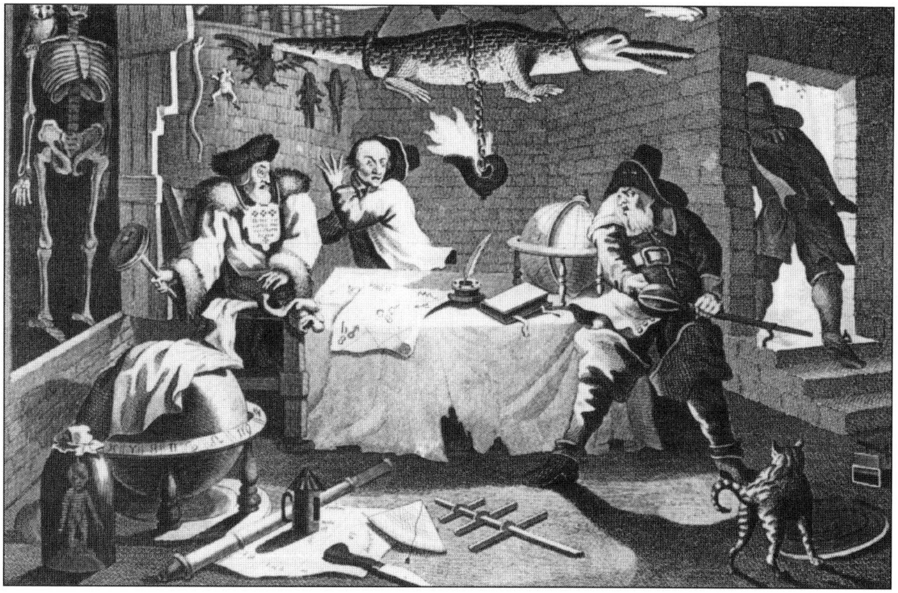

Was war dies für ein Mann, von welchem Charakter und welcher Gestalt? Für diejenigen, die aus dem Geburtshoroskop auf die äußere Gestalt schließen können, seien hier zwei Varianten angeboten. Ein *vaterländischer Roman* schildert ihn dergestalt:[7]

In einer Ecke des halbverdunkelten Gemaches, wo Himmels- und Erdgloben, Triangel, Fernrohre, Pendel- und Sanduhren und andere astronomische und astrologische Gerätschaften in scheinbarer Unordnung umherstanden, daneben aufgeschlagene oder übereinander getürmte Folianten, auch wohl Gerippe sichtbar wurden von Krokodilen, Schildkröten und Einhörnern an der Decke oder zwischen dunkel wallenden, schweren Vorhängen - im Zwielicht dieses Winkels bewegte sich leise eine Gestalt, die man geneigt war, auf den ersten Blick für eine Puppe oder ein Bild zu halten, das in diesen Dunst- und Nebelkreis gehörte, und ein Mechanismus bringe die Bewegung hervor.

Es war auch ein blasses Gesicht, auf einem großen Kopfe, mit scharf geschnittenen Zügen, aber diese Züge waren so bewegungslos, daß sie einer Holzpuppe angehören konnten, eine Vermutung, die durch den mehr als vollständig ausgewachsenen Kopf gerechtfertigt schien, der hinter dem bepackten Tische allein zum Vorschein kam, während der dahinter verborgene Leib der eines Kindes hätte sein müssen; aber wenn das Gesicht die blaßgelben Wimpern aufschlug, schoß aus den rötlich umränderten Augen, die von langen Nachtstudien sprachen, ein stechender und forschender Blick hervor, den keine mechanische Vorrichtung nachbilden konnte.

Ein solch stechender und forschender Blick hatte eben den Kurfürsten getroffen, als auch dieser seine Augen aufschlug.

„Nichts?" fragte Joachim.

„Nichts mehr."

„So war es Täuschung? Deine Augen, Carrion, werden trüb von dem Nachtwachen."

„Die Sterne täuschen nie", entgegnete der Astrolog, „und meine Augen sind noch scharf. Der Wassermann ist's, der's am wahrhaftesten mit uns meint; wir mögen uns nur in Zeit und Raum verrechnen. - Unsere Instrumente sind Arbeit von Menschenhänden."

„Ich will dir bessere verschreiben lassen, aus Venedig. - Es wird noch Zeit sein?"

Carrion nickte.

„Wohlan, wenn es noch Zeit ist, zu anderen Sorgen. - Verschwinde."

Um es gleich vorwegzunehmen: Wilibald Alexis lag mit seiner Physiognomie doch ziemlich weit daneben. Und astronomische Gestirnsbeobachtungen wurden dort in Berlin wohl auch kaum gemacht, die Horoskope konnten mit Hilfe der gedruckten Ephemeriden be-

---

Abb.: Gravur von William Hogart, das satirische Gedicht „Hudibras" von Samuel Butler illustrierend, mit Karikatur William Lillys. Dieses Bild wird Alexis inspiriert haben.

7) Alexis 1925. In seinem „Vaterländischen Roman", geschrieben kurz nach dem verlorenen ersten Weltkrieg, war der Autor scheinbar bemüht, die damals populäre Dolchstoßlegende auf den Astrologen Carion zu übertragen.

rechnet werden. Mit den „Instrumenten aus Venedig“ wird der Autor wohl Fernrohre gemeint haben - nicht wissend, daß diese erst ein Jahrhundert später von niederländischen Glasschleifern und Galileo Galilei in Florenz entwickelt wurden. Und ob Kurfürst Joachim seinen Carion wirklich so rüde behandelte?

Ein ganz andersartiger, von einem erklärten Freund der Astrologie geschriebener Roman schildert die gegenseitige Hochachtung zweier elitär-gebildeter Kulturmenschen und kommt der Wahrheit damit vermutlich näher:[8)]

Der Kurfürst war unvermittelt vom Deutschen zum Latein übergegangen, einem unrhetorischen, sehr klaren und vollkommen tadelfreien Latein.

Dies tat er häufig, zumal wenn die Unterredung an Gedanken reicher wurde.

Ja, es konnte bisweilen sogar scheinen, als bereite es ihm ein vielleicht uneingestandenes Vergnügen, einen der Römersprache nur mangelhaft Kundigen in Verlegenheit zu setzen, wenn nämlich der Gesprächspartner zu jenen Ständen gehörte, von denen Joachim eine Kenntnis der alten Sprachen erwartete.

Carions geschliffene und zugleich höchst lebendige Latinität bewunderte er, ohne sie zu erreichen.

Carion antwortete in der gleichen Sprache, von nun an den Kurfürsten mit „du“ anredend und zwischen den Benennungen „Princeps“, das ist: Fürst, und „Elector“, das ist: Kurfürst, abwechselnd.

Um der Rätselei ein Ende zu setzen: Carion war weder ein verkrüppelter Zwerg noch gehörte er zur Gattung durch humanistische Bildung überzüchteter Schöngeister. Zum Beweis läßt sich ein unzweifelhaft ihn darstellendes Bildnis heranziehen. Im Jahre 1530 reiste der berühmte Wittenberger Maler Lucas Cranach d. Ä. nach Berlin zum brandenburgischen Kurfürsten Joachim I. Das aus dieser Zeit stammende Bildnis zeigt eine edle Linienführung, die wohl nur vom prominenten Meister persönlich stammen kann: voller Stolz, mit Wappen, Pelzkragen und feinem Rock, den Insignien eines höfischen Edelmannes. Es ist ein feister Mann, doch mit klarem Blick und einer natürlichen Würde.

Fürwahr, er war der erste Astrologe in Brandenburg – und wahrhaft stolz darauf. Lassen wir ihn selbst sprechen, indem wir die Inschrift auf dem Gemälde Cranachs wiedergeben:[9)]

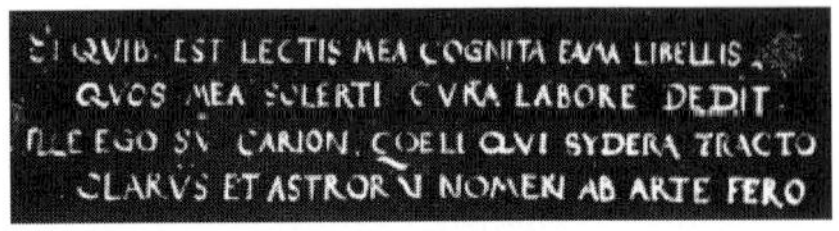

Ich bin Carion, der berühmte Verfasser von vielgelesenen Werken, die ich auf Grund meiner Arbeit und meines Studiums verfaßt habe, ich untersuche die Gestirne und rühme die Namen der Sternbilder.

Die Obrigkeit entgeht dem Weltuntergang

Je näher der Weltuntergangstermin rückte, um so stärker wurde die Panik. Das Titelbild von Carions *Prognosticatio vnd er=klerung der grossen wesserung/ Auch anderer erschrockenlichenn// wuerckungen* stellt die Konstellation vom 19.2.1524 bildhaft dar. Alle sichtbaren Lichter und Planeten waren im Zeichen der Fische versammelt.

Eine rationale Erklärung für die damals grassierenden Ängste und Befürchtungen wäre, daß die starren und kaum reformierbaren gesellschaftlichen Verhältnisse den Menschen nur noch die Wahl ließen, an einen Weltuntergang zu glauben. Wer Geld hatte, kaufte sich ein Schiff, der kleine Mann war

Abb. links: Johann Carion, Öl auf Holz, Lucas Cranach d.Ä., um 1530

Abb. oben: Carion-Gemälde, Detail

8) Bergengruen 1940. Die Astrologie stand zur Zeit der Drucklegung des Buches im NS-Staat unter erheblichem Druck. Der Autor war scheinbar bemüht, die Loyalität dieses Berufsstandes hervorzuheben. Siehe hierzu auch: Hoppmann 1998/3

9) Zimmermann 1937

darauf angewiesen, Gott um Gnade zu bitten. Überhaupt darf man die ganze Angelegenheit nicht mit den kalten, ganz dem Kausaldenken verschriebenen Augen von Menschen des Computerzeitalters betrachten: Damals herrschte die feste Überzeugung, daß diese Konstellation eine Strafe Gottes sei und es folglich auch der unendlichen Gnade des Primum Mobile, dem ersten unbewegten Beweger himmlischer Sphären, anheimzustellen sei, das Jüngste Gericht doch bitteschön auf einen späteren Zeitpunkt zu verschieben. Daß die Welt jederzeit untergehen könne, daran glaubten allerdings auch ganz bibelfeste Astrologiekritiker wie Martin Luther.

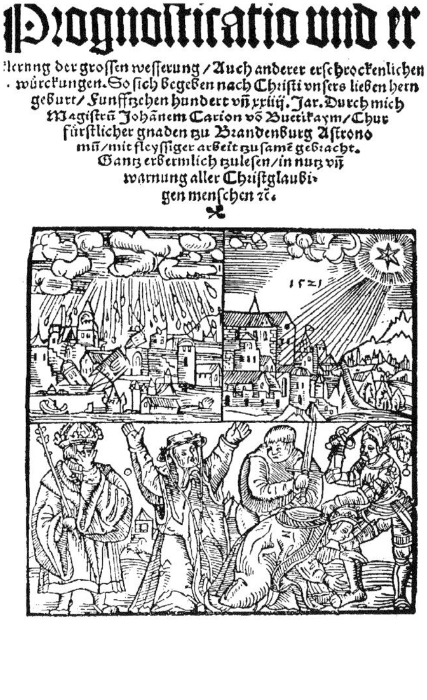
Prognosticatio vnd er
klerung der grossen wesserung / Auch anderer erschrockenlichen
würckungen. So sich begeben nach Christi vnsers lieben hern
geburt / Funfftzchen hundert vñ xxiiij. Jar. Durch mich
Magistrũ Johãnem Carion võ Buetikaym / Chur
fürstlicher gnaden zu Brandenburg Astrono
mũ / mit fleyssiger arbeit zusamẽ gebracht.
Gantz erbermlich zulesen / in nutz vñ
warnung aller Christglaubi-
gen menschen rc.

Moderne Astrologen der heutigen Zeit würden in jener Planetenballung in den Fischen wohl ablesen, daß die Volksseele zu jenen Tagen ungeheuer sensibilisiert war und zu Hysterie und Wahnsinn neigte.[10] Außerdem würden sie die Konstellation abstrakter deuten.[11] Dem Bereich der Fische entsprechen nun mehr die inneren Ängste und Sehnsüchte der Kollektivpsyche, die Spiritualität. All dies fand seinen Ausdruck in den vielen neuen Sekten wie zum Beispiel den Wiedertäufern, welche die Ideen der Reformation noch radikaler umsetzen wollten.

Das Jahr 1524 prägte in der Tat eine Weltuntergangsstimmung. Hinfortgespült wurde der naive Glaube an die Obrigkeit und an die Kirche. Die Bauern wollten die Sache nun selbst in die Hände nehmen. Es gab eine erste Vorstellung von dem, was man heute Sozialismus nennt, und man warb noch um Luther als radikalen Führer dieser Idee. Ein Jahr später dann, im Jahre 1525, als der Obrigkeitsplanet Saturn in das kriegerische Zeichen Widder wechselte, schrieb Luther seine Kampfschrift *Wider die rottenden Bauern.* Söldnertruppen der Fürsten schlugen in blutigen Massenabschlachtungen die nur spärlich bewaffneten Bundschuhtruppen – vernichtend. Der Traum vom spirituellen Bauernland war ausgeträumt, und Luther ein Fürstenfreund.

Zurück zu Kurfürst Joachim I. von Brandenburg und seinem Geheimdiplomaten Johannes Carion. Als der Weltuntergang im Februar 1524 nicht eintraf, wurde bei der nächsten kritischen Konstellation der Begriff High-Society wortwörtlich in die Tat umgesetzt. In der *Historischen Beschreibung der Chur und Mark Brandenburg* heißt es:[12]

Vor allem ist merkwürdig, was sich Anno 1525 zu Berlin den 15. Juli mit Churfürst Joachimo begeben.

Diesem hatte ein Astronomus feierlich gewarnet, daß an demselben Tag ein groß Wette würde kommen, und wäre zu besorgen, beide Stäte Berlin und Kölln möchten untergehen. Ist also mit seiner Gemahlin, der jungen Herrschafft und vornemsten Bedienten auf den Tempelhofischen berg gezogen, um die begebenheit der beiden Stäte abzuwarten.

Als er aber sich lange da aufgehalten und nichts daraus geworden, hat ihn seine Gemahlin, wie sie denn eine sehr gottesfürchtige und christliche Fürstin gewesen, gebeten, daß er möchte wieder hineinziehen, und bei seinen armen Unterthanen auswarten, was Gott tun wollte, weil

---

Abb. Titelbild aus Johann Carions „Prognosticatio vnd er=klerung der grossen wesserung/ Auch anderer erschrockenlichenn//wuerckungen“

10) Zusätzlich stand der damals astronomisch noch nicht erfaßte Planet Neptun ebenfalls im Fischezeichen.

11) Vorangegangen war mit Plutos Transit durch das Religionszeichen Schütze ab 1502 eine offensichtliche Dekadenz und Verweltlichung der Päpste in Rom. Zugleich entwickelten sich in diesen Jahren weitgehende Konzepte für eine Reformierung des ganzen Systems der Kirche. Mit dem Eintritt Plutos in das konkrete Steinbockzeichen setzte Luther dann am 31.10.1517 mit seiner Thesenveröffentlichung ein sichtbares Zeichen der Erneuerung.

12) Ob man dieser Beschreibung des Historikers Hafftitz aus dem frühen 18. Jahrhundert tatsächlich glauben darf, ist allerdings fraglich.

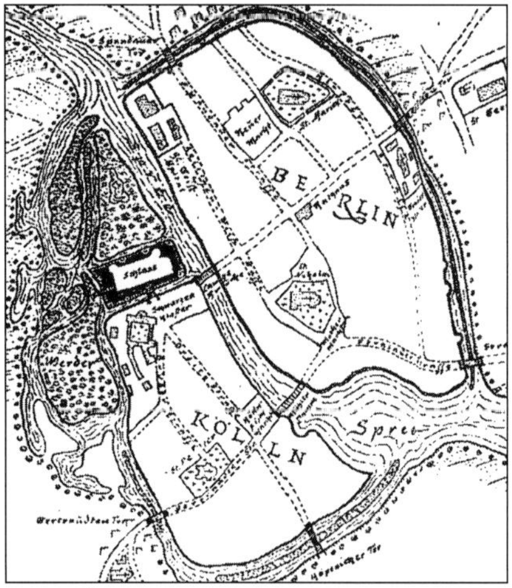

sie es vielleicht nicht allein verschuldet, darüber er bewogen, und um 4 Uhr gegen abend wieder gen Kölln gefahren.

Ehe er aber an das Schloß gelanget, hat sich ein Wetter bewiesen, und wie er unter das Schloßthor gekommen, dem Churfürsten 4 pferde vor dem wagen samt dem Kutscher erschlagen, sonst keinen schaden mehr gethan.

Dichtung oder Wahrheit? Wer es glaubt, wird - Pardon - selig. Dies ist auf jeden Fall eine herrliche Geschichte, voll von Aktion und Tatendrang. Wie sagte schon Oscar Wilde: „Ausführlich zu schildern, was sich niemals ereignet hat, ist nicht nur die Aufgabe des Geschichtsschreibers, sondern auch das unveräußerliche Recht jedes wirklichen Kulturmenschen."

Dem lebenslustigen Carion hat die nicht eingetroffene Prophezeiung kaum geschadet. Man stellte (wie auch die eingangs zitierte Bemerkung Aby Warburgs andeutet) zu Luthers Zeiten die Astrologie nicht unter den Erfolgsdruck konkreter Ereignisse, sondern bemühte sich darum, ihre Metaphern gleichnisartig nachzuempfinden. Ja, und viele seiner Prognostica erreichten sogar eine derartige Popularität, daß man anzweifelte, ob sie nicht auf hellseherischen, außerhalb der sternendeuterischen Kunst liegenden Fähigkeiten beruhen könnten. Im Jahre 1531 schrieb deshalb auch ein Astrologe namens Andreas Perlach, dessen eigene Kalenderblätter nicht der außerordentlichen Beliebtheit Carions nachkamen:

Keiner soll meine iudicia vergleichen gegen des Carion, welcher nicht aus dem Grund der natürlichen Kunst Astrologia, sondern aus einer andern, die er vielleicht nicht melden darf, genommen hat, denn es sind mehr Künste daraus man künftige Sachen anzeigen kan, die aber nicht allein bey den Christen, sondern auch bey den Heiden bey dem Schwerd und Brandt, warlich nicht ohne besondere große Ursache schwerlich verboten sind worden.

Es läßt sich Neid aus diesen Zeilen herauslesen, aber auch der seriöse Anspruch, einzig mit Hilfe der Logik, aus dem Intellekt heraus, die Konstellationen der Gestirne erklären und deuten zu wollen.

In diplomatischen Diensten

Carion blieb noch lange als Diplomat in den Diensten des Kurfürsten, weitete seine astrologische und diplomatische Tätigkeit noch auf Albrecht von Brandenburg-Ansbach, Deutschordensmeister und Herzog in Preußen aus. Laut

Vermerk des hohenzollernschen Hofastrologen in romanischer Stundenzählung wurde Albrecht im Schloß zu Ansbach „am 16. Maji nach Mittag 14 Stunden, 1 Minut in der Nacht Jovis in der Stund Martis" geboren.[13] Vom Aszendenten her Widder, beschrieb er ihn als von kräftiger Statur, braunäugig und dunkelhaarig, leicht schielend. Des Lateins kaum mächtig, was für einen Fürstensohn ungewöhnlich ist, ließ er sich ein Leben lang lateinische Schriftstücke übersetzen. Der in Königs-

---

Abb. links: Berlin und Cölln um 1520

Abb. oben: Markgraf Albrecht von Brandenburg als Hochmeister des Deutschen Ordens im Alter von 32 Jahren, Hans Henneberger 1522

13) 7.5.1490 Ansbach 2.01 Uhr LMT, lt. Hubatsch 1985:15

berg residierende Albrecht hatte auf Anraten Luthers das Ordensland Preußen in ein weltliches Herzogtum umgewandelt.[14] Allerdings klärte sich erst nach über einem Jahrzehnt, welche christliche Glaubensrichtung dort die Oberhand gewinnen würde. Carion bietet sich dem Fürsten als Berater an:[15]

... deshalb E.F.G [Euer Fürstliche Gnaden] auch heimlich oder öffentlich mit mir handeln lassen mögen, nicht allein in Sache die Astronomie betreffend, sondern auch in allen anderen Geschäften ...

Fortan erstellte er ihm astrologische Gutachten und überbrachte Botschaften. Sein politischer Einfluß war enorm. Deshalb wurde er auch von Luther hochgeschätzt. Der Reformator schrieb ihm mindestens einmal persönlich, bedankte sich für die Übersendung eines Heringsfasses und verglich in einem Wortspiel den fettleibigen Gourmet mit Charon, den griechisch-mythologischen Fährmann zur Unterwelt.[16]

1535 wurde der radikalreformatorischen Sekte der Wiedertäufer in Preußen der Aufenthalt untersagt. Der Wittenberger Protestantismus setzte sich in Berlin endgültig durch, Resultat vor allem der guten persönlichen Kontakte: Luthers Schwager Johann von Bora bekleidete das Amt eines Burggrafen zu Memel, Luthers Sohn Hänschen studierte in Königsberg, seine Schwester Margarethe verbrachte ihren Lebensabend in Preußen. Durch Vermittlung Melanchthons förderte Herzog Albrecht zudem die Erstellung der *Preußischen Gestirnstafeln* durch dem Mathematiker Erasmus Reinhold.

Die Bedeutung Carions für die Politik im Jahrhundert der Reformation wird vollends deutlich, wenn man sich vor Augen hält, daß sein oberster Dienstherr, Kurfürst Joachim I. von Brandenburg, als erklärter Verteidiger der päpstlich-katholischen Kirche galt und sogar testamentarisch seine Nachkommen auf diesen Glauben festlegen wollte. In seinem Herrschaftsbereich war die Lutherbibel verboten. Doch erstaunlicherweise finden sich in Carions 1529 gedruckter Schrift *Bedeutnus und offenbarung warer himlischer influxion* weite Textpassagen, die eindeutig der Luther-Übersetzung entnommen sind!

Angesichts solch protestantischer Geheimdiplomatie wird auch verständlich, wieso Thronfolger Joachim II. nach dem Tod des Vaters in Kurbrandenburg ebenfalls die Reformation einführen konnte. Vom Vater her hatte jener lediglich eine Vorliebe für die Sternendeutung ererbt. Wahrscheinlich wurde auch auf ihn ein Geburtshoroskop erstellt, denn Carions italienischer Astrologenfreund Lucas Gauricus schrieb später, Joachim II. sei „1505 Januarii die nona hora prima minuto decimoquarto a meridie geboren."[17]

Auch blieb die Freundschaft Johann Carions mit Philipp Melanchthon erhalten. 1535 promovierte Carion als *Doctor ballatus* der Medizin unter dem päpstlichen Pfalzgrafen Georg Sabinius. Er war sogar in Wittenberg zu Gast, als Sabinius Melanchthons Tochter Anna heiratet. Die Jungvermählten zogen bald nach Königsberg an den nun protestantischen Hof des Herzogs Albrechts von Preußen.

Zu Johann Carions größten literarischen Leistungen gehört zweifelsohne die *Chronica Carionis*, welche in der Bearbeitung von Melanchthon und später dann dessen Schwiegersohn Peucer als erstes rein deutschsprachiges Geschichtsbuch veröffentlicht wurde, unzählige Auflagen erlebte und weit über ein Jahrhundert Standardlektüre an den Gymnasien blieb. Daß die in dieses Lehrbuch propagierte astrologische Geschichtsauffassung das historische Denken der nachfolgenden Generationen prägte, ist kaum bekannt.[18]

Ein fiktiver Epitaph

Er starb schon mit 38 Jahren auf einem seiner zahlreichen Saufgelage - eine dem vitalen, lebenslustigen Widder durchaus angemessene Form. 17 Zeilen auf einem (wahrscheinlich nie wirklich realisierten, aber zumindest als schriftlicher Entwurf überlieferten) Grabstein beschreiben etwas sarkastisch Leben und Tod dieses Mannes. Sie entstammen einer Sammlung größtenteils

14) Boockmann 1994:219
15) Voigt 1841
16) Charon nennt man heutzutage den kleineren Massenkörper des Doppelplaneten Pluto.
17) Schuster 1906
18) Fricke-Hilgers 1990, s.a. Campion 1994

ungedruckter Briefe, Gedichte und Anekdoten verschiedener Gelehrten zur Zeit der Reformation und sollen der interessierten Leserschaft nicht vorenthalten werden:[19]

iohannes	carion	doctor
ingentium	craterarum	decoctor
influxuum	coelestium	diuinator
iniuriarum	constans	dissimulator
insigniter	clarus	dominantibus
integer	carens	deceptione
inuidia	calumnia	detrectatione
inter	compotores	deducditur
inuictus	certando	deiicitur
ilico	corpore	delasſatur
ita	cunctis	deamatur
in	certamine	debellatur
immiti	charonti	deuouetur
indulge	christe	decantetur
ignosce	clemens	derepente
inter	calices	demorieti

Doktor	*Johannes*	*Carion*
Ungeheure	*Schlücke*	*Genießender*
Einflüsse	*des Himmels*	*Deutender*
Unrecht	*beständig*	*Verheimlichender*
Ausgezeichnet	*klar*	*Herrschender*
Unbescholten	*Unbemittelte*	*Täuschender*
Mißgünstige	*Verleumdung*	*Verweigernder*
Besitz	*an sich*	*Reißender*
Umschlingend	*im Wettstreit*	*Niederringender*
Zugleich	*körperlich*	*Ausschweifender*
Folglich	*zögerlich*	*Liebender*
Um	*die Wette*	*Streitender*
Letztlich	*im Fleische*	*Totgeweihter*
Um Nachsicht	*Christi Verse*	*Herunterleiernder*
Unvermutet	*sanftmütig*	*Bereuender*
In seinen	*Bechern*	*Sterbender*

Kontinuitätastrologisch-politischer Beratungspraxis

Nachfolger Carions in dem Amt des Hofastrologen bei Herzog Albrecht wurde der 1922 geborene Martin Chemnitz, der zuvor in Frankfurt an der Oder, Wittenberg und Königsberg Theologie studiert hatte.[20] Später ging er nach Braunschweig und leitete die dortige Bibliothek. Sowohl theologisch, als auch astrologisch gab es starke Beziehungen zwischen Wittenberg und Braunschweig.[21]

Lange Zeit konnten sich die Historiker nicht erklären, wieso Markgraf Johann von Küstrin, Bruder des kurbrandenburgischen Thronfolgers Joachim II., sonst eigentlich ein recht vernünftiger Mann, in der Reformationszeit einen derart extremen politischen Schlangenlinienkurs verfolgte. Sein kleines Land hatte aufgrund seiner Lage und der allgemeinen Instabilität der politischen Kräfte eine große Bedeutung. 1538 schloß er sich dem protestantischen Schmalkalden-Bund an, 1546 wechselte er zum katholischen Kaiser über, 1547 wollte er in Ulm den Kaiser gegen Philipp von Hessen aufbringen, 1548 folgte ein Protest gegen den Kaiser selbst, 1550 dann ein Bund mit Herzog Albrecht von Preußen und Herzog Johann Albrecht von Mecklenburg, beides Protestanten. 1551 wiederum trat er in Wortwechsel mit Moritz von Sachsen, stellte sich schützend vor Kaiser Karl V.

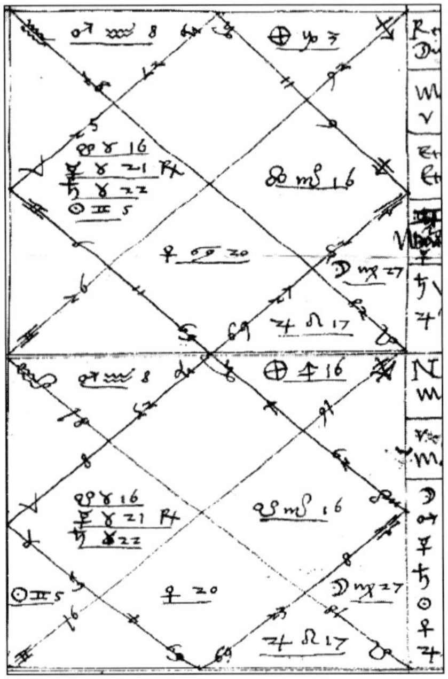

Die Erklärung für diese Widersprüche: Albrecht richtete sich stark nach den jährlichen Prognosen seines Astrologen Dr. Peter Hosemann, latinisiert zu Cnemiander. Dieser hatte in Wittenberg unter Melanchthon Astrologie, Astronomie und Medizin studiert. 19jährig ließ sich Albrecht, beim Volk als Zauberer und Schwarzkünstler bereits bekannt, erstmalig von ihm das Horoskop deuten. Cnemianders Rat: Er

---

Abb.: Revolution (Solar-Jahresprognose) für Herzog Albrecht von Preußen, Johann Carion

19) Strobel 1782

20) Schwarz 1894

21) Siehe hierzu auch Anmerkung 30 auf Seite 85.

solle dem Oheim Albrecht von Mainz vertrauen. Nicht ungünstig sei das Verhältnis zu Karl V. und dessen Bruder, noch besser aber jenes zu dessen Sohn Philipp II. sowie zu Heinrich II., Sohn des französischen Königs. Allein durch Kenntnis der Geburtsdaten und Vergleich der Horoskope zueinander kamen diese astrologischen Gutachten zustande. Man konnte also sogar über die Ferne politische Freunde und Gegner einschätzen. Auch das machte den Rat des Astrologen so wertvoll.

Eine Revolution (d. h. ein Jahreshoroskop) erstellte Cnemiander fortan jeweils am Geburtstag seines Fürsten zum Preis von 40 Talern. Sie enthielt nebst allgemeinen Ratschlägen für jeden Tag eine Prognose sowie die bereits erwähnten Vergleiche mit anderen Fürstenhoroskopen. Mit den Jahren wurden daraus 66 Analysen inklusive Synastrien, also Horoskopvergleiche, zum Moskauer Zaren und dem türkischen Sultan.

1555 befragte Markgraf Hans von Küstrin bezüglich des Religionsfriedens noch den Frankfurter Astrologen Elias Camerarius. Wie sehr ihn dabei die politische Ausdeutung der Gestirnskonstellationen interessierte, soll am Beispiel von Cnemianders Revolution vom 3. August 1552 bis zum 25. August 1553 demonstriert werden:[22]

Das Jahr droht mit allerlei bösem Handel, auch Gefahr und Schaden (wiewohl nicht sonderlich großen) an Landen und Leuten und in Religionssachen, und solches nicht von gemeinen Leuten, sondern von den höchsten Ständen, als Kaiser und Papst.

Darunter wär E. F. G. füglich, so gehen Sie Ihrer Gemeinschaft und Bundniß müßig, sonderlich das erste halbe Jahr, enthalten sich auch, das rathe ich, bis auf den Januaris.

Dann krigt Jupiter (der da etwas schwach) an dem Mars einen Gesellen, durch welches Hülf und Beistand alles glücklich und baß von statten gehen wird.

Später erhielt Cnemiander von seinem Landesherrn das Pharmazeutenprivileg und eröffnete 1573 die am Cottbusser Altmarkt immer noch erhaltene Löwen-Apotheke. Seine seltsamste Prophezeiung, nur im Volksmund überliefert, bezieht sich auf den Tod der Söhne Joachims I.: Markgraf Hans werde zehn Tage nach seinem Bruder Joachim II. sterben. Hans starb am 3.1.1571, Kurfürst Joachim folgte am 13. Januar. Solche Sensationsprognosen wurden allerdings oft genug post mortem in Umlauf gebracht, lediglich Metagnosen.

Der bereits oben erwähnte protestantische Fürst Albrecht von Mecklenburg zog ebenfalls einen Astrologen aus der Wittenberger Schule an seinen Hof. Tielmann Stoltz aus Siegen studierte 1542 an der Leucorea unter den Mathematikern Reinhold und Rheticus die Sternenwissenschaften.[23] Dann genoß er eine weitere Förderung durch Melanchthon. Magister Philippus, einst zusammen mit dem Astrologen und Kartografen Sebastian Münster unter Stoeffler in Tübingen studierend, riet nach Humanistensitte zur Umbenennung in *Tilemann Stella Sigensis* und regte eine Neuausgabe der Deutschlandkarte Sebastian Munsters an. Wiederholte Empfehlungsschreiben Philipp Melanchthons brachten Stella dann 1560, im Todesjahr seines Förderers, an den mecklenburgischen Hof. Zum Einstand konnte er seine Deutschlandkarte mitbringen.[24]

Die gemeine Landtaffel des Deudschen Landes zeigt nach alter Manier, entsprechend der Ausrichtung von Horoskopzeichnungen, mit dem Süden nach oben und rahmt die eigentliche Karte mit sechs Ringen aus Tagesbuchstaben, Kalenderheiligen, Monatsnamen, Tierkreisskala, Bildern und Namen der zodiakalen Zeichen sowie geografischen Breiten ein.

Mit dem die Rundkarte umschließenden inneren Ring geografischer Breiten und einem Faden oder Lineal läßt sich die Polhöhe jedes Ortes der Karte bestimmen. Diese Angabe ist wichtig für die exakte Geburtshoroskopberechnung. Der norddeutsche Bereich ist durch eigene Reisebeobachtungen wesentlich ergänzt, Fehler aus den alten Aufzeichnungen des Ptolemäus wurden korrigiert. Oben links das *Divrnal* dient der Bestimmung des Sonnenauf- und -untergangs, oben rechts das *Noc-*

---

22) Handschrift Mss.Bor.4°377, lt. Schwarz 1901
23) Oehme 1989
24) siehe hierzu die Abbildung auf dem zweiten Vorsatzblatt

tvrnal der Zeitbestimmung während der Nacht. Die unten links aufgeführte Tabelle zur Kalenderbestimmung wurde ebenfalls von Münster übernommen, aber für den Zeitraum 1556 bis 1609 von Stella neu berechnet. Der Horoskopkreis mit den Planetenstunden rechts unten dient der astrologischen Fragestellung.

Die Gesandten

Das geheimdiplomatische Wirken des Johann Carion und anderer Astrologen der Reformationszeit könnte auch die englische Politik beeinflußt haben – wenn man nur ein im Jahre 1533 in London geschaffenes Bildnis von Hans Holbein entsprechend interpretiert. Und damit sind wir auch schon mitten drin in einem langen Streit, den Kunsthistoriker zu Beginn des 20. Jahrhunderts führten. Und mit den nun folgenden Zeilen wird frohgemut der Versuch gemacht, den Konflikt der Bilderdeuter neu entfacht ins 21. Jahrhundert hinüberzutransportieren.

Im Jahre 1900 glaubte die Kunsthistorikerin Hervey, ihr sei die Entschlüsselung des Gemäldes gelungen.[25] Es gibt hierfür mehrere Indizien. Der neben dem Knie der linken Person liegende Erdglobus zeigt nicht nur nach Süden gerichtet Europa, Teile von Afrika und die um 1533 durch Kolumbus gerade entdeckten Teile Nordamerikas. In ihm sind auch einige wenige Orte eingetragen, so Rom, Nürnberg und das kleine französische Städtchen Policy in der Nähe von Paris.

Da sich das Schloß des französischen Adeligen Jean de Dintheville genau dort befindet, er auf anderen Portraits ähnlich ausschaut wie auf Holbeins *Ambassadors* und sein Besuch am englischen Hof im Jahre 1533 dokumentiert ist, erübrigt sich jede weitere Interpretation. Die Person links auf dem Bild ist Dintheville. So sahen es dann auch die Kunsthistoriker, die im Jahre 1997 die aufwendige Restauration des Gemäldes in der Londoner National Gallery betreuten.[26]

Abb.: The Ambassadors, Hans Holbein 1533
25) Hervey 1900
26) Foister 1997

Zur gleichen Zeit erschien jedoch die völlig gegensätzliche Bildinterpretation des Mathematiklehrers Röttel anläßlich der Ausstellung *Melanchthons Astrologie* im reformationsgeschichtlichen Museum Lutherhalle Wittenberg.[27] Der Autor analysierte als Kenner mittelalterlicher Astronomie die auf dem Bild dargestellten Instrumente und verglich die Ergebnisse mit einer 1903 erschienenen Bildinterpretation der „Ambassadors" durch Dickes.[28] Viele Indizien sprechen dafür, daß die abgebildeten Personen möglicherweise so aussehen wie Jean de Dintheville und Georges de Selve aus Frankreich, daß sie aber ganz andere *verkörpern*: das Brüderpaar Ottheinrich und Philipp, Pfalzgrafen von Pfalz-Neuburg.

Zuerst einmal ist da Holbeins persönliches Künstlersignum mit der Jahreszahl 1533. Dann die Eintragung „aet: suae 29" auf dem Buch unter dem Ellenbogen der rechten Person. Der rechts abgebildete französische Bischof von Lavaur (er traf sich mit Dintheville in London) war im Jahre 1533 aber erst 26 Jahre alt.

Den Himmelsglobus links oben auf dem Tisch schuf Melanchthons enger Freund, der Nürnberger Astrologeund Astronomen Johannes Schöner. Er ist auf zwölf Stunden siderischer Zeit ausgerichtet. Berücksichtigt man die Kalenderreform von 1752 (Umstellung von Julianischem auf Gregorianischen Kalender), dann kann man auf der Skala des Himmelsglobus eine Rektaszension ablesen, die einer Uhrzeit zwischen 11 und 12 entspricht. Der Globus ist auf die Breite von 48°50' eingestellt.

Die kleine Genom-Sonnenuhr zeigt in Richtung auf den Bildbetrachter AP (=April) mit der Einstellung auf den 10. diesen Monats und AR (Widder). Der Schatten des Zeigers endet zwischen den Skalen von X (=10) und XI (=11) und richtet sich auf den kleinen gemalten Widder und dessen senkrecht darunter liegendes Symbol ♈. Astronomisch ist diese Stellung völlig unmöglich, es sei denn, man geht davon aus, daß der Maler hier in einem Kunstgriff auf eine Nachtstunde hinweisen möchte.

Die Decagonal-Sonnenuhr zeigt in der oberen und auch der rechten Skala ebenfalls auf kurz nach 10:30. Merkwürdigerweise fällt der Schatten des linken Zeigers jedoch auf 9 Uhr und 45 Minuten. Dies entspricht der Zeitdifferenz zwischen London und einem bei-

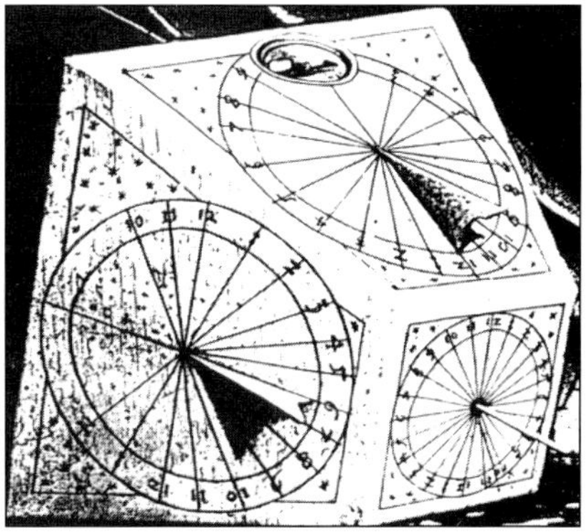

spielsweise im südlichen Teil Deutschlands gelegenen Ort.

Sucht man nun nach einer Person, die im Jahre 1533 (Signum Holbeins) genau 29 Jahre alt war (*aet. suae 29*), also am 10. April des Jahres 1502 um ca. 10.30 nachts (Genom- und Decagonal-Sonnenuhr) in einem Ort mit der geografischen Position 48°50' geboren wurde, so bedarf es noch weiterer Indizien.

Im unteren Fach liegen aufgeschlagen das *Geystliche gesangk Buchleyn*

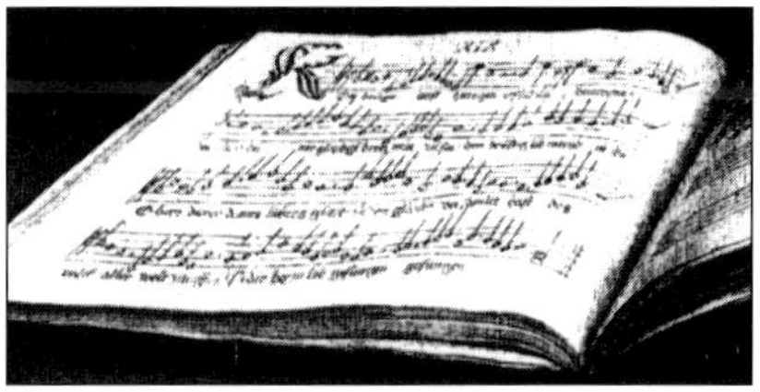

Abbildungen: The Ambassadors (Details), Hans Holbein 1533
27) Röttel 1997
28) Dickes 1903

¶ Diuidirt ein ander Exempel auff yetzt berürtte Art/alß 81648 in 144. Facit 567.

144 d tayler
72 halbtail
36 viertel
18 achtel
9 Sechzehentayl.

Facit 5 6 7 | 0 0 0

Bleybet bey der rechten hendt 5 vber dem Strich/ßo bedeuts ein halbes/bleibt 25 so bedeuts ÷ /125 bedeut ÷ /6 2 5 bedeut ÷ Alß im nachgesetzte exempl 81720 in 144.

Facit 5 6 7

¶ Diuidirt 1890000 in 1 4 4

Facit 1 3 1 2 5

Martin Luthers, sowie zugeklappt die *Kaufmannsrechnung* von Peter Apian, Astrologe des katholischen Kaisers Karl V. in Ingolstadt. Der eingelegte Winkel erlaubt noch einen Blick auf die Seite: *Divisio.*

Einen letzten Hinweis darauf, daß hier auf ein religionspolitisches Thema angespielt wird, bietet das halb vom Vorhang verdeckte silberne Kruzifix (ganz links oben abgebildet). 1533 herrschte infolge des Nürnberger Religionsfriedens (auch dieser Ort findet sich auf dem Erdglobus) Waffenstillstand zwischen Katholiken und Protestanten. *Divisio*, das Kapitel der Teilung, hatten beide Seiten vorerst zugeschlagen. Vollkommen scheint die Harmonie nicht zu sein, darauf deutet eine gerissene Saite der Laute hin.

Unter den prominentesten Vertretern bei den Verhandlungen zum Religionsfrieden befand sich der humanistisch gebildete pfälzische Pfalzgraf Ottheinrich. Er richtete sein Augenmerk vornehmlich auf kosmologisch-alchemistische Themen[29] und kam am 10. 4. des Jahres 1502 um 10.33 nachts in Neuburg am Rhein (48° 58' nördliche Breite) zur Welt.[30] Sein Bruder Philipp wurde am 12.11.1503 geboren, d.h. er befand sich also zur Zeit der Bildentstehung ebenfalls im 29. Lebensjahr. Bingo!

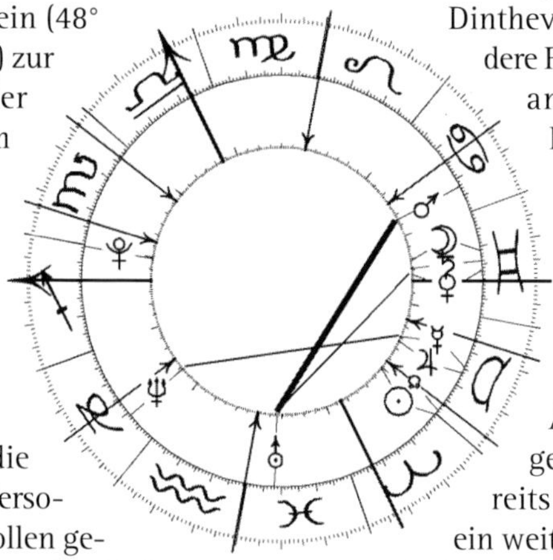

Die Behauptung, die im Bild gezeigten Personen wären in die Rollen geschlüpft, um Themen der Weltgeschichte zu verkörpern, ist gar nicht so weit dahergeholt: Bereits vier Jahre nach seinem diplomatischen Besuch in London zeigte sich der auf dem Bild links porträtierte Jean de Dintheville wieder in einer Verkleidung. In der Allegorie *Moses und Aaron vor dem Pharao* stellte er seine ganze Familie dar. Dort ließ er sich in der Rolle des Moses malen.[31] Wieder ein religiöses Thema, und wiederum stellt Dintheville das Selbstbewußtsein einer neuen Glaubensrichtung dar. In *The Ambassadors* deutet er mit allen Gesten auf das Horoskop Ottheinrichs von der Pfalz, der den jungen Luther in Heidelberg persönlich kennengelernt hatte und nach seinem Tode eine der größten Bibliotheken Europas hinterließ, in der sich auch viele wertvolle astrologische Werke befanden.[32]

In seiner ganzen Haltung, Gestik und Kleidung verkörperte Jean de Dintheville jedoch eine andere Person: Heinrich VIII., an dessen Londoner Hof er sich zur Zeit der Bildentstehung aufhielt. Ein Vergleich mit Holbeins Gemälde des wuchtigen englischen Königs zeigt die Ähnlichkeiten: Angesichts der vielen bereits entdeckten Details ein weiterer Hinweis auf die subtile Botschaft des Bildes. Da-

---

Abb. links: Detail aus Peter Apians „Eyn Newe unnd wohlgegründte underweysung alle Kauffmanß Rechnung", Ingolstadt 1527

Abb. oben: Horoskop Ottheinrichs von der Pfalz auf den 10.4.1502 Amberg am Rhein 22:33

29) Sievert 1996:15, 21f

30) lt. Dickes 1903:26 entstammt dieses Geburtsdatum Henninges „Genealogica Tabella".

31) Foister 1997:24

32) Siehe auch: Vortrag von Liz Greene anläßlich der DAV-Tagung 1997 in Heidelberg

mit kommen wir sogleich zur brisanten machtpolitischen Situation des Frühjahrs 1533, wie sie sich in London zeigt:

Anna Boleyn war hochschwanger! Und dieser Umstand hatte in der Tat ungeheuerliche Konsequenzen. Heinrich VIII. wollte sich um jeden Preis von seiner ersten, ihm angetrauten Gattin Katharina von Aragon trennen. Dazu gab ihm der Papst Clemens VII. allerdings nicht den notwendigen Dispens. Annas Kind sollte aber auf jeden Fall ehelich zur Welt kommen, und wenn der König dazu den Bruch mit Rom (ebenfalls auf dem Globus eingetragen!) vollziehen mußte. Würde er den Glauben Luthers annehmen, um von einem protestantischen Bischof die Erlaubnis zur Scheidung von seinem alternden und kränkelnden Eheweib zu erhalten? Dann wäre er frei für die Heirat mit seiner Konkubine Anna Boleyn. Er übte ganz offen Druck auf den Papst aus und spielte mit dem Gedanken der Kirchenspaltung.[33)]

In dieser so hochbrisanten Lage trafen der französische Gesandte Dintheville und George de Selve, katholischer Bischof von Lavaur am englischen Hof, mit Hans Holbein zusammen. Der Maler, anfänglich ein Verehrer Luthers, kam gerade aus Basel, wo er den Einzug der Reformation erlebte: Im protestantischen Bildersturm drang man in die Kirchen und zerstörte unwiederbringlich alle wertvollen Kunstwerke – ein wahrer Schock für den sensiblen Künstler. Er entschloß sich, nach England zu gehen. Möglicherweise kannte er den liberalen Bischof de Selve bereits vor der Reise nach London, da jener sich auch in Deutschland aufhielt.

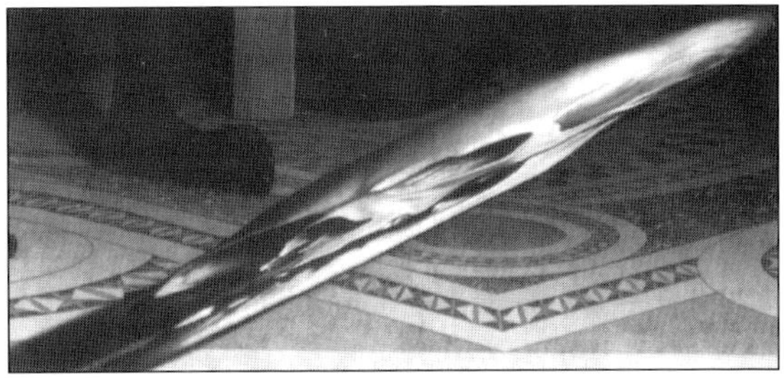

Der ursprüngliche Name des Holbein-Bildnisses mit seinen vielen versteckten astrologischen und religionspolitischen Hinweisen ist nicht ermittelbar. Ende des 19. Jahrhunderts nannte man es *The Ambassadors*, also *Die Gesandten*. Welche Botschaft die beiden Franzosen am englischen Hof zu überbringen hatten, ist unbekannt. Die Vermutung, daß sie das Anliegen ihrer Auftraggeber mit Hilfe dieses Bildes übermitteln wollten, daß vielleicht das Gemälde selbst die Botschaft gewesen sein könne, ist nicht unbedingt von der Hand zu weisen.

Die vertikale Aufteilung des Bildes zeigt einen Gegensatz zwischen weltlicher (links) und geistiger (rechts) Macht, zwischen äußerem und (möglicherweise) innerem Reichtum.

In der horizontalen Aufteilung befindet sich oberhalb der Köpfe nur die Jesusgestalt. Auf dem Tisch liegen wissenschaftliche Instrumente: links die des protestantischen Sternenwissenschaftlers Schöner, rechts die des katholischen Astronomen und Astrologen Apian. Das Torquetum direkt neben dem Bischof ist ein von den Türken stammender Sternhöhenmesser, Hinweis auf die aktuelle Bedrohung durch die Truppen des Sultans vor den Toren Wiens.

Unter den Büchern Apians und Luthers, unter Globus, Harfe und Flöten (Symbole des Quatrivums universitärer Bildung) liegt ein merkwürdig amorpher Gegenstand auf dem Boden. Er stellt in der Tat kein Holzstück dar, son-

---

Abb. oben: The Ambassadors (Detail), Hans Holbein 1533

Abbildung links: Heinrich VII. (geb. am 28.6. 1491 London 8:45 GMT mit dem Mond im Zeichen Widder), Portrait von Hans Holbein

33) George 1997

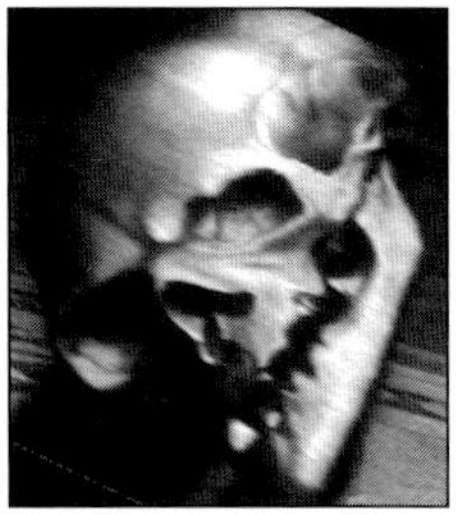

dern die verzerrte Fratze eines grinsenden Totenschädels, Symbol für die Macht der Schöpfung über alle weltliche Herrlichkeit!

Ehrenrettung posthum

Auf zwei tatsächlich eingetroffene Langzeitprognosen Carions soll an dieser Stelle noch hingewiesen werden. Die eine bezieht sich auf die Französische Revolution. In seiner *Geschichte der menschlichen Narrheit* verhöhnt der Historiker Adelung den kurbrandenburgischen Astrologen Johann Carion:[34)]

Noch unbarmherziger sollte es in dem Jahre 1789 hergehen; es sollte das schrecklichste unter allen seyen, indem in demselben große und wunderbare Geschichten, Veränderungen und Zerstörungen vorfallen würden.

Allein so sehr sich der Narr in Ansehung des 1693sten Jahres betrogen hat, so sehr wird er vermutlich auch 1789 zum Lügner werden.

Witzigerweise erschien das Buch des Historikers im Jahre 1787, und kaum zwei Jahre später brach dann tatsächlich die Französiche Revolution aus.

Wirklich merkwürdig ist auch, was der preußische Hofrat Louis Schneider im zweiten Band seiner Biographie von 1879 berichtet:[35)]

Am 31. März [1849] hatte ich einen historischen Aufsatz auf das Programm gesetzt, welcher die Prophezeiung behandelt, die dem Kurfürsten Joachim I. im Jahre 1503 für das Haus Hohenzollern nicht allein die Erlangung der Königswürde, sondern der höchsten Würde der Christenheit verhieß.

Es war die Zeit, wo das Eintreffen der Deputation erwartet wurde, welche dem König die deutsche Kaiserkrone als ein Geschenk der Paulskirche anbieten sollte.

Bei der hohen Bedeutung des Augenblicks fragte ich aber vor Beginn der Vorlesung den Generaladjutanten von Rauch um Rat.

Dieser ließ sich den Aufsatz vorlesen, erschrak über den jedenfalls merkwürdigen Inhalt jener alten Prophezeiung und hielt es für besser, daß der König gerade jetzt nichts davon erführe. Ich mußte sofort in Charlottenburg ein anderes Programm schreiben, und jener Aufsatz ist dem König nie vorgelesen worden.

Er befindet sich noch unter meinen Papieren.

In der ersten Hälfte des 19. Jahrhunderts übte unter der Regentschaft Friedrich Wilhelms II. von Preußen mystisches und esoterisches Gedankengut am preußischen Hof einen derartigen Einfluß aus, daß es in aufgeklärt-bürgerlichen Kreisen zu Unmutsäußerungen kam.[36)] Man war gezwungen, zumindest öffentlich von solchen Themen Abstand zu nehmen. Hieraus mag sich die Distanzierung der offiziellen Stellen gegenüber Carions Prophezeiung erklären. Schneider hat diesen Aufsatz dann jedenfalls Wilhelm I. am Tag der Kaiserkrönung von Versailles bei der Gründung des Deutschen Reiches in schriftlicher Form übergeben.

Es heißt in der esoterischen Astrologie, daß die stets nach Außen handelnden Widder-Geborenen als nie ganz überwundenen Schatten die Eigenschaften des vorangegangenen Zeichens Fische in sich trügen. All ihr Handeln beruhe auf dem inneren Drang, der eigenen Sensibilität und Ahnungsfähigkeit einen gestalthaften Ausdruck in der materiellen Welt zu geben. Ob diese Deutung auch auf den kurbrandenburgischen Hofastrologen Johann Carion angewendet werden könnte?

Die Folgen von Carions Geheimdiplomatie sind weitreichend: Preußen wandelte sich vom Ordensstaat zum weltlichen Herzogtum evangelischer Ausrichtung, vereinigte sich mit dem ebenfalls durch Carions Hilfe evangelisch gewordenen Brandenburg und wurde als Königreich Preußen (Krönung Friedrichs I. in Königsberg) zur Keimzelle des 1871 gegründeten Deutschen Reiches. Die zur Reformationszeit entstandenen religiösen Grenzen des evangelischen Ostens Deutschlands gegenüber dem katholischen Polen hielten sich bis zur Mitte unseres Jahrhunderts.

Astrologie als geistige Parallelwelt, auf die man sich bei religionspolitischen Entscheidungen zurückziehen konnte, wirkte auch auf Heinrich VIII. Vielleicht liegt es am Widder ♈ – Mond ☾ seines Horoskops, daß er so selbstsüchtig Frauen gegenüber handelte? Faszinierend, wie sehr sich Diplomaten der Kunst und der Astrologie bedienten, um politisch Einfluß zu nehmen.

Abb.: Der Schädel, per Computer entzerrt
34) zitiert nach: Kiesewetter 1894
35) Die Jahreszahl 1503 ist lt. Kiesewetter ein Druckfehler oder Lapsus calami Schneiders
36) Sievert 1996:121f

Von dem Widder

im widder lass / doch nit zum haupt
so se ind dir schweissbad auch erlaubt.
vor böse feuchtigkeyt das merck /
die ansich ziehend krafft auch sterck.
undenauff räuch / gurgel / und spey
die nägel beschneid / ob dirs not sey.

Widder ist das erst zeychen / ist heyss / trukken /feur natur / orientisch / vnstät / cholericus / mars tägliches hauss / der sonnen erhöhung / saturnus fall / vnd hat am menschen das haupt. wann die sonn im widder ist / so keimet das erdrich / wurtzeln vnnd bäum / die bletter grünen / brunnen vnd wasser bewegen sich / die leut seind mehr fruchtbar / die zeit wechsst das blut / die vögel singen / auff gut vertrawen der arbeyt dess ertrichts / künfftiger zeit vnn frucht dess jars.

wann der mon darinn / ist nicht gut reden / haupt artzneyen / oder darzu lassen / zwagen / bart scheren / haar beschneiden / oder mit eisen berühren / ist bös purgatz neinnen / dann es gibt es wider / gleich wie der widder widerkäwet / dessgleichen in allen widerkäwenden zeychen als ochs vnd steinbock. so diss zeichen von orient mit der sonnen auffgeht / gibts warme zeit. gut ists im widder aderlassen auff den armen / doch nicht zum haupt / gut wunden schneiden / wandern naher orient / botten senden / new gewandt anschneiden vnd anlegen / von ehe reden / frid machen / aber nicht beschliessen / biss der mond inn ein fest zeychen kompt / als ochs / löw / wassermann / skorpion. gut im feur arbeyten / schweyssbaden / nägel beschneyden / rennen /

Text und Abb.: Bacharach 1583

stechen / krieg stifften / specerey / geschmeid / vmb herren vnd kriegsleut etwas bitten / mit jhnen handlen / ist gut begeren / was man wil dass es bald geschehe. Böss ist es / gesind dingen / vnd was lang weren soll / anfahen.

Wer vnder diesem zeychen geboren oder empfangen / wirt natürlich voll reichtumbs / zeitliches guts / gewinnet nicht viel zeitlicher ehr / ist kün in seinen wercken / starcker krafft / vn weitschweyffig / kriegisch / vn nit gar wenig / doch in viel sachen weise / ist sinnig zuleben / fellt offt inn schaden schlagens wegen / fast vnkeusch / wirt ein grosser schaffner / lieger vnd trieger / wirt disem thier fast vergleicht an natur / nach den tugenden der gradus dass ascendenten.

Ein knäblin geborn zwischen dem 21. tag mertens / vnd dem 20. aprilis / ist der complexion dess zeychen widders / von natur martis / heyss / trucken / vnstät / mannlich / schönes leibs / langen angesichts vnd hals / grosse adern an der stirnen / langes haupts / krauss vnnd viel haars / trübe augen / behender lieblicher sprachen / künes hertzens / stolz / vnverträglich / hizigen muts / bald zornig / rächig / redet in zorn / das im darnach leyd ist. Wirt einen fall thun / schneller liebe der frawen / vnd bald müd.

Sein natur erfordert drey ehelicher frawen / die erst ein jungkfraw / die andern nicht / kompt jung zur lehr vnnd geystlichen dingen / aber weltlicher standt ist ihm nützer. Sein höchst glück neyget sich zu den landen des auffgangs der sonnen / vnn gegen mittag / der undergang ist mittelmessig / sein höchstes vnglück die landt gegen mittnacht / sein höchster nutz vnd gewinn ist inn übung der erdwachsung / sein vnglück auss gebrauch wässe rechter erbschaft / sein kranckheit dess leibs übet sich am meysten an füssen / haupt / oder dessen zugehör / in der lincken seyten.

Ein meydlin zwischen vorbenannten zweyen tagen geboren / wirdt eins hübsches angesichts / schöner haar / im kopff odder angesicht gezeychnet / ir schmerz der mutter / dess bauchs / der eingeweyd / ir misslinget gern in der geburt der kinder / hat iren mann fast lieb / ehrsamen wandels gegen jederman / wirdt durch nachreden leiden lange zeit / durch iren gähen zorn / lügenhafft / mit geschwätz machet sie viel gezänck vnder den weibern / ihr glück vn vnfall der kranckheiten vnd sods / helt des vorbeschriebenen land vnd ort.

*

Von dem Mars

ein nasser knab / man kennt mich wol/
pferd / harnisch / krieg ich brauchen soll.
sonst gehet zurück all was ich treib /
mit vnglück lach mirs hertz im leib.

Mars ist der dritt planet / von natur heyss vnd trucken / bezeychner der heerfart vnnd krieg / auss den farben rot / vnnd bitter am geschmack / auss den tagen den dinstag / von den nächten freitags nacht / steht so hoch am himmel / dass man jhm morgens vor der sonnen sihet / abendts darnach.

der stern mars stehet venus so gleich / dass sie niemandt wol bey einander erkennen kan. er erfüllet seinen lauff durch den zodiacum in 7 jaren / bleibet in jedem zeychen zween monat. der steinbock ist sein erhöhung / hat darinnen grossen gewalt / auch im widder vnn scorpion / welches seine heuser seind. mars hat keinen gewalt in der wag / im stier / noch minder im krebs / darinn er fellt.

die grösse martis ist ein zwentzigst theyl der sonnen / hat von edelgesteinen den japsis /hematiten.

von den thieren / hund / wolff / trachen / geir / vnd alle räubische thier.

In den stunden Martis ist gut /

waffen kauffen / geharnischte pferd kauffen / vnd was zum krieg gehört / gut har-

---

Text: Bacharach 1583, Abb.: Pegius 1586

nisch anlegen / vnnd sich zum krieg bereyten / wider die feind zu wasser vnnd zu land handlen / ist gut rot tuch / rote rossz kauffen / vnd was sich zum roten zeucht / gut anzufahen vnd damit handlen.

In martis stund seind alle anfäng zu förchten / die stund ist allwegen vnglückhafft / was darinn angefangen wirt / gebiert traurigkeyt / forcht / schaden / zu land mehr dann zu wasser / ist auch bös artzneien / blut lassen / gesellschaft machen / auch nicht gut heyrath machen / vnd beschliessen.

Ein Kind geborn in Martis stund /

Gewinnet rot krauss haar / ist jähzornig / mit einem spitzigen angesicht / rot vnnd schwartz vnder einander gemischt / kleine augen / hat rote körnlein vnder dem angesicht / ein hoch gross maul / steht jhm mehrer theyls offen / oder vor grimmiger bosheyt hart zugebissen / hat lange zan / berümpt sich seiner bossheyt / ist spöttig / frässig / leugt was er sagt / sihet niemand recht an / lachet selten / dann so er ein bossheyt vollbracht hat. wo man leut beschädiget / ist er behend / allen geystlichen feind / ist vngern bey frommen / kleines magern leibs / lesst nichts vngerochen / sein natur ist geneygt zu rauben / brennen / stechen / mörden / hencken / vnnd zu aller bossheyt / stirbt selten gutes todts. sein haupt thut jhm offt weh / begert viel zu weiben / mag doch kein liebe zu keiner haben / wirt selten alt. die stund martis wirckt kräfftiger im mertzen / so die sonn im widder / vnnd im weinmon im scorpion ist.

wann der mon new / oder der bruch wirt inn mars stund / wirdt der monat halb trucken / vnnd halb zu feuchtigkeit geneyget. mars mitsampt jupiter hat am menschen innen die leber / linck ohr / choleram / adern / hoden. darumb artzney die leber nit inn jhren stunden.

*

Standpunkte

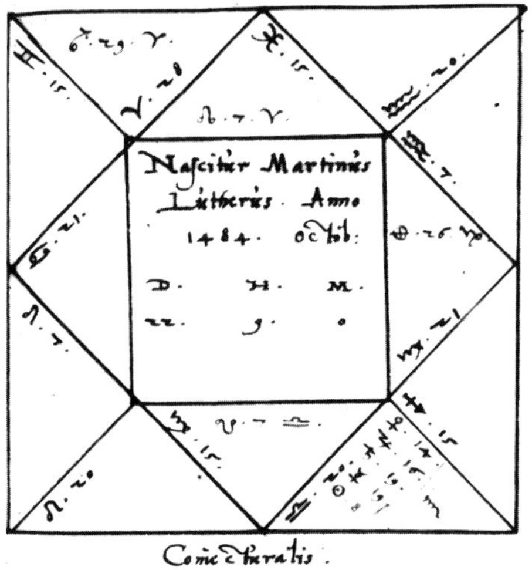

Hier stehe ich, ich kann nicht anders!

Martin Luther (unsichere Quellenlage)

Zu den Tierkreiszeichen, die immer noch die gleiche Planetenzuordnung wie vor zweitausend Jahren aufweisen, gehört der Stier ♉ mit seinem Zeichenregenten Venus ♀. Geld, Besitz, Wohlstand, aber auch die Sünde der Wollust ordneten die Sternendeuter ihm früher zu. Heutzutage werden abstraktere Begriffe wie Abgrenzungsfähigkeit, Selbstwertgefühl und Depot-Trieb verwendet.[1)]

Man spricht nicht mehr davon, daß ein Horoskop gut oder schlecht ist, sondern von geeigneten oder ungeeigneten Anlagen. Die psychologische Astrologie untersucht, wie jemand sein Horoskop auslebt, was er verdrängt, projiziert, sublimiert, welche Planetenenergien und Konstellationen er in der Hemmung oder Kompensation erlebt bzw. entwickelt hat, auslebt, erfährt und begreift.[2)] Eine moderne Horoskopberatung ist quasi die psychologische Form der Anlage-Beratung, Interpretationen des astrologischen Therapeuten sollen dem Klienten leicht wie ein maßgeschneiderter Mantel passen.

Doch so gut man das Ganze auch meint, durch die Hintertür der Beratungspraxis hat sich schon längst wieder der mittelalterliche Geist der Inquisition eingeschlichen und breit gemacht. Am Markt der Psychoszene trifft man auf die ewig gleich lächelnden, aalglatten Charaktermasken. Die hilflosen Helfer der psychologischen Astrologie sind oft genug in ihrem eigenen Leben gescheitert, haben verkrachte Beziehungen und stabilisieren ihre eigene Unsicherheit nur noch über die Beratungssituationen. Die von ihnen laut vorgetragenen Ideale einer *erlösten Venus-Konstellation* oder *bewußt entwickelten Stier-Anlage* steigern sie in dem Maße, in dem sie selbst ihre eigenen Lebensträume zu Grabe getragen haben. Der zur Beratung kommende Klient sitzt in der Psycho-Falle - und hat es meistens auch noch verdient. Die Leute wollen halt, wenn es ihnen im normalen Leben schon so schlecht geht, einen waschechten Astro-Guru für ihr Geld sehen. „The show must go on" heißt es da für den professionellen Astrologen im New-Age-Zeitalter.

Tücken der Rektifikation

Wenn Erasmus Reinhold mit dem Wörtchen *Coniecturalis* ganz offen darauf

---

Abb.: Lutherhoroskop, Cod. DCCCCXXXV, UBL
1) Döbereiner 1978
2) Meyer 1981

hinweist, daß es sich bei dem von ihm erstellten Lutherhoroskop um eine Mutmaßung handelt, dann ist dies Ausdruck eines seriösen astrologischen Arbeitens. Im Gegensatz zu seinen Kollegen gab er damit wenigstens zu, nicht mit sicheren Daten zu arbeiten. Auf eine Ausdeutung verzichtete er ganz.

Wenn Zeit einen Charakter hat, folglich jeder Mensch als Kind seiner Zeit einen ganz individuellen Sternenpaß besitzt, dann kann man ihn natürlich auch via Geburtsdaten ferndiagnostisch beurteilen. Wer heutzutage als Astrologe im Kontakt mit seinen eigenen menschlich-allzumenschlichen Schwächen bleibt und beim Horoskopedeuten auch mit dem eigenen Herzen schaut, vermeidet das Schlimmste. Ansonsten besteht die Gefahr des blinden Projizierens, was besonders bei der Personalplanung per Horoskop fatale Folgen haben kann. Hinzu kommen die Probleme der Geburtszeitkorrektur. Da der für das Errechnen des Aszendenten so wichtige Zeitpunkt in vielen Fällen nicht auf die Minute genau eruiert werden kann, bemühen sich seriöse Astrologen um eine entsprechende Korrektur.[3]

Doch nicht alle Sternendeuter können mit den Schicksalsimplikationen ihrer Arbeit richtig umgehen. Sie halten einfach nicht der Verlockung stand, in der Rektifikation so lange die Geburtszeit zu verschieben, bis das Horoskop vollends zum Prokrustesbett jenes armen Teufels wird, auf den sie es abgesehen haben. „Sie wollen steuern, manipulieren, in einer psychischen Inflation (Ego-Aufblähung) auf eigene Faust Schöpfer spielen, den Nornen gleich die Schicksalsfäden und Lebensströme durch ihre Hände rinnen lassen - in selbstherrlicher Anmaßung und ihr Wissen um die höheren Dinge mißbrauchend."[4]

Wie sehr in früheren Zeiten die Beurteilung politisch wichtiger Personen per Horoskop vorgenommen wurde, ist bereits am Beispiel der Hohenzollern geschildert worden. Als eine der markantesten Personen der Reformationszeit gilt natürlich der Reformator höchstselbst. Was war das bloß für ein Mensch, dieser Martin Luther: neuer Messias oder Antichrist? Sein Horoskop müßte man kennen, die Geburtsdaten wissen, genauere Geburtsdaten, exakte und sicher recherchierte - und das ist so eine Geschichte für sich ...

Das Erstgeburtsrecht für eine Bibliothek

Aby Warburg (1866-1929), einer der namhaftesten Kunsthistoriker unseres Jahrhunderts, schildert das Thema in seinem legendären Aufsatz „Heidnisch-antike Weissagung in Wort und Bild zu Luthers Zeiten" ungefähr folgen-

Abb.: Der Sterbende. Das Altarbild Lucas Cranachs d. Ä. von 1518 schildert, ausgehend von dem im Mittelalter weit verbreiteten Gedankengut der „Ars moriendi", den Kampf zwischen Himmel und Hölle um die Seele des Sterbenden, die schon nach oben hin den Körper verlassen hat. Rechts neben dem Arzt-Astrologen mit dem Uringlas sitzt der personifizierte Höllenschlund mit dem darin wartenden Teufel, links hebt ein Priester beschwörend ein Kruzifix, während die Englein inbrünstigst das Paradies verkünden (Grun 1994).

3) Als fundierter Spezialist für Geburtszeitkorrektur nach Kündig gilt der Berliner Astrologe Alexander von Vietingshoff.

4) Vetter 1997

dermaßen: Ein geheimnisvoller Kreis von sternengläubigen Dunkelmännern rund um Magister Philipp Schwarzerdt, genannt Melanchthon, fälschte das Horoskop des großen Reformators Martin Luther, hintertrieb dessen edle humanistische Ziele, brachte durch geheime Kanäle den Geist der heidnisch-dämonischen Antike in die helle, lichte Humanistenwelt des beginnenden 16. Jahrhunderts. *Nergaletir* könne sie geheißen haben, jene Verschwörerbande, nach einem Sternenpriester aus babylonischen Zeiten. Magister Philippus, Geheimdiplomat Carion und der päpstliche Astrologe Gauricus sollen gemeinsam Luthers Geburtsdatum derart verdreht haben, daß der Sternenpaß fortan eine Satansgeburt verriet.

Nun denn, für heutige Freunde der Astrologie ist diese Schilderung natürlich ziemlich unbefriedigend. Man möchte nachhaken, Hintergründe erfahren, geschichtliche Zusammenhänge begreifen. Der Autor selbst fordert hierzu auf, wenn er vorbemerkend schreibt, „daß dieser Versuch einem Spurenfinder später doch helfen könne ...".[5]

Nehmen wir die Fährte also wieder auf, und zwar zuerst einmal beim Pfadfinder höchstselbst. Man höre und staune: Die wohl größte Sammlung alter Literatur über Sternenmythos und Sternenkunde, heutzutage als Warburg-Institut der Universität von London angegliedert, verdankt ihre Entstehung einem Pakt, den zwei Knaben zu Beginn ihrer Pubertät schlossen. Irgendwie erinnert das Ganze an die biblische Geschichte von Esau und Jakob – das Erstgeburtsrecht für ein Linsengericht. Aby als ältester Sohn schlug damals seinem Bruder Max einen folgenschweren Vertrag vor: Lebenslange Finanzierung aller Bücher gegen Übertragung des väterlichen Erbes. Die Eltern besaßen in Hamburg ein florierendes Bankhaus. Daß dieses

schon ein paar Indianerbücher und Abenteuerromane wert wäre, muß sich Max gedacht haben und schlug ein. Er konnte damals ja auch nicht ahnen, welch gewaltige Dimensionen die Sammlung seines Bruders einmal erreichen würde.[6]

Beständig schwoll sie an, auf weit über 65.000 Exemplare meist seltener und höchst kostspieliger Originalausgaben. Schließlich und endlich stand sogar der Bau einer eigenen Bibliothek, eines kompletten, einzig zu diesem Zwecke konzipierten Hauses in Hamburgs Heilwigstraße an. Aby Warburg ließ, unter finanzieller Unterstützung seines glücklicherweise im Bankgewerbe recht erfolgreichen Bruders Max, in diesem Haus einen merkwürdig geschwungen angeordneten Lese- und Studiersaal einrichten.

Eine solche Forschungsbibliothek brauchte Archivare und Wissenschaftler, und zwar nicht irgendwelche bitteschön. Zu den Geistesgrößen, die dort hauptamtlich Anstellung fanden und sich auch maßgeblich am Aufbau der Hamburger Universität beteiligten, gehörten Fritz Saxl und Ernst Cassirer.[7] „Man verschwende seine Zeit nicht, wenn man untersucht, womit andere Leute ihre Zeit verschwendet haben", soll letzterer einmal gesagt haben. Diese Bemerkung sei ihm verziehen, denn seine Pionierarbeit in puncto Philosophiegeschichte ist wirklich einzigartig.

Zusätzlich wurde eine erlesene Sammlung von Kunstgegenständen zur Geschichte des Sternenglaubens und der Sternenkunde aufgebaut. Zu nennen seien beispielsweise der Gipsabdruck eines gewaltigen griechischen Planetengötterreliefs und das Diorama einer römischen Mithraskultstätte.

Abb.: Blick in den ovalen Lesesaal von Aby Warburgs kulturwissenschaftlicher Bibliothek ΜΝΗΜΟΣΥΝΗΕ in Hamburg (um 1926)

6) Chernow 1994

7) Cassirer 1976, Saxl 1915, 1923/1990

Wie schwierig sich die Zeiten und wie hoch sich die finanziellen Ansprüche dieses Projekts auch immer entwikkelten, der Pakt der Brüder behielt stets seine Gültigkeit. Auch später im Dritten Reich, als die Bank zwangsarisiert wurde und die ganze Familie unter großen Mühen auswanderte, mobilisierte der Bankier Max Warburg (sein Bruder Aby war bereits verstorben) große Geldmittel, um wenigstens die Bücher *leihweise* nach England zu retten.

Mindestens die Hälfte der Werke war so selten, daß sich davon kein zweites Exemplar in der Londoner Universitätsbibliothek fand. Inzwischen ist das Warburg-Institut der Londoner Universität angegliedert und auch für Forschungen von außerhalb geöffnet. Es beinhaltet eine der – wenn nicht sogar die – größte Sammlung alter astrologischer Literatur.[8] Dort wird zudem die gesamte Privatkorrespondenz von mehr als 20.000 Briefen erfaßt, die Aby Warburg im Rahmen seiner Studien schrieb.

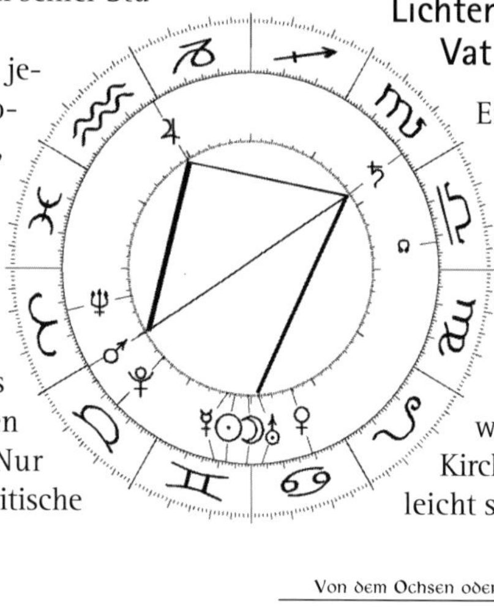

Ob er sich wohl jemals selbst ein Horoskop erstellen ließ, um etwas über sich zu erfahren, die eigene Psyche zu verstehen? Der Gedanke scheint völlig absurd - jedenfalls unter den etablierten Kunsthistorikern. Nur daß er rege, meist kritische Briefwechsel mit zeitgenössischen Astrologen führte, ist bekannt.[9]

Eigentlich wollte Aby Warburg seine Bildersammlung im damals geplanten Planetarium am Berliner Zoo ausstellen. Das Gebäude wurde nie gebaut, und so entschied er sich für das Planetarium im umgebauten Wasserturm ders Hamburger Volksparks. Nach Warburgs Tod versuchten die dortigen Astronomen während der NS-Zeit mehrmals vergeblich, die Ausstellung der Öffentlichkeit zu präsentieren. Obwohl sie ihre rational-kritische Haltung überdeutlich herausstellten, bekamen sie von den maßgeblichen Behörden keine Erlaubnis. Allein die Erwähnung des Themas Sternenglaube konnte damals empören. Erst 50 Jahre später konnte die Ausstellung endlich der Öffentlichkeit präsentiert werden.[10] Unter dem beratenden Team der Experten war *natürlich* kein Astrologe vertreten ...

Lichtenbergers Vaticinum

Ende des 14. Jahrhunderts verbrannte der Reformator Johann Hus (Hus = böhmisch für Gans) auf dem Scheiterhaufen. Es ging die Sage um, daß 100 Jahre später wieder ein Neuerer der Kirche zur Welt käme, vielleicht sogar der Messias persönlich. Luther bezog diese Prophezeiung durchaus auf sich, als er meinte:[11]

> *„St. Johannes Hus hat von mir geweissagt, da er aus dem Gefängnis im Bömerland schreibt: Sie werden jetzt eine Gans braten; aber über hundert Jahren werden sie einen Schwan singen hören, den sollen sie leiden. Da soll's auch bleiben, ob Gott will."*

So die protestantische Variante. Von katholischer Seite wollte man es aber lieber so sehen, daß der abtrünnige Mönch Luther mit dem Teufel im Bunde sei. Das Zeitalter der Reformation brachte mit Hilfe des neu entwickelten Buchdrucks eine Flut an politisch-religiöser Bildpropaganda auf den Markt. Und das kleine Wittenberg wurde auf einmal zum größten Druckort der damals bekannten Welt.

Abb.: Aby Warburgs Horoskop auf den 13.6.1866

8) University of London, The Warburg Institute, Woburn Square, London WC1 H OAB

9) Nehmen wir also vorlieb mit der Tageskonstellation von Aby Warburgs Geburt: Mars ♂ im Stier ♉, dem Zeichen des Depottriebes, das ist ein klassisches Indiz für Sammelwut, zumal in der Spannung zu Saturn ♄ und Jupiter ♃ (Qualität und Überfluß). Mit Jupiter ♃ im Wassermann ♒ und vielen Planeten in den Zwillingen ♊ war er sicher ein Kopfmensch, ein Intellektueller par Excellence. Neptun ♆ Opposition zum aufsteigenden Mondknoten ☊ in der Waage ♎, ein nicht ins Gesamthoroskop eingebundenes Stellium, deutet auf eine sich tief im kollektiven Unbewußten verlierende Seite seines Charakters hin. Und Uranus ♅ im Trigon △ zu Saturn ♄ – das läßt selbst die ungewöhnlichsten Ideen mit der Zeit Realität werden.

10) Fleckner 1993

11) Joestel 1992

Man könnte nun meinen, mit der nicht eingetroffenen Sintflut-Prophezeiung hätte der Glaube an die astrologische Prognostik rapide abgenommen. Luther selbst gehörte nachträglich zu den größten Spöttern. In einer seiner legendären Tischreden meinte er über den Bürgermeister von Hohndorf, der sich 1524 aus Angst vor Überschwemmungen mit allerlei Vorräten auf den Dachboden geflüchtet hatte:[12]

... derselbe ließ ihm ein Viertel Bier in sein Haus hinaufziehen, wollte da warten auf die Sintflut, gleich als würde er nichts zu trinken haben.

Ausgerechnet dieser Luther veranlaßte kurze Zeit später, im Jahre 1527, die alte astrologische *Prognosticatio in latino* des Johannes Lichtenberger noch einmal abzudrucken. Darin ging es um Aufruhr gegen die Obrigkeit und die Predigt eines vom Volk vergötterten, im Jahre 1484 zur Welt gekommenen neuen Messias.[13]

Damit das gemeine Volk auch alles verstehe, gab Luther die Schrift in der deutschen Übersetzung durch St. Rodt heraus, in Wittenberg und Erfurt. Wegen der großen Propagandawirkung für die Sache der Reformation ließ er sie 1535 nochmals in Straßburg veröffentlichen, ja sie wurde dann bis in das Jahr 1813 unzählige Male nachgedruckt. Für den Verfasser Lichtenberger selbst, ein ehemaliger Hofastrologe Kaiser Maximilians I., verlief die Angelegenheit weniger erfolgreich. Er endete unter der Folter der Inquisition.

War es reine Eitelkeit und Geltungssucht, die ihn sich dem Volke qua astrologischer Flugschrift als neuer Heiland anbiedern ließ? Den Zeitpunkt der Neuauflage hatte er auf jeden Fall gut gewählt: 1527 plünderten deutsche Landsknechte, denen der Kaiser nach der Verteidigung Roms den Sold schuldig blieb, kurzerhand die ganze Stadt und vertrieben den Heiligen Vater.

Dieses Ereignis ging als *Sacco di Roma* in die Geschichte ein. Als Tiefpunkt der Beziehungen zwischen Kaiser und Papst half es natürlich, Luthers Wittenberg als das neue Rom der Christenheit darzustellen. Als einer der maßgeblichen Fädenzieher bei der Verwendung astrologischer Bildpropaganda für die Zwecke der Reformation gilt Georg Spalatin, Sekretär des sächsischen Kurfürsten Friedrich des Weisen.

Lesen wir einmal aus Luthers Vorwort zu dieser Schrift. Er distanziert sich zwar von einer wahrsagerischen Astrologie, sieht sich und sein reformatorisches Werk durch diese Prognostica jedoch derart bestätigt, daß er einfach nicht umhinkommt, sie aus eigener Initiative nochmals veröffentlichen zu lassen:[13]

Summa / seine weissagung ist nicht eine geistliche offinbarung / denn die selbige geschieht on die sternkunst / vnd ist auch der sternkunst nicht unterworfen / Sondern es ist ein heidnische alte Kunst / die bey den Römern ynd auch zuvor bey den Chaldeern fast herlich vnd gemein war / Aber sie kundten dem könige zu Babilon seine trewme nicht sagen noch deuten / Daniel muste es thun durch den geist / So feileten die Römer auch gar offte ...

... Hiraus ist nu komen die sternkunst / vnd warsager kunst / denn weil es war ist / das solchs geschicht / vnd die erfarung beweiset / das vnglück odder gluck bedeut / Sind sie zu gefaren / vnd habens wolen fassen vnd eine gewisse kunst daraus machen / da sind sie gen hymel gefaren vnd habens ynn die sterne geschreiben /

Vnd weil sie feine gedancken gehabt / das sichs mit der sternen art reymet / mussens nu die sterne vnd natur thun / das Gott vnd die Engel thun / Gleich wie die ketzer zu erst yhre gedancken finden / darnach die selbigen ynn die schrifft der teuffel zu geschlagen / hat sich drein gemenget / vnd wie er ein herr der welt ist widder Gotts herschafft / hat er auch des gleichen zeichen viel angericht auff erden / die sie Omnia heissen / Vnd hat an manchen orten warsager erweckt / als zu Delphis vnd Hammon / die solche zeichen gedeutet / vnd kunfftige ding haben gesagt...

...Was sagen wir denn zum Lichtenberger vnd des gleichen? Das sage ich. Erstlich / Den grund seiner Sternkunst halt ich fur recht / aber die kunst vngewis / das ist / Die zeichen am hymel vnd auff erden feylen gewisslich nicht / Es sind Gotts vnd der Engel werck / warnen vnd kunst

---

Abb.: Johann Hus, Holzschnitt, nach 1555

12) Luther 1912-1921

13) siehe hierzu auch: Campion 1994:360f

14) Kurze 1960

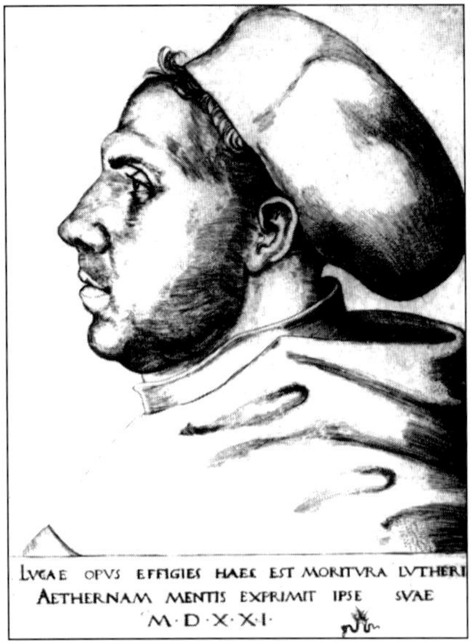

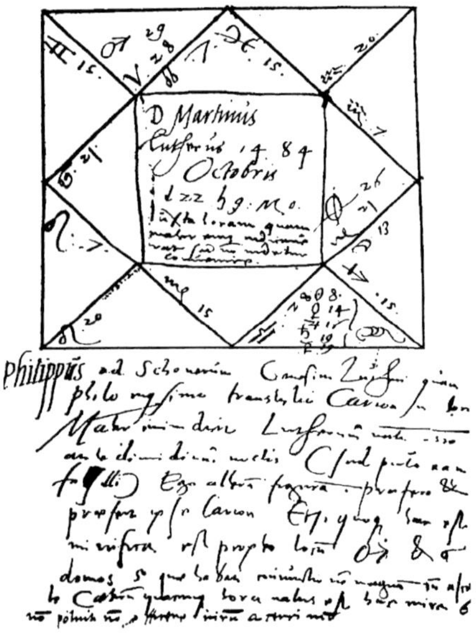

darauff zu machen ist nichts / vnd ynn die sterne solchs zu fassen. Zum andern / es mag dennoch wol daneben sein / das yhn Gott odder sein Engel bewegt habe / viel stücke / wilche gleich zutreffen / zu schreiben / wie wol yhn das Gott sehen liesse / das die Kunst yngewisse sey / hat er yhn lassen feylen etliche mal.

Vnd ist das summa summarum davon / Christen sollen nichts nach solcher weissagung fragen / denn sie haben sich Gott ergeben / durffen solchs drewens vnd warnens nicht.

Weil aber der Lichtenberger die zeichen des hymels anzeucht / so sollen sich die gottlosen herren vnd lenden fur allen solchen weissagungen furchten ...

Luthers Erlösungsbegriff ließ nur die unmittelbare Gnade Gottes gelten. Und diese ist nach seinem Verständnis unabhängig vom Segen des Papstes und irgendwelcher himmlischer Gestirnsfaktoren.

Wenn wir hier die Worte des großen Reformators lesen, so drängt sich der Eindruck eines modernen, aufgeklärten Charakters auf. Es verhält sich wohl eher umgekehrt: Luther brauchte diese ausschließliche Ausrichtung auf die Gottesgnade, um seinen mittelalterlichen Teufelsglauben in den Griff zu bekommen. Und er wollte möglichst alle Erdenbürger im christlichen Kampf gegen den Leibhaftigen vereint sehen. So übertritt nach seiner Meinung derjenige das erste Gebot, welcher[15]

... in seiner widerwertigkeit tzewberey, schwartz kunst, teuffels bundtgenossen sucht ... Wer wunschruten, schatz beschwerung, cristallen sehen, manthel fahren, milchstelen ubet.

Wer sein wergk und leben nach erwelten tagen, hymelszeichen und weissagern duncken richtet.

Zwei Briefe nach Nürnberg

Wer derartig extrem zwischen Himmel und Hölle unterschied, sich selbst als neuen Messias und den römischen Papst als mit dem Satan im Bunde darstellte, wer all dies dann auch noch an eine alte astrologische Prophezeiung knüpfte und diese zu Propagandazwecken neu herausbrachte – der brauchte sich um das Interesse der Öffentlichkeit nicht mehr zu sorgen.

Man wollte jetzt nun also wissen, zu welchem Tag und welcher Stunde der Reformator geboren sei, um sein Horoskop zu berechnen. Sogar aus Italien, vom berühmten Astrologen Lucas Gauricus, kam eine Anfrage. Hatte Luther bislang immer von 1483 als Geburtsjahr gesprochen, so war ihm dies auf einmal überhaupt nicht mehr klar. Niemand könne genau wissen, in welchem Jahr er geboren sei, verkündete

Abb. links oben: Martin Luther mit Doktorhut, Kupferstich Lukas Cranachs d.Ä. – Übersetzung der Schrifttafel: „Diese Bildnis der sterblichen Gestalt Luthers ist des Lukas Werk, das Ewige seines Geistes prägte er selbst. 1521"

Abb. links unten: Abschrift eines Lutherhoroskops, geschrieben von Melanchthon an Schöner.

Abb. rechts: Lutherhoroskop lt. Melanchthon/ Schöner/ Reinhold auf den 22.10.1484 Eisleben 9.00 LMT (Zeit entsprechend der Angabe auf der Horoskopzeichnung, Häuser nach Regiomontanus)

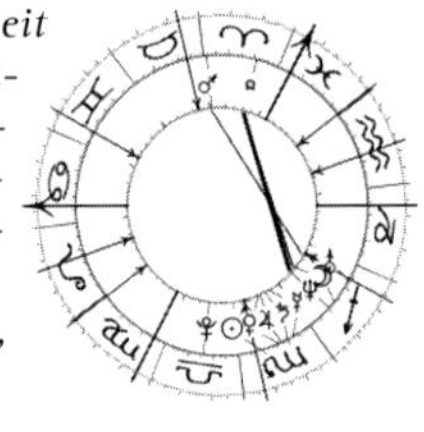

15) Müller-Jahncke, 1986:227

TRACTATVS
Martinus Lutherus Monachus sancti Augustini.

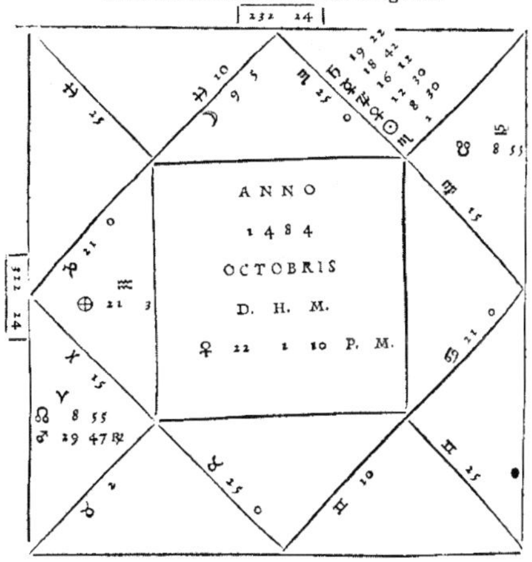

Martinus fuit imprimis Monachus per multos annos, demum expoliauit habitum monialem, duxitq; in vxorem Abbatissam altæ staturę Vittimbergensem, & ab illa suscepit duos liberos. Hęc mira satisq; horrenda. 5. Planetarũ coitio sub Scorpij asterismo in nona cœli statione quã Arabes religioni deputabant, effecit ipsum sacrilegum, hereticum, Christianę religionis hostem acerrimum, atq; prophanum. Ex horoscopi directione ad Martis coitum irreligiosissimus obijt. Eius Anima scelestissima ad Inferos nauigauit, ab Allecto, Tesiphone, & Megera flagellis igneis cruciata perenniter.

er lauthals.[16] Die mit der Lichtenbergischen Prognostika verbundene Zahl 1484 schien wohl doch zu verlockend.

Den Details mußte sich dann, wie in allen schwierigen Fällen des humanistischen Klein-Klein, Magister Philipp Melanchthon widmen. Der diskutiert das ganze nun mit seinen Astrologen-Kollegen Philo-Pfeil und Carion, was aus einem Brief an seinen Freund Johannes Schöner, den damals wohl bedeutendsten Astrologen Nürnbergs, hervorgeht:[17]

philippus ad schonerum.

genesim lutheri quam filo inquisiuit transtulit carion in horam 9. mater enim dicit lutherum natum esse ante dimidium noctis {sed puto eam fefelli}.

ego alteram figuram praefero et praefert ipse carion etsi quoque haec est mirrifica propter locum h et q in domos 5° quae habet coniunctionem magnam cum ascendente.

caeterum quacunque hora natum est hac mira ♂ in ♏ non potuit non efficere uirum acerrimum.

Philipp an Schöner.

Die Geburtsstunde Luthers, die Philo untersucht hat, verwandelt Carion auf die neunte Stunde. Die Mutter aber sagte, Luther sei in der Hälfte der Nacht (aber ich glaube, daß sie sich getäuscht hat), geboren worden.

Ich selbst bevorzuge eine andere Nativität, und diese bevorzugt auch Carion, obgleich sie unangenehm ist, wegen des Ortes des Mars und der Konjunktion in den Häusern [um] 5°, welche eine große Konjunktion mit dem Aszendenten darstellt.

Übrigens, in welcher Stunde auch immer er geboren ist, diese wunderbare Konjunktion im Skorpion kann keinen streitbaren Mann hervorbringen.

Melanchthon schreibt in späteren Jahren an seinen Freund Osiander, einen bedeutenden protestantischen Theologen, welcher auch im Kontakt mit dem italienischen Astrologen Hieronimus Cardanus stand und mit dessen Hilfe das astronomische Werk *De revolutionibus orbium coelestium* des Kopernikus in Nürnberg erschien:[18]

Über Luthers Geburtszeit sind wir im Zweifel. Der Tag ist zwar sicher, auch beinahe die Stunde, Mitternacht, wie ich selbst aus dem Munde seiner Mutter gehört habe.

1484 meine ich, war das Jahr. Aber wir haben mehrere Horoskope gestellt. Gauricus billigte das Thema von 1484.

Auch der Melanchthon-Schüler Erasmus Reinhold, Astronom und Astrologe, hielt sich viele Jahre später noch an dieses Horoskop, allerdings versehen

---

Abb. links oben: Luther als Junker Jörg auf der Wartburg, Lucas Cranach d. Ä. 1522

Abb. links unten: Lutherhoroskop aus dem „Tractatus Astrologicus" des Lucas Gauricus, Venedig,1552

Abb. rechts: Lutherhoroskop lt. Gauricus auf den 22.10.1484 Eisleben 12.08 GMT (Zeit entsprechend der Original-Horoskopzeichnung korrigiert, Häuser nach Regiomontanus)

16) Warburg (1920) meint, Gauricus wäre persönlich in Berlin gewesen. Erhalten sind jedenfalls seine Horoskope, doch die können natürlich auch auf dem Postweg dorhin gekommen sein. Der Gauricus-Biograf Percopo erwähnt diese Reise jedenfalls nicht.

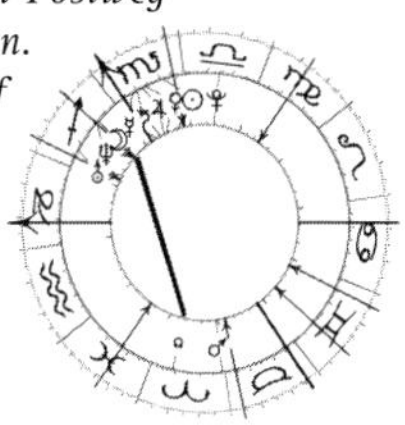

17) Müller-Jahncke 1997

18) Warburg 1920

DE GENITVRIS.

euti,quam omnes,& præcipue Plutarchus,tradiderũt. De afcen dentis etiã ratione nulla eft ambiguitas: folus igitur locus Lunæ haud exploratus relinquetur.

Porrò,quòd fub aqueo trigono artes & uiri maxime uigeant, & cur,aliàs oftenfum eft.

XI.

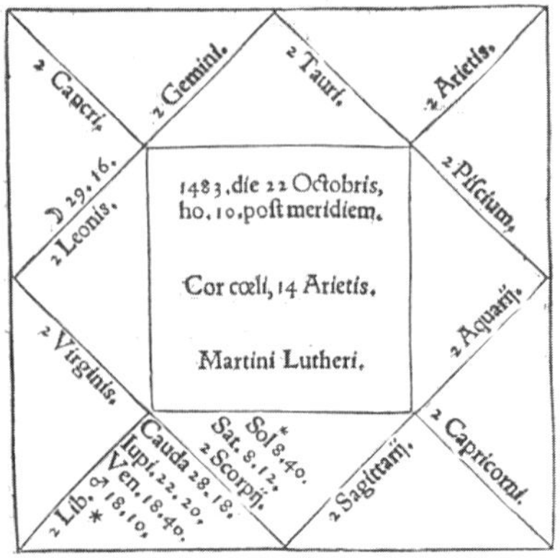

mit der Anmerkung *Coniecturalis*, was auf den spekulativen Charakter der Berechnung hindeutet. In der Kunstgeschichte Warburgs wird diese ganze Aktion dann rückblickend so dargestellt, als ob Magister Philippus ein Geburtsdatenfälscher gewesen sei, er mit seiner aus der "dämonischen Antike" stammenden Sternendeuterei der edlen Christensache schaden wollte.

Nun, mit der Jahreszahl 1484 konnte Luther seine Person eindeutig dem Vaticinum Lichterbergers zuordnen. Ob der Reformator aus diesem Grunde selbst ein bißchen an der Jahreszahl gedreht und dabei auch allen seinen Freunden etwas vorgeflunkert hat, um als neuer Prophet noch ein wenig glänzender darzustehen?

Antworten aus Italien

Wenn man schon mit so scharfen Waffen wie mit astrologischen Voraussagen und Geburtsdaten kämpft, muß man sich allerdings auch nicht wundern, daß die politischen Gegner zurückschlagen.

Lucas Gauricus wurde am 12.3. 1473 in Giffoni bei Neapel geboren.[19] Er studierte in Padua bei dem Philosophen Pietro Pompanazzi, arbeitete dann als Astronom und Astrologe in Bologna, Mantua, Ferrara und Venedig. Dort sagte er dem damals noch ganz unbedeutenden Alessandro Farnese die Papstwürde voraus. 1534 bestieg dieser als Paul III. den heiligen Stuhl und machte Gauricus zum Bischof von Giffoni, später dann zum Bischof der Provinz Capitanata.

Im Jahre 1530 kam es dann zum Briefwechsel zwischen Melanchthon und dem legendären italienischen Astrologen. Zu welcher Zeit, zu welcher Stunde sei Martin Luther geboren? Lucas Gauricus übernahm das Datum 22.10.1484 und verschob die Uhrzeit lediglich auf 1.10 *post meridiem*, d.h. 13.10 Uhr. Hierzu schrieb er dann auch eine Deutung, die sich gewaschen hatte und den Wittenbergern überhaupt nicht paßte. Luther wird dies die Beschäftigung mit der Sternendeuterei gründlich verleidet haben. Als man bei Tische Horoskope über ihn, Cicero und anderen herumzeigte, meinte er bloß:[20] „Ach, der himel fraget nach dem nit!

Abb. links oben: Luther als Hercules Germanicus, Hans Holbein d.J. zugeschrieben, 1523. Am Boden liegen Aristoteles,Thomas von Aquin, Petrus Lombardus, Wilhelm Occam und Nicolaus von Lyra. Den Dominikaner Jakob von Hogstaten bedroht Luther mit der Keule. Von der Nase baumelt ihm ein Papst, Sinnbild für Hochmütigkeit (nach: Hoffmann 1987:526).

Abb. links unten: Lutherhoroskop aus „Hieronymi Cardano Mediolanensis, Libelli Duo", Nürnberg 1532

Abb. rechts: Lutherhoroskop lt. Cardanus auf den 22.10.1483 Eisleben 22.00 LMT (Zeit entsprechend der Angabe auf Horoskopzeichnung, die dort verwendeten Ortskoordinaten sind falsch.)

19) Plantiko 1993

20) Luther 1912-1921 WATR 4, 4846

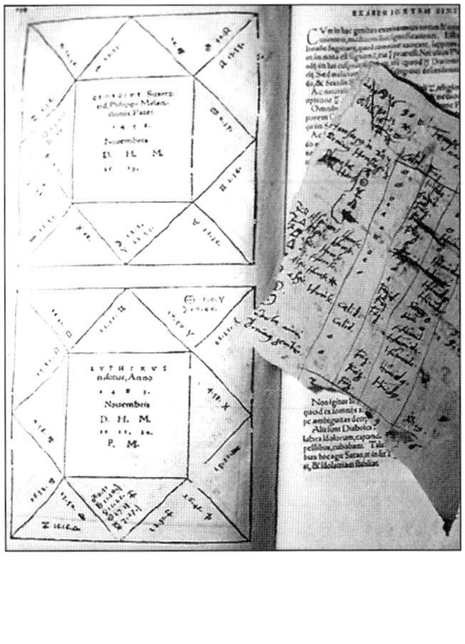

Unser Herr Got fraget auch den himel nit." Einige Jahre nach Luthers Tod, im Jahre 1552, druckte Gauricus sie dann auch noch in einer Horoskopesammlung ab. Lesen wir, was ein katholischer Vollblut-Sternendeuter der Propaganda Wittenbergs entgegensetzt:[21]

martinus fuit imprimis monachus per multos annos, demum expoliavit habitum monialem duxitque in uxorem abbarissam altae staturae victimbergensem & ab illa suscepit duos liberos.

haec mira satisque horrenda 5 planetarum coitio sub scorpii asterismo in nona coeli statione quam arabes religioni deputabant, effecit ipsum sacrilegum hereticum, christianae religionis hostem acerrimum, atque profanum.

ex horoscopi directionis ad martis coitum irreligiosissmus obiit. eius anima scelestissima ad inferos navigavit; ab allecto, tesiphone et megara flagellis igneis cruciata perenniter.

Martin war zuerst viele Jahre lang Mönch und lernte, sich mönchisch zu geben. Er heiratete eine Wittenbergische Äbtissin von hohem Stand und bekam von ihr zwei Kinder.

Die Zusammenkunft von fünf Planeten im Zeichen Skorpion im IX. Himmelshause, das die Araber der Religion zuordneten, ist sonderbar und hinreichend erschreckend. Sie machte ihn zum Frevler, zum Ketzer, zum schärfsten Feind der christlichen Religion, und sie machte ihn profan.

Bei der Direktion Aszendent Konjunktion Mars ging der Ungläubige zugrunde. Seine verworfene Seele fuhr zur Hölle, wo sie von Allectus, Tesiphon und Megera mit glühenden Geißeln auf ewig gequält wird.

In seinem *Tractatus Astrologicus* deutete er auch Melanchthons Horoskop, allerdings wesentlich milder. Überhaupt blieb auf Humanistenebene der Kontakt zwischen Lucas und Philipp stets erhalten. Aus Melanchthons Briefwechsel geht hervor, daß er auch sogar Astrologen der Leucorea studienhalber zu Gauricus schickte. Er schätzte dessen fachlichen Qualitäten sehr, die Langzeitprognostik 1512 - 1535 würdigte er mit den Worten „sie lese sich nachträglich wie ein Geschichtsbuch".[22] Auch befindet sich jetzt noch in der Zwikkauer Ratsschulbibliothek eine Gauricus-Publikation des praktizierenden Arztes Jakob Milich, Professor der Mathematik und Medizin in Wittenberg.

Prominentenastrologen als Plagiatoren

Berühmt wurde Gauricus unter anderem wegen seiner Prophezeiung über den Tod des französischen Königs Heinrich II. Zweimal hatte seine Frau, die als grausam und skrupellos bekannt

---

Abb. links oben: Eines der letzten Lutherportraits, Detail aus dem Neuen Testament von 1546

Abb. links unten: Luther- und Melanchthonhoroskop aus „Astrologiae Methodus" des Johannes Garcaeus, Basel 1570

Abb. rechts: Lutherhoroskop lt. Garcaeus auf den 10.11.1483 Eisleben 23.20 LMT (Zeit entsprechend Angabe auf Horoskopzeichnung, Häuser nach Regiomontanus)

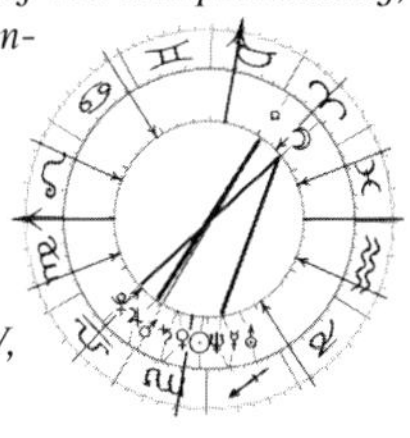

21) Tractatus Astrologicus, fol.69v, zitiert nach Plantiko 1993 und 1997

22) Thorndyke 1965:V, 378-405

gewordene Katharina de Medici, bei Luc Gaurice Horoskope bestellt: 1533 und 1547.[23] Die Beschäftigung mit Magie und Okkultismus lag ihr wie allen Medicis im Blut. Gauricus hatte ihr schon früh prophezeit, daß sie Königin von Frankreich werde. Als sie dann tatsächlich den Dauphin ehelichte, erbat sie weitere Horoskope. Es heißt, er habe den Tod Heinrichs II. bei einem Turnier vorausgesagt. Diesen Ruhm wird er sich aber auch ewig mit Nostradamus teilen müssen, der 1555 in seinen Centurien (Langzeitprognosen) schrieb:[24]

der junge löwe schlägt den alten
auf kriegsähnlichem gefild
- im einzelkampf im güldnen käfig
wird die augen er durchstechen
aus zweier wunde eine dann
wird grausamen tod der alte löwe sterben.

Drei Jahre später gab Heinrich II. anläßlich des Geburtstags seiner Tochter ein Turnier. Er befahl dem jungen schottischen Edelmann Montgomery, gegen ihn anzutreten. In voller Rüstung auf dem Rücken ihrer Pferde rasten die beiden Adeligen aufeinander zu. Die Lanze des Schotten brach, ein Holzsplitter drang durch das Auge tief ins Gehirn des Königs. Nach einer Woche der grausamen Qual starb er. Es ging das Gerücht um, der jüdische Pestarzt, Okkultist und Astrologe Nostradamus (geb. am 14.12.1503 St.Remis de Provence, 11:40 LMT) habe den Totschlag inszenieren lassen, um über die gelungene Prognose Ruhm und Reichtum zu erlangen.[25] Doch Katharina, nun als Vormund des jungen Thronfolgers praktisch Regentin Frankreichs, achtete seine Wahrsagekunst. Auch für sechs ihrer sieben Kinder gab der Seher aus der Provence düstere Schicksalsprognosen ab, die angeblich alle eingetrafen.[26]

Allerdings kann nicht völlig geklärt werden, welchem der beiden Vollblutastrologen der Ruhm dieser Voraussage gutgeschrieben werden darf. Bekanntlich fügte Nostradamus eine ganze Reihe bereits eingetroffener Ereignisse in seine augurenhaften Verse nachträglich ein. In späteren astrologischen Schriften wird Gauricus die erfolgreiche Turnierprophezeiung zugeordnet.[27]

Immer mehr Horoskopvarianten

Zurück zum Lutherhoroskop: Der italienische Astrologe Hieronimus Cardanus tadelte Gauricus. Er fand das Horoskop und seine Deutung nicht gegenreformatorisch genug.[28] Cardanus selbst änderte das Jahr jedenfalls auf 1483, wahrscheinlich nicht aus Willkür, sondern weil dieses Jahr nun immer häufiger als Alternative angeführt wurde. Wohl aufgrund der inzwischen veröffentlichten negativen Deutungen waren Luther und Melanchthon öffentlich wieder für dieses Jahr eingetreten.

Cardanus formulierte seine Deutung noch viel ablehnender. Man muß dabei aber berücksichtigen, daß ihn selbst lange Jahre die Inquisition bedrohte. 1558 wurden in Rom seine Bücher verbrannt, später machte ihn die Folter zum Krüppel. Durch diesen scharfen Text konnte er sich gegenüber den Päpsten in Rom als loyal erweisen - und seine Haut retten. Neben seiner Liebe zur Astrologie beschäftigte sich Cardanus mit Mathematikr und Technik, vom ihm stammt beispielsweise die heutzutage in jedes Automobil eingebaute Kardanwelle.

Abb.: Gauricus - Trastatus Astrologicus 1552

23) Rohr 1984, Greene 1980 und 1985. Dort finden sich allerdings genau bei der Erzählung dieser Gegebenheit einige sachliche Fehler. Greene weiß nicht, daß Regiomontans System zur Zeit des Gauricus neben dem äqualen das verbreitetste war, während es das Placidussystem noch gar nicht gab, da Placidus viel später lebte. Auch ist die Rekonstruktion der Nativität Heinrichs II. aus den Angaben von Gauricus fehlerhaft durchgeführt, so daß auch ihrer ganzen Horoskopdeutung der Boden entzogen ist.

24) Greene 1985:210

25) Boeser 1994

26) Centurio 1977

27) Möglicherweise stammt sie auch von einem dritten Astrologen namens Cosme Ruggieri (Rohr 1994:108)

28) Eberl 1994. Siehe auch „Cardanos Tod“ von Rüdiger Plantiko auf www. astrologix.de.

Damit ist die Geschichte der Lutherhoroskope allerdings noch längst nicht beendet. In das Dekanatsbuch der Universität Wittenberg wurde später von Melanchthon das Jahr 1483 hineingeschrieben, und auch seine Totenrede auf Luther erwähnt dieses Jahr. Bald dreißig Jahre nach Luthers Tod brachte der in Wittenberg von Erasmus Reinhold ausgebildete Astrologe Johann Garcaeus seine Horoskopsammlung *Astrologus methodus* heraus. Hier wurde als Berechnungsgrundlage für Luthers Horoskop der 10. November 1483, 11 Uhr 20 Minuten post meridiem genommen. Dies wird auch heutzutage noch als sein offizielles Geburtsdatum angesehen.

Es ist erkennbar, daß sich die Ballung der sichtbaren Planeten nun auf die Zeichen Skorpion ♏ und Schütze ♐ verteilt, der Mond ☾ steht im religiösen neunten Haus. Das Zeichen Stier ♉ am Medium Coeli (Kurzdeutungen: stur-beharrliches Verfolgen eigener Ziele, dickköpfig gegenüber Vorgesetzten, Aufleben der körperlichen Genußsucht in aller Öffentlichkeit) paßt eigentlich sehr gut zu Luthers geflügeltem Bekennerwort vor dem Wormser Reichstag „Hier stehe ich, ich kann nicht anders." Auch wenn ihm diese Worte vielleicht vom Volksmund angedichtet worden sind, so zeigen sie doch ein ganz wesentliches Merkmal seines Charakters.

Merkwürdig ist im Buch von Garcaeus, daß bei Luthers Horoskop die Planeten alle ins vierte Haus eingetragen sind, obwohl einige *lege artes* noch ins dritte gehören. Der Kunsthistoriker Aby Warburg meint dazu, daß „die nachdrückliche, selbstverständliche Lebenskraft“ des ursprünglich italienischen Horoskops bei Garcaeus noch nachwirke. Er behauptet auch, daß 1617 die ganze Angelegenheit „wissenschaftlich erledigt wurde von protestantischer Seite ...“[29]

Man kann in der gesamten akademischen Literatur ab Mitte des 17. Jahrhunderts immer wieder diesen (wohl unbewußten) Wunsch herauslesen, alles Mystische abzuschaffen, die protestantische Religion als „Christologie“ in den Wissenschaftsstatus zu erheben.

Und was war er nun wirklich für ein Mensch?

Es soll der astrologie-kundigen Leserschaft überlassen werden, das *richtige* Lutherhoroskop herauszufinden. Cranachs erste Bildnisse zeigen einen kräftigen, schlanken und schönen Mann, mit leicht verklärtem Blick. Nach der Wartburgzeit, als er all seine Kraft einsetzen mußte, um eine Verselbständigung der von ihm angefachten theologischen Revolution zu verhindern, als wiedertäuferische Ideen unterdrückt, die aufmuckenden Bauern getadelt und der Schulterschluß mit der landesfürstlichen Obrigkeit vollzogen waren, in jener Phase wurde Luther immer fetter, verlor seine körperlichen Konturen. Er hat einen reichen Schatz deftiger Zitate hinterlassen wie „Warum rülpset und pforzet ihr nicht, hat es euch denn nicht geschmacket?“ oder „Der Teufel soll die Bierbrauer holen!“[30] Es muß gemütlich zugegangen sein bei seinen Tischgesprächen, die man ausführlichst dokumentierte und die heute noch zur Standardlektüre evangelischer Schriftgelehrter zählen.

Im Alter litt der Reformator an schmerzhaften Gallensteinen. Astromedizinisch kann dies Mars ♂ und Jupiter ♃ sowie Saturn ♄ zugeordnet werden, was in der psychosomatischen Analogie auf geistige Verhärtung und Intoleranz hindeutet. Doch damit lag Martin Luther im Grunde nur im Trend seiner Zeit. Das sechzehnte Jahrhundert war für Deutschland das klassische Zeitalter des Fressens und Saufens. So vertilgte zum Beispiel bei einem Essen, daß der Nürnberger Doktor Christoph Scheurl, Luthers Mentor, Melanchthon zu Ehren veranstaltete, eine Tisch-

---

Abb.: Titelbild von: Hieronymi Carcany Medici Mediolanensis, Libello Dvo, Nürnberg 1543
29) Warburg 1920
30) Luther 1912–1921

gesellschaft von zwölf Personen insgesamt: Saukopf und Lendenbraten in saurer Soße, Forellen und Äschen, fünf Rebhühner, acht Vögel, ein Kapaun (kastrierter Masthahn), Hecht in Sülze, Wildschweinfleisch in Pfeffersauce, Käsekuchen und Obst, Pistaziennüsse und Latwergen (Fruchtmus), Lebkuchen und Konfekt.[31] Vielleicht wurde nicht alles aufgegessen. Aber wie soll man sich erklären, daß die Tischgesellschaft dazu so viel Wein zechte, daß dreieinhalb Liter auf jede Person kamen?

Die Folgen: Melanchthon hielt zwar mit dem Essen Maß, denn er blieb ein dünnes, kaum 1,52 Meter großes Männchen. Doch dem privaten Weinfäßlein, das ihm sein Kurfürst regelmäßig nach Wittenberg kommen ließ, wird er eifrig zugesprochen haben. Ob es die Sehnsucht nach seiner württembergischen Heimat war, nach den gemütlichen Umgangsformen des Ländles? In Kursachsen pflegte man einen etwas rauheren und ungehobelteren zwischenmenschlichen Umgang. Und manche Studenten in Wittenberg führten geradezu ein Lotterleben, obwohl unter ihnen damals ein recht braver Sopruch kursierte: „Willst Du Dich vergnügen, geh sonst wohin, willst Du studieren, geh nach Wittenberg."[32]

Lange Jahre wucherten Weinstöcke im Hof des Wittenberger Melanchthonhauses, einem Renaissancebau, den Friedrich der Weise für ihn bauen ließ, um ihn noch fester an die Universität zu binden. Und mit der Tochter des Bürgermeisters hatte man ihn verheiratet. Wozu man überhaupt eine Frau brauche, mußte man ihm erst einmal ausführlich erläutern. Bereut hat er es jedoch nie. Nur äußerst freigiebig solle sie den zahlreichen Gästen gegenüber gewesen sein, so daß die Haushaltskasse ständig leer war. (In seinem Horoskop stand der Mond ☾ halt im zwölten Haus).

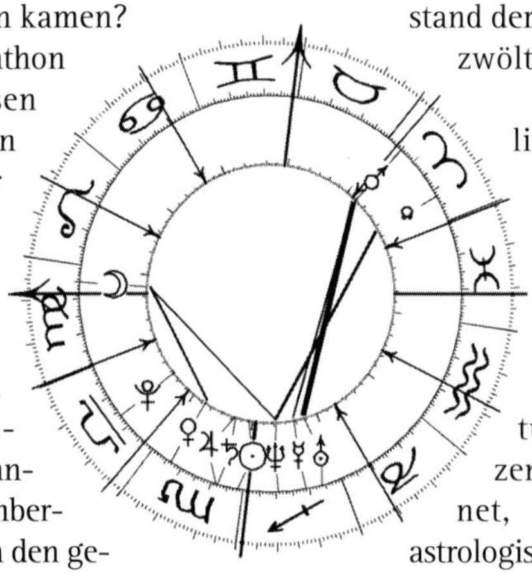

Melanchthon litt im Alter sehr unter Nierensteinen. Wenn man dies in der Analogie der Geburtshoroskopstellung Saturn ♄ am Deszendenten zuordnet, ergibt sie die astrologisch-psychosomatische Analogie zu verhärteten menschlichen Beziehungen, einem Zwang zur Harmonie um den Preis der Selbstunterdrückung.

Er stand in dem Ruf des ewig-zaudernden, nach allen Seiten hin politisch den Ausgleich suchenden Diplomaten, während Freund Luther cholerisch (=gallig) für seine Auffassung von Religion stritt. Nun ja, es gab Ausnahmen: Selbst wenn Martinus von Horoskopen nicht viel hielt, so beugte er sich doch ab und zu der Astro-Medizin. So wollte er einst aus Schmalkalden abreisen, wo er schwer an Gallensteinen litt, „sed Philippus mit seiner heillosen und schwermerischen astrologia hielt mich doch noch ein tag auf, denn es war novilunium [Neumond]."[33]

Noch einmal: Luthers Horoskop

Spätestens seit den 80er Jahren des 20. Jahrhunderts ist das Spiel mit den Geburtsdaten wieder völlig offen. Im Archiv des Melanchthonhauses Bretten fand sich bei Forschungen eine kleine Handschrift Luthers, auf der er seinen eigenen Lebenslauf stichwortartig schildert. Das sogenannte *Brettener Blatt* läßt nach Ansicht eines Kirchenhistorikers der Kieler Universität die Vermutung zu, daß der Reformator doch am 10.11. 1484 gen Mitternacht geboren sei.[34]

Hatte Melanchthon vielleicht recht mit seinen Zweifeln, seinem Spiel mit den verschiedenen möglichen Geburtsdaten? Dieses neue Horoskop zeigt allerdings keine Betonung des Tierkreiszeichen Stier mehr, die Mitte des Himmels (Medium Coeli) ist schon in das flexible Zeichen ♊ vorgerückt Die Karten sind neu gemischt, das Spiel mit den Horoskopdaten kann neu beginnen!

Abb.: Lutherhoroskop auf den 11.11.1484 Eisleben 0.00 LMT lt. Staats (Placidus-Häuser)

31) Fridell 1927

32) Joestel 1992

33) Luther 1912-1921, WATR 5,5368

34) Staats 1997

Von dem Ochsen oder Stier

im stier gilt / dass jeder sterck
behaltend krafft / dasselbig merck.
gurgeln vnd auch laxierung stelln /
und welche kind entwehnen wölln.
schwen / pflanzen / acker gut /
und wer die nägel beschneiden thut.

Ochs odder stier ist das zweyt zeychen / kalt vnnd trucken / mittägig / jrdisch / melancholisch / venus nächtliche hauss / mons erhöhung / jupiters fall / hat am menschen den halss.

wann die sonn im stier ist / bedeut arbeyt / die zeit ist gut vnnd starck / hart zu arbeits dess felds.
so der mon darinn / ist nit gut den halss arzneyen / oder mit eisen berhüren / wunden schneiden / aderlassen noch arzney nennen / nit streit anfahen / nicht fern vber land ziehen / vnnd was man kurtz begert / zufliehen / langwirige ding anzufahen / als heuser bawen / grundfeste legen / gesellschaft machen / frid vnnd heyraht stifften / kauffmanschafft gegen mittag treiben / ochsen kauffen / haussgesind dingen / weiber nemen / kinder entwehnen / in gärten arbeyten / bäum pflantze / säwen / kleine tagreysen thun. die zeit ist kalt vnd trucken / wolcken vnnd nebel seind gewonlich.

wer vnder diesem zeychen geborn odder empfangen / wirt glückhafft am leib / stät inn seinem fürnemen / kompt spat zu grossem reichthumb / im alter zu ruh vnd ergetzlichkeyt / mehr keusch dann vnkeusch / jhm widerfehrt böses vnd guts / findet mehr gnad bey frembden dann heymischen.

ein knab geborn zwi-

Text und Abb.: Bacharach 1583

schen dem 21. tag aprilis vnd 20. meyens / ist von der complexion dess zeychens ochsen / der naturen veneris / melancholicus / kalt / trucken / fruchtbar / weibisch / stäten muts / grossen oder starck leibs / gemischte farb dess angesichts / grosse hübsche augen / lange stirn / schlechte nass / grosse zän vnnd schultern / dick oder starcke bein / stolz in zierung oder kleydung / sein lust ist kurtzweil dess gesangs vnd seytenspil / sonder zorn / redt zärtlich / davon er lob empfahet / stäter milter werk / arbeyt gern / kompt doch spat zu reichthum / biss auff sein halbes alter / dann kompt er zu guter ruhe / wirt keusch / sein eheweib wirt ein jungfraw / gewinnet vnfall / vnd weyss niss von wannen / nimpt böss vmb guts / mehr gnad von frembden dann heymischen freunden / warhafftiger red / sein zorn bald vergessen. sein höchst glück vnd ehr / zeygen die land des mittags / nidergangs vnd mittnacht. sein vnglück / angst vnd not / zeygen die land der sonnen auffgang. alle farben seind im gut / on braun vnd grün seind jm vnglücksam. / sein glück vn gewinn werden all erdwachsende frücht / wässerechte erbschafften / alle frücht dess luffts / bäum vnd reben.

der höchste vnnutz in seiner übung / ist alles das auch feur kompt / odder mit feur erwunnen mag werden. sein kranckheyt dess leibs wirt sich äugen im hals / schultern / augen / geschwulst der hend / der füss / dess nabels / der hüfft. sein todt wirt durch böse weiber / gifft oder hiz des feurs gespürt werden.

ein meydlein geboren zwischen obbestimter zeit / ist sich der selbigen natur arten / dicks grossen leibs / frölichen muts / guter stimm / gegen jedermann ehrlich / gütig / was sie gedenckt im herzen / das darff sie auch thun. sie leidet viel schand vnd nachrede. am angesicht zeychen / ihr kommen für schwere und wunderliche träume. ihr beklagung ist des haupts / augen / ohren / im hals / empfindet viel zufelliger kranckheyten. leidet schmerzen in der mutter / gebirt schwerlichihre kinder. durch böse zungen / vergifft / zauberey / teuffels gespenst / wirt jr todt angezeygt.

*

Von dem Planeten Venus

zu freud vnd lieb stehn all mein sinn /
und music / also auch mein kind.
hilff heyrath machen / kleyd mich new /
und spiel der lieben zeit ohn rew.

Venus ist der fünfft planet / von natur kalt vnnd feucht / bezeychnet der welt freund / dess gesangs / allerlei seyten spiel / vnnd zier der kleinot / auss den farben das grün / unnd von dem geschmack der salbeyen geschmack / auss den tagen den freitag / von den nächten montags nacht.

venus ist der abendtstern / vnd die morgenröte / das haupt der sonnen / abendtlich vnnd kugelecht / feuriger natur / scheinet wider die welt als mercurius. venus laufft am nechsten bey der sonnen / laufft jhr ein jar vor / das ander nach. das jar er vor der sonnen laufft / so heysst er lucifer / morgenstern. das jar er nachlauffet / heysst er vesper / abendstern.

unnd welches jar venus ist morgenstern / ist mars abendtstern / dann die zween stern seind einander so gleich / dass man sie kaum vor einander erkennen kan. venus erfüllet sein lauff durch den zodiacum inn 348. tagen.

In Venus stunden ist gut/

von herren etwas zu erfaren / heyrath machen / kurtzweilen mit frawen / newe kleyder anlegen / vnnd alle främliche werck / vnnd wo

---

Text: Bacharach 1583, Abb.: Pegius 1586

zu frawen gehören / thun. es ist gut vber feld ziehen / es begegnet jhm guts / nehlich von frawen. es ist gut baden / gesind dingen / purgieren / aderlassen / von frawen etwas begern. nit gut ist in schiff gehn / noch zu wasser faren / noch sähwen. nit gut viel gelt empfahen / es wirt mit weibern verzehrt vnnd verloren. wer die stund kranck wirt / der hats von frawen.

Ein Kind geborn in Venus stund /

wirt vnfruchtbar / geyl / vnd vnkeusch / ist es ein tochter / ist zubesorgen / sie werde ein thörechte fraw. der mensch ist gewonlich kalter natur / hat kein rechte liebe zu niemandt / gibt einen vmb den andern / weitschweyffiger sinn. ist es ein mann / so wirt er den weibern lieb / ist es ein fraw / wirdt den mannen lieb. seyn weyche leut / inn weisslichen sachen zweifelig / bleibt doch endtlich nit zweiffelhafft / ist sittig vnd züchtiger red / schimpflich / frölich / vnd gespräch / hat die music lieb / legt viel fleiss auff seytenspiel vnd feine kleyder / vnnd wann sie das nicht vermögen / greiffen sie an / da folget hencken nach. wann die sonn im aprillen inn stier gehet vnnd im herbstmonat inn die wag / so hat venus grösser gewalt in jhren stunden dann sonst im jar.

wann inn venus stund das neuw wirt / oder sein bruch / wirt der monat das viertheyl regen wetter / odder zu winter zeit feucht / schnee.

venus vnd mercurius haben am menschen in die nieren / und so venus stund ist / soll man am gemächten / vnd was den nieren zusteht / nit artzneyen.

in diesen stunden ist gut anfahen zuhandlen / vnd sich üben in aller gesellschaft / was zu frölichem wesen dinet / odder darzu reytzen mag / mit prassen / singen / springen / tantzen / pfeiffen / seyten vnd andere spil / nach leibs lüsten / aller frawen zierung vnd übung / jrer zugehörde / treiben.

*

Spielarten des Intellekts

... NIHIL TANTUM REPUGNAT NE VERBIS ILLUSTRETUR,
AT NIHIL ADEO NECESSE EST ANTE HOMINUM OCULOS
PROPONERE UT CERTAS QUASDAM RES,
QUAS ESSE NEQUE DEMONSTRARI NEQUE PROBARI POTEST,
QUA CONTRA EO IPSO,
QUOD PII DILIGENTESQUE VIRI ILLAS QUASI UT ENTIA
TRACTANT,
ENTI NASCENDIQUE FACULTATI PAULULUM APPROPINQUANT.

Hermann Hesse - Glasperlenspiel[1]

Merkur ☿, dem Tierkreiszeichen Zwillinge ♊ zugeordnet, galt im alten Rom als Gott der Händler und Diebe. Oft stellte man ihn mit geflügeltem Helm dar, in knabenhafter Adonisgestalt mit Kinderpenis. Die von den Griechen übernommene Bildungsform des Gymnasiums war eine Stätte der körperlichen und geistigen Ertüchtigung, in der ältere Männer Jünglinge aus gutem Hause in allen Künsten einwiesen – und der Knabenliebe frönten. Daß Hermes, der altgriechische Vorläufer des römischen Merkur, ursprünglich als Potenzprotz dargestellt wurde, gab bereits dem antiken Geschichtsschreiber Herodot Rätsel auf. Standbilder mit Männerköpfen und einem glatten Sokkel, aus dem nichts als ein gewaltiger, eregierter Penis herausragt, übernahmen nach seiner Ansicht die ersten unter allen Griechen von den Pelasgern, aus den ithyphallischen Götterbildern im Kabirenkult auf Samothrake.[2] Erste Abbildungen auf Vasen finden wir im 4. vorchristlichen Jahrhundert. Aus Stein gehauene Hermen schmückten die Innenhöfe der Griechen, standen an Weggabelungen und auf Grabmälern. Damals stellte man den Gott des Intellekts noch unkastriert dar. Er besaß deutlich sichtbar Potenz.

Andere Darstellungen zeigen Hermes mit einem von Schlangen umwundenen Stab, dem *Caduceus*, um so auf die Heilkunst hinzuweisen.[3] Die vor mehr als 500 Jahren auf der griechischen Insel Kos gegründete Astrologenschule des Berossos wurde auf einem Heiligtum des legendären Arztes Asklepius eingerichtet. Seit jener Zeit existiert eine Verbindung zwischen Iatros (griechisch für Arzt) und Mathematik

---

Abb. oben: Griechische Herme aus Syrakus
Abb. links: Römische Merkur-Statuette aus dem 1. Jahrhundert vor Christi Geburt

1) ... nichts entzieht sich der Darstellung durch Worte so sehr und nichts ist doch notwendiger, den Menschen vor Augen zu stellen, als gewisse Dinge, deren Existenz weder beweisbar noch wahrscheinlich ist, welche aber eben dadurch, daß fromme und gewissenhafte Menschen sie gewissermaßen als seiende Dinge behandeln, dem Sein und der Möglichkeit des Geborenwerdens um einen Schritt näher geführt werden.
2) Lullies 1931:34
3) Tyler 1985

(im Altertum oft gleichbedeutend mit Astrologie und Astronomie). Daran erinnert der *Äskulapstab* heutiger Ärzte und Pharmazeuten. In der modernen schulmedizinischen Ausbildung spielt Iatromathematik überhaupt keine Rolle mehr. Man findet sie jedoch wieder im alternativen therapeutischen Bereich, bei Homöopathen und Psychologen.[4)]

Die ganzheitliche Idee, es könne eine wie auch immer geartete Verbindung zwischen himmlischen Planetenkonstellationen und irdischer Körperdisposition geben, hat sich bis heute gehalten. Sie lebt nur auf einer abstrakteren Ebene weiter, als es noch im Mittelalter der Fall war. Als wichtigster Faktor galt damals der aktuelle Tagesstand des Mondes. In welchem Tierkreiszeichen er jeweils stehe, dessen zugeordneter Körperteil sei allzu heftig durchblutet – so hieß eine der geltenden Regeln. Stand der Mond beispielsweise gerade in den Zwillingen, durfte an den diesem Zeichen gehörenden Körperteilen, Arme und Schultern, nicht zur Ader gelassen oder operiert werden.

Es gehörte vielerorts zu den Aufgaben des Stadtarztes, einen verbindlichen Mondkalender zu verfassen, an den sich auch die Bader beim Schröpfen und Zähneziehen zu halten hatten. Verstöße wurden, so in Basel am Ende des 16. Jahrhunderts, mit hohen Geldbußen belegt (jeweils zur Hälfte zahlbar an Bürgerschaft und Stadtphysikus). Die Zeit für eine Behandlung mußte vom Mediziner also äußerst sorgsam auswählt sein.

Praktik contra Praxis

Natürlich gab es auch Widerstände gegen diese scholastische, ausschließlich auf philosophischer Grundlage basierende medizinische Ausbildung. Da kirchlicherseits das Sezieren von Leichen verpönt war, wußte man kaum, wie das Innere eines Körpers aussah. Nach Abschluß seines Studiums konnte ein akademisch ausgebildeter Arzt bald mehr über den Aufbau des Sternenhimmels erzählen als über die Anatomie des Patienten - und das natürlich in fließendem Latein.

Zu den Pionieren der Erfahrungsmedizin gehörte Theophrastus Bombastus von Hohenheim, genannt Paracelsus (der über den römischen Mediziner Celsus hinausgehende). Er brachte an der Baseler Universität mit seinen Angriffen gegen die schematische, nutzlose Aderlasserei binnen Kürze die ganze Professorenschaft gegen sich auf und mußte die Stadt verlassen. Seine großen Praxiserfahrungen erhielt er während seiner zahlreichen Reisen als Wundarzt auf den Schlachtfeldern.

Die Gedanken der Astrologie, besonders das Sympathiegesetz „Similia similibis curantur" des Heilens von Gleichen mit Gleichem, entwickelte er auf seine eigene Art weiter und galt somit als Vordenker der Homöopathie.[5)] Die astrologischen Praktiken des Paracelsus kannte Magister Philippus Melanchthonis. Allein der etwas derbe, sensationsheischende und ins okkultistische hineingehende Stil des Hohenheimers mißfiel ihm. Zu große Unterschiede beherrschten beide Charaktere.[6)] Gemeinsam war ihnen das Streben, die Astrologie mit der sich neu entwikkelnden Erfahrungsmedizin zu verbinden. Melanchthons Vorliebe für die Iatromathematik spiegelt sich im Wappen wider. Daß sein Wappen – Schlange und Kreuz auch biblisch (das Volk Israel in der Wüste) gedeutet werden kann, ist nicht unbedingt ein Widerspruch, sondern zeigt die ebenso starke Ausrichtung des Humanisten auf das Christentum.

Das Geschäft mit der Schuld

Um zu erklären, wieso es zur Blüte der Reformation und der Wissenschaften an Wittenbergs Universität kam, werden in der Regel kirchenhistorische oder philosophiegeschichtliche Erklärungen herangezogen. Die geschätzte Leserschaft möge all diese edlen Motive für

---

Abb.: Familienwappen von Philipp Melanchthon: In blauem Feld ein aufgerichtetes goldenes Kreuz, Querbalken und Stamm von einer Schlange umwunden. (nach: Urban 1991)

4) Huibers 1980, Döbereiner 1982, Braunger 1984, Meyer 1986, Ebertin 1989, Frey 1995

5) Mertz 1993

6) Rhein 1991

einen Moment bei Seite legen. Um sich in die Situation eines mittelalterlichen Fürsten hineinzuversetzen, braucht der Vergleich mit heutigen Managern von Großunternehmen nicht gescheut zu werden. *Shareholder Value*: das Verhältnis von Einnahmen zu Ausgaben muß stimmen, die Konkurrenz in Schach gehalten und bei Bedarf neue Märkte erobert werden. Stillstand bedeutet Rückschritt. Man muß ständig mit der Zeit gehen, frühzeitig neue Trends erkennen, die *Performance* ist alles.

Sachsens Kurfürst Friedrich der Weise schmückte der Ruf eines gläubigen Christen. Er war hochrespektiert und stand an erster Stelle in der Anwartschaft auf den Kaiserthron.[7] Wieso zerbrach ausgerechnet unter seiner duldenden Hand von Wittenberg aus das ganze Christentum in zwei Teile? Sonne ☉ und Saturn ♄ im elften Zeichen Wassermann ♒ seines Horoskopes[8] ist eine widersprüchliche Konstellation: Sie deutet auf den Wunsch nach gesellschaftlichen Wandlungen und gleichzeitig die Angst vor denselben hin. Sicherlich hat dieser Charakterzug dazu beigetragen, die Ideen der Reformation (eine nordeuropäische, radikale Variante der heiteren italienischen Renaissance) von Wittenberg aus in alle Welt zu verbreiten.

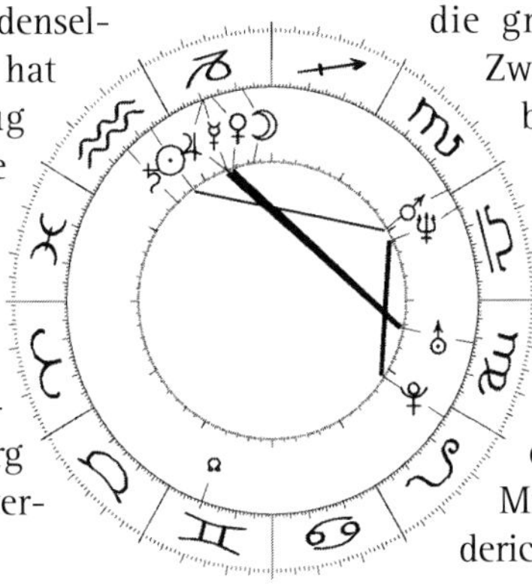

Jedoch gab es auch ganz handfeste finanzielle Gründe, die ihn als *Vorstandsvorsitzenden* einer *Kursachsen-AG* bewegten. Die Konjunktion von Jupiter ♃ und Merkur ☿ sowie der aufsteigende Mondknoten ☊ in den Zwillingen ♊ deuten auf intellektuelle Aufgeschlossenheit, Strategiedenken und einen kaufmännisch handelnden Charakter hin.

Auch wenn er sich nach außen hin scheinbar durch Untätigkeit ausgezeichnet haben soll (mit Luther führte er nie ein persönliches Gespräch, griff nie direkt in die Reformationswirren Wittenbergs ein), überließ er sicherlich nichts dem Zufall. Noch kurz vor Beginn der Reformation unternahm er eine ausgiebige Reise nach Jerusalem. Seine Sammlung christlich-magischer Gegenstände der Wittenberger Schloßkirche galt als die größte Deutschlands: Ein Zweig vom brennenden Dornbusch, Tropfen der jungfräulichen Milch Mariens, dazu vier ihrer Haare, Dornen der Leidenskrone Christi, ein Zahn des heiligen Hieronymus, Fetzen der Windeln des Heilands, ein Halm vom Krippenstroh. Mit der Zeit war die von Fredericus Saxonius zusammengetragene Reliquiensammlung angeblich auf eine Gesamt-Ablaßkraft von fast 2.000.000 Jahren (!!!) angeschwollen.

Abb. oben: Friedrich der Weise. Inschrift: „Er liebte das Wort Gottes in großer Frömmigkeit, würdig, verehrt zu werden in alle Zukunft. Dem Herrn Friedrich, Herzog von Sachsen, des Heiligen Römischen Reiches Erzmarschall, Kurfürst, schuf es Albrecht Dürer aus Nürnberg. Dem Hochverdienten schuf er es als Lebender dem Lebenden 1524."

Abb. links: Horoskop Friedrichs des Weisen

7) Junghans 1989

8) 17.1.1463 Thorgau, Geburtszeit unbekannt

Dieses Kapital mußte sich doch amortisieren! Wittenberg wurde zu einem wichtigen Wallfahrtsort für Kranke und Schuldbewußte. Die Reliquien betrachten oder vielleicht sogar berühren zu dürfen, verhieß Genesung und Seelenheil. Dafür war man gerne bereit, die Kosten für Pilgerfahrt und Opferzahlung in Kauf zunehmen.

Doch die Konkurrenz blieb auch nicht untätig. Da sprudelten die vielen heilkräftigen Quellen, wie beispielsweise jene auf dem Marienberg in der Domstadt Brandenburg, errichtet auf der alten Triglav-Kultstätte. Oder das Wilsnacker Wunderblut: In der zerstörten Kirche von Wilsnack (Ritter Heinrich von Bülow hatte das Dorf gebrandschatzt) fand der Pfarrer einige geweihte Hostien mit Blutflecken. Es konnte sich hierbei *natürlich* nur um ein Wunder handeln, um eine Transsubstantion des Blutes Christi.

Die angeblich heilsamen Kräfte des Wilsnacker Wunderbluts zogen eine Flut von Wallfahrern an, die aus Deutschland, Ungarn, Polen und auch aus Skandinavien herbeipilgerten. Spenden und der Handel mit Kerzen, Pilgerpfenningen und Wallfahrtsandenken füllten die Kassen. Zwei Drittel des Geldes kamen dem Bau der Wilsnacker Kirche zu gute, den Rest erhielt der Bischof des Domkapitels zu Havelberg.[9)]

Als regelrecht geschäftsschädigend für Kursachsen erwies sich eine neue Erfindung: Der ambulante Ablaßhandel. Als einige Jahre zuvor die Erzbistümer von Magdeburg und Mainz gleichzeitig zum Verkauf anstanden (Einen Bischofssitz bekam damals nicht der frommste, sondern der kapitalkräftigste Anwärter!), verwies Rom auf den monopolartigen Charakter dieser Partie und erreichte einen Geschäftsabschluß in nie dagewesener Höhe: 24.000 Dukaten. Dieses Geld verwendete Papst Julius II. nicht nur zur Finanzierung seiner angeblich so zahlreichen Konkubinen.[10)] Es floß auch in den Bau des Petersdoms in Rom. Ohne diese gewaltige finanzielle Transaktion dieser Verkaufssumme und all jener Ablaßgelder vor allem aus Deutschland hätte St. Peter wohl nie gebaut werden können.

Das Problem hatte jetzt halt nur der frischgebackene Doppelbischof. Kardinal Albrecht von Brandenburg, als Erzbischof von Mainz nun zugleich Kurfürst und Reichserzkanzler, einer der mächtigsten Männer des Reiches, bekam die Kaufsumme zum einen Teil von der päpstlichen Kirche gestundet und zum anderen durch einen Großkredit des kirchlichen Hausbankiers Fugger. Die Rückzahlung erfolgte über die Einnahmen aus dem Ablaßgeschäft. In der Praxis sah das dann so aus, daß die Ta-

---

Abb.: Tetzel, der pästliche Ablaßhändler

9) Werner 1993:10

10) Den Vorwurf sexueller Kontakte zu seiner Tochter Lucretia Borgia, seiner Schwester und seiner Mutter scheint er der höchst aktiven protestantischen Denunziationspropaganda zu verdanken. Erwiesen ist, daß er sich nach dem Tod seines Bruders als letzter männlicher Vertreter einer Adelsfamilie trotz seiner Stellung als Papst der Zeugung von Nachkommen verpflichtet fühlte. Nepotismus, d.h. Ämterpatronage zu Gunsten der eigenen Familie ist hingegen tasächlich dokumentiert.

geskasse mit den Spendengeldern der gutgläubigen Sünderlein von je einem Vertreter der augsburgischen Fugger und des Papstes scharf kontrolliert wurde. Nach der Messe machte man Kassensturz. Die eine Hälfte des Geldes ging nach Augsburg, die andere nach Rom.

Das Geld floß also außer Landes. So etwas mußte die kursächsische Volkswirtschaft auf Dauer ruinieren. Folglich verbot Friedrich der Weise den päpstlichen Ablaßhändlern die Einreise in sein Territorium. Aber dies half wenig. Die kursächsischen Gläubigen pilgerten zu Hauf über die Landesgrenze und ließen dort ihre Opferzahlungen. Tetzel galt als absoluter Star unter den Ablaßhändlern. Seiner *Sündenshow* mit anschließendem Schuldscheinverkauf ging ein sagenhafter Ruf voraus, und man konnte sich bei ihm sogar für noch nicht einmal begangene Verbrechen freikaufen. Niemand wusch Seelen weißer – das durfte man sich einfach nicht entgehen lassen! Seinen durchschlagenden Werbeslogan „Wenn der Taler im Kasten klingt, die Seel' sich in den Himmel schwingt" könnte auch keine moderne Werbeagentur sinniger texten.

Bildung, die neue Finanzquelle

Was tun? Der sächsische Kurfürst benötigte Geld für den Umbau seines Schlosses in Torgau und den Wittenberger Universitätsneubau, und er sah sich schon vor der Pleite. Glücklicherweise wetterte an seiner Hochschule ein Augustinermönch mit wachsendem Erfolg gegen Tetzels Ablaßhandel, von der Kanzel herab und via Druckschriften in hoher Auflagenzahl. Ob Luther dann tatsächlich am 31.10.1517 seine 95 Thesen an die nördliche Tür der Schloßkirche zu Wittenberg schlug, läßt sich historisch nicht sicher nachweisen.[11]

Als erster brachte Melanchthon dieses Datum ins Spiel. Augenzeuge kann er nicht gewesen sein. Er kam erst ein Jahr später in die Stadt. Exakte Zeiten wie 5:30 Uhr[12] oder mittags kurz vor 12 Uhr[13] sind im Grunde nicht zu halten. Sicher ist wohl nur, daß Luther an jenem 31. Oktober einen Brief an seine Vorgesetzten schickte, in dem er darum bat, die Mißbräuche des Ablasses einzustellen. Die Sonne steht an jenem Tag im Loslass-Zeichen Skorpion ♏, im Tierkreis die Gegenphase des materialistisch festhaltenden Stieres ♉.

Die nun folgende Reformation kam den wirtschaftlichen Interessen des Kurfürsten durchaus entgegen. Nach und nach wurden alle Ländereien der römischen Kirche säkularisiert, gingen also in seinen Besitz über. Er galt von nun an auch als Schutzherr, d. h. oberster Führer seiner Landeskirche. Den Verlust der Reliquiensammlung im Rahmen des Bildersturmes konnte Friedrich der Weise also durchaus verschmerzen. Finanziell lohnte sich die Einführung der Reformation für einen Landesfürsten auf jeden Fall. Auch aus diesem Grunde wurde sie so schnell in Hessen und Württemberg eingeführt.

In England schlug Heinrich der VIII. hingegen einen anderen Weg ein.[14] Er unterdrückte jede Reformation der Kirche und machte sich zugleich zum Oberhirten der anglikanischen Kirche. Den klösterliche Besitz ließ er einziehen. Es ist dem Engagement von John Dee, Englands erstem großen Astrologen, zu verdanken, daß wenigstens ein Teil der wertvollen alten Mönchsschriften erhalten blieb.[15]

Martin Luther, Philipp Melanchthon und die meisten anderen Reformatoren hingegen zogen aus dieser Angelegenheit nie einen persönlichen Nut-

---

Abb. rechts: Papst Julius II. Farbholzschnitt von Hans Burgkmair, 1511

11) Joestel 1992

12) Astrologische Rundschau, Leizig 1932

13) Döbereiner 1993

14) Lutz 1964

15) Kiesewetter 1993

zen. Ihnen kamen keinerlei Reichtümer zu, auch erhielten sie nie Honorare für den Abdruck von Bibelübersetzungen und sonstige ihrer zahlreichen Schriften. Reich und wohlhabend wurden lediglich einige Wittenberger Bürger wie der Druckereibesitzer Lucas Cranach.

Das Täuferreich von Münster

Zu kurzfristigem Wohlstand kam der radikalreformatorische Wiedertäufer Jan van Leiden (um 1510-1536). Als Kaufmann reiste er nach Lissabon, London und Lübeck, in seiner niederländischen Heimatstadt lebte er als Wirt, Bänkelsänger und Schauspieler.

Er und seine Gesinnungsgenossen begeisterten die Bürger der wohlhabenden Hansestadt Münster für die Idee einer frühsozialistischen Großkommune. Ein Jahr lang herrschten sie unter großem Wohlstand. Dann eroberten katholische Truppen das Täuferreich, übten blutiges Strafgericht. Jan van Leiden wurde im Land umhergeführt und schließlich mit zwei anderen Täufern grausam hingerichtet. Oh Wanderer, kommst du heutzutage ins katholische Münster, so schaue am Domplatz hinauf zu den Kirchtürmen. Fürwahr, dort hängen sie immer noch, die drei eisernen Käfige – welch luftiges Grab für die *Könige des neuen Jerusalem*!

Das nach der Gefangennahme gestochene Portrait zeigt ihn in fein gefaltetem Hemd, seidenem Obergewand und weiter Schraube. Es trägt die Überschrift „IOHAN VAN LEIDEN EYN KONINCK DER WEDERDOPER THO MONSTER WAERHAFTICH CONTER[FEIT]" und ganz unten, ebenfalls in altem Deutsch, seinen Wahlspruch: „GOTTES MACHT IST MYN CRACHT." Die lateinische Inschrift besagt:

Dies war mein Antlitz, dies mein Aufzug, während ich das Zepter als König der Wiedertäufer führte, aber freilich nur für kurze Zeit.

Am unteren Ende der einen Halskette befinden sich vier gebogene Wiedertäufermünzen, eine Trillerpfeife und ein vornehmes Toillettenservice, vergleichbar mit unserem Taschenmesser. Die andere Kette trägt eine Weltkugel, durchbohrt mit zwei Schwertern, dem des Geistes und dem der Rache. Die alphabetische Reihenfolge von Buchstaben auf der Schriftrolle in der linken Hand des Wiedertäuferkönigs weist auf seine strenge, merkurisch-intellektuelle Wesensart hin. Unter seiner Herrschaft geborene Kinder bekamen ihre Namen in dieser Reihenfolge und nicht nach katholischen Namenstagen.[16)]

Möchte man den damals stattgefundenen Paradigmenwechsel mit astrologischen Begriffen umschreiben, so könnte von einem Wechsel der Achse Stier ♉ / Skorpion ♏ (d. h. Besitz/Schuld), zu Zwillinge ♊ /Schütze ♐ (also Bildung/Philosophie) gesprochen werden.

Abb.: Bildnis des Jan van Leiden. Aldegrever, 1536

16) Bott 1983:267

Praeceptor Germaniae

Wittenberg, damit meinte man zu Beginn des 16. Jahrhunderts kaum mehr als ein Provinznest mit 2.000 Einwohnern im nordöstlichen armen Winkel des Heiligen Römischen Reiches Deutscher Nation. 1508 hatte man den grüblerischen Augustinermönch Luther von Erfurt hierher versetzt. Ab 1510 hielt er als Doktor Martinus Vorlesungen in Moraltheologie. Man bemühte sich sehr darum, weitere charismatische Persönlichkeiten in den universitären Lehrbetrieb einzubinden. Denn dadurch wurde Wittenberg für die Söhne reicher Patrizier interessant, und die Zahl der Studenten ließ sich vermehren.

Nach langen Bemühungen gelang es, Philipp Melanchthon an die Hochschule zu holen. Es geschah auf Empfehlung seines Onkels, des berühmten Humanisten Reuchlin. Melanchthon studierte an den Universitäten von Tübingen und Heidelberg, galt als Wunderknabe. Mehrere Fakultäten bemühten sich um ihn: ein hellwacher Geist, brilliant in Latein und Griechisch.

Er muß eine auffallend positive Ausstrahlung gehabt haben. Albrecht Dürer zeichnete ihn zu jener Zeit. Sein Kupferstich läßt etwas von der Faszination ahnen, die von dem jungen, begeisterten Humanisten ausging. Er war von zierlicher Gestalt und seine körperliche Konstitution eher schwächlich. Lucas Gauricus schreibt in einer Horoskopdeutung:[17]

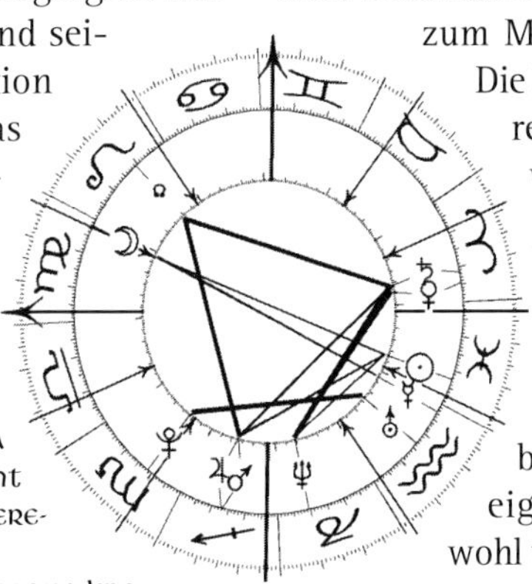

philippus melancton orator facundissimus. poeta egregius. profitetur literas latinas. graecas & hebraicas. astrorum peritus. in italia eius scripta sordent & sunt explosa. quoniam redolent heresim lutheranam.

ab uxore suscepit plerosque liberos ingeniosos. ex directione horoscopi ad oppositionem saturni annp aetatis suae 17 cum uno mense diebus 10. febre periculosa ipsum in primis corripuit. dein erupit in pectori ignes & tetrum apostema.

Philipp Melanchthon, der überaus gewandte Redner, herausragende Schriftsteller, ist im lateinischen, griechischen und hebräischen Schrifttum bewandert, auch der Sterne kundig. In Italien schweigen seine Schriften, denn sie verbreiten die lutherische Häresie.

Von seiner Frau empfing er zahlreiche begabte Kinder. Wegen der Direktion des Aszendenten zur Opposition Saturns befiel ihn mit 17 Jahren 1 Monat 10 Tagen ein gefährliches Fieber, worauf eine Entzündung im Brustbereich und ein häßlicher Abszeß folgten.

Gauricus benutzt den Ptolemäusschlüssel 1° = 1 Jahr. Bezogen auf die von Gauricus angegebene Geburtszeit ergibt sich in der Nachrechnung ein Wert von 15° 52', das Ereignis kann also schon mit 15 Jahren stattgefunden haben.

In diesem Alter hatte Melanchthon schon seinen ersten akademischen Grad eines Baccalaureus erworben und wollte zum Magister promovieren. Die Heidelberger Professoren hatten ihm jedoch wegen seiner schmächtigen Konstitution die Zulassung zur Prüfung verweigert, was für den Jugendlichen einen harten Schlag bedeutete.[18] Dieses Ereignis sowie auch eine wohl tatsächlich stattgefundene Erkrankung entspricht der Analogiekette Aszendent progressiv Opposition ☍ Saturn ♄ Radix.[19]

Abb.links: Melanchthon. Kupferstich, Dürer 1526
Abb. rechts: Melanchthons Geburtshoroskop auf den 4.2.1497 Bretten19.20 LMT
17) Übersetzung aus dem „Tractatus Astrologicus„ des Lucas Gauricus und Erläuterung der Direktionen von Rüdiger Plantiko
18) Urban 1991
19) Plantiko 1993, 1996, 1997

Ein physikalisches Verständnis der Astrologie

Als „Inbegriff eines philiströsen Stubenhockers" bezeichnete Friedrich Engels unseren guten Philippus. Damit hatte er wohl nicht so ganz unrecht. Magister Philippus trat in der Öffentlichkeit immer sehr intellektbetont auf, soll aber auch einen kleinen Sprachfehler gehabt haben (Medium Coeli im Zeichen Zwillinge ♊).

Sein Interesse galt der humanistischen Bildung, zu der er auf jeden Fall auch die Astrologie zählte. Schauen wir hinein in seine kämpferisch-programmatische Rede über die Würde der Astrologie. Der Text ist im Grundlagenwerk der evangelischen Kirchen, dem *Corpus Reformatoricum,* enthalten, aber bislang nicht ins Deutsche übersetzt worden.[20] Er ließ die Rede 1535 von seinem Schüler Jakob Milich an der Universität Leucorea zu Wittenberg halten:[21]

ORATIO DIGNITATE ASTROLOGIAE

Daß auf dieser Bühne über die Würde der Künste und das Lob der Tugenden gesprochen wird, ist auf das allerbeste eingerichtet, weil diese Rede große Kraft hat, um die Urteilskraft der Jugend zu formen, als auch besonders die Geister an die Liebe zu den guten Dingen [schönen Dingen, zum Guten] herbeizuführen.

Und wenn es auch an diesem Orte ein besonders gepflegter Brauch ist, Reden auf den Nutzen der Jugend auszurichten, so ist doch auch den übrigen [Zuhörern] kein Vortrag lieber als das des Lobes der Künste und Tugenden, die jeder, der sich mit ihnen beschäftigt, zutiefst bewundert.

Obgleich also deshalb unsere Rede eigentlich [passender] auf die Jugend zugeschnitten ist, hege ich die Zuversicht, daß sie gerade euch zusagen wird, die ich so einschätze, daß ich sie, je gebildeter und weiser sie sind, um so besser gerade mit dem Nachdenken über die Künste unterhalten kann. Ich werde über den Teil der Astrologie sprechen, der von den Wirkungen der Sterne in der niederen Natur handelt.

Dieses Thema habe ich mit besonderer Freude gewählt [senipsi libertius], weil ich wußte, daß ich nicht vor einem Haufen Grünschnabel [einer Versammlung von Laien], sondern vor gelehrten und der Philosophie ergebenen Männern sprechen

würde. Wie nämlich die griechischen Rhetoren sehr umsichtig in der Definition der Kunst sagten, daß ihr nicht nur der Charakter eines wahren Wissens [veram noticiam], sondern auch, so sagten sie weiter, der der Nützlichkeit des Lebens zukommt; so werde auch ich beides diskutieren, sowohl daß sie [die] wahre Lehre von den himmlischen Wirkungen ist, als auch, daß sie großen Nutzen für den Alltag birgt [affere].

Um eins bitte ich euch hier zu Beginn im Sinne der Sache [quod aequissimum est], daß ihr nämlich nicht der Kunst die Schwächen [Irrtümer] der Künstler anrechnet - eine Sache, die ich weiter ausführen müßte, wenn ich diese Rede nicht vor hochgebildeten Menschen halten würde.

Ein weiterer Vorwurf, der sogar das Vertrauen der Gelehrten in die Kunst beeinträchtigt [detrahit], besagt, daß offenbar selbst die Kunst angesichts der Vielfalt der menschlichen Angelegenheiten [casum] nicht alles vorhersieht.

So also leugnen scharfsinnige [spitzfindige] Menschen die Kunst, soll heißen, daß man auch vereinzelten Beobachtungen weniger Ereignisse eine allgemeingültige [universalum] und dauerhafte Lehre ableiten könne [existere posse], als ob etwa die Medizin alle Krankheiten heile oder die Staatskunst alle Fährnisse [vempestates] des Gemeinwesens vorhersehe, allen Unannehmlichkeiten abhelfen könne.

Und doch muß man zugeben, daß beide Künste über viele wahre, sichere und lebenspraktische Lehrsätze verfügen.

So sind doch einige Zeichen [significationes] dieser seherischen Kunst [divinaticis, gemeint ist die Astrologie] weiter und dauerhaft, vielleicht weniger zahlreich, ich verschweige es nicht, als die der Mediziner, denn diese Kunst beschäftigt sich mit Dingen, die weit von unseren Augen entfernt sind.

Aber da sie über die Veranlagung und Charaktere der Menschen entscheidet und die zukünftigen Wandlungen der wichtigsten Dinge des Lebens verkündet, scheint ihr doch eine gewisse Göttlichkeit zu eigen.

Deshalb soll es der Größe der Kunst angerechnet werden, daß es für sie nicht so viele

---

Abb.: Melanchthon bei der Eröffnung der Oberen Schule zu Nürnberg, 1526

20) Melanchthon, CR XI, S. 261, No. 35.

21) Übersetzung Dipl. Psych. Ingo Dammer

anschauliche Darlegungen gibt wie für leichtere Künste. Und gewiß wissen wir, wie wir das kleine Bißchen, das die Götter den Menschen von dieser Kunst enthüllt haben, mit um so größerer Sorgfalt bewahren müssen, mit um so größerem Eifer unserem Geist auf jene Zeichen richten, die uns zuverlässig bekannt [compertae] sind, denn sie entfalten große Macht und vielfältige Wirkungen im Leben.

Diejenigen, die aus fehlgeleiteter Überzeugung heraus die Künste auszuschmücken oder aufzublähen suchen, sind nicht nur töricht, sondern auch unredlich. Ich gestehe freimütig, daß nicht aller Ereignisse Bedeutungen bekannt sind, versichere [affirmo] aber doch, daß es viele sichere und weitestgehend zuverlässige [minime fallaces] Zeichen gibt, in denen derjenige, der sie erkennt, eine große Hilfe hat, um die Natur zu beherrschen und die meisten Wendungen [impetus] des Schicksals zu meistern ...

Man spürt deutlich sein Anliegen, Astrologie in einem universitären, würdigen und fast schon wissenschaftlichen Stil zu betreiben. Er investiert wirklich seine ganze Energie, um sie im Wittenberger Hochschulbetrieb auf hohem Niveau zu etablieren. Melanchthon pflegte enge

Kontakte zum Mathematiker und Geographen Johannes Schöner in Nürnberg, welcher eine groß angelegte Sammlung von Horoskopen berühmter Menschen herausbrachte, sein *Opusculeum Geographicum* mit einem Globus dem Kurfürsten Johann Friedrich widmete.

Melanchthons Traktate wurden, wie damals üblich, von verdienten Schülern als eigene Reden vorgetragen, bzw. im Auftrag nach Richtlinien des Praeceptor erarbeitet. Man kennt seine Ptolemäus-Übersetzung[22], die im vorangegangenen Kapitel schon erwähnte *Oratio Dignitate Astrologiae* und viele andere Texte.

Initia doctrine physicae

Das bedeutendste astrologisch-astronomische Werk Melanchthons ist die *Initia doctrine physicae.* Dort orientierte er sich einerseits an der Philosophie des Aristoteles und andererseits an der Bibel. Astrologie war für ihn durchaus vereinbar mit Christentum und Physik. Die *Initia* ist das Resultat jahrzehntelanger regelmäßiger Vorlesungen über Astrologie an der Wittenberger Universität - ein Zeugnis von Melanchthons akademischen Ansatz. Derart intensiv und regelmäßig wurde die Astrologie an keiner anderen Universität Deutschlands unterrichtet, weder vor, noch nach Melanchthons Zeit. Seine handschriftlichen Originalmanuskripte für dieses Werk befinden sich heutzutage in der Leipziger Universitätsbibliothek. Die *Initia* wurde noch mehrere Male neu aufgelegt. Bis weit ins 17. Jahrhundert hinein blieb sie Standardwerk an deutschen Universitäten, auch im katholischen Machtbereich.[23]

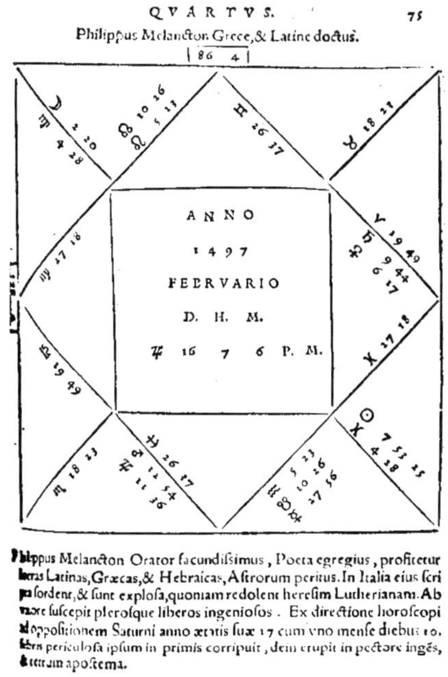

Abb. oben: Melanchthonhoroskop aus dem „Tractatus Astologicus“ des Lucas Gauricus, Venedig 1552. (Übersetzung siehe Text))

Abb. links: Melanchthons Sonnenuhr (ehem. Exponat im Grünen Gewölbe des Dresdner Zwingers, seit dem 2. Weltkrieg verschollen)

22) „Tetrabiblos“ liegt übrigens auch als kompletter Abdruck im „Corpus Reformatoricum“ vor: CR XVIII, Schleswig 1852. Wo sonst in der christlichen Literatur findet man eigentlich ein astrologisches Lehrbuch abgedruckt?

23) Müller-Jahncke 1984

Sicherlich bevorzugte Melanchthon die althergebrachten astronomischen Vorstellungen, ganz im Gegensatz zu der fortschreitenden Popularisierung des kopernikanischen Weltbildes durch Kepler und Galileo. Tatsache bleibt jedoch, daß mit der *Initia* ein großes, wenn nicht sogar das Standardwerk für die Astrologie der frühen Neuzeit entstand. Es ist die Bemühung, im besten Stil der Renaissance Kosmologie mit Christentum, Neoplatonismus und sich emanzipierender Naturwissenschaft zu verbinden. Die Wirkung dieser Arbeit auf spätere Lehrtätigkeiten an Universitäten und Gymnasien u.a. in Tübingen, Nürnberg, Zerbst, Ingolstadt, Marburg, Krakau, Jena, Leipzig und Frankfurt an der Oder lassen sich noch heute nachvollziehen.

Rantzau und die Iatromathematik

Die Verbindung von Astrologie und Medizin erfreute sich im ausgehenden Mittelalter ungeheurer Popularität. Die Wittenberger Universität hatte zu jener Zeit auch eine bedeutende medizinische Fakultät. Astromedizin gehörte zur Standardausbildung, selbst Luthers Leibarzt Jacob Curio wendete sie an.[24] Zur Vervollkommnung der Studien schickte Melanchthon angehende Mediziner zu Gauricus nach Italien, dies zeigt der noch vorhandene Briefwechsel.[25]

Zu den adeligen Studenten der Universität zählt Heinrich Rantzau. Im Jahre 1538 wurde er als *Henricus Ranzow ex Equestri ordien* immatrikuliert. Bis 1545 stand er unter dem Einfluß Luthers und vor allem Melanchthons, und trieb dort philologische, juristische und rhetorische Studien.[26] Später hielt er sich einige Jahre am Hof Kaiser Karls V. auf, wurde dann Statthalter des dänischen Königs in Schleswig-Holstein.[27] Er veröffentlichte mehrere Lehrbücher der Astrologie, in denen er Horoskope berühmter Persönlichkeiten deutet, verschiedene Methoden der Horoskopzeichnung diskutiert und das System der Iatromathematik darlegt.

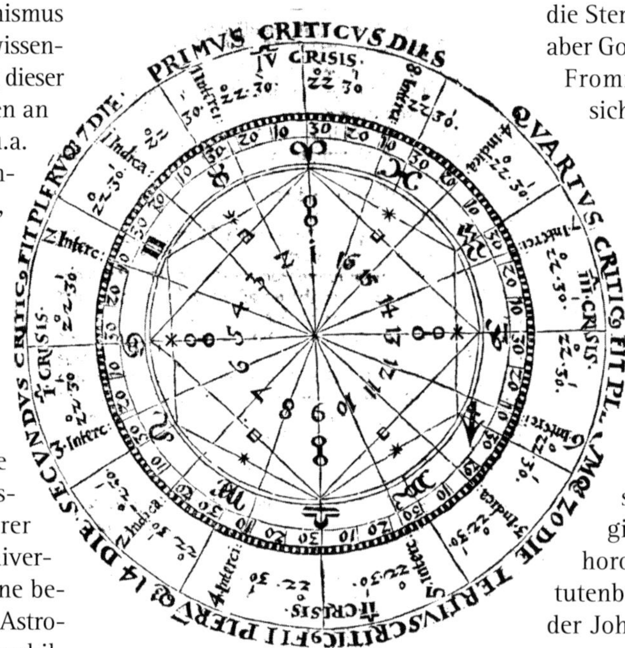

Rantzau entwickelte eine besondere Auffassung über das Wesen der Entsprechungen Kosmos-Mensch. Er wendete sich mehr der Psychologie zu und gilt somit als Schrittmacher für einen modernen astrologischen Ansatz, der sich vom Determinismus der arabischen Tradition lossagt. Zugleich waren Astrologie und Christentum für ihn eng miteinander verbunden: „Die Sterne lenken den Menschen, aber Gott lenkt die Sterne. Die Sterne gehorchen Gott, aber Gott selber hört auf die Gebete der Frommen.“[28] Zweifelsohne finden sich hier Gedanken Melanchthons.

Die zweite Universitätsgründung

Als im Jahre 1534 die Pest durch Wittenberg ging, erlosch der akademische Betrieb. Im Frühjahr 1536 wurde die Universität wieder eröffnet. Melanchthon konnte nun eigene Schüler als Professoren einsetzen. Auch hierzu gibt es ein exaktes Gründungshoroskop, welches sowohl im Statutenbuch der Universität als auch in der Johann Schöner zugeschriebenen

---

Abb.: Aspektescheibe aus Heinrich Rantzaus „Diarium Romanum“ von 1593

24) Maurer 1967, Anm. 53

25) Scheible 1997

26) De conservanda valetutine, Leipzig 1576

27) Hansen 1981, Sievert 1996

28) Sementowski-Kurilo 1970:277

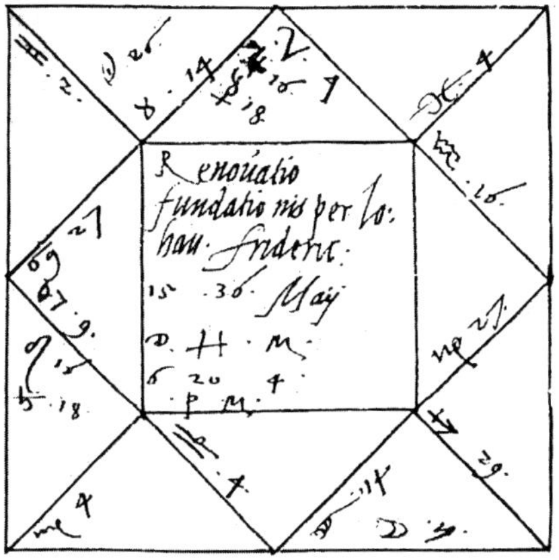

Handschrift abgedruckt ist. Diesmal ist es eine Konjunktion ☌ von Mars ♂ und Saturn ♄ am Aszendenten, die ein Trigon △ zu Jupiter ♃ am Medium Coeli bildet.

Dies kann so gedeutet werden, daß das Kämpferische der Universität jetzt deutlicher hervortrat, daß zwar weiterhin die Gunst der Obrigkeit vorhanden war, zugleich aber auch eine stärkere Abhängigkeit von eben dieser bestand. Akademischer Glanz erstrahlt zwar zu neuer Blüte, ist aber durch Kriegsgefahr bedroht. Die Sonne ☉ steht in diesem Horoskop im stabilen Tierkreiszeichen Stier ♉. Vielleicht auch ein Indiz für den Wunsch, durch einen sorgfältig ausgewählten Zeitpunkt dafür zu sorgen, daß der neue Universitätsbetrieb für die Stadt finanziell erfolgreicher arbeitet? Mars ♂ und Saturn ♄ auf der einen und Pluto ♇ auf der anderen Seite bilden ein scharfes T-Quadrat □ zum stationären Merkur ☿ im zehnten Haus.

Dies zeigt den ungeheuren Anpassungs- und Leistungsdruck, unter dem die Wissenschaft in Wittenberg von nun an stand. Es ist aber auch eine Erfolgskonstellation. Neue Lehrstühle wurden eingerichtet, besonders im Bereich der freien Künste, wie man Physik, Mathematik und Astronomie damals noch nannte. Schwachpunkt dieses Horoskops ist der absteigende Mondknoten im sechsten Haus, welcher auf Abhängigkeit und Unterordnung hinweist.

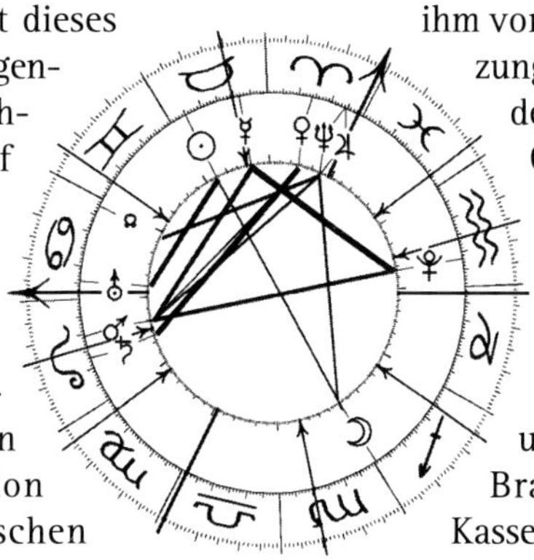

Nach der Schlacht am Mühlberg 1546 eroberten die kaiserlich-katholischen Truppen Wittenberg. Die Region wurde dem albertinischen Sachsen zugeschlagen. Fortan stand die Universität unter dem Einfluß des Dresdner Hofes. Der Charakter veränderte sich merklich, ihrem aufrührerisch-kreativen Geist legte man Ketten an. 1547 gründete man im Reststaat des Ernestinischen Sachsens die Jenaer Universität. Eine Reihe von Wittenberger Professoren, die die Astrologie schätzen gelernt hatten, so auch der Melanchthonfreund und Poet Stigl, zogen dort hin. An der Wittenberger Leucorea hatten sich um 1580 die eher konservativen Lutheraner endgültig gegenüber den toleranten, auf Einigung bzw. friedliche Koexistenz mit Katholiken und Calvinisten bestrebten Philippisten durchgesetzt.

Der Universitätsprofessor Caspar Peucer (1525-1602) gilt als geistiger Nachlaßverwalter seines Schwiegervaters Melanchthon. Nach anfänglicher Karriere als Hausarzt und astrologischer Berater des sächsischen Kurfürsten Herzog August stürzte er über eine Hofintrige. Cryptocalvinismus warf man ihm vor, heimliche Unterstützung der Abendmahlslehre des Genfer Reformators Calvin. Erst nach zwölf Jahren Festungshaft kam er frei.[29] Gleichgesinnte wandten sich von Wittenberg ab, fanden sicherere Lehr- und Forschungsorte in Braunschweig[30], Jena, Kassel oder – wie Bartholomäus Schönborn – am Gymnasium Illustre im anhaltinischen Zerbst.

Des Nolaners schönste Zeit

Der ehemalige Dominikanermönch Giordano Bruno (1548-1600) aus dem italienischen Nola gehörte zu den ent-

---

Abb. links: Universitätsneugründung in Wittenberg. Bei dieser Abzeichnung des Originalhoroskops im 17. Jh. wurde die Uhrzeit fehlerhaft übertragen, Planetenwerte sind korrekt.

Abb. rechts: Computerberechnung auf 6. Mai 1536 um 8.30 LMT Wittenberg

29) Kühne 1984

30) In der Herzog-August-Bibliothek des benachbarten Wolfenbüttel befindet sich eine Handschrift des August Ritter aus Görlitz mit vielen Horoskopen Wittenberger Bürger des 16. Jh.

schiedenen Kritikern der päpstlichen Kirche. Kritisch sah er aber auch die Mystik und Astrologie. In seiner *Vertreibung der triumphierenden Bestie*[31] stellt er die klassische Interpretation der Tierkreiszeichen praktisch auf den Kopf, verballhornt sie.

Nach Jahren der ständigen intellektuellen Konfrontation u.a. an den Universitäten von Paris und London nahm er eine Professur in Wittenberg an.[32] Er lehrte dort die Gedächtniskunst Raimundus Lullus' und vertrat seine Auffassung von der Unendlichkeit des Weltalls in Anlehnung an Kopernikus' Theorie.[33] Während dieser Zeit schrieb er die philosophischen Werke *Lampas triginta statuarum* und *Libri physicorum Aristotelis explanati.*

Nur eineinhalb Jahre konnte sich der Nolaner an der Leucorea halten. Dann wurde man im albertinischen Sachsen anläßlich einer Visitation der Universität auf ihn aufmerksam. Die wohlwollenden Wittenberger Universitätsprofessoren konnten ihn nicht mehr halten, er ging nach Prag. In seiner Abschiedsrede zeigte sich Bruno äußerst dankbar für die großzügige Aufnahme an der Universität. Allerdings versucht er auch vorsichtig anzudeuten, daß die in Wittenberg extensiv gelehrte Iatromathematik nicht ganz nach seinem Geschmack sei, daß die Praxis allzu oft nach der Theorie hingebogen werde. Ob seine Professoren-Kollegen den feinen Hauch der Ironie tatsächlich wahrgenommen haben?[34]

... Ist hier wohl etwas Deines Faches würdig, ausgezeichneter Doktor Strube, der Du die Astronomie mit der Medizin zu vereinen weißt,
so daß bei dem Maß Deiner Kenntnisse der Gestirne und ihrer himmlischen Bewegungen und der dadurch bedingten zeitlichen Veränderungen, wozu dann noch die Diagnose der verschiedenen Subjekte hinzutritt,
weder ein Experiment dir mißlingen noch auch ein unerwartetes Ereignis Deine Prognose durchkreuzen noch vor allem die Zeit Deinem beständigem Fleiße ungenutzt entweichen kann?

Der eigenwillige Denker, einst Mönch, dann rastlos wandernd von Universität zu Universität, hat danach nicht mehr zur Ruhe gefunden. Nur kurze Zeit konnte er an der Braunschweiger Hochschule lehren, mußte dann aufgrund der Intrige eines Stadtpfarrers weiterziehen. In Frankfurt am Main übermittelte ihm sein Verleger das Angebot, Hauslehrer eines reichen Venezianers zu werden. Bruno ging nach Italien, wurde dort von seinem Gastgeber an die Inquisition verraten und nach Rom ausgeliefert. Nach langen Jahren des Verhörs[35] und der Folter wird dort am 20. Januar des Jahres 1600 eine Denkschrift des Nolaners geöffnet, „aber nicht gelesen".[36] Am 8. Februar verkündet man das Ketzerurteil gegen ihn, fünf Tage später verbrennt er auf dem Scheiterhaufen.

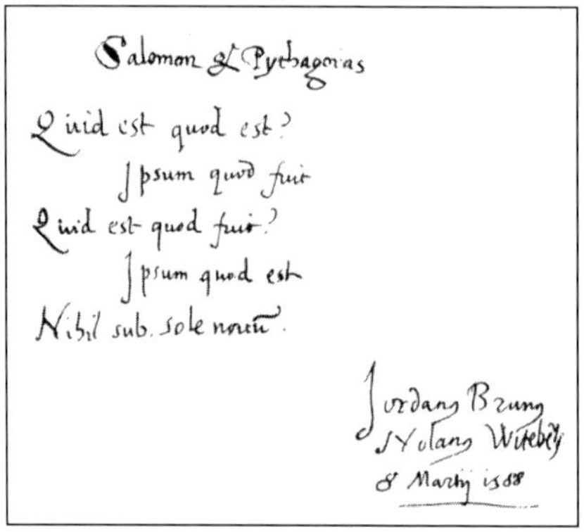
Salomon & Pythagoras
Quid est quod est?
Ipsum quod fuit
Quid est quod fuit?
Ipsum quod est
Nihil sub sole novum.
Jordanus Brunus
Nolanus Witeb.
8 Martij 1588

Und die inzwischen erfolgreiche Gegenreformation des Ignatius von Loyola hatte auch seine Schriften auf den Index gesetzt, genau wie die von Melanchthon, Peucer, und Kopernikus, sogar die Brandenburgischen Ephemeriden (Gestirnsstandstabellen) des Wittenberger Mathematikers Origanus wegen Gebrauchs von Ketzernamen.

Wirkliche Toleranz erlebte Giordano Bruno eigentlich nur in Wittenberg, einem Ort, an dem so viele scharfzüngige Köpfe ihre geistige Potenz entfalten konnten. Handschriftlich ist dort ein Gedicht aus seiner Hand erhalten geblieben, das er am letzten Tag seines Aufenthalts in das Universitätsbuch der Leucorea schrieb:[37]

Salomon & Pythagoras

Was ist das, was ist?
Dasselbe, was gewesen ist.
Was ist das, was gewesen ist?
Dasselbe, was ist
Nichts unter der Sonne ist neu.

Giordano Bruno
aus Nola. Wittenberg
8. März 1588

Abb.: Gedicht Brunos vom 8. 3.1588
31) Kuhlenbeck 1904
32) Boockmann 1997
33) Wildgen 1997
34) Kuhlenbeck 1909:261f
35) Drewermann 1992
36) Kirchhoff 1999:53
37) Kuhlenbeck 1909:72

Von den Zwillingen

zwilling bewuem die dedwend krafft
zu stercken / ganz die meysterschafft.
mit trifera / vnd artzney.
im feur arbeyten auch dabey.
als silber / goldt / die gleichen metall /
ich meyn wo mans offt üben soll.

Zwilling ist das dritt zeychen / warm vnd feucht / occidentisch / lüfftig / mannlich / sanguineus / mercurius tägliches hauss. es hat am menschen die schultern / arm vnnd hend. wann die sonn darinn / ist es die beste zeit / das erdrich grün / alle frücht eräugen sich / die vögel mehren sich / vnnd die thier freuwen sich inn den guten erwachsenen früchten.

so der mon darinn ist / so ist nit gut obgenannte glider zu arzneyen / noch mit eisen berüren. böss ist es aderlassen / frid vnn gesellschaft machen / aussreysen / vber wasser faren / new gewandt anlegen / zuhauss ziehen / nochetwas anfassen das fest bleiben soll.

gut ist es kinder zur schul vnd lernung thun / mit schreibern vnd kauffleuten handeln / jagen vnn federspil kauffen vnn verkauffen / münz wechseln und aussleihen. wer in den zwillingen geborn vnd empfangen / wirt fast sinnig / vnd arbeyt gern / weise vnnd guter vernunfft / tugenthafft / ehrsam / schamhafft / vnd forchtsam / leichtlich zu gut vnd bös zuwenden / hat mancherley glück / fellt ihm bald viel guts zu vnd ab. sein herz ist weitschweyffig.

ein knab geborn zwischen dem 21. meyen vnnd 21. brachmonats / ist von der complexion dess zeychens zwilling / der natur mercurij

Text und Abb.: Bacharach 1583

/ auss dem sanguineo. warm / feucht / vnstäten sinns / guter vernunfft / tugentsam / schwartz haar vnd augen / langer stirnen / hals vnd nasen. offenbarlichen angesichts / löchlin in backen so er lachet / grosse zän / lange bein / kleiner brust / schwangen leibs / meysterlichen reden / grawet bald / wirt leichtlich bewegt zu gutem oder bösem. lehrhafftig in allen künsten / arbeytet gern / mancherley glücks vnd guts / fleucht doch bald also wider dahin. hat grosse liebe zu grünen kreutern / zierung vnd kleydung / gewinnet viel freund / doch wenig glücks von jnen. er bawet gern frembde land / schneller liebe der frawen / drey ehliche weiber werden ihm angezeigt. die erst ein witwe / von den zweyen wirt er haben widerwertigkeyt.

sein höchste freud vnd nutz / neygen sich zu allen landen / ohn dess mittags / die land darunder gelegen / zeygen im sein höchst vnglück / alle farben seind jm gut vnn geneygt / ohn schwarz. alle handtierungen die er üben mag / seind ihm auch nütz vnd glücklich / ohn irdische ding oder deren wachsung. sein schwächung dess leibs wirdt ihm angezeygt vmb die mannheyt / an schenckeln / durch feur vnd wasser / sein todt durch gifftigen lufft / oder pestilenz.

ein meydlin geborn zwischen obgemeldten tagen / ist gleicher complexion wie das knäblein / scharpffer sinn / mit vielen künsten / alles das ein weib können soll / ist ir gedanck auch zu lernen / vnstetter sinn / inn bewegung zu gutem oder bösem / kompt gern inn frembde land. sie wirt vnschuldig berüchtigt / kommet doch mit ehren darvon.
ihre freund thund ihr nichts guts / wirdt sonder jre hülff zun ehren bestattet. zween ehemann werden ihr angezeygt / der ein thut übel an jr / oder wirt übel von jm gehalten. ihr glück / farben / kranckheyten / vnd todt / wie obgemeldet.

*

Von dem Mercurio

hurtig von laib / vnd sinnen reich /
mit geschwinden künstlin/ mein kein gleich.
mein kind redsprächig / weiss vnd frey /
subtil / wol gelehrt / vnd fromb dabey

Mercurius der sechste planet / sein natur ist kalt vnn feucht / wirt geneygt durch sein natur zu dem planeten bey jhm / bey den guten gut / bey den bösen bös. bezeychnet jrdischer ding / erkantniss höflicher künst / als rhetorica / geometria / philosophia / vnd dergleichen.

auss den farben das graw / vnd essig am geschmackt / auss den tagen mittwoch / von den nächten sambstag nacht / kugelicher form / feuriger natur / als gross als der mond / doch etwas grösser / nimpt sein liecht vnnd schein von der sonnen / laufft allernechst vnder venus / laufft 7. jar vor der sonnen / erfüllet seinen lauff durch den zodiacum in 34,9 tagen.

die jungkfraw ist sein erhöhung / hat darinn den grössten gewalt. fisch ist sein fall / darinn vnd in dem schützen kein gewalt.

hat von den thieren / füchs / hanen / rephüner / bynen / kränch / omeyssen / vnd schlangen.

In Mercurius stund ist gut

alle thier reiten / brieff schreiben / botten senden / gelt anlegen / damit wechsslen / vnn damit handtieren / artzney einnemmen / bäum pflantzen / zu kö-

---

Text: Bacharach 1583, Abb.: Pegius 1586

nigen vnnd fürsten gehen / bäw anfahen / gruben vnd brunnen graben / kindt zur schul thun / vnnd was mit künsten vnnd meysterschafften zugeht / gut zu handthieren / reysen / gelt vnn schuld einbringen vnd empfangen.

Ein Kind geborn in Mercurius stund /

wirt redsträchig vnnd weise / frölich bey den leuten / an farben bleych / vnd studiert gern / ist still vnd ssubtil / gutes raths / ist kein bosheyt in jm.

mercurius hat am menschen in die nieren / jn seiner stund artzney am gemächt vnd der nieren zugehör nichts.

*

Volkskalender und Herrscherhoroskope

Nachdem der junge Weisskunig nun das heimliche Wissen der Erfahrung der Welt
erwogen und in gutem Masse gefunden hatte, da betrachtete er bei sich selbst,
wie eben künftiglich nottun würde, die Sterne, ihren Einfluss und ihre Wirkung zu erkennen ...
Und der junge Weisskunig wandte diese seine Kunst in seinen Jahren
in seiner Regierung an ... handelte darin nach Zugebung und Erleidung der Zeit.

Alwin Schulz (Hrsg.) - Der Weisskunig

Ein Weib in Nonnentracht mit breit gespreizten Schenkeln, aus deren Mitte Flüssigkeit auf den Boden rinnt, sitzt inmitten eines Zodiaks, eines Rades von Tierkreiszeichen. Das Fruchtwasser ist bereits ausgelaufen, die Geburt beginnt. Neun Mondumläufe, d. h. neun Monde sind vergangen. Einen Fächer oder Kristall mit neun Streifen hält sie hoch zum mütterlichen und launischen Tierkreiszeichen Krebs, dem Zeichenregenten des Mondes.

Die Reihenfolge der Symbole des Zodiaks richtet sich auf der Abbildung nach dem Uhrzeigersinn, ist exoterisch ausgerichtet. Folglich geht es hier um konkretes Schaffen in der Welt der stofflichen Erscheinungen. Und rückwärts gelesen, links herum, wird Krebs zum neunten Zeichen entsprechend den neun Schwangerschaftsmonaten.

Die Alchemisten des Mittelalters verglichen die neunmonatige Entwicklung des Embryos im Mutterleib mit dem Wachstum eines edlen Steines, eines Lapis. Lange innere Reifung geht der Geburt voraus, und entsprechend stellte man sich das innerseelische Wachstum vor, den alchemistischen Prozeß der Persönlichkeitsbildung hin zur Meisterschaft. Linkswendig dreht sich der Kreis der Zodiakalzeichen bei Geburtshoroskopen. Der esoterische Blick des Astrologen geht also nach innen, richtet sich auf das Unsichtbare hinter den Erscheinungen, auf die innere Welt der Menschen.

Das Denken im Kreise

Zwölf Vollmonde und zwölf Tage vergehen, bevor sich der Kreis des Jahres vollendet. Die Zahl zwölf bietet somit das beste Maß für das Verhältnis zwischen Sonne und Mond. Aus ihr entstand das Duodezimalsystem, welches noch heute für die Einteilung von Raum und Zeit benutzt wird: 12 x 5 Sekunden dauert eine Minute. Sie mit 12 x 5 multipliziert gibt eine Stunde, wiederum 12 x 2 ergibt einen Tag, und weiter 12 x 30 ein Jahr. Die Erdkugel ist in zwölf Zeitzonen von je 30 Längengraden eingeteilt und ein Grad entspricht vier Minuten Erdrotation

Das Zwölfersystem fördert das Denken in Kreisen und macht es leicht, sich geistig zwischen Raum und Zeit zu bewegen. Im Gegensatz zum konkurrierenden Zehner-Dezimalsystem,

---

Abb.: Aurora consurgens (Beginn der Morgenröte), spätes 14. Jahrhundert

das linear und folgerichtig auf ein Ziel hinsteuert (es wird bei Computern eingesetzt und reduziert das Denken von Menschen, die mit Computern arbeiten, auf eine simple Kausalität), entbehrt das schon in Mesopotamien gebräuchliche Zwölfersystem jeglichen Ursache-Wirkung-Denkens. Mit ihm lassen sich Wechselwirkungen eines Ganzen erkennen, frei von Schuldzuweisungen.

Der kreisförmig angeordnete Zodiak kennt kein Besser oder Schlechter: Jedes Tierkreiszeichen ist in gewisser Weise die Weiterentwicklung des vorhergehenden, die Vorstufe des nächsten und das Gegenteil des gegenüberliegenden Zeichens. Beispielsweise folgt auf den intellektuell-oberflächlichen Zwilling der emotional empfängliche Krebs, dessen Gefühle wiederum der Löwe herausbringt, und dessen Gegenpol der rationale Steinbock verkörpert. Die Tierkreiszeichen kennen keine Hierarchie, genau wie keine Zeit im Jahreslauf verzichtbar wäre: Blüht im Sommer alles auf, so bringt der Winter die Vegetation zur notwendigen Ruhe. Keimt im Frühling die Natur, so schafft der Herbst mit seinen Früchten die Voraussetzung für einen Neuanfang.

Der Weißkönig

Wachsen, Erblühen, Vergehen und Neuanfang: Was der Lauf der Sonne am Himmel im Großen während eines Jahres zeigt, findet sich durch die Drehung der Erde um die eigene Achse im Laufe eines Tages: Das Erwachen gleicht der Geburt, weiter geht das Leben über Vormittag, Mittag und Abend hin zum täglichen kleinen Tod, den Schlaf der Nacht. Zeitlich zwischen Jahr und Tag liegt der Monat mit dem Zyklus des Mondes. Seine Beziehung zum Femininen leitete sich seit alters her aus der Beobachtung ab, daß der weibliche Zyklus von Eisprung und Menstruation in etwa einem Umlauf des Erdtrabanten gleicht. Man setzte die Phasen des Mondes den Lebensphasen einer Frau gleich: In der aufgehenden Sichel nach Neumond ☽ sah man das junge Mädchen, im Vollmond ○ die schwangere Mutter und im abnehmenden Mond ☾ das alternde Weib.

Das für Männer immer wieder beeindruckende Erlebnis, Zeuge einer Geburt zu sein, mag viel dazu beigetragen haben, daß den Frauen magische Kräfte zugeschrieben wurden, die *Mann* entweder verteufeln oder be*Herr*schen mußte. Das persönliche Horoskop als hochmathematisch-intellektuelles Konstrukt, das nur von astronomisch und astrologisch geschulten Spezialisten exakt berechnet und gedeutet werden kann, entstand vielleicht auch aus dem männlichen Wunsch, der übermächtig und erdrückend wirkenden Weiblichkeit etwas entgegensetzen zu können.

Astrologie – eine maskuline Kopfgeburt? Johannes Müller (1436-1476), Regiomontanus genannt nach seinem fränkischen Geburtsort Königsberg,

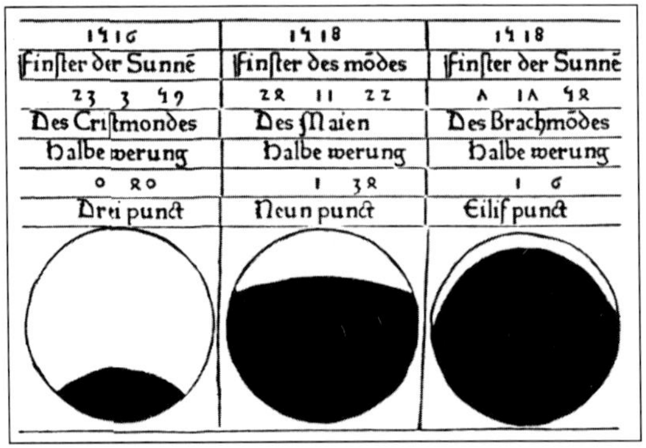

Abb. oben: De conceptu et generatione hominis. Jacob Rueff, Frankfurt 1587. Gelehrte beobachten während einer Geburt die aktuellen Konstellationen der Gestirne.

Abb. links: Deutscher Kalender. Johannes Regiomontanus, Nürnberg 1474

errechnete im zarten Alter von 15 Jahren die Planetenörter, Neu- und Vollmonde besser als Gutenbergs deutscher Kalender. Dies veranlaßte Kaiser Friedrich II. in Wien, den Knaben mit einer astrologischen Prognose des Schicksals seiner Braut, der zukünftigen Kaiserin Leonore, zu beauftragen. Anscheinend analysierte er die Dame gar trefflich, denn die Kaiserin bat später noch um ein Horoskop für ihren Sohn Maximilian I., den späteren Kaiser des Heiligen Römischen Reiches Deutscher Nation.[1)]

Fortan galt im Hause Habsburg das Wissen um die Sternendeutung als gute Familientradition. Wie sehr sich Maximilian I. im Alltag nach der Astrologie ausrichtete, davon zeugt ein autobiografischer Roman, den er um 1500 in leicht verschlüsselter Form veröffentlichte. Als weiser König beschrieb er sich dort mit der für ihn so typischen Melange aus Eitelkeit und Größenwahn, schließlich richtete er seine Politik ganz nach den Sternen aus.

In der *Oratio dignitate astrologiae* schilderte Philipp Melanchthon den Wittenberger Studenten Maximilians abwartendes Verhalten im Kampf gegen den ungarischen König. Da Mars ♂ in Maximilians Horoskop im Quadrat zum Mond ☽ steht (eine auf Wankelmut und Launenhaftigkeit hindeutende Konstellation), wurde ihm von seinen Beratern empfohlen, den Gegner durch Abwarten zu zermürben. (Saturn ♄ im vierten Haus im Steinbock ♑ im Quadrat □ zur Sonne ☉ im siebten Haus).

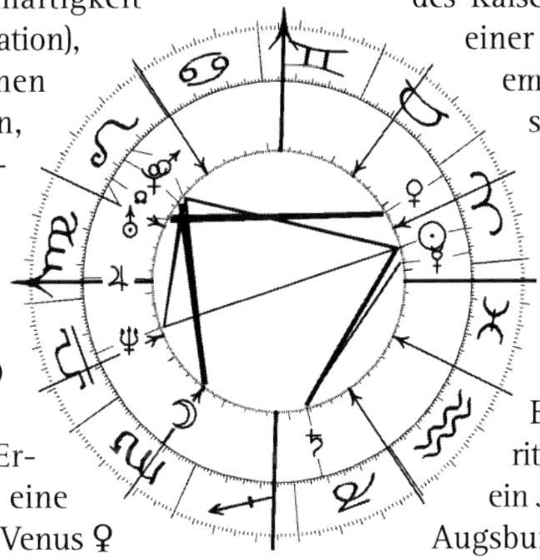

Seine größten Erfolge hatte er durch eine kluge Heiratspolitik (Venus ♀ Trigon △ Mondknoten ☊ und Imun Coeli). Eine ganze Reihe von Astrologen lud er an seinen Hof nach Wien ein. Virdung von Hassfurt rühmte sich, ihn beraten zu haben. Auch Melanchthons Lehrer Stoeffler soll er konsultiert haben. Unter den zahlreichen Astrologen aus der Wiener Schule, die nach Wittenberg gingen, befand sich auch der spätere Universitätsrektor Jakob Milich. In ihren Praktiken, den astrologischen Jahreskalendern für das gemeine Volk, beriefen sie sich stolz auf den Kaiser.

Auch sein Sohn, Kaiser Karl V., richtete seine Politik nach den Sternen aus. Der exakte Zeitpunkt der Schlacht

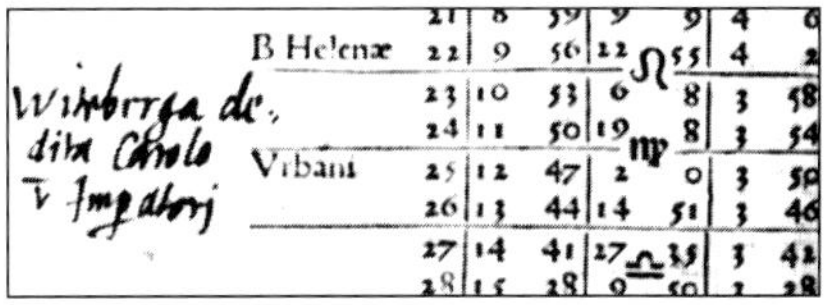

am Mühlberg (24.4.1547), bei der die Protestanten den katholischen Truppen des Kaisers unterlagen, ist auf einer alten Stoeffler-Ephemeride vermerkt. Karl soll seine Strategie zeitlich auf die Sternenkonstellationen abgestimmt haben. Er siegte militärisch und verlor diplomatisch, da sich sein Bundesgenosse Moritz von Sachsen bereits ein Jahr später, nach dem Augsburger Interim, wieder

Abb. links: Bildnis Kaiser Maximilians I., Albrecht Dürer, Holzschnitt 1518
Abb. Mitte: Horoskop Maximilians I. von Habsburg auf den 22.3.1459 Wien 17.00 LMT
Abb. rechts: Ephemeriden des Johannes Stoeffler mit Randnotiz, verrmutlich vom Wittenberger Universitätsprofessor und Astrologen Bartholomäus Schönborn, der im Alter am Franciseum-Gymnasium in Zerbst lehrte.

1) Zinner in: Regiomontanus 1474/1937:7

auf die Seite der Protestanten schlug. Es blieb bei einem Nebeneinander der Konfessionen in Deutschland. Karl V. resignierte und dankte zu Gunsten seines Bruders 1556 ab. Vor dieser schweren Entscheidung zog er die astrologischen Konstellationen gründlich zu Rate, dann ging er ins Kloster. Bis an sein Lebensende glaubte dieser überzeugte Katholik gleichermaßen an die Sterne und das Christentum.

Die Mondin

Frauen als Astrologinnen sind bis in die Neuzeit hinein kaum bekannt. Daß die Dänin Sophie Brahe Ende des 16. Jahrhunderts durch ihren Bruder Tycho die Sternenwissenschaften erlernen durfte, kann als rare Ausnahme gelten. *La Lune* heißt der Mond in Frankreich, in Ableitung des lateinischen *luna*, was auf die ursprünglich weibliche Zuordnung des Erdtrabanten hindeutet. Und sicherlich bietet gerade die Beobachtung seiner ständig wandelnden Erscheinung am Himmel und der Vergleich mit dem weiblichen Menstruationszyklus ein Indiz dafür, daß die Beobachtung himmlischer Phänomene keine männliche Domäne ist. Um in diese Richtung historisch zu forschen, muß man sich von den staubigen Folianten mittelalterlicher Schreibstubenhocker lösen, die Bibliotheken verlassen und hinaus aufs Land gehen.

Viele heidnische, also altgriechische Bräuche verbinden sich so eng mit dem Alltag der ländlichen Bevölkerung, daß sie sich bis heute gehalten haben. So sind kultische Handlungen, die Dionysos oder Baccus galten, den Göttern der Extase und des Weines, in etwas abgewandelter Form immer noch gültig. Die jedes Jahr mit Eintritt der Sonne in das Tierkreiszeichen Krebs zelebrierten Sonnenwendfeiern beschreibt schon der antike Dichter Ovid:

Sehr oft sprang ich am Tag der Palien über dreireihig liegende Glut, besprengte sehr oft mit dem Zweige des Lorbeers den Altar mit reinigendem Wasser ...

Tut es mir nach, ihr jungen Schäfer, entzündet das Feuer, springt, edle Jünglinge, schnell über glühende Haufen knisternden Strohs!

Für den Rest des Jahres wird Göttin Pales euch Gnade erzeigen; fruchtbar seien euch eure Schafe, stark eure Widder ...

Feierten die Römer das Palfest noch zu Ehren der Schutzgöttin der Hirten, so nennen die Christen das Fest nach Johannes dem Täufer. Heidnischen Riten des Volkes, welche die Kirche nicht verbieten konnte, gab sie zumindest ihre eigenen Namen. Der Glaube an die reinigende Wirkung des Johannisfeuers und die heilende Kraft des Wassers der

Johannisnacht geht auf vorchristliche Zeiten zurück.[2)]

Auch der in die frühesten Zeiten der Menschheit zurückgehende Mondkult hat sich in ländlichen Gebieten immer noch gehalten. Man denke an das Horn als Symbol des Mondes. So findet man im Südwesten Frankreichs auf Dächern von Bauernhäusern Ziegel in Form eines Hornes. Das Schneiden der Fingernägel und Haare nach dem Mond gehört ebenso zum

---

Abb. oben: Der Einfluß des Mondes auf die Frauen. Kupferstich. Frankreich 17. Jh.

Abb. links: Kaiser Karl V. zu Pferde. Aquarellierter und handcolorierter Holzschnitt von Hans Weigel d. Ä. 1551/1555

2) Fillipetti 1987:18f

Volksbrauch wie das Säen und Ernten nach dem Mondkalender.

Als scharfe Waffe im Konkurrenzkampf zwischen Heidentum und Christentum entstand auch die Hexenbulle Papst Innozenz VIII.:[3]

Es ist uns zu Ohren gekommen, daß einige Leute nicht davor zurückschrecken, gemeinsame Sache mit dem Teufel zu machen und durch ihre Hexereien das Getreide auf dem Feld, die Trauben in den Weinbergen, die Früchte des Gartens und das Heu der Wiesen zu vernichten.

Die vielfach an einer ganz einfachen, nur auf die Zyklen des Mondes und der Sonne ausgerichteten Bräuche auf dem Land hielten sich auch noch nach Jahrhunderten der Zwangschristianisierung, so daß der Kirche nur das Spiel mit der Angst blieb, um die lästige Konkurrenz einzudämmen.

Allerdings möge man(n) in Betrachtung der Historie auch der Verlokkung widerstehen, sich durch sentimentale Anbiederung an eine feministisch verzerrte Geschichtsschreibung noch zu Lebzeiten einen miefig-heimeligen Platz am *Mutterbronnen* zu sichern. Heidnische Kulte gingen oft einher mit blutigen Opferungen, von denen das zeremonielle Schlachten eines schwarzen Hahnes oder das Einmauern einer lebendigen Katze in ein neuerbautes Bauernhaus noch zu den harmloseren Gebräuchen zählen. Die Allmutter Erde galt in archaischen Zeiten als Fruchtbarkeits- und Todesgöttin zugleich. Die Gaben und Riten in den Kulthöhlen Thüringens, Bayerns, Niedersachsens und Westfalens könnten den gleichen Göttinnen einer seßhaft gewordenen Bevölkerung gegolten haben, denen man auch in Griechenland in Höhlen und Klüften huldigte: Demeter, Persephone-Kore, Gäa, Chtonia und Hekate.[4]

In der klassischen Antike war das Menschenopfer sicher nicht mehr die Regel, aber noch im Jahre 97 n. Chr. mußte der römische Senat sie ausdrückklich verbieten. Das Christentum hatte abgesehen von seinem zweifelsohne fanatischen und blutigen Missionierungsdrang (falls man davon wirklich absehen kann ...) einen sehr sanften, befriedigenden Einfluß. Meßwein und Oblaten: Auf diese harmlosen Symbole der Menschenopferung beschränkten sich seine kultischen Handlungen.

Wohin eine Überbetonung matriarchaler Blut-und-Boden-Ideologie führen kann, hat das Dritte Reich gezeigt. Von 1914 bis 1933 ging der von modernen Astrologen mit Masse und Macht in Verbindung gebrachte Planet Pluto durch das dem Mond zugeordnete Tierkreiszeichen Krebs. Eine astrologische Deutung aus heutiger Sicht beschreibt diese Konstellation folgendermaßen:[5]

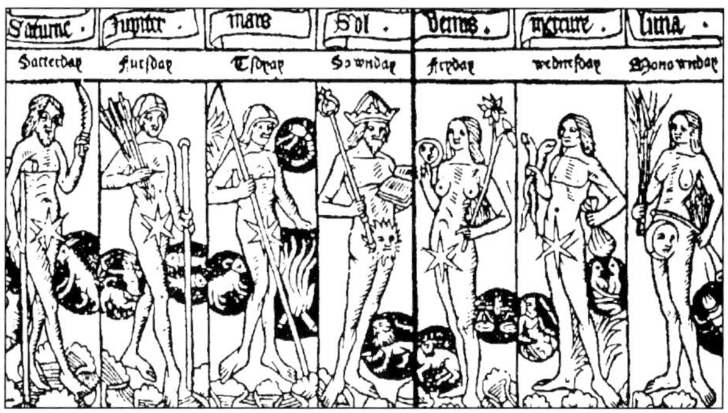

Pluto ♇ im Krebs ♋: Der Herdenverband
Machtzentrierung in der Sippe oder im engen Familienkreis (emotionale Fixierungen), Zwänge im gefühlsmäßigen Bereich und Entschleierung der Blockaden durch Aufarbeitung oder Psycho-

Abb. oben: Maria auf der Mondsichel. Kupferstich Albrecht Dürers, frühes 16. Jh.

Abb. links: Shepards Kalender, England 16. Jh. Die Woche entspricht einem Viertel des Mondumlaufes, jeder Tag ist einem Gestirn zugeordnet, entsprechend des zu Tagesbeginn herrschenden Stundenregenten.

3) Fillipetti 1987:89
4) Graichen 1988:64
5) Frey 1995:140

analyse (Eintauchen ins kollektive Unbewußte), Entwicklung durch Überwindung seelischer Krisen und durch Umschichtung emotionaler Ablagerungen, radikale Zerstörung gefühlsmäßiger Blockierungen, Liebesmagie oder Anziehung durch emotionale Abgründe.

Daß der patriarchalische Blick hinaus in die Welt und hoch zu den Sternen geistige Unabhängigkeit schafft, und daß dies der beste Weg ist, sich aus der seelischen Abhängigkeit des heimischen Herdes zu entziehen (so lange es noch irgendwie geht), bleibt unbestritten. Festzuhalten bleibt, daß die kollektiven Seelenbilder des Weiblichen der Macht des Männlichen in nichts nachstehen - sie sind nur einfach anders!

Hekate und Triglav

So hatte denn auch das in die Sterne bzw. den Mond projizierte Weiblichkeitsbild der alten Griechen keineswegs nur freundliche Seiten. Als ehemalige Allgöttin aus matriarchalen Zeiten trug Hekate ursprünglich die Züge einer *Magna Mater* (Großen Mutter). In Thessalien, einem klassischen Hexenland bereits seit der Antike, war sie bereits im 5. Jahrhundert als Mondgöttin sehr populär.

Launisch hieß man die Göttin der Luna. Auf ihren Erd- und Unterweltscharakter weisen Attribute wie Schlange und Fackel hin. Des Nachts schwärmte sie auf Kreuzwegen, dreiköpfig mit drei Händepaaren, entsprechend der drei Phasen des Mondes.

Als eine der vielen Erscheinungsformen der Hekate kennt man Baubo, eine „erdgeborene und himmlische ... Göttin des dreifachen Kreuzweges, Königin der Nacht ... Freundin und Gefährtin der Finsternis ... Mond der tausend Formen ... Schrecken der sterblichen ... nach Blut dürstend".[6] Genau wie Diana, die jagende Mondgöttin, ritt Baubo auf einem Schwein, heiliges Kulttier archaischer Zeiten. Als Teil eines religionsgeschichtlichen Prozesses, in dessen Verlauf ehemals heilige Tiere dämonisiert wurden, vollzog sich ein Bedeutungswandel.

Das Schwein galt im christlichen Kulturkreis als lüsternes Tier, Symbol von Sünde und Wollust. Auch das an mittelalterlichen Kirchen in Stein gehauene *Judenschwein* könnte Resultat dieser kultur- und religionsgeschichtlichen Entwicklung in Mitteleuropa sein.[7]

Zur Zeit der Völkerwanderungen zog in die von den Germanen verlassenen Gebiete das Volk der Slaven (ein christlicher Ausdruck für Ungläubige, die man ver*sklaven* dürfe). Es kam aus Osteuropa und brachte seine eigenen Riten mit. Berichte erster christlicher Missionare im Land zwischen Havel und Spree berichteten von kultisch verehrten dreigestaltigen Holz- bzw. Strohpuppen. Es könnte sich dabei um die Verehrung der griechischen Mondgöttin Hekate gehandelt haben, deren Kult über Byzanz, der ehemaligen Hauptstadt des Oströmischen Reiches, und das Schwarze Meer immer weiter nach Norden getragen wurde.[8]

Im Jahre 948 missionierte das Christentum als Rechtsnachfolger des Weströmischen Reiches unter Kaiser Otto I. mit Waffengewalt das Gebiet der Slawen und Wenden östlich der Elbe, errichtete das Missionsbistum Havelberg. Bei dem großen Slawenaufstand von 983 mußten sich die sächsischen Truppen des *Heiligen Römischen Reiches Deutscher Nation* wieder nach Westen bis hinter die Elbe zurückziehen.[9]

Nach dem erfolgreichen Wendenkreuzzug 1147 unter Albrecht dem Bären widmeten die Christen in Brennabur an der Havel den Tempel einer dreigesichtigen Slawengottheit namens Triglav um. Fortan hieß die Stadt Brandenburg, und auf der heiligen Höhe errichteten sie eine Marienkirche. Doch der Kult einer dreigestaltigen Mondgöttin lebte dort unvermindert weiter,

---

Abb.: Hekate. Römische Gemme

6) Gerlach 1980:8

7) ebenda, S.10

8) Nemenyi 1991. siehe auch: Vana 1992:93f

9) Werner 1993:2

in Form der *Anna selbdritt*, prachtvolle hölzerne Skulpturen der heiligen Anna nebst ihrer Tochter Maria und dem Jesuskind.

Der kleine Tod

Eine Mondsichel auf dem Haupt der Jungfrau in Jan van de Haeckes *Allegorie der Nacht* ist ein erster Hinweis auf die astrologische Bedeutung dieses Wandteppichs. Und die zwölf nackten Englein am Bildrand lassen sich leicht als Versinnbildlichung der zwölf Tierkreiszeichen identifizieren. Wie aber lassen sich die weiteren Figuren deuten? Zwei Kinder hält die Madonna in den Armen, ein helles und (kaum zu erkennen) ein dunkles. Jeweils eine der Gestalten am Fensterrahmen steht den Kindern zur Seite. Hier ein junger Knabe, mit leeren Händen hoffnungsvoll nach oben blickend, dort ein traurig nach unten schauender Greis. Das Füllhorn, Symbol für gesammelte Erkenntnis und Weisheit, hält er noch zurück, weit weg von der Bildmitte.[10)]

Der Betrachter spürt, wie sich die Szene weiterentwickeln könnte, worauf sie zwangsläufig hinausläuft: Aus Einsicht in die Notwendigkeit übergibt der Alte das Füllhorn dem jungen Burschen und verschwindet ins Nichts. Natürlich wird der Knabe in seiner jugendlichen Unvernunft einen guten Teil der vom Alten im Füllhorn gesammelten Reichtümer verschütten. Irgend etwas wirkt aber immer nach. Zumindest ein Minimum an Lebenserfahrung wird auf ihn als Vertreter der neuen Generation übergehen.

Die zwölf Engel des Bildes könnten auch den zwölf Stunden der Nacht entsprechen. Man hüte sich vor übertrieben astrologischer Bildinterpretation! In diesem Falle steht der Alte für das bis zum Abend gesammelte Wissen und der Knabe für die Unwissenheit und Euphorie des morgendlichen Neuanfangs. Die Mondsichel läßt vermuten, daß es sich bei den beiden Neugeborenen, welche die Madonna im Arm hält, um Neumond und Vollmond handelt.

Das Johannesfest zu Beginn des Krebs-Zeichens am Sommeranfang findet einen Gegenpol im Weihnachtsfest zu Beginn des Steinbock-Zeichens am Winteranfang. Johannes der Täufer (Sommersonnenwende) bereitet die Welt auf die Ankunft des Messias (Wintersonnenwende) vor. Seine Aufgabe als Gesandter ist es, sich selbst immer kleiner und die Hoffnung auf das Kommende immer größer werden zu lassen: „Er muß wachsen, aber ich muß kleiner werden.“ (Joh. 3,30) Bringt der Wandteppich also den Mondmythos mit biblischen Erzählungen in Verbindung? Vorsicht: Man hüte sich auch vor einer übertrieben christlichen Bildinterpretation!

Das zentrale Thema dieses Bildes verleiht ihm eine magische Aura. Nir-

---

Abb.: Die Allegorie der Nacht. Tapisserie von Jan van de Haecke, 17. Jh.

10) Mertz 1994:41

gends wird es sichtbar, es ist auch kaum zu malen oder zu beschreiben, doch man spürt es deutlich in der Spannung zwischen dem Altem und dem Jungen, zwischen den beiden ungleichfarbenen Kindern.

Gemeint ist der Tod, das Loslassenmüssen vom Leben um des Lebens willen. Jeden Monat können wir all dies gleichnishaft am Bild des Himmels sehen: Die immer schwächer werdende Sichel des abnehmenden Mondes wird nur abends kurz nach Sonnenuntergang sichtbar. Dann ist sie vollkommen verschwunden, quasi gestorben: Neumond. Nach zwei Tagen dann taucht die schmale Sichel des zunehmenden Mondes am morgentlichen Himmel auf, kurz vor Sonnenaufgang. Wir Menschen spüren dieses Geheimnis des Lebens jeden Tag, wenn wir am Abend den *kleinen Tod* sterben und uns der Welt des Traumes ausliefern. Nur durch dieses tagtägliche Loslassen erhalten wir unsere Lebenskraft und können des Morgens wie Neugeboren erwachen.

Traumwelten

Auf den Flügen der Träume entstanden unzählige Märchen über den Mond. Der griechische Wanderlehrer Lukianos (er lebte 120 n. Chr. in Samasota am Euphrat), verfaßte in seiner Sammlung *Wahre Geschichten* auch eine über den Mond. Sein Held gerät mit seinem Schiff jenseits der Säulen des Herakles[11] in einen Sturm. Sein Schiff wird emporgeschleudert und landet nach sieben schrecklichen Tagen und Nächten auf dem Mond. Sogenannte *Hippogryphen* leben dort, die auf dreiköpfigen Riesengeiern reiten. Sie müssen nichts essen,

sondern leben von der Luft und dem Duft von Speisen. In Restaurants bezahlen sie ihre Mahlzeiten mit Versen und Gedichten.

Somnium nannte der Astronom und Astrologe Johannes Kepler seine literarische Darstellung einer Reise zum Mond. Wie man dort hinkommt, läßt er völlig offen. Auf *Levania*, wie er die Mondwelt nennt, leben sogenannte *Endymioden*, schlangengestaltige intelligente Lebewesen, die er noch einmal in Erdzugewandte (*Subvolvani*) und Erdabgewandte (*Privolvani*) unterteilt. Er bezieht sich dabei auf die astronomische Tatsache, daß der Mond selbst nicht rotiert und der Erde immer die gleiche Seite seiner blaß schimmernden Oberfläche zuwendet.[12]

Kepler flocht in seinen Mondtraum Schilderungen magischer Praktiken ein. Unter dem Eindruck des Hexenprozesses gegen seine Mutter sah er sich genötigt, alle Quellen seiner Inspiration offenzulegen. Er dachte auch daran, dem Buch eine Übersetzung von Plutarchs *De facie in orbe Lunae* beizugeben. Auch überlegte er, seinen Mondentraum *Somnium* als literarischen Gegenpol zu Tommaso Campanellas *Sonnenstaat* zu gestalten:[13]

Abb.: „De imaginum, signorum & Idearum compositione, Ad omnia Inventionum, Dispositionum & Memoriae genera Libri tres". Giordano Bruno, Frankfurt 1591. Dieser Holzschnitt einer Mondgöttin wurde vermutlich vom Drucker aus einer Ausgabe von „Flores Astrologiae" eingefügt (vgl. Wildgen 1997).

11) Gemeint sind die Felsen Gibraltars, die das ruhige Mittelmeer von der schier unendlichen Weite des atlantischen Ozeans trennen.

12) Will 1996

13) Lemcke 1995:121

Wie, wenn ich einen „Mondstaat“ schriebe?

Wäre es nicht ausgezeichnet, die zyklopischen Sitten unserer Zeit in lebhaften Farben zu schildern, dabei aber der Vorsicht halber die Erde zu verlassen und auf den Mond zu gehen?

Doch was wird eine solche Flucht nützen? Waren doch auch Morus in „Utopia“ und Erasmus im „Lob der Torheit“ nicht sicher, so daß sich beide verteidigen mußten.

Lassen wir daher lieber dieses Pech der Politik beiseite und bleiben wir auf den lieblichen Auen der Philosophie.

Astronomisch näherte sich Kepler durch ein Fernrohr, das er für einige Wochen von einem Adeligen geliehen bekam, und entdeckte kreisförmige Kraterwälle, in denen er Stadtmauern sah. Astrologisch blieb er – auch wenn er vieles auf diesem Gebiet erneuerte – der traditionellen Deutung verhaftet. Dies zeigt eine Passage aus Keplers Deutung des Wallensteinhoroskops.

Im Jahre 1608 erschien bei ihm in Prag der Arzt Dr. Stromayr mit dem Auftrag, im Namen eines 25jährigen, unter dem 51. Breitengrad in Böhmen geborenen Edelmannes die Nativitätsdeutung zu erbitten.[14] Kepler schieb:[15]

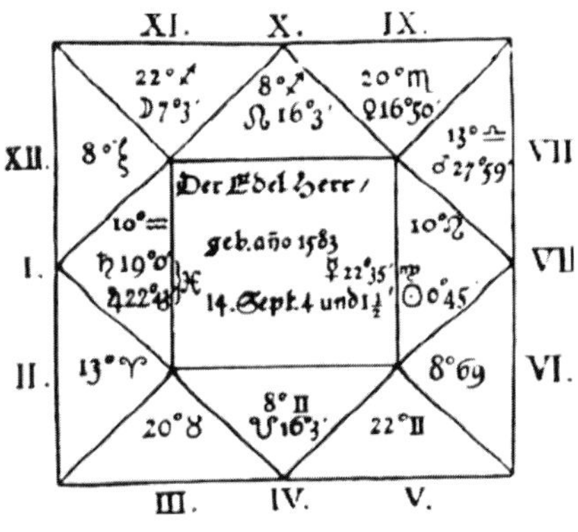

Und weil der Mond verworfen stehet, wird ihm diese seine Natur zu einem merklichen Nachteil und Verachtung bei denen, mit welchen er zu konversieren hat, gedeihen,

daß er für einen einsamen, lichtscheuen Unmenschen wird gehalten werden, wie er denn auch sein wird unbarmherzig, ohne brüderliche oder eheliche Lieb, niemand achtend, nur ihme und seinen Wohllüsten ergeben, hart über die Untertanen, an sich ziehend, geizig, betrüglich, ungleich im Verhalten, meist stillschweigend,

oft ungestüm, auch streitbar, unverzagt, weil Sonnen und Mars beisammen, wiewohl Saturnus die Einbildungen verderbt, daß er oft vergeblich Furcht hat ...

Albrecht von Wallenstein, Herzog von Sagan und erfolgreichster Heerführer des 30jährigen Krieges, trug diese Horoskopdeutung jahrzehntelang mit sich herum. Im Alter lud er Kepler ein, auf seinen Stammsitz im böhmischen Sagan zu wohnen.[16] Dort wurden auch die ersten Exemplare des Mondtraumes gedruckt. Veröffentlich wurde *Somnium* erst 1634 posthum durch Keplers Sohn.

Auch Wallenstein starb in diesem Jahr – ein Meuchelmord durch die Hand seiner engsten Vertrauten. Ob die verworfene Natur seines Mondes die Schuld dafür trägt, daß er merklichen Nachteil und Verachtung erfuhr bei denen, mit welchen er zu konversieren hatte?

Besoffene Sternendeuter

Im protestantischen Straßburg des Jahres 1533 schuf der bedeutende Ulmer Maler Asymus Stedelin eine faszinierende Tischplatte.[17] Traditionen aus der Antike in übergreifendem Zusammenhang mit dem christlichen Weltbild und esoterischer Symboldeutung stehen nebeneinander. Die Analogiekette des Mondes wird in einem verrätselten Vers erläutert.

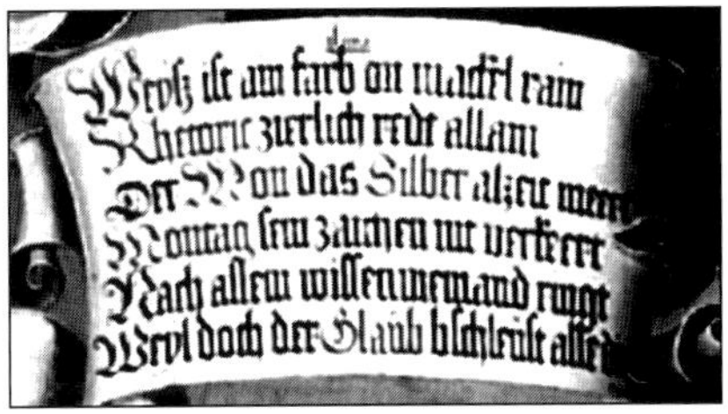

Weiß als Farbe der Reinheit ist das Kleid der Mondfrau.[18] Zu ihr gehört die klassische freie Kunst der Rhetorik, die mit dem Glauben einhergeht (Schriftrolle und Kruzifix). Die Silberbecher deuten

---

Abb. oben: Detail aus Martin Schaffners Tischplatte für Asymus Stedelin, 1533

Abb. links: Keplers Horoskop für Wallenstein. Der das Weibliche symbolisierende Mond ☾ befindet sich im Steinbock-Zeichen ♑, dem Gefühlskälte und Strenge zugeordnet sind.

14) Henseling 1940:32

15) Hammer 1971:132

16) Strube 1985

17) Schnackenburg 1996, Hoppmann 1997:36

18) Auf den Film „Die Frau im Mond“ (1928) ist der heute übliche „Countdown“ bei Raketenstarts zurückzuführen. Regisseur Fritz Lang erläuterte: „Als ich das Abheben der Rakete drehte, sagte ich: Wenn ich eins, zwei, drei, vier, zehn, fünfzig, hundert zähle, weiß das Publikum nicht, wann es losgeht. Aber wenn ich rückwärts zähle, zehn, neun, acht, sieben, sechs, fünf, vier , drei, zwei, ein, null – dann verstehen sie.“ (nach: Strasser u. Würker 1996)

auf das zum Mond gehörige Metall. Sie sind im Dreieck angeordnet, auf das von den Protestanten übernommene Dogma der Trinität Gottes hindeutend (Vater, Sohn und Heiliger Geist).

So sehr auch solche Bildprogramme eine Einheit von Christentum und Astrologie propagieren wollten: Dem Reformator Martin Luther schien die Sternendeuterei nichts, aber auch rein gar nichts geben zu können. Und so fuhr er Melanchthon unwirsch an:

Ei, ich frag nicht nach ewer astrologia! Ich kenne mein natur und erfar es.

Aber so zäh und beharrlich jener der Astrologie verbunden blieb, so sehr bemühte sich Luther wenigstens, seinen Freund auf der rein menschlichen Ebene zu verstehen. Wenn hier aus den Aufzeichnungen der Tischreden[19] zitiert wird, so möge sich der Leser im Geiste eine kräftig in die Nacht hineinsaufende Gesellschaft vorstellen (Die Lutherstube kann in Wittenberg noch im Original besichtigt werden):

Ego puto, quod Philippus astrologica tractat, sicut ego bibo ein starcken trunck birs, quando habeo graves cogitationes.

Je später der Abend, desto gelöster die Zunge und um so eleganter der fliegende Wechsel zwischen Latein und Mittelhochdeutsch mitten im galoppierenden Satz. Der versöhnliche Luther stellte sich halt vor, sein Freund Philippus greife aus dem selben Grund zur Astrologie wie er zu einem starken Trunk Bieres, nämlich bei schweren Gedanken.

All diese mantischen und theologischen Spitzfindigkeiten mögen nicht davon ablenken, daß die Astrologie durchaus auch inneres geistiges und seelisches Wachstum anregen kann, gleich jenes Eingangs beschriebenen Lapis, dem Edelstein der Alchemisten.

Evangelische Perle lautet der Name für das geistliche Geleitbuch einer unbekannten flämischen Mystikerin des 16. Jahrhunderts, übersetzt in Deutsche von Angelus Silesius. Dort heißt es:[20]

Denn wer die Kunst hat, Gott innerlich mit allen Kräften anzuhangen, der achtet das Äußerliche nicht und läßt alles gehen, wie es geht. Denn er ist innerlich stets mit dem, was Gott angeht, beschäftigt, und darum ist er äußerlich blind, hörend taub und redend stumm; und er bleibt frei und wird von nichts gehindert.

Wahrlich, wer ein solcher ist, der ist wohl ein glückseliger Sternengucker. Denn er wird immer mehr zu innerlichen Künsten und Kenntnissen gezogen, nämlich zum Himmel des Himmels selbst, das ist: zum Geist oder zum Bild der Seele, in dem Gott selbst seinen Himmel gemacht hat.

Ach, wer zu dieser edelsten Kunst – nämlich zum Himmel des Himmels selbst – gelangen könnte – wie viele verborgene, geheime Künste würde er erlernen, die allen Lehrern und natürlichen Meistern unbekannt sind ...

Abb. oben: Sternzeichen Krebs. Kupferstich von Alessandro Termini, 17. Jh.

Abb. links: Detail aus Martin Schaffners Tischplatte für Asymus Stedelin, 1533

19) Gillmann 1995:31

20) Lämmel 1984:299,307

Von dem Krebs

im krebs ists mittel / on die brust /
an der ist lassen gar vmb lust.
doch mit latwerg purgieren gut /
im bad auffsez ein ströhnen hut.
zu sähwen / pflanzen ich dir rath /
schneid ab / wer lange nägel hat.

Krebs ist das vierdt zeychen / kalt vnnd feucht / mitt-nächtig / wassers natur / phlegmaticus / vnstät / dess mons täglichs vnd nächtlichs hauss / jupiter erhöhung / martis fall / hat am menschen die brust / ripp / milz / vnd lungen. wann die sonn darinn ist / so fahet sie an hindersich zu gehn / wie sie ordenlich fürsich gangen / vnd das erdtrich thut auch also mit dem wachsen.

so der mon darinn / isat nit gut obgenannte glider zu arzneyen / oder mit eisen berühren. nicht gut weiber neimnen / mit alten oder kriegsleuten handlen / kriegen / odder etwas das mit feur zugehet / anfahen.

gut ists / kauffmanschafft treiben / im wasser arbeiten / schiffen / weiher machen / wasser leyten / vnnd fischen. es ist mittel zu aderlassen / ohn die obgemeldte glider.

wer vnderm krebs vnd empfangen / wirt glücklich vnnd vnglücklich / wie der krebs hin vnn wider / forchtsam / kranck / friedsam / still / leidet in hoffnung vil von anderer leut wegen / vertrawet wol / ist dienstbar / heymlicher wort / trauriger gedancken / wirt vil vnschuldigklich belogen.

ein knäblin geborn zwischen dem 22. tag brachmonats vnnd 22. hewmonats / ist von der naturen dess zeychens krebs / der complexion dess mons / flegmaticus / kalt /

Text und Abb.: Bacharach 1583

feucht / gemeyngklich weibisch / vnstäten wesens hie vnnd dort / feyssten angesichts / hart haar / verschrenckte zän / breyte stirn / enge brust / vnder dem gürtel grösser leibs dann oberwerts / fast pulsterich / dämpffig / sinnreich inn künsten / wanckelmütig / bleibet nicht lang an einer statt / baldt zornig / lasst baldt ab / doch warhafftiger reden / ein weib stilles baldt seinen zorn / leidet vil von anderer leut wegen / wirdt beleumbdet on sein schuld / thut frembden mehr dann seinen freunden / heymlich mit seinen sachen / werden doch offenbar / sinnreich / weise inn vielen sachen / nimpt doch nit allweg war was er thut / hat viel närrischer liebe der frawen / im werden angezeyget zwey eheweiber / hat doch wenig glück mit jnen. sein beste gesellschafft mit leichtfertigen leuten / findt viel gnad bey weltlichen herren. vil sich als gute gesellen / gegen jm zeygen / seind doch falsch. ist lang eines nachbaur / kompt auss aller bösen beschuldigung mit ehren.

sein höchstes glück seind die länder mitternacht / mittag / vnnd auffgang der sonnen vnderworffen. aber der nidergang zeygt an verlust / vnglück. sein glückhafftigste narung ist auss wässerechter art / auch was mit oder durchs feur erwunnen mag werden. irdische ding seind nit sonders glückhafftig. sein höchster vnnutz seind die ding dess luffts / bäum / reben / lüfftige handwerck / reden an rechten. alle farben seind jhm gut / on blaw. sein schmerz wirt seyn an henden durch ein thier beschädigt / geschütz / feur / heyss wasser / odder wässerige kranckheyt / vmb die brust / milz / lung. sein todt keret sich zu gifftigem pestilenzischen lufft / oder vergifftigung des geblüts.

ein meydlin geborn zwischen vorbenannten tagen / ist auch derselben complexion / bald zornig / bald wider gut / lebt inn arbeytseligkeyt biss an das 30. jar / dann wirt sie erst ein hausshälterin / darin sie sich nehren mit ehren. von zweyen mannen hat sie glück / vnd thut jnen vil guts vnd ehr an. ein thier wirt sie lezen an einem bein / wirt ein fall thun.

*

Von dem Mon

ich bleib nie lang auff einem sinn/
leyst niemandt gehorsam / auch mein kind /
han vnser eygen faden recht/
obs vns gleich duppel schaden brecht.

Sechs stund / 28. minuten /durchlaufft seinen circel in 19 jaren. der stier ist seine erhöhung /darinn hat er grossen gewalt / vnd im kres / der ist sein hauss. keinen gewalt hat er im steinbock / noch minder im scorpion / der ist sein fall. mon ist in seiner grösse ein drittheyl der erden. ptolemäus zeyget an durch die eclipses / dass die erde drey mal als gross als der mon. der mon ein göttin der geburt / behalt alle glidmass der geburt an den frawen / sonst am menschen das hirn / keel / schlund / magen / bauch / vnd eingeweydt / die leber in gemeyn / mit jupiter.

Mons zeichen-wirckung.

der mon hat in jedem zeychen seine wirckung so kein hinderniss zwischen kompt / als: so der mon ist in widder/ fah an was du bald zum end bringen wilt / was lang weren soll / meide. hab gespräch mit fürsten vnd gewaltigen / bad / beschere das haupt nicht / schrepffe keinen krancken am hals oder ohren. so der mon im ochsen ist/ fahe langwirige ding an / pflantze bäum / weingärten / sähe das erdtrich / baw heuser / rede mit frawen / bis frölich / kauff ochsen vnd rinder. so der mon im zwilling ist / fahe an was nicht lang weren soll / thu kinder zur schul / hüte dich vor bluten. wann der mon im krebs / ziehe ven land / brauche latwergen. so der mon im löwen / was lang

Text: Bacharach 1583, Abb.: Pegius 1586

weren soll fahe an / schneid oder leg keine newe kleyder an / artzney zu-mundenem vermeide. so der mon inn der jungkfrawen / ist am besten die kinder zur schul thun / nimm kein weib.

so der mon in der wag / was bald naher gehn soll fah an / ziehe vber land / schlaaf bey / handel mit geystlichem / kauff / verkauff. so der mon im scorpion / fahe gar nichts guts an. so der mon ist im schützen / ziehe auffs schiessen / schlaffe bey / handel mit richtern vnd juristen / treib kauffmanschafft. so der mon im steinbock / thu dich zun alten / pflantze äcker / weingart vnd gärten. so der mon im wassermann / lege grundfesten / stette / heuser / vnd thürn / pflantze bäum vnd weingärten. so der mon im fisch / stricke fischgarn / ziehe vber land.

ist auch zumercken / so der mon in einem vnstätten zeychen ist / fahe an was bald soll naher gehn. so der mon aber in einem bestendigen zeychen / was werhafft seyn soll / fahe an. inn einem mitteln zeychen treib was nit lang bestehn soll. der mon zugethan dem drachenkopff / ist glückhafft. aber mit dem drachenschwanz / ist vnglückhafftig.

In MonsStund ist gut

wasserbäw anfahen / honig / öl / vnnd allerley haussspeiss / fleysch / vnd zame thier / kaufen / ohn schaaff.

nit gut ists heyrath machen / anfahen zu bawen / noch etwas bestendigs anzufahen / nit gut gelt ausszuleihen. aber alles ist gut anzufahen / dess man bald ein end begert.

Geborn in Mons stund

wirdt vnstät in seinem wandel / lesst sich niemandt meystern / wil niemandt gehorsam seyn / thut im selbst gern den todt an / kompt selten zu rechtem al-ter / hat selten glück in zeit-lichen dingen / dann er mag seines glücks nit erwarten / stirbt gewonlich in der ju-gent / hat tunckele augen / schihlet gewöhnlich / wirt offt kranck / geht gewonlich getuckt / ist kalter natur / selten frölich / ist warhafft / wirt leicht zornig / vergcht jm aber bald / begert nicht frembd gut / wirt selten 40. jar alt / ist gern ein kauffman odder schiffman / ein angesicht ist bleych / bedarff glücks / dass er am angesicht kein zeychen vberkomme / wirt bald graw / hoffet fast auff jrdische ding.

wann die sonn im brachmonat in den krebs geht / so hat der mon grossen gewalt in seinen stunden. wann das new oder bruch wirt in der stund / dess mons / so hastu dem selben monat wind vnd regen.

der mon hat am menschen das haupt / darum artzney es nicht in seinen stunden / vnd zu bewaren den magen / vnn geburt glid der frawen.

*

Der Künstler, ein Abbild Gottes

Wann endlich werden die Kunsthistoriker
die Astrologie
als Pflichtfach in ihre Studien aufnehmen?

Erich von Beckerath – Geheimsprache der Bilder

Ein Mann sitzt auf einem Löwen, in der Rechten ein Schwert und in der Linken eine Waage. Seine Augen strahlen merkwürdig, die Füße sind gekreuzt. Was bedeutet dies, was wollte der Künstler damit ausdrücken?

Symbole und Ausdrucksgebärden, also die Ikonographie, wandeln sich im Laufe der Zeit.[1] Heutzutage finden wir die Glyphen der Tierkreiszeichen auf Zuckerwürfeln, Strandlaken, Kaffeetassen, Ohrringen und vielem mehr. Meist haben sie eine ausschließlich dekorative Bedeutung. Welcher moderne Goldschmied denkt z.B. bei der Arbeit an einem Sternzeichenkettchen über die ursprüngliche Symbolik nach, geschweige denn macht sich in der Fachliteratur oder bei Astrologen kundig.

Andererseits fehlen bei modernen Astrologen vielfach kunsthistorische Kenntnisse, bzw. sie bevorzugen das Hineindeuteln.[2] Andererseits wird Kunstwerken allzu leichtfertig eine astrologische Interpretation aufgezwungen, auch wenn sie sich eindeutig an biblischer Symbolik ausrichten.[3]

Praktisch seit der Zeit der Aufklärung und der Französischen Revolution fanden die Zeichen des Zodiaks in der Architektur nur noch als dekorativer Schmuck Verwendung. Zwar blühte zu jener Zeit der Okkultismus auf. Es entstanden Freimaurerzirkel, Geheimlogen und später dann theosophische Gruppen. Und zu den geheimnisvollen überlieferten Zeichen der Kabbala, Alchemie und Astrologie kamen viele Neuschöpfungen hinzu. Man experimentierte sogar mit ägyptischen Hieroglyphen.[4] Doch all dies fand mehr oder weniger im Geheimen statt, in esoterischen Zirkeln, quasi in einer gesellschaftlichen Subkultur. Zeitgleich mit dem Bedeutungsverlust der christlichen Kirchen verloren die astrologischen Symbole in der bürgerlich-exoterischen Gesellschaft ihren Sinngehalt. Wenn man sie verwendete, dann nur zur Veranschaulichung einer historisierend anmutenden Ganzheitlichkeit, als etwas verspielt-protzenden Schmuck, als Erinnerung an längst vergangene Zeiten einer ach so *naiven* Entwicklungsgeschichte der Menschheit.[5]

Abb.: Sol iustitiae, Albrecht Dürer 1485
1) Panofsky 1978
2) Döbereiner 1986
3) Krotzky 1988
4) Roob 1996
5) Berlin: Rotunde des Alten Museums, Eingangshalle des Kriminalgerichts Moabit und Bundesgartenschau-Kalenderplatz in Britz.

Trauriges Beispiel für einen bedeutungsentleerten Umgang mit den Symbolen ist das Zifferblatt des Altstädter Rathauses in Brandenburg an der Havel. Der berühmte preußische Baumeister und Maler Karl Friedrich Schinkel, einer der bedeutendsten Künstlerpersönlichkeiten Preußens im 19. Jahrhundert, ließ es anläßlich einer Restauration des alten romanischen Backsteinbaus am Turm anbringen.

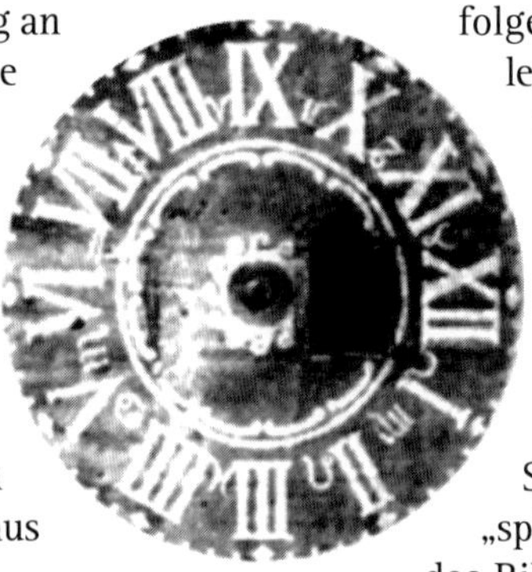

Die Zeichen Stier ♉, Steinbock ♑, Zwillinge ♊ usw. setzte er in einer völlig sinnlosen Anordnung zwischen die Ziffern XII, XI, X und IX. Es ergibt sich weder eine Ordnung nach Elementen (Feuer, Wasser, Luft, Erde), noch nach Jahreszeiten oder Qualitäten (kardinal, fix, variabel). Bei der werkgetreuen Restauration vor wenigen Jahren beließ man es bei der sinnlosen Reihenfolge. So wird die kulturelle Bedeutungslosigkeit der Symbole zur Zeit der Entstehung des Bauwerkes dokumentiert.

Umgekehrt sei auch auf die schlampige Quellenforschung der heutigen New-Age-Scene hingewiesen. Ins „späte 15. Jh." datiert man das Bild eines Menschen, der seinen Kopf durch das Sternenfirmament hindurch streckt, die Sphären und Räder des Kosmos betrachtet. Tatsächlich entstand es erst Ende des 19. Jahrhunderts und zeigt somit lediglich die Vorstellung des Klassizismus vom Mittelalter. Und wir Jetztzeitmenschen reproduzieren bei Verwendung dieses Holzstiches diese irrtümliche Betrachtungsweise.

Tatsächlich gingen die Menschen damals, in der sogenannten „Kinderstube der Zivilisation", viel differenzierter mit geistigen Bedeutungsinhalten um, als es dieses viel zu oft verwendete Bildchen den „Aufgeklärten" unserer Tage Glauben machen möchte.[6]

Sol Justitiae

Lösen wir nun das Geheimnis um Dürers Kupferstich von der Sonne der Gerechtigkeit. Manche Kunsthistoriker beziehen sich ausschließlich auf christliche Inhalte. Damit soll dann vermutlich hervorgehoben werden, daß sich der Maler ausschließlich für die Belange der Kirche eingesetzt hätte: Der Mann mit dem flammenden Schwert in der einen und einer Waage in der anderen Hand, sitzend auf einem Löwen, sei nach Erinnerungen an die Offenbarungen des Johannes gestaltet worden.[7]

Andere Interpretationen nehmen ausschließlich eine astrologische Intention des Künstlers an.[8] Die kreisförmigen Augen mit dem Punkt als Pupille entsprächen dem Zeichen der Sonne ☉. Der Titel des Kupferstiches wäre dann der Antiphone entnommen, wie Mönche sie in der katholischen Kirche zur Wintersonnenwende singen:

o oriens
splendor lucis aeternae,
et sol iustitiae,
veni et illumina
sedentes in tenebris
et umbra mortis.

Abb. oben: Zifferblatt am Altstädter Rathaus, Brandenburg an der Havel, circa 1890
Abb. links: Der unendliche Kosmos. Flammarion, „L'Athmosphère-Méteologie populaire", 1888
6) Füssel 1990:7
7) Springer 1914
8) Beckerath 1984

O aufgehende Sonne
Glanz des ewigen Lichtes,
und Sonne der Gerechtigkeit,
komm und erleuchte die,
die im Dunkel sitzen
und im Schatten des Todes.

Aus astrologischer Sicht steht die Sonne im Tierkreiszeichen Löwe besonders günstig. Dort regiert sie. Dies könnte eine Erklärung dafür sein, daß die Gestalt auf dem Raubtier thront. Nach klassischer Regel ist die Sonne im Zeichen Waage im Fall, gilt also als geschwächt. Das Schwert hingegen wird hochgehalten – als Versinnbildlichung für die astrologische Erhöhung der Sonne im kriegerischen Bereich des Zodiak, dem Widder. Albrecht Dürer (Aszendent Löwe ♌) besaß bekanntlich eine weitgefächerte humanistische Bildung. Lorenz Beheim aus Bamberg schrieb 1507 an Dürers Freund, den wohlhabenden Nürnberger Humanisten Pirckheimer:[9]

Ich habe auch unserem Albrecht seine Nativität berechnet, die ich ihm ebenfalls schicke; er selbst wird sie dir zeigen, und ich glaube, ich habe sie gut gestellt, weil alles zusammenstimmt.

Er hat den Löwen als aufsteigendes Haus, deswegen ist er mager [ideo macer]; (...)

Weil in seinem „Abstieg" Jupiter im Zeichen Jungfrau steht, wird er nach Ptolemäus nur eine einzige Frau haben. Weil der Mond sich keinem Planeten zuwendet, war es schon zu verwundern, daß er in der Tat eine Frau heimgeführt hat.

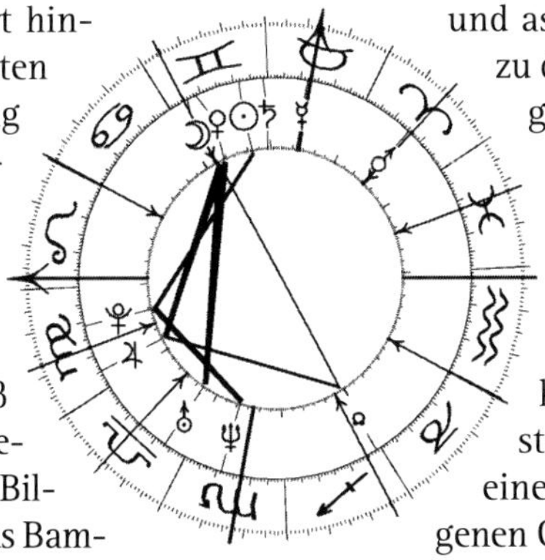

In der Tat soll Dürer nur ein einziges Mal mit seinem ihm zwangsangetrauten Eheweib das Bett geteilt haben. Sein sehr enger Männer-Freundeskreis versorgte ihn statt dessen ständig mit neuem Wissen über Religion, Philosophie, Mathematik und Astrologie. Zugleich gilt Dürer als tief religiöser Mensch – völlig unwahrscheinlich, daß er den Kupferstich ausschließlich als astrologisches Merkbildchen konzipierte. Davon gab es zu jener Zeit Hunderte. Nebst der Bibel gehörten Kalenderblätter und astrologische Praktiken zu den am häufigsten aufgelegten Drucken.[10]

Natürlich sind Waage und Schwert auch die klassischen Symbole der Gerechtigkeit. Ebenso die gekreuzten Beine der Gestalt. Diese Haltung, die einen ruhigen und überlegenen Geisteszustand anzeigt, wurde den Richtern in alten deutschen Rechtsbüchern tatsächlich vorgeschrieben. Bei der Suche nach weitergehenden Erklärungen des Bildes ohne Berücksichtigung der Astrologie könnte auf ein damals in Humanistenkreisen weitverbreitetes Buch zurückgegriffen werden.[11]

Das *Repertorium morale* des Petrus Berchorius kam 1498, im vermutlichen Entstehungsjahr von Dürers Kupferstich, gerade wieder einmal neu in den Druck. Dieses apokalyptische Buch beschreibt das Jüngste Gericht, eine Endzeitvision des Christentums:

Die Sonne der Gerechtigkeit wird erflammt erscheinen, wenn er die Menschheit richten wird am Tage des Gerichts, und er wird ganz glühend sein und schrecklich.

Denn, wie die Sonne zur Sommerzeit, wenn sie im Löwen steht, Kraut und Blumen verbrennt, so wird Christus erscheinen als ein wütender und löwengleicher Mann in der Hitze des Gerichts, und wird die Sünder verwelken lassen.

Es ist müßig, zwischen einer astrologischen oder einer christlichen Interpretation zu wählen. Beide Kulturströmungen sind so eng miteinander verwoben, daß es schon ein grober Kunstgriff wäre, sie in der Deutung zu trennen. Wenn in der Kirche am 21. Dezember, dem Datum der Wintersonnenwende, das Lied von der *Sol iustitiae* gesungen wird, dann feiert man Christi Geburt.

Mythologischer Hintergrund ist hier jedoch der Kult um den *Sol invictus*, jenen unbesiegbaren Sonnenkönig der alten römischen Astralreligion. Er gewinnt an Kraft, wenn die Tage wieder länger werden und die Sonne mittags wieder höher am Himmel steht. Kaiser Aurelian hatte ihn im Jahre 273 zum Reichsgott erhoben. Dies gilt als eine wichtige kulturelle Zwischenstufe von der bis dato üblichen Vielgötterei (Mars,

---

Abb.: A. Dürer, 21.5.1471 Nürnberg 13:30 LMT
9) Rebel 1990
10) Pfister 1990
11) Panofsky1977

Jupiter etc.) bis hin zum Monotheismus eines einzigen Christengottes.

Mit dem Edikt von Mailand im Jahre 313 erhob Kaiser Konstantin das Christentum zur Staatsreligion. Die *unbesiegte Sonne* wandelte sich zur *Sonne der Gerechtigkeit.* Die Geburt des Heilands feierte man nun zum Wintersolstitium, drei Tage nach der dunkelsten Nacht des Jahres. Jesus verkörperte von nun an den Lichtbringer, den obersten Weltenrichter, die sittliche Macht der erstarkenden Kirche. Und so, wie sich irdische Herrscher von jeher über den Himmel legitimierten, so verband man auch hier in geschickter Weise das römische Recht mit himmlischer Gerechtigkeit. Wie eng sich Astrologie, Christentum und Machtpolitik auch zu Beginn des 16. Jahrhunderts miteinander verbanden, Macht Dürers Kupferstich deutlich.

Das Abendmahl

Von „öberen Eingießungen" als Quelle künstlerischer Inspiration sprach man damals in Florentiner Humanistenkreisen. Dürer wird sich auf seiner ersten Italienreise aber wohl auch von seinen dortigen Malerkollegen Anregungen geholt haben. Venedig besuchte er, das ist aus Briefen belegbar. Ob er auch nach Mailand kam?

Im Refektorium der Kirche der Madonna della Grazie schuf Leonardo da Vinci[12] gerade zu jener Zeit sein Meisterstück, das *Abendmahl.* Zwei Jahre arbeitete er an dem Werk. Immer wieder ging er hinein in die Stadt, um sich neue Anregungen für seine Darstellung zwölf unterschiedlicher archetypischer Charaktere zu holen. Besonders lange soll er nach einem Vorbild für die Physiognomie des Judas (Vierter von links, kippt gerade als unbewußtes Zeichen des Verrats das Salzfaß um) gesucht haben.

Das Fresko wurde auf schlechtem gipsartigen Untergrund im Speisesaal der Mönche gemalt. Schon bald nach der Fertigstellung blätterte die Farbe ab, mußte restauriert werden, dann immer wieder, zuletzt vollständig in der Mitte unseres Jahrhunderts. So kommt es, daß es heute Fotografien und Kupferstich-Reproduktionen unterschiedlichster Versionen des Werkes gibt.

Leonardo hat eigenhändige Aufzeichnungen zu seinem Werk hinterlassen.[13] Vermutlich stand ihm sein enger Freund, der Schweizer Astrologe und Kartograph Konrad Fürst, beratend zur Seite.[14] Nach dem Vorbild des Ptolemäus, der den Himmel, die große Welt, in zwölf Regionen einteilte, wollte Leonardo in einem Gemälde die kleine Welt in zwölf Gestalten mit unterschiedlichen Merkmalen der menschlichen Natur im Sinne der astrologischen Typologie festhalten.

Die linke Dreiergruppe der Jünger Christi zeigt die Winterzeichen Steinbock ♑ (ein abwehrend die Hand hebender Andreas), Wassermann ♒ (Jakobus der Jüngere, seine Freunde brü-

---

Abb.: Abendmahl von Leonardo da Vinci, Fresco in der Kirche Santa Maria della Grazie, Mailand 1494-1496. Reproduktion als Kupferstich von Raphael Morghen

12) 15.4.1452 Empoli 22:30 LMT lt. IAS (Die Sonne steht bei Galileos Horoskop im fünften Haus, analog zum Zeichen Löwe.)

13) Rosenberg 1949

14) Leonardo da Vinci: „Frammenti letterari e filosofici, Trattato di Pittura"

derlich umarmend) und Fische ♓ (Bartholomäus ist als einziger mit Füßen dargestellt, welche astromedizinisch zu diesem Tierkreiszeichen gehören). Es schließt sich die Herbstgruppe an: Skorpion ♏ (Judas, der Verräter) und Schütze ♐ (Petrus, der religiöse Kämpfer) haben mit ihren Köpfen die Reihenfolge gewechselt. Waage ♎ (Johannes) fällt durch Unentschlossenheit auf. Jesus in der Mitte scheint den zwölf Jüngern gerade erzählt zu haben, daß einer aus ihrer Runde ihn an die Römer verraten werde.

Jeder der Charaktere reagiert auf eine für sein Tierkreiszeichen übliche Weise. Dicht neben ihm befindet sich die Sommergruppe von Jungfrau ♍ (der ungläubige Thomas hebt warnend den Finger), Löwe ♌ (Jakobus der Ältere zeigt gemäß seinem Sonnenzeichen eine strahlende Haltung, ähnlich der des Jesus) und Krebs ♋ (introvertiert mit einer Handhaltung, die an sein Signum erinnert). Ganz rechts folgt die Frühlingsgruppe Zwillinge ♊ (Matthäus, die Arme sind seinem Zeichen zugeordnet), Stier ♉ (Thaddäus mit breiten Stiernakken) und Widder ♈ (Simeon, ganz offen und direkt). Es gibt auch ausschließlich christliche Interpretationen, die in dieser Bildkomposition die himmlische Dreifaltigkeit, zu der Jesus gehört, im Gegensatz zu den menschlichen Dreiergruppen der Apostel dargestellt wissen wollen. Doch wäre in diesem Fall eine Deutung ohne astrologische Bezüge nicht einfach zu oberflächlich?

Es stört allein die umgekehrte Reihenfolge der Zeichen, liest man in Europa doch von links nach rechts. Deutungen beziehen sich meist auf Fotografien. Das Original befindet sich weit oben im Raum.[15] Eine dem Foto entsprechende Perspektive ergibt sich erst, wenn man auf einer zweieinhalb Meter hohen Leiter steht. Denn das Gemälde nimmt auf die Untersicht des Betrachters überhaupt keine Rücksicht, die Bildkonstruktion unterliegt einer strengen Frontperspektive. Aus der damaligen Sicht des Mittelalters war dies durchaus legitim. Man betrachtete ein Bild aus sich heraus, bewegte sich mit seiner Vorstellungskraft in den zentralen Fluchtpunkt des Hintergrundes hinein. Dieser befindet sich bei diesem Bild jedoch irgendwo im Unendlichen eines Strahlungszentrums, dessen imaginäre Kräfte in die Winkel des Bildes und darüber hinaus in die des Saales hinauszuströmen scheinen.

Gott bedeutet Licht - wie eine Demonstration seiner Wesenheit erscheint es. Für die perspektivische Konstruktion des Bildes ist also die Bildmitte maßgebend und nicht der Standpunkt des Betrachters. Vorne und hinten werden vertauscht, ebenso rechts und links. Aus dieser umgekehrten Sicht stimmt sie wieder, die astrologische Reihenfolge von Simeon ♈ bis Bartholomäus ♓. Auch an diesem Beispiel wird deutlich, daß erst eine Interpretation, die Symbolik von Christentum und Sternenwissenschaft gleichermaßen ernst nimmt,

den Bemühungen des Künstlers gerecht werden kann.

Christuspose und Künstlermelancholie

Geistig inspiriert und zugleich seines Wertes als Künstler bewußter kam Dürer nach Nürnberg zurück. Dies beweist vor allem sein im Jahre 1500 entstandenes Selbstbildnis im Fellrock. Es zeigt ihn in einer Pose, in der man bis dato nur den Heiland darstellte. „Gott ist ge-

---

Abb.: Selbstbildnis von 1500 mit der Inschrift „Ich, Albrecht Dürer aus Nürnberg, bildete so mich selbst nach, in unvergänglichen Farben im Alter von 28 Jahren“ (Busch 1987:233)

15) Perrig 1987

ehrt, wenn in Erscheinung tritt, daß er einem Geschöpf, dem solche Kunst in newohnt, solch Einsicht gegeben hat" – eine schon früh von ihm geäußerte Feststellung über Kunst. Der Künstler werde Gott ähnlich, wenn er dessen

Werke abbilde: „Denn so wir mehr können, desto mehr werden wir dem göttlichen Bildnis gleich, der da alle Dinge wohl kann." Ein bißchen elitär klingt dies schon, denn zugleich legt der Nürnberger in einem Schreiben Wert auf die Feststellung: „Darumb, wer sich dazu nicht geschickt findet, der untersteht sich nicht. Denn es wird von den Eingießungen von oben."[16]

Stundenglas, Waagschale, magisches Quadrat und eine traurige Gestalt: Zweifelsohne handelt es sich bei seinem Kupferstich *MELENCOLIA I* um eine Zusammenstellung von Attributen des Saturn. Es ist allerdings völlig offen, ob I eine Zahl oder einen Buchstaben darstellen soll.[17]

Eine kunsthistorische Studie vermutet, es könne sich um die Darstellung der *Melancholia Artificialis* handeln, einer Traurigkeit des genialen Menschen, der sich der Unerreichbarkeit von Perfektion bewußt wird.[18] Die römische Zahl I symbolisiert hier also das erste Blatt einer Serie von Darstellungen verschiedenster Formen edler Niedergeschlagenheit. Melanchthon pries die *Melancholia Generossissima Dureni* und stellte den Künstler mit seinem Weltschmerz somit in die Reihe genialer Geister der Weltgeschichte. Eine andere Interpretation geht davon aus, daß es sich um den Buchstaben I für das lateinische *ire* handelt, die Übersetzung also „Melancholie weiche!" lautet.[19] Der Kupferstich sei als Trost für den saturnfürchtigen Kaiser Maximilian I. entstanden. Für ihn arbeitete Dürer tatsächlich seit 1512, vor allem bei der Konstruktion des Drucks einer aus 182 Druckstöcken bestehenden Ehrenpforte von über zehn Quadratmetern Größe.

Die Frauenfigur entstammt der christlichen Tradition der Tugend- und Lasterdarstellungen.[20] Hier wird das Laster der *acedia* (Schlaf des Nicht-Gerechten) dargestellt. Die zur Wange geführte Hand dient seit der Antike als Zeichen für Entspannung, Schlaf oder Trauer. Die Hand ist hier zu einer Faust geballt. Das Motiv steht für den als geizig charakterisierten Melancholiker (ebenso wie die Attribute des Beutels und des Schlüssels: unlauterer Reichtum und das Festhalten daran), aber auch als medizinisches Symptom für Wahnideen, die man festzuhalten versucht. Das Schwarze (Beschattete) findet sich in der medizinischen und astrologischen Literatur, Dürer setzt jedoch als erster den pathologischen Befund der Schwarzgesichtigkeit wortwörtlich im Bild um.

Aber die Figur schläft nicht, die Augen sind geöffnet. In sich zusammengesunken, noch ein Instrument in den Händen haltend, schweift der Blick in die Ferne. Der Blick verweist auf die geistige Welt, die sich in der Nachdenklichkeit auftut, in unmittelbarer Nähe zur Faust, die versucht, an Wahnideen festzuhalten. Die Figur der sinnenden Trägheit kontrastiert den schreibenden Putto. Er versinnbildlicht nicht nur aktive Jugend und nachdenkliche Erfahrung, sondern steht auch dafür, daß 'sinnlose' Betriebsamkeit und 'sinnvolles' Nichtstun das selbe Ergebnis bewirken. Einen Gegensatz bilden auch die wirr verstreuten handwerklichen

16) Busch 1987:237
17) Schuster 1991
18) Klibansky, Panofsky und Saxl 1990
19) Strauss 1926
20) Hoppmann 1997

Geräte (sie repräsentieren das Bauhandwerk), mit deren Hilfe ordentlich geometrische Gebilde konstruiert und hergestellt werden sollen, die aber für die Figur in ihrer Nachdenklichkeit offensichtlich unbrauchbar geworden sind.

Für die Geometrie als messende Kunst stehen Waage, Sanduhr und Stundenglocke (die als Eremitenglöckchen wieder auf die Einsamkeit der Melancholie verweist). Kugel und Rhomboeder zeigen die Klarheit, aber auch die Komplexität der Geometrie. Der Hund, der traditionell auf den Gelehrten verweist, liegt abgemergelt und müde am Boden. Durch eine Sinnveränderung macht ihn Dürer zum Leidensgefährten der Melancholia. In der Astrologie gilt er als Tier des Saturn. Im Horapollon bedeutet die Hieroglyphe des Hundes die Milz und die Propheten. Der Hund wird mit dem melancholischen Charakter des Gelehrten gleichgesetzt, schlauer und sensibler als andere Tiere, zur Nachdenklichkeit neigend und daher gefährdet, dem Irrsinn zu verfallen. Unter italienischen Humanisten kommt es gar zu einer Gleichsetzung des Melancholiker mit dem Mathematiker.

Die Fledermaus findet sich in der Bildtradition nicht. Im Horapollon gilt sie als Zeichen seelischer Krankheit. In der Medizin soll sie gegen Gelbsucht helfen und steht mit ihrem nächtlichen Flug für die Zeit der Melancholie. In Italien dient sie den Mathematikern als Wappentier.

Die Meereslandschaft stellt eine Beziehung zu der astrologischen Vorstellung her, die Saturn als Herr der Meere sieht, dessen Kinder ebenfalls mit dem Element Wasser in Kontakt stehen. Der Komet des Saturn bringt Überschwemmungen (überflutete Bäume im Wasser), eine Katastrophe, die gerade von Melancholikern prophezeit werden könnte.

Der Regenbogen als christliches Symbol für den Bund Gottes mit dem Menschen Noah versinnbildlicht die nach dem Untergang der Menschheit (Sintflut/Apokalypse) folgende Hoffnung. Den trüben Gedanken an den Untergang sind zwei Details entgegengerichtet: der Kranz, den die Figur auf dem Kopf trägt, und das magische Quadrat hinter ihr an der Wand. Der Kranz, geflochten aus Kresse und Reppich, beides Pflanzen die am/im Wasser leben, soll der erdhaften Natur der Melancholie entgegenwirken, erhöht gleichzeitig den positiven, nachdenklichen Aspekt der Melancholie. Das magische Quadrat mit

Abb.: MELENCOLIA I, Albrecht Dürer, 1512

den Zahlen des Planeten Jupiter wirkt dem schädlichen Einfluß Saturns entgegen. Die Leiter weist den Weg, das unvollständige Gebäude nach dieser Phase von Trägheit/ Nachdenklichkeit zu vollenden.

Dürers Stich besteht ausschließlich aus Gegensätzlichkeiten, die den ganzen Kosmos der Melancholie beschreiben. Ikonographisch setzt er die verschiedensten Bereiche der Kunsttradition zusammen und verbindet sie mit Neuem. In dem Stich drückt sich eben gerade die Vielschichtigkeit humanistischen Denkens aus. Dürer entwickelt daraus ein vollkommen eigenständiges Bildprogramm. Es wird nicht das Bild gezeigt „So sieht ein Mensch aus, der melancholisch ist" (pathologischer Befund), noch dient das Bild einer Illustration des Einflusses von Saturn (im Sinne der Planetenkinder) oder als allegorische Beschreibung des Gegensatzes Arbeit - Nichtstun mit Hilfe der Personifikation der Trägheit: Die Frauenfigur wird zum beflügelten Symbol des abstrakten Begriffes Melancholie. Dürer schafft somit einen neuen Typus, der sich in den kunstgeschichtlichen Reigen der „beflügelten Frauen" (Gloria, Fortuna etc.) einreiht.[21)]

Dort Mäzene, hier Bildersturm

Warum geht die Bildsprache der Renaissance, im 15. und 16. Jahrhundert Allgemeingut der gebildeten Schicht, während der Reformation und Aufklärung unter? Martin Luther war ein musikalischer Mensch. Nicht wenige Kirchenlieder hat er selbst komponiert. Er spielte Laute und Flöte, verstand und würdigte polyphone Notensätze.[22)] Obwohl die niederländische Kirchenmusik in jenen Jahren noch einen streng papsttreuen Hintergrund aufwies, schätzte er sie über alles. Kirchengesang in deutscher Sprache wurde durch ihn zum festen Bestandteil des protestantischen Gottesdienstes.

Wenn Luther in seiner Gemeinde sang, dann stand es gut um die Sache der Reformation. Auch als Redner und Schriftsteller entwickelte der Bergmannssohn geniale Fähigkeiten. Keiner konnte wie er dem Volke aufs Maul schauen. Bereits vor seiner Zeit hat es Übersetzungen der Heiligen Schrift ins Deutsche gegeben, z. B. die Lübecker Bibel. Die Lutherbibel jedoch schrieb er in einer natürlichen, lebendigen Sprache, welche die Menschen mitriß. Unser heutzutage gesprochenes Hochdeutsch verdanken wir letztlich Martin Luthers Sprachgenie.

Auch Doktor Martinus absolvierte eine Italienreise, doch er sah die Welt mit anderen Augen als Dürer. Noch als frommer Mönch eines Erfurter Augustinerklosters fuhr er 1511 nach Rom. Vielleicht ist es seiner einfachen Herkunft als Bergmannssohn zuzuschreiben, daß er zu den bildenden Künsten kein rechtes Verhältnis entwickeln konnte? Am Ulmer Münster und Kölner Dom monierte er die schlechte Akustik, in Florenz imponierten ihm einzig die sauber eingerichteten Spitäler. Und in Rom angekommen, konnte er sich nur darüber ärgern, wieviel Geld aus Deutschland für die sakralen Kirchenbauten verwendet wurde - so sein nachträglicher Bericht.

Was hatte Italien doch zu jener Zeit zu bieten! In Florenz gaben die Medici große Summen für Kunstwerke zur Verherrlichung ihrer Dynastie aus. Rom selbst glich einer einzigen Baustelle. Am 18.4.1506 hatte Brabante im Auftrag Papst Julius II. den Grundstein zum Petersdom legen lassen. Michelangelo Bonuaretti arbeitete bereits seit dem 10. Mai 1508 verzweifelt-verbissen an den Gewölben der Sixtinischen Kapelle. Mit welch hohem Anspruch und grandiosen Selbstzweifeln er ans Werk ging, läßt ein Brief an seinen Vater erahnen:[23)]

Ich lebe noch immer in großer Niedergeschlagenheit; denn seit nunmehr einem Jahr habe ich vom Papst nicht einen roten Heller bekommen, und ich fordere auch nichts ein, denn meine Arbeit kommt nicht vorwärts, und ich glaube daher auch keine Entlohnung zu verdienen; und das liegt an der Schwierigkeit der Arbeit, und überdies daran, daß die Malerei nicht mein Handwerk ist, und so vertue ich nutzlos meine Zeit.

Möge Gott mir helfen!

In den Stanza della Signatura des Vatikan schuf Raffael 1511 die herrlichen

21) *Frank Meyer-Fembach sei gedankt für die Interpretationshinweise zu Dürers Werk.*

22) *Fridell 1927*

23) *Rolland 1969*

Fresken der *Schule von Athen*: Eine reich bewegte, die geistige Welt der Renaissance vergegenwärtigende Gestaltenfülle wird zu klarer, das Ganze durchdringender Ordnung zusammengeschlossen. Bei aller Kritik an den damaligen Borgia-Päpsten darf man nicht vergessen, daß die Bauwerke dazu dienen sollten, dem Zentrum der christlichen Welt einen architektonischen Ausdruck zu verleihen. Und was brächte ein astrologisch versierter Begleiter Luthers von dieser Reise an Eindrükken mit!

Dieser (imaginäre) Reisende hätte sich an Raffaels personifizierter *Astronomia* in den Stanzen des Vatikans erfreut: Gebeugt über einen transparenten Himmelsglobus, durch den ganz sanft die Tierkreiszeichen hindurchschimmern, blickt sie auf die Erde im Zentrum.[24] Natürlich wäre er auch in die Farnesische Villa gegangen. Just 1511 war dort der Galasaal von Baldassore Perruzi fertiggestellt worden. In prachtvollen Gemälden an Wänden und Decke sind die Konstellationen des 30. November 1466 um 21.30 Uhr abgebildet, Geburtsdatum Augostino Chigis, eines potenten Bankiers und Beraters der Päpste Alexander VI., Julius II. und Leo X. Man befindet sich in diesem Saal also quasi in einem riesigen dreidimensionalen Horoskop.

Palazzo Chiericati und San Marco in Venedig, die große Fontäne in Perugia, Casa Vasari in Arezzo, der herrliche Palazzo Schifanoia in Ferrara usw. - die Reihe der prächtigen astrologisch-astronomischen Bauwerke Italiens ließe sich beliebig fortsetzen. Welch gewaltige Bauleistungen dabei vollbracht wurden, sei am Beispiel der gefahrvollen Aufrichtung eines antiken Obelisken auf dem Platz vor St. Peter im Jahre 1586 demonstriert: Sieben Monate Vorbereitungszeit waren nötig, es wurden 800 Mann und 140 Pferde eingesetzt.[25] Sicherlich beherrscht solch ein Prunk das Äußerliche, spiegelt nicht unbedingt innere Religiosität wider. Die Intrigen der Medici-Päpste hatten dafür gesorgt, daß der innere geistige Zusammenhalt der römischen Kirche zu jener Zeit kaum noch existierte.

Arbeitete man mit diesen grandiosen Bauwerken dem inneren Verfall entgegen oder wurde gerade durch ihren materiellen Prunk die Verweltlichung der Kirche, ihre innere Auflösung vorangetrieben? Der Pastorensohn Friedrich Nietzsche schrieb zur Italienreise des Mönchs aus Wittenberg:[26]

Damit [durch die Renaissance] war das Christentum abgeschafft! - Was geschah? Ein deutscher Mönch, Luther, kam nach Rom.

Dieser Mönch, mit allen rachsüchtigen Instinkten eines verunglückten Priesters im Leibe, empörte sich in Rom gegen die Renaissance.

Statt mit tiefster Dankbarkeit das Ungeheure zu verstehen, das geschehen war, die Überwindung des Christentums an seinem Sitz, verstand sein Haß aus diesem Schauspiel nur seine Nahrung zu ziehen.

Ein religiöser Mensch denkt nur an sich.

Abb.: Der Monat Juli. Analogien zum Zeichen Löwe, Palazzo Schifanoia, Ferrara 1451-1496

24) Mori 1987, Couliano 1991
25) Battisi 1970
26) Nietzsche 1895

Dennoch wäre es zu simpel, Luther die Schuld an einem vermeintlich kulturellen Niedergang in Deutschland zu geben. Als der Reformator monatelang auf der Wartburg von der Außenwelt abgeschnitten an der Übersetzung des Neuen Testamentes arbeitete, hatten in Wittenberg die Zwickauer Propheten der Reformation eine radikale Wende gegeben. Man drang mit Knüppeln in die Kirchen und zerschlug alles, was irgendwie zur Bilderwelt der päpstlichen Religion zu gehören schien. Melanchthon konnte sich einfach nicht durchsetzen und bat Luther flehentlich um Rückkehr in die Stadt. Eine Woche predigte Luther in der Stadt, dann hatte seine charismatische Persönlichkeit die Gemüter beruhigt.

Daß der protestantische Bildersturm auch ganz ruhig und kontrolliert zugehen kann, zeigt eine Dokumentation des calvinistischen Bildersturms 1588 in den Niederlanden: Ruhig und gelassen klettert ein Bürger auf die Leiter und zerschlägt mit dem Knüppel Kirchenfenster. Sechs Männer ziehen gemeinsam an Schnüren eine Heiligenfigur vom Podest. Oft wurden diese Figuren auch nur gekonnt lädiert und blieben dann stehen - vermutlich in der Absicht, gerade durch diese sichtbare Schändung dem Abbild die Macht zu nehmen. So wandte sich die Bildmagie der römischen Kirche gegen sich selbst. Das zerstörte Heiligenbild zeigte von nun an die Schwäche des Papstes und zugleich die Freiheit von Christenmenschen, die sich nur noch an der Bibel orientieren. Am rechten Bildrand transportieren Bürger in Säcken Kostbarkeiten aus der Kirche.

Man empfand es so, als sei der eigene Besitz, durch ein Geflecht von Schuld und Dogma in den Besitz der römischen Kirche gekommen, nun wieder rechtmäßig heimgekehrt. Ein fackeltragender Bilderstürmer geht ruhig von dannen, auf der Schulter den Knüppel und begleitet von einem Soldaten. Das Licht der Öffentlichkeit wird also nicht gescheut, ja die ganze Aktion findet anscheinend unter Duldung der Obrigkeit statt. Am linken unteren Bildrand hält eine verhüllte Gestalt etwas unter ihrem Gewand verborgen. Will sie die Reliquien schützen oder vor der Zerstörung retten? Während die egozentrierte Prunksucht in der astrologischen Analogie dem Tierkreiszeichen Löwe ♌ zuzuordnen ist, entspricht die Bildersturm-Revolte, das Aufbrechen und Zersplittern eher Löwes Oppositionszeichen Wassermann ♒.

Abb. oben: Frans Hogenberg: Der calvinistische Bildersturm vom 20. August 1566. (Aus: Michael Aitsinger, „De leone Belgico", Köln 1588)
Abb. links: Aufrichtung des Obelisken auf dem Platz vor St. Peter, Domenico Fontana, 1586

Von dem Löwen

im löwen merck die eygenschafft /
und sterck die ansich ziehend krafft.
nägel beschneiden ganz gering /
und fahen an langwirig ding.

Lew das fünfft zeychen / heyss vnnd trucken / feurs natur / orientisch / mannlich / cholericus / der sonnen nächtlichs hauss / hat am menschen das hertz / leber / seiten vnd den rucken. wann die sonn im löwen / ist grosse hitz vnd wärme / tag vnd nacht / alles kraut vnd wurtzeln / grün vnd dürz / hat hitz / der zeit ist man wol sicher vor kelte.

so der mon darinn / ist nit gut jetzgenannte glider artzneyen / odder mit eisen berhüren / böss aderlassen / tranck einnemmen / newe kleyder anlegen / vber feld reysen / mit bauren vnd alten leuten handlen / und was man bald begert / alles zu vermeiden. gut was lang weren soll / als bäw anfahen / ampt annemmen / gut jagen / im feur arbeyten / büchsen giessen / kalck vnd ziegelöfen anzünden / mit fürsten vnd herrn handlen / gesind dingen / weiben / rennen / stechen / kauffen / vnn verkauffen / specerey vnn besessene güter / golt vnd all andere gelbe unn rote farben handlen / gesellschafft / einigung vnn frid beschliessen vnd zusammen verbinden / vnd was stät bleiben soll / ist fast gut anzufahen / hüte dich böse sach anzufahen / es gewinnet ein böss end. so das zeichen von orient auffgeht / gibt es warme vnd truckene zeit. so aber der mon geht durch dess löwen flammen / so wirt es etwan

---

Text und Abb.: Bacharach 1583

regnen vnd neblich seyn.

wer vnder dem zeichen empfangen / oder geborn / wirt glück vnd vnglück haben / ob nit stirbt / so kompt er an grosse ehr / ehrliches regiments / wirt kün / mildt / reyn / vnnd stätes gemüts / begert viel dings / starck vnd leicht zuspringen vnd gehn / weise / vnd sittig.

ein knäblin geboren zwischen dem 23. tag hewmonats / vnd 22. augstes / ist von der natur dess zeychens löwen / vnd der complexion der sonnen / ein cholericus. heyss / trucken / männlich / stäten muts / langen haupts / gross vnnd viel haars am leib / schön breyt antliz / hübsche augen / die lauffen hin vnnd her / grosse leffzen / scheibelecht kinn / stracken hals .

darnach lebt er wie man wil / frölich / wolgemut / hat lust zu köstlichem gewandt / fleisset sich seiner schöne vnd geradigkeit / gebaret geystlich / künen herzen / kompt an grosse ehr eines regiments / am alter grosse arbeyt / ein heymlicher frawen liebhaber / wirt jung unkeusch / mag dess spils viel. ihm werden angezeygt zwey ehelicher weiber / kommen jhm ohn seine freund / die lezste hat er lang. sein höchstes glück zeygen die länder der sonnen auffgang vnnd mittag / der nidergang ist glücklich / aber nicht vollkommen. sein höchstes vnglück zeigt jm die gegne der land gegen mittnacht. alle farben seind jm glücklich / ohn schwartz / grün / weiss / seind vnglücksam. seine kranckheyten äugen sich an der rechten seiten der ripp / dess herzens / magens / nieren / hirn / augen / beynnen / vnd füssen / leidet viel kranckheyten von jugent auff. sein todt keret sich zu der geschwulst vmb die brust / herz / magen / gemächt / füssen odder schenckeln / auss leichtem wässerechtem geblüt.

ein meydlin geborn zwischen diesen tagen / ist sich der selben complexion vergleichen / in grösse / stercke / gerade / hübsche / männlich / zornig / hoffertig / stolz / offenbarlicher werck / hizigen muts / empfindet am angesicht ein zeychen / sie thut ihr reden offenbarlich / kün / kluger sinn / verleurt odder verthut viel guts durch männer / vnnd lernet viel künst / damit sie sich selbst nehret / trinchet viel nüchtern / leidet viel weibliche kranckheyten vnnd flüss. ein thier wirdt sie letzen oder zeychnen. ihr werden angezeygt zween eheliche männer / mit denen sie glück vnnd ehr erlangen wirt / sie wirdt ein fall thun / leidet kranckheyt dess magens / hitzige feber. ihr glück schickt sich wie obgeweldet.

*

Von der Sonnen

ein fewrig / hitzig creatuzr /
mein kind höflich / edler natur.
was ich anfass / besteht selten lang/
mit grossen herrn hanthier vnd gang.

Sonn ist der vierdt planet / ein leben vnnd krafft aller natürlichen ding / von natur mittelmessig / heyss vnd trucken / gütig / bezeychnet der reichthumb / leiblicher ding / verständniss / reinigkeyt. auss den farben das gelb / sanfft aussdem geschmack/ auss den tagen den sontag / von den nächten mittwochs nacht. heysse darumb sol / dass sie allein scheinet für alle andre stern / odder scheinet vber alles das auff erdtrich ist / vnnd laufft den tag für sich so andere planeten hindersich lauffen. ihr gestalt vnd formierung ist feuriger natur vnd kugelecht / acht mal so gross als die erd / gibt allen sternen liecht von orient biss occident. aber sie scheinet durch den gantzen zodiacum / erfüllet jren lauff inn einem jar / dass macht 365. tag / bleibt in jedem zeichen 29. tag / vnd 10. stund. und so gradieren sie jren circkel in 28. jaren. wie die sonn den gantzen tag ob dem erdtrich ist / also scheint sie auch die gantze nacht vnder dem erdtrich. wann sie gehet durch äquilonem / so machet sie vnd langen tag vnnd sommer. aber so sie gehet durch austrum / so machet sie vns kurtze tag / vnnd den winter. der widder ist jre erhöhung / darinnen sie hat grossen gewalt / vnd noch grössern im löwen / der ist der sonnen hauss.

die sonn hat keinen

Text: Bacharach 1583, Abb.: Pegius 1586

gewalt im wassermann / noch minder in der wag / die ist ihr fall / hat darinn kein glück.

sonn hat auss den edelsteinen den hyacinit.
an dem leib / den mund vnnd das recht aug / seiten. von den thieren / den löwen. von den farben / goldfarb / gelb / braun.

In den stunden der Sonnen /

so sie hat der erden / ist gut mit königen / fürsten / vnn grossen herrn handlen vnd zuschaffen haben / mit bischoffen / epten vnd prelaten / gut rathsherrn wehlen / gut waffen kaauffen / gelbe thier reiten / jagen. es ist gut kauffen vnd mit goldt handlen / vnd mit allen gelb farben dingen. es ist nit gut mit königen vnd herren handlen / dieweil die sonn vnder der erden ist / auch ist in jrer stund nicht gut new gewand anlegen / aderlassen / noch bäw anfahen / thier kauffen / noch bey weibern ligen. wer in der stund kranck wirt / vberkompt starcke feber / wirt vnkräfftig hitz halber. es ist nit gut artzney nemmen / vmb kauffmanschafft ausziehen / weiben / noch gesellschaft machen.

Ein Kind geboren in der Sonnen stund /

wirdt ein haupt vber alle seine freunde / zu hohen ehren erwehlt. es sey ein knab oder meydlin / so wirts schön von angesicht / warhafft / vnn kluger sinn / höret vngern von schwachen dingen reden / vnheylsam / haarecht an der brust / mildt vnd ehrlicher gaben / bedarff wol gewunnen gut / thut niemandt vnrecht / ist gern bey grossen herren / hat ein grossen bart / kunstreich / jähzornig / bald vergessen / hat frawen lieb / hasset böse leut / hat gern gute kleyder / hat ein grosse rede / ist frölich.

wann die sonn im august inn löwen gehet / so wircket sie mit grosser krafft dann sonst im jar.

wann in der sonnen stund das new wirt / oder sein bruch / so hastu / im sommer ein dürre vnd heysse zeit / im winter trucken vnnd kalt biss zu end desselbigen monats.

die sonn hat am menschen den magen / den solt du inn jhrer stund nit artzneien. hat auch innen das hirn / narck / gesicht / geäder / vnd ein theyl von allen gliedern der rechten seiten.

*

Freude und Pflicht

ICH GLAUBE, DASS DIE WELTANSCHAUUNG, DIE AUS DER MODERNEN PHYSIK HERVORGEHT,
MIT UNSERER GEGENWÄRTIGEN GESELLSCHAFT UNVEREINBAR IST,
WEIL SIE DEN HARMONISCHEN ZUSAMMENHÄNGEN, DIE WIR IN DER NATUR BEOBACHTEN,
NICHT RECHNUNG TRÄGT.

Fritjof Capra - Der kosmische Reigen

Dem Tierkreiszeichen Jungfrau vorwiegend tugendreiche Begriffe wie Ordnung, Sauberkeit und Sparsamkeit zuzuordnen, das entspricht nur in gewisser Weise der astrologischen Deutungstradition. Gänzlich unbeachtet bleibt meist, daß das Jungfrau-Zeichen seit alters her auch als Synonym für weibliche Unabhängigkeit und sexuelle Freizügigkeit gilt - heitere Schattenseiten der Pflichterfüllung.

Philipp Melanchthon, Erasmus Reinhold und Georg Joachim Rheticus widmeten einen Großteil ihrer Lebenskraft der Weiterentwicklung astrologischer und astronomischer Theorien. Wie aus einem inneren Zwang heraus strebten sie nach Perfektion, verbrauchten im Dienst an der Sache ihre Lebenskraft, entsprechend der Analogie des Zeichens. Von den zwölf mystischen Arbeiten des Herakles entspricht dies dem Kampf um den Gürtel der Amazonenkönigin. Hippolyte opferte sich, wohl wissend, daß niemand sie verstehen und ihr kein Dank gewiß sein würde.[1]

Die Freiheit der Huren

Astrologie, wie wir sie im Abendland kennen, wurde geprägt durch eine2.000 Jahre lange Periode patriarchaler Ausrichtung.[2] Nicht nur die weiblichen Symbole, sondern auch die dahinter stehende Ethik deformierte sich unter männlich-heidnischer und später dann christlicher Scheinmoral. So erklärt sich die Sterilität und Einseitigkeit herkömmlicher Deutungen des Zeichens Jungfrau. Auch ganz andere Qualitäten lebte zum Beispiel im 16. Jahrhundert eine Jungfrau-Geborene, die astrologiegläubige Königin Elisabeth I. von England, aus: weibliche Unabhängigkeit, gepaart mit sexueller Freizügigkeit. Jungfrau-Geborenen ist gleichsam ein starkes inneres Moralgefühl und ausschweifende Körperlichkeit zu eigen. Dieses Paradoxon findet sich im christlichen Mythos der „unbefleckten Empfängnis“ Jungfrau Marias wieder, oder in der Tatsache, daß in den alten griechischen Tempeln der jungfräulichen Göttinnen Atargatis und Artemis in Ephesus Prostituierte den Dienst versahen. Sie verkörperten auf diese Weise die Gottheit und ließen den heranpilgernden Wallfahrern mit ihren Lie-

Abb.: Mittelalterliche Badestube, Lübecker Holzschnitt von 1519

1) Bailey 1988, Gärtner 1989, Denzinger 1994
2) Farrant 1997

besdiensten göttliche Gunst zuteil werden. Deren Frucht erhob sie in einen halbgöttlichen Status – ein Beischlaf mit der Tempeljungfrau als Vereinigung mit überirdischen Kräften. Das Paradox des Zeichens Jungfrau, diese Mischung aus Intellekt und Sinnlichkeit, zeigt sich auch in Sophia, der Göttin der Weisheit. Aus einem ihr gewidmeten Gedicht „Der Blitzstrahl, vollkommener Geist", 4. nachchristliches Jahrhundert:[3]

Ich bin die Geehrte und die Gescholtene.
Ich bin die Hure und die Heilige.
Ich bin die Gemahlin und die Jungfrau.
Ich bin die Mutter und die Tochter.
Ich bin die Glieder meiner Mutter.
Ich bin die Unfruchtbare, und sie hat viele Söhne.
Ich bin jene, deren Hochzeit groß ist, und ich habe keinen Gemahl genommen.

Für Frauen im Patriarchat gab es neben der (doch recht selten vergebenen) Rolle als Königin noch die Möglichkeit, in die Prostitution zu gehen – mit dem Vorteil, über eigenes Geld zu verfügen. Im Mittelalter boten die höchstoffiziellen Freudenhäuser der Reichsstädte die Chance auf sicheres Einkommen. Im Haushaltsbuch eines hierfür zuständigen Straßburger Beamten findet sich nach einem Dienstgang die Notiz: „Hab a gebickt, thut 30 Pfennig."[4] Davon lieferte das Mädchen gewöhnlich drei bis vier Pfennige *Schlaffgeld* an den Wirt ab und sechs Pfennige für die Beköstigung durch den *Ruffian*. Wie oft es mindestens Fleisch, Kraut und Suppe geben solle, das regelte die städtische Hausordnung. Auch durfte kein Mädchen aus dem Frauenhaus, falls sie verarmte oder die Abgaben nicht zahlen konnte, ausgewiesen oder in den Schuldenturm geworfen werden.

Der Status dieser Frauen konnte rundum als gesichert gelten und genoß große gesellschaftliche Akzeptanz.[5] Daß zu ihren Kunden auch zahlreiche Mönche zählten, beweist eine Verordnung des Nördlinger Rates von 1472, die ihnen wenigstens den Verbleib über die ganze Nacht verbot. Als säumige Zahler sah man sie dort nicht gerne. Auch für den Jugendschutz war gesorgt: 1527 erließ der Stadtrat von Ulm den Befehl, alle Buben unter 14 Jahren „mit Ruten" aus dem Tattersaal der Liebe zu werfen. Wenn der – zugegebenermaßen etwas verklemmte – christliche Reformator Martin Luther schreibt „er heißt mich einen Wechselbalg und Badmagds Sohn" und „es würde zuletzt

---

Abb.: Jungbrunnen. Holzschnitt nach einem Bild von Hans Sebald Beham
3) Greene 1983:308-310
4) Kaufwert 3 Pfund Fleisch lt. Fernau 1958:121
6) Das Portrait einer mittelalterlichen Edelhure findet sich auch auf dem ersten 20-DM-Schein.

auch die Bademaid wider mich schreiben", dann bezieht er sich auf den mehr als zweifelhaften Ruf der Bäder im Mittelalter. Ganze Hochzeitsgesellschaften vertrieben ihre Langeweile im Badezuber. Dabei ging es sehr fröhlich zu, man tanzte und trank Wein. Zum Fest schenkten sich die Gäste gegenseitig Badekappen oder Badewäsche.[6]

Erst im 16. Jahrhundert wurden die Brautbäder vielerorts verboten. Krankheiten wie Syphilis und Pest breiteten sich mehr und mehr aus, viele Bäder mußten schließen.

Seuche des Himmels

Die Syphilis nahm Riberinnen (Masseuse) und Quastenbinderinnen (stellt die fürs Schwitzbad notwendigen Laubbüschel her) ihre freudenspendenden Arbeitsplätze. Der eifrige Bordellbesucher Albrecht Dürer schrieb aus Venedig an seinen Freund Pirckheimer in Nürnberg:

> *Saget mir unserm prior (Eucharius Karl, bey den Augustinern daselbst) mein willig dienst.*
>
> *Sprecht, daz er Gott vür mich pit, daz ich behüt werd und sunderlich vor den Frantzosen, wan ich weis nix, daz ich ubeller fürcht, wan schir iedermann hat sy.*
>
> *Vil leut fressen sy gar hinweg, daz sy also sterben.*

Die medizinische Geschichtsforschung ist sich nicht sicher, ob die Krankheit tatsächlich 1493 durch Christoph Kolumbus von amerikanischen Indios eingeschleppt wurde. Geschlechtskrankheiten waren schon im alten Griechenland und Persien bekannt. Fest steht, daß im 13. Jahrhundert viele Kreuzritter den *heilbaren Aussatz* mitbrachten. Möglicherweise kam auch der sächsische Kurfürst Friedrich der Weise von seiner Morgenlandfahrt infiziert zurück und nahm aus diesem Grund die ihm angetragene Kaiserwürde nicht an.

Sein Leibarzt, Wittenbergs Universitätsgründer Martin Pollich, lehnte den Einfluß der Gestirne auf den epidemischen Ausbruch dieser Krankheit ab – und das trotz seiner Vorliebe für die Sternendeutung.[7] Erstmals im Jahre 1496 vertrat mit dem Nürnberger Dietrich Ulsen ein Arzt die Meinung, die Krankheit sei astrologisch bedingt, durch die große Konjunktion der Planeten Mars, Saturn und Jupiter im Jahre 1483 im Skorpion entstanden. Begleitend zum Text lieferte Albrecht Dürer den Holzschnitt.

Der Spanier Pedro Pinctor, Leibarzt des zur Astrologie neigenden Papstes Alexander VI., wies auf den Oktober 1483 hin, als sich die Planeten noch im Waage-Zeichen ballten. Folge der Konstellation sei ein Überfluß an schwarzer Galle.[8] Es erschienen noch zahlreiche weitere Flugschriften, die vom Einfluß der Sterne auf die Seuche ausgingen.

Handfestere Gründe wie Küssen und sündhaften Geschlechtsverkehr vermutet Juan Almenat, nicht ohne die zahlreichen infizierten Bewohner des Vatikans auszunehmen. Diese erhielten die Krankheit durch den Einfluß von Sonne und schlechter Luft. Erstmals brach die Syphilis im Frühjahr des Jahres 1495 aus, als Kaiser Karl VIII. von Frankreich kommend mit einer 30.000 Mann starken Armee nach Italien zog. Den Troß begleiteten bis zu 500 willige Marketenderinnen. Und zudem wurde im schwülen Neapel Hurerei nicht nur geduldet, sondern teilweise sogar öffentlich gefördert.[9]

Ein Großteil der Soldaten erkrankte an Fieber, Knochenschmerzen, Beulen in der Leistengegend und harten Penisgeschwüren. Die französische Armee sprach von der neapolitanischen Krankheit, schließlich sei sie dort ausgebrochen. Die Italiener nannten sie *Morbus Gallicus*, die Franzosenkrankheit, denn

---

Abb.: Dürers Syphilis-Holzschnitt mit drei Sternen im Skorpion-Zeichen und Jahreszahl 1484

6) Hahn 1980:61-75
7) Eis 1954, Koch 1982
8) Müller-Jahncke 1984:194
9) Olschowska 1996

schließlich hätte man sie von dort eingeschleppt. Zurückgekehrt nach Frankreich wurden die aus allen Teilen Europas zusammengezogenen Söldner entlassen, woraufhin sich die Krankheit in rasender Geschwindigkeit durch ganz Europa verbreitete.

Mit Mercurius, das dem Planetenherrscher des Zeichens Jungfrau zugeordnete Quecksilber, behandelten mittelalterliche Wundärzte diese Geißel Gottes. Wohl dem, der solch eine Roßkur überlebte.

Buchstabengläubigkeit

Die moderne Astrologie am Ende des 20. Jahrhunderts beschreibt Merkur ☿, Jungfrau ♍ und das sechste Haus des Horoskops mit dem Begriff Vernunft. Die Emotionen steuern sich an den äußeren Gegebenheiten aus, man *verhält* sich. Es geht um das Wahrnehmen, Untersuchen und nützliche Auswerten der Umweltbedingungen mit dem Ziel, das Subjektive so gut wie möglich zu verwirklichen.[10] Übertragen auf die Betonung des sechsten Radixhauses in Melanchthons Geburtsthema gibt dies einen Hinweis auf den Anpassungsdruck, unter dem er zeitlebens litt.

Mit der Reformation Luthers hatten sich die Wissenschaften von dem Dogma der Kirche befreit. Zugleich mußten sich die Intellektuellen an den protestantischen Universitäten jedoch der von Luther ins Deutsche übersetzten Bibel unterordnen.[11] „Ein schlichtes Müllermädchen, das den Glauben hat, kann sie auslegen", behauptete der Reformator – doch zugleich bestimmte nur er, was Glauben sei. An Stelle der Unterordnung unter den Papst in Rom trat von nun an das Dogma der Schrift.

1529 scheiterte in Marburg die notwendige Einigung mit den Reformationsbewegungen in der Schweiz und dem Elsaß. Sollten Brot und Wein beim Abendmahl tatsächlich im Leib Christi gegenwärtig sein, wie es bislang die Tradition war? Zwingli, Oekolampad, Bucer und Bullinger vertraten dem gegenüber eine abstrakte, moderne Sichtweise, nach der die Hostie den Leib Christi lediglich bedeute. Ihr Verzehr wäre somit ein symbolischer Akt. Melanchthon bemühte sich um Vermitt-

---

Abb.: Professorenkatheter im Auditorium theologicum, Luthers großem Hörsaal (restauriert). Unter Luthers Portrait in der Mitte das des Arzt-Astrologen und Universitätsgründers Martin Pollich. Links unten ein aufgeschlagenes Buch mit Inschrift „Verso solo".

10) Vetter 1989:32

11) Bartmuss 1973

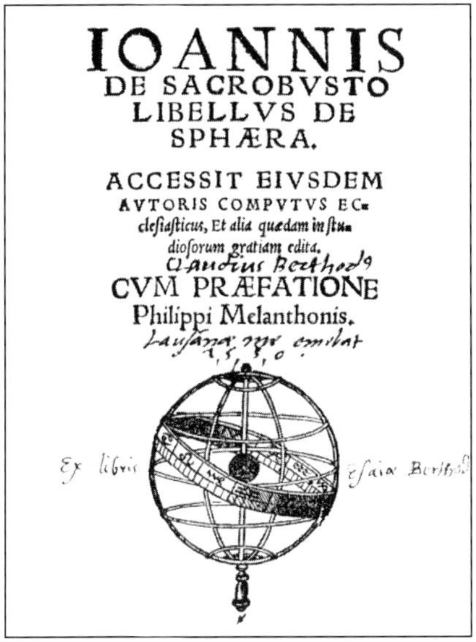
IOANNIS
DE SACROBVSTO
LIBELLVS DE
SPHÆRA.
ACCESSIT EIVSDEM
AVTORIS COMPVTVS EC-
clesiasticus, Et alia quædam in stu-
diosorum gratiam edita.
CVM PRÆFATIONE
Philippi Melanthonis.

lung, konnte Luther aber nicht von der wortwörtlichen Bibelübersetzung abbringen. „DIES IST MEIN LEIB“ schrieb Doktor Martinus während des Theologendisputs in großen Buchstaben mit Kreide auf die Samtdecke des Tisches. Die Spaltung der evangelischen Lehre war damit vollzogen.

Voltaire kommentierte dies ein paar hundert Jahre später mit den Worten: „Die Papisten genießen Gott, die Calvinisten Brot und die Lutheraner Brot mit Gott“. Heutzutage können und wollen viele Christen die Unterschiede evangelischer und katholischer Abendmahlsdogmen einfach nicht mehr verstehen, sie sind ihnen zu kompliziert und lästig. Die Dogmen lösen sich auf, und so steigt die Chance, das Kirchenschisma zu überwinden.[12)]

Reliquienkult, Heiligenbildchen, Ablaß, Papstkult – die alten Götzen hatte der reformatorische Bildersturm hinweggefegt. Doch an seine Stelle trat nun eine mitunter blinde Anbetung der aus dem Griechischen und Lateinischen übersetzten Bibeltexte. Grammatik, Rhetorik, Dialektik und die alten Sprachen wurden an der Wittenberger Universität weiterhin intensiv gelehrt. Die *Liber artes*, die klassischen *Freien Künste* der Wissenschaft, verloren hingegen immer mehr an Bedeutung, die Studentenzahlen sanken. Philipp Melanchthon, ein stets loyaler Weggefährte Luthers, bewahrte die Freiheit der Wissenschaft, so gut es unter diesen religionsdogmatischen Verhältnissen nur ging. Man brauchte ihn als gelehrten und angesehenen Humanisten in Wittenberg. Nur durch seine Präsenz konnten sich Mathematik, Physik, Sternenkunde und Geschichte als anerkannte Lehrfächer halten. Regelmäßig ließ er Vorlesungen über das von ihm aus dem Griechischen ins Lateinische übersetzte astronomisch-astrologische Lehrbuch *Tetrabiblos* des Claudius Ptolemäus halten.

Die *Sphera* des Sacrobosco, eine Sammlung griechisch-arabischer Texte durch einen schottischen Geistlichen des 12. Jahrhunderts, erneut herausgegeben von Melanchthons Schüler, dem Mathematikprofessor Erasmus Reinhold, ging erstmalig 1531 in den Druck, dann nochmals 1538 und 1551. Der ersten und dritten Wittenberger Auflage steht als Vorwort ein Brief Melanchthons an den Astrologen Simon Gryneus bei, der ebenfalls unter ihm die Sternendeuterei erlernt hatte. Das Schreiben läßt erkennen, welche Kompromisse die Wissenschaft gegenüber der Theologie machen mußte, unter welchen Anpassungszwängen sie an Wittenbergs Universität Leucorea inzwischen stand:[12)]

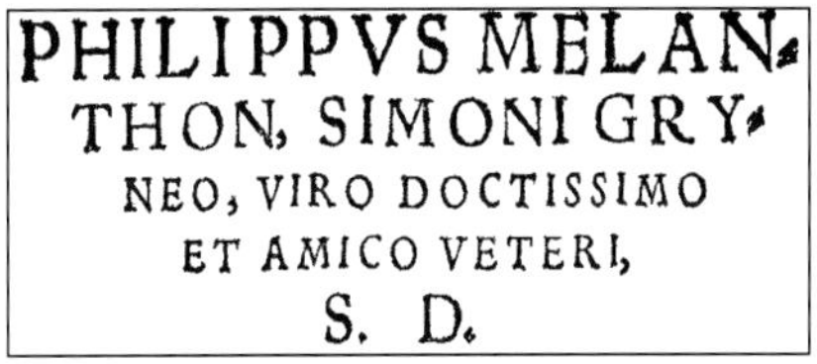
PHILIPPVS MELAN-
THON, SIMONI GRY-
NEO, VIRO DOCTISSIMO
ET AMICO VETERI,
S. D.

Philipp Melanchthon entbietet Simon Gryneus, dem gelehrtem Mann und alten Freund, seinen Gruß

Daß es in allen Künsten nützlich ist, zu Anfang bestimmte kurze Grundlagen darzulegen, um die Studierenden vorzubereiten, für eine intensivere Lehre, gebührt in der Tat der größte Dank den besten und gelehrtesten Männern, die die Einführung in diese schönsten Wissenschaftszweige, nämlich der Astronomie und der Beschreibung des Kosmos, für uns zusammengestellt haben,

---

Abb. links: Frontispiz „ Libellvs de Sphaera“ in der Übersetzung von Erasmus Reinhold, 1548
Abb. oben: Titel von Melanchthons Vorwort
12) Dies ist die Einschätzung eines modernen evangelischen Gemeindepfarrers in Sachsen.
13) Für die Vermittlung dieser leicht gekürzten Übersetzung ins Deutsche durch einen schwäbischen Studiendirektor danke ich dem Pfarrer S. Böhringer. Somit wird 450 Jahre nach Drucklegung des lateinischen Originaltextes die astrologische Denkweise Melanchthons erstmalig einer breiteren Leserschaft erschlossen.

[Männer], die jedenfalls nicht nur wegen der Würde dieser Künste, sondern mehr noch wegen der Schwierigkeiten der Materie es verdienen, gelobt zu werden.

Es war nämlich große Arbeit und große Klugheit erforderlich, aus den Sachverhalten auszuwählen, was besonders bei diesem Zugang und in der Vorhalle [zu den Wissenschaften] nützlich sein würde. Aus diesem Grunde habe ich immer außerordentlich das Büchlein des Johannes von Sacrobosco geschätzt, der, wie mir scheint, die Grundlagen in dieser Art in geeignetster Weise beherrscht hat, und ich glaube, daß die gelehrtesten Leute in den Lehrstätten genau das Richtige sagen, die unter großer Übereinstimmung dieses Buch den anderen der gleichen Art [=Thematik] vorgezogen haben und wollten, daß sie [diese Bücher] in allen Schulen vorhanden seien und sich in den Händen aller befänden. Ein Buch, das leben soll, muß einen Schutzgeist haben, sagte [schon] Martial.

Aber solch ein Schutzgeist wird nicht Werken zuteil, die keine Empfehlung des Nutzens aufzuweisen haben. Da aber dieses Büchlein in so vielen Jahrhunderten, in allen Schulen, bei so großer Unterschiedlichkeit der Urteile, gewogene Schutzgeister besaß, ist es notwendigerweise mit den besten [wichtigsten] Themen gefüllt.

Wir sehen nämlich, daß die wenigsten Schriften das Alter überstehen, besonders in den Schulen, wo sehr langsam [oder: sehr pedantisch] geurteilt zu werden pflegt. Aber dieses Büchlein wird schon seit vielen Jahrhunderten, unter größter Zustimmung aller Gelehrten, gelesen. Daher wollen auch wir glauben, daß die Kenntnis jener Künste im Leben nützlich sei, müssen wir ganz besonders die denkwürdigen Werke bewahren, die den Zugang zu ihnen eröffnen.

Wer aber ist so eisern [=hart] gesinnt, so ohne jedes Empfinden, daß er nicht irgend einmal zum Himmel aufblickt, die schönsten Lichter an ihm betrachtet und die so verschiedenen Bahnen bewundert, die durch die Bewegungen, nämlich das bestimmte System, das von göttlicher Seite kundgetan wurde, zu erkennen? Denn so verschiedenartige Dinge, die so fern hingestellt wurden, wären entweder nicht erforscht oder durch den Scharfsinn des menschlichen Geistes durchschaut worden, wenn Gott nicht die Studien gewisser hochbedeutender Männer sowohl ermuntert als auch gefördert hätte. Daher, da die Natur die Menschen zu diesen Künsten führt, muß man von solchen, die durch die Schönheit jener Dinge und die Lieblichkeit der Erkenntnis nicht berührt werden, ganz einfach annehmen, daß sie des menschlichen Verstandes entbehren.

Und großartig sagt Plato, die Augen seien den Menschen um der Astronomie willen gegeben worden. Er wollte nämlich andeuten, es gebe unter allen Körpern nichts Schöneres als jene himmlischen Lichter, und die Menschen würden von der Natur in besonderem Maße dazu getrieben, diese Schönheit zu genießen.

Und mir scheinen die Augen selbst eine Verwandtschaft und zwar eine besonders enge mit den Sternen zu haben. Wie nämlich die Sonne in der Welt leuchtet, so sind auch im Menschen, den einige wegen der sehr zahlreichen Ähnlichkeiten einen Mikrokosmos nannten, seine jeweils eigenen Lichter wie Sterne verborgen.

Die also jene verwandten Lichter verschmähen, betrachten nicht das Werk der Natur, und aus diesem Grunde verdienten sie es, daß ihnen die Augen ausgerissen würden, da sie diese nicht zu diesem Zweck gebrauchen wollen, zu dem sie in erster Linie geschaffen wurden, zumal jene Erkenntnis auch uns an Gott und an unsere Unsterblichkeit erinnert.

Es kann nämlich nicht geschehen, daß der menschliche Geist nicht zum Schluß kommt, es gebe einen Verstand und Willen, der alles leitet, wenn er jene gültigen Bahnen und die Gesetze der großen Kreisbahnen und Gestirne bemerkt hat. So etwas kann nämlich nicht durch Zufall oder durch eine andere Kraft ohne Verstand und Willen hervortreten oder bestehen.

Wenn daher die Astronomie diese Lehrmeinung von Gott in den Herzen der Menschen bekräftigt, muß man von Plato annehmen, daß er nicht nur gelehrt, sondern auch auf religiöse Weise gesagt hat, um der Astronomie willen seien uns die Augen gegeben worden. Sie sind nämlich sicher vor allem aus diesem Grunde gegeben worden, daß sie dazu Führer seien, irgendeine Kenntnis von Gott zu suchen.

Demnach waren von den Philosophen gerade die allein, die die Astronomie verschmähten, zugegebenermaßen Atheisten, auf Grund der beseitigten Vorsehung haben sie auch die Unsterblichkeit unserer Seelen beseitigt. Wenn die mit dieser Lehre Berührung gehabt hätten, hätten sie die offensichtlichen Spuren Gottes in der Natur angetroffen, und wenn sie sie bemerkt hätten, wären sie gezwungen worden zuzugestehen, daß das Universum dieser Dinge durch einen göttlichen Geist sowohl gegründet wurde als auch gelenkt wird.

Aber wenn jemand auch die Autorität aus der heiligen Schrift befragt, die diese Studien empfiehlt, so hat er in der Genesis ein ganz gewichtiges Beispiel, wo geschrieben steht: Sie werden auf Zeichen, Zeiten und Jahre Bestand haben. – Wie aber wird uns die Sonne die Jahre vollenden, wenn nicht unter Beachtung der Kreisbahn, in fest umrissenen

---

Abb. oben: Krümmung der Erde, Sacrobosco
Abb. links: Regiomontanus aus Königsberg

Entfernungen und in Abständen der Bahn und Zeiten? Darum mahnt uns jene himmlische Stimme, die Bewegungen der Himmelskörper zu beobachten. Was soll ich den öffentlichen Nutzen erwähnen?

Wie würde das Leben der Menschen zukünftig verlaufen, wenn wir nicht das genau bestimmte System der Zeiten, wenn wir nicht die Zahl der Jahre in der Geschichte oder für die Durchführung von Aufgaben hätten? Es ist mehr als Barbarei, mehr als ein Leben von Tieren, keine Reihenfolge der alten Zeit, keine Reihe der Zeiten in den gegenwärtigen Aufgaben festsetzen zu können.

In so großer Ungewißheit könnte weder irgendeine Religion noch der bürgerliche Staat Bestand haben. Da also schon die Natur uns aufmuntert und die göttlichen Weissagungen [dazu] ermahnen (obwohl auch jenes Empfinden der Natur, der gewisse göttliche Hauch, auch sozusagen eine Stimme Gottes ist), lädt auch die Größe des Nutzens zu dieser Lehre ein, und die studierenden jungen Leute müssen sie sorgfältig pflegen.

Und so ist es doch angebracht, daß diese auch in dieser Hinsicht sich durch Lob des Vaterlandes bewegen lassen, da diese Lehre, nachdem sie einige Jahrhunderte unbeachtet darniederlag, neulich in Deutschland eine neue Blüte erfuhr. Sie wurde von zwei bedeutenden Männern, Purbach und Regiomontanus, wieder ins Leben gerufen, der eine von ihnen stammt aus Norikum, der andere von den benachbarten Franzosen.

Daß diese Helden von einer sozusagen einzigartigen Kraft von Gott her dazu berufen wurden, diese Künste zu erläutern, das bezeugt die Tatsache selbst. Wann nämlich besaßen diese Studien eine so große Leuchtkraft, nachdem sie in Ägypten ausgelöscht wurden?

Denn wenn auch die Araber in den von den Griechen geräumten Besitz mit großer Gewalt einfielen, in solchem Maße, daß sie diese Künste in den Westen, nach Spanien usw. fortpflanzten, zeigten dennoch ihre Schriften eine [nur] neugierige Nation, die sich nicht so sehr damit beschäftigte, Bewegungen zu beobachten als Weissagungen, auf die sie so begierig waren, daß sie nicht mit der Astrologie des Ptolemäus zufrieden waren, die als ein gewisser Teil der Physik aufgefaßt werden kann, sondern auch Orakel und viele andere Arten von Weissagungen ohne Überprüfung der Ursachen erfunden haben.

Aber die Unsrigen verwendeten allen Eifer auf den wichtigsten Teil der Lehre, entrissen der völligen Dunkelheit die Darlegungen des Ptolemäus und legten sie offen dar, und damit die Kunst der Nachwelt überliefert werde, unterwiesen sie uns mit Kommentaren, und zwar nicht auf eine einzige Art. Die Alten loben die Taube des Archytas[14] *und die verschiedenen Werke des Archimedes.*

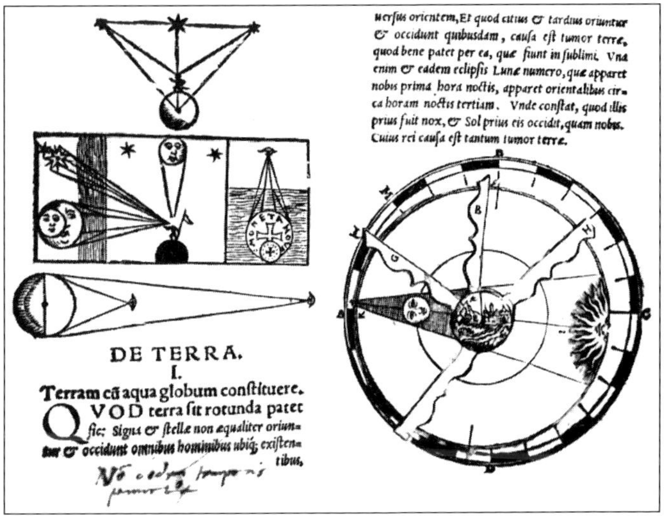
uersus orientem, Et quod citius & tardius oriuntur & occidunt quibusdam, causa est tumor terre, quod bene patet per ea, que fiunt in sublimi. Vna enim & eadem eclipsis Lune numero, que apparet nobis prima hora noctis, apparet orientalibus circa horam noctis tertiam. Vnde constat, quod illis prius fuit nox, & Sol prius eis occidit, quam nobis. Cuius rei causa est tantum tumor terre.

DE TERRA.
I.
Terram cū aqua globum constituere.
QVOD terra sit rotunda patet sic: Signa & stelle non equaliter oriuntur & occidunt omnibus hominibus ubiq; existentibus,

Aber weitaus bewunderungswürdiger ist das Werk, jenes kurze Büchlein der Theorien des Purbachius, der die Grundlehre des sehr langen Werkes des Ptolemäus dargestellt hat und die Positionen der Kreisbahnen den Augen verfügbar machte. – Was soll ich reden über die übrigen Denkgewohnheiten, über die genaue Zusammenfassung, über die Tabellen, in denen sie, um die Kunst zu rechtfertigen, den Nutzen der Vorschriften zeigten?

Soweit also lag das Lob dieser Lehre in den Händen unserer Leute. Denn jene Autoren verbreiteten die Samen dieser Lehre durch Deutschland, nicht anders als Triptolemus, über den geschrieben wird, er habe die Samen der Feldfrüchte in Griechenland verbreitet. Daher dürfte es für uns sehr schimpflich sein, den so ehrenvollen Besitz der besten Güter zu verlieren. Aber es gibt einige epikureische Theologen, die diese ganze Art der Lehre verspotten und nicht nur den Weissagungen die Glaubwürdigkeit absprechen, sondern auch die Kenntnis der Bewegungen tadeln; diese wollen wir zusammen mit Epikur ihrer Torheit überlassen.

Sie sind nämlich von der Art, daß sie eher eine Aufgabe für die Ärzte als für die Mathematiker sind. Die Form des Wahnsinns ist nämlich offenkundig, die Kenntnis der Bewegungen zu verschmähen, die [doch] die kundigsten und zuverlässigsten Berechnungen aufweisen, um einmal jenen anderen Bereich, die Weissagekunst, beiseitezulegen. Indessen könnte mich weder Picus noch irgendein anderer davon überzeugen, daß die Sterne keine Wirkung auf die Elemente noch auf die Körper der beseelten Wesen, außerdem keinerlei Bedeutungen in dieser niedrigen Natur hätten.

Denn die Erfahrung zeigt, daß das Zusammentreffen der glühenden Sterne diese Körper

---

Abb.: Über die Erde, Sacrobosco

14) Eine künstliche Taube des Pythagoräers und Freundes von Plato.

verbrennt und die Trockenheiten verursacht, hinwiederum das Zusammentreffen der feuchten Sterne die Feuchtigkeit vergrößert.

Ferner sind die Lichter mannigfaltig gemischt, und die Eigenschaften auf mannigfaltige Art ausgewogen, so wie in Heilmitteln die verschiedenartigsten Dinge, wenn sie auf andere Art gemischt sind, andere Wirkungen aufweisen. Darum, meine ich, hat Aristoteles richtig gesprochen, wenn er sagt, diese irdische Welt werde von der höheren gelenkt, und die höheren Dinge seien der Grund für die Bewegung in den irdischen Körpern. Und er fügt eine sehr klug ausgedachte Überlegung hinzu. Wenn der Anfang der Bewegung vom Himmel herrühre, folge daraus, daß auch die Bewegung des Himmels für die übrigen Dinge Grund für die Bewegung sei. Dies sind nämlich seine Worte, die wir hinzuschreiben werden, damit die jungen Leute sich daran erinnern wie an ein Orakel:

Es ist dieser [Kosmos?] notwendigerweise irgendwie zusammenhängend durch die Bewegungen von oben, so daß seine gesamte Kraft von dort gelenkt wird, woher nämlich der Ursprung der Bewegung für alle Dinge stammt, jenen muß man als die erste Ursache ansehen.

So wie nämlich das Leben oder die erste Bewegung, die im Herzen existiert, in diesen unseren Körpern die Bewegung in den anderen Gliedern hervorruft, so treibt auch die Bewegung des Himmels, da sie ohne Zweifel die erste ist, die übrigen Körper an, ihre bestimmten eigenen Bewegungen hervorzurufen. Jedenfalls hat keiner, der in der Philosophie richtig unterwiesen wurde, je anders gedacht. Denn auch die Ärzte, die eher in der Materie als im Himmel die Ursprünge der Dinge zu suchen pflegen, beziehen gleichwohl viel auf die Positionen der Sterne, wie das Büchlein zeigt, das dem Hippokrates zugeschrieben wird, über die Luft, die Gewässer und die Orte.

Und diese [Ansichten] weichen nicht von der christlichen Lehre ab, die uns zwar lehrt, alles werde von Gott her gelenkt, aber dennoch die natürlichen Geschehnisse nicht beseitigt, ferner das Kundwerden der Dinge, so wie es bei der Ernährung der Körper deutlich wird, denen Gott zwar Leben und Bewegung zuteilt, dennoch aber befiehlt, daß diese Körper gehegt, sowie durch Speise und durch Trank und die anderen Dinge, die für den Schutz des Lebens geschaffen sind, ernährt zu werden. Und es ist eine eines Christen würdige Klugheit, zu unterscheiden, welches die gemeinsamen Handlungen Gottes und der Natur sind, und welche allein Gott zu eigen sind, die über der Natur gestellt sind.

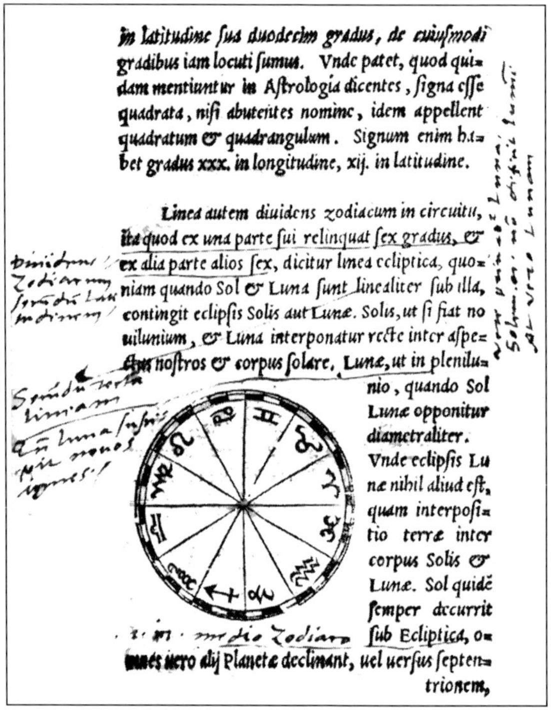
in latitudine sua duodecim gradus, de cuiusmodi gradibus iam locuti sumus. Vnde patet, quod quidam mentiuntur in Astrologia dicentes, signa esse quadrata, nisi abutentes nomine, idem appellent quadratum & quadrangulum. Signum enim habet gradus xxx. in longitudine, xij. in latitudine.

Linea autem diuidens zodiacum in circuitu, ita quod ex una parte sui relinquat sex gradus, & ex alia parte alios sex, dicitur linea ecliptica, quoniam quando Sol & Luna sunt linealiter sub illa, contingit eclipsis Solis aut Lunae. Solis, ut si fiat nouilunium, & Luna interponatur recte inter aspectus nostros & corpus solare. Lunae, ut in plenilunio, quando Sol Lunae opponitur diametraliter. Vnde eclipsis Lunae nihil aliud est, quam interpositio terrae inter corpus Solis & Lunae. Sol quidē semper decurrit sub Ecliptica, omnes uero alij planetae declinant, uel uersus septentrionem,

Und um eigens über den Menschen zu reden, oft wenn ich darüber nachdenke, erscheinen drei Arten von Handlungen auf die Menschen einzuwirken. Was von der Natur des Menschen ausgeht, ist durch Gefühl und Vernunft am bekanntesten. Darauf beziehen sich die Neigungen, die den Mischverhältnissen der Eigenschaften folgen.

Wir sehen Unähnlichkeiten der Begabungen, die zahlenmäßig unbegrenzt sind, die in der Tat unähnliche Handlungen hervorbringen, wie der Dichter zutreffend angedeutet hat, als er sagte:

Jeder folgt den Samen seiner eigenen Natur.

Was ist nämlich so allgemein akzeptiert bei den Ärzten wie die Gesittung und die Leidenschaften, die die Ordnung der Körper nachahmen? Dies sagt die Tatsache selbst, Gesittung könne in einem galligen Menschen keine existieren, sondern in ihm würden maßlose Aggressionen aufgeweckt, gleichsam wie Winde, und große und heftige Leidenschaften, die nur sehr schwer die Vernunft regieren und umstimmen könnten.

Wenn aber einer die verschiedenen Naturen der Gebiete betrachten wird und die Veranlagungen der verschiedenen Völker, welchen anderen Grund für diese Unähnlichkeit wird er aufweisen können als die Natur des Himmels [Klimas?]. Daraus kann leicht festgestellt werden, bei der Mischung der Temperamente der Körper und der Veranlagungen wirke unter anderen Gründen auch die Natur des Lichtes mit. Ich glaube auch nicht, daß Erziehung, Gewohnheit, Unterweisung, Gesetze und Pläne bei der Lenkung dieser Gegebenheiten etwas ausrichten, aber auch dies ordne ich unter diese Art von Handlungen ein, die von der Natur ausgeht.

Die zweite Art ist die der Handlungen, die von Gott her im Menschen oberhalb seiner Natur bestehen. Dies heißt: den Namen des christlichen Geistes einzusehen und zu empfinden, daß die Menschen von Gott her bewacht und regiert

---

Abb.: Handschriftliche Notizen zur Gegensätzlichkeit von Sonne und Mond, Sacrobosco

werden. Wenn aber auch Gott so regiert, daß er der Natur seine Aufgaben auf irgendeine Weise überläßt, korrigiert er dennoch vieles in der Natur, und der Ausgang vieler Ereignisse läuft auf andere [Ergebnisse] hinaus, als welche die Natur bietet.

Denn Moses wurde nicht durch die Gnade der Sterne gerettet, als er entkam, noch wurde der Weg durch das Meer geöffnet, noch wurde Petrus, als er durch den Engel aus dem Kerker geleitet wurde, durch die Gnade der Sterne befreit, noch wurde Paulus aus einem Feind des Evangeliums durch die Macht der Sterne zu einem Frommen. Jeder sieht ein, daß der Grund für solche Werke eigens auf Gott zurückzuführen ist.

So wie wir also die Naturkräfte in anderen Bereichen insoweit empfangen, daß sie nicht [etwa] das Reich Christi aufheben, so teilen wir jedem Sternenlicht insoweit seine eigenen Kräfte zu, daß nichts dem Ruhme Christi entzogen werde, und da diesem alles unterworfen ist, muß man mit Recht annehmen, daß ihm auch die Kräfte der Sterne gehorchen müssen.

Und gute Gesinnungen müssen sich an dieser Art aufrichten und sich gegen traurige Einflüsse wappnen, die nicht selten in merkwürdiger Weise die Herzen bei der so großen Schwäche der menschlichen Natur in Verwirrung bringen. Und so, wie wir auch sonst das Wort Gottes unseren Überlegungen vorziehen müssen, so müssen wir auch dies gegen diese Eindrücke tun. Die Seelen sind durch das Wort Gottes und seine göttlichen Prophezeiungen zu stärken. Dies lehrt auch die verbreitete Meinung, die nach Jeremia zitiert wird: Fürchtet euch nicht vor den Zeichen des Himmels, vor welchen sich die Heiden fürchten. Der Prophet leugnet nämlich nicht, daß es solche Zeichen gibt, aber während er die Zeichen nennt, weiß er [freilich], daß diese Zeichen große und traurige Dinge androhen.

Er tröstet aber die Frommen, damit sie sich vor diesem nicht fürchten, nicht als ob diese Dinge auf nichts hinweisen, sondern damit die Frommen darauf vertrauen, daß sie von Gott her bei jenen Gefahren geschützt und gerettet werden. So wie Christus es verbietet, den Tod zu fürchten, nicht etwa deshalb, weil der Tod nichts Bitteres sei, sondern auf daß wir wissen, daß uns auch im Tode Christus selbst beisteht, um uns zu erretten.

Der Mensch muß sich also über diese gesamte körperliche Natur erheben, sogar wenn der Erdkreis in Trümmern einstürzt, und man darf nicht dulden, daß das Wort Gottes und das Vertrauen zu Gott uns entrissen werden. So wie sich durch dieses Vertrauen die frommen Herzen gegen die gegenwärtigen Gefahren wappnen, so werden sie sich auch wappnen müssen gegen die feindseligen Mitteilungen der Sterne.

So wie also die anderen Bereiche der Physik nicht die christliche Religion verletzen, so arbeitet auch nicht die Astrologie (denn auch diese ist unserer Ansicht nach ein Teil der Physik) der Frömmigkeit entgegen, wenn sich einer ihrer bei der richtigen Gelegenheit bedient.

Außer diesen zwei Arten der Handlungen, die ich erwähnt habe, ist noch eine dritte Art von Handlungen übrig, zu deren Tätigkeit die Seelen wider die Natur vom Teufel mit großer Erregung getrieben werden. Denn nicht den Sternen oder anderen natürlichen Gründen, sondern dem Teufel werden mit Recht die ausschweifenden Leidenschaften und Verwandtenmorde zugeschrieben. Da also die menschlichen Seelen nicht nur durch eine Art von Grund bewegt werden, folgt daraus, daß die Gesetze der Schicksale auf verschiedene Arten beeinträchtigt werden, bisweilen durch göttlichen Anhauch, bisweilen durch Unterweisung, bisweilen durch Überlegung, und es folgt daraus, daß die Gesetze des Schicksals bisweilen auch vom Teufel zum Schlechteren gewendet werden.

Ausgezeichnet sagt also Ptolemäus: Die Entscheidungen der Astrologen haben nicht

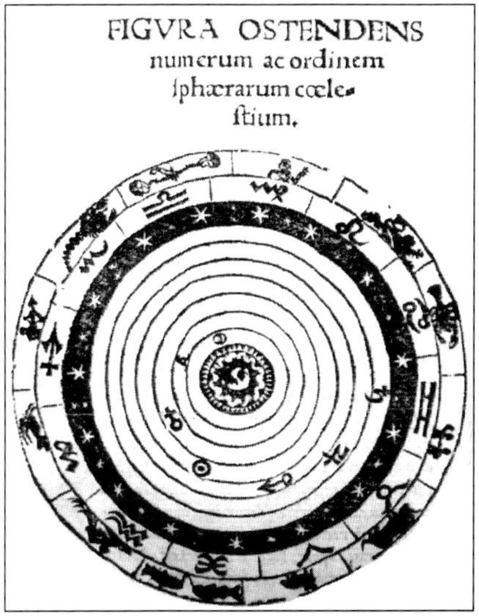

prätorischen Charakter. Denn die Beschlüsse des Prätoren zwingen das Volk zu gehorchen.

Jene Bezeichnungen aber fügen den Menschen keine Gewalt zu, wenn sie auch nicht überall müßig sind. Und die Beispiele für diese Dinge liefert die Geschichte. Aber diese Diskussion ist zu weitläufig, als daß dies hier gänzlich erklärt werden kann.

Dies habe ich nämlich deshalb erwähnt, damit nicht die Jünglinge gänzlich diesen Chor der Künste verurteilen, deshalb weil gewisse Unwissende die Weissagungen verspotten. Denn jene Lehre über die Bewegungen beinhaltet die wichtigste und menschenwürdigste Erkenntnis. Und wenn jemand sein Urteil in Anwendung bringt, wird er einsehen, daß der eine Teil der Kunst, nämlich der Weissagekunst, ebenso Teil der

---

Abb. oben: Verschiebung der astrologischen Tierkreiszeichen gegen die astronomischen Sternbilder aufgrund der Präzession, in der Mitte das geozentrische Modell des Sonnensystems
Abb. links: Tierkreiszeichen und Monate, dito.

Physik ist, so wie die Diagnosen der Ärzte für einen bestimmten Teil der Physik gehalten werden. Denn man darf nicht annehmen, daß jene wunderschönen Körper der Sterne vergeblich gegründet wurden, zumal da jene Ordnung und jene Bahn auf höchster Vernunft beruht, in solchem Maße, daß sozusagen eine Art staatlicher Lenkung im Himmel gleichsam in einem Gedicht abgezeichnet zu sein scheint.

Die Sonne nämlich, die [als König] zu regieren scheint, fährt in der Mitte des Kreises dahin, umringt von Senatoren, einem Kriegsherrn und Redner, und besitzt als Mitverwalter den Mond und die Venus. Denn diese sind besonders ausschlaggebend dafür, die Flüssigkeiten hervorzubringen, durch die die Körper ernährt werden.

Wenn aber diese bewundernswerte Ordnung und Lage, ferner die genau festliegenden Gesetze der Bahn bezeugen, daß dieses Werk auf höchster Vernunft beruht, reimt es sich damit nicht zusammen, dass die Sterne keine Bedeutungen und keine Wirkungen haben sollen. Denn nicht vergeblich sagt die heilige Schrift: Sie werden auf Zeichen, Zeiten, Tage und Jahre hin Bestand haben. Hier sagt sie nicht nur, daß die Jahre, die Wechsel von Tagen und Nächten, die Unterschiede der Zeiten, natürlich des Sommers und des Winters, von den Sternen bewirkt werden, sondern sie macht auch einen Zusatz wegen der Zeichen.

Und dies bezeugt die Einmütigkeit aller Jahrhunderte hindurch, wodurch man erfuhr, daß die Finsternisse stets drei Ereignisse aufgewiesen haben: Es ist aber nicht Zeichen eines gut unterwiesenen Menschen, von der Einmütigkeit so vieler Jahrhunderte abzuweichen. Dies habe ich vielleicht länger als erforderlich als Vorrede für dieses Buch geschrieben, aber ich wollte die Jünglinge ermahnen, gerade in der Vorhalle zu diesen Künsten, daß sie über diesen ganzen Chor der Künste ehrenvoller denken. (...)

Lebe wohl!
Wittenberg, Monat August.
Im Jahre 1531.

Rettung der Phänomene

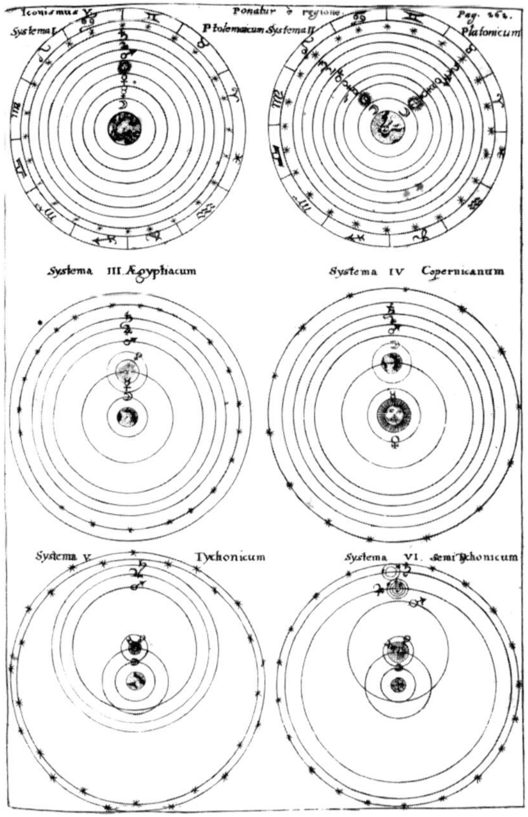

Bereits mit 23 Jahren wurde der Österreicher Georg Joachim de Porris aus Rhätien offiziell in das Kollegium der Fakultät für Arithmetik der Universität Wittenbergs gewählt. Vorausgegangen war eine öffentliche Disputation über die Frage, ob nach römischem Recht die astrologische Zukunftsdeutung verboten sei.[15]

Rheticus, wie er fortan mit Humanistennamen hieß, erhielt einen auf Anregung Melanchthons geschaffenen Lehrstuhl *Elementa Arithmetices et Geometriae* für die niedere Mathematik. Er konnte sich besonders mit dem Theologen Caspar Cruciger und Melanchthons Schwiegersohn Erasmus Reinhold, Inhaber des Lehrstuhls für höhere Mathematik, über Astrologie und Astronomie unterhalten. Reinhold hinterließ eine große Sammlung von Horoskopen, die jetzt in der Leipziger Universitätsbibliothek aufbewahrt werden. Zugleich spezialisierte er sich auf die Berechnung von Planetenbahnen. Das eine hing mit dem anderen zusammen: ohne exakte Ephemeriden kein ordentlich erstelltes Horoskop.

Gerüchte über neue, exaktere Methoden eines Domherrn zu Fraunburg wurden in diesem Kreis zum ersten Male diskutiert. Das ptolemäische beziehungsweise geozentrische Weltsystem sah die kugelförmige Erde im Mittelpunkt von elf unsichtbaren Schalen (den Sphären) stillstehen, während sich Planeten und Gestirne auf diesen Kreisen um sie bewegen. Nikolaus Koper-

Abb. oben: Planetenmodelle aus Caspar Schopps „Cursus Mathematicus", Band 4 von 1661
15) Burmeister 1967

nikus hingegen propagierte ein Modell, das bereits im Jahre 260 vor Christi Geburt der griechische Philosoph Aristarch von Samos entwickelt hatte. Ins Zentrum des Weltalls sei nach dessen Überzeugung nicht die Erde, sondern die Sonne gestellt. Um sie herum bewegen sich in unsichtbaren Schalen (Sphären) Merkur ☿, Venus ♀, Erde ♁ mit Mond ☾, Mars ♂, Jupiter ♃ und Saturn ♄. So wollte man die Gestirnsbewegungen exakter vorherbestimmen können.

Seit zehn Jahren war das Manuskript des Domherrn bereits fertig und immer noch ließ die Veröffentlichung auf sich warten. 1538 nahm sich Rheticus Urlaub, um beim Melanchthon-Freund Johannes Schöner in Nürnberg mehr über Astronomie zu lernen. Mit

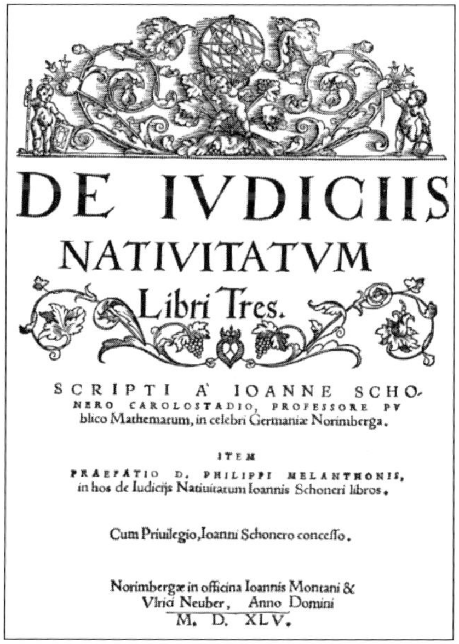

DE IVDICIIS
NATIVITATVM
Libri Tres.

SCRIPTI A' IOANNE SCHONERO CAROLOSTADIO, PROFESSORE PVblico Mathematum, in celebri Germaniæ Norimberga.

ITEM
PRAEFATIO D. PHILIPPI MELANTHONIS, in hos de Iudicijs Natiuitatum Ioannis Schoneri libros.

Cum Priuilegio, Ioanni Schonero concesso.

Norimbergæ in officina Ioannis Montani & Vlrici Neuber, Anno Domini M. D. XLV.

Schöner hatte Melanchthon einst das Lutherhoroskop diskutiert. Er galt als einer der bedeutendsten Astrologen seiner Zeit.[16] Wahrscheinlich besuchte er auch Peter Apian in Ingolstadt, den Astrologen Kaiser Karls V.[17] Ein Jahr später fuhr er zum alternden Nikolaus Kopernikus nach Fraunburg. Er nahm als Geschenk eine griechische Originalausgabe von Ptolemäus' *Almagest* sowie Regiomontans *Trigonometrie* mit.

Für Luther war die Theorie von der bewegten Erde einfach nicht tragbar. Der vielzitierte Satz „Der Narr will die ganze Kunst Astronomiae umkehren" beruht allerdings auf einem Übersetzungsfehler früherer Lutherforscher aus dem überlieferten lateinischen Originalzitat. Die korrekte Übersetzung lautet:[18]

Es wurde ein neuer Astrologe erwähnt, der verbreiten wolle, die Erde bewege sich und nicht der Himmel, die Sonne und der Mond.

Als ob jemand, der sich im Wagen oder Schiff bewege, glauben würde, er bliebe stehen und das Land und die Bäume würden sich bewegen. Aber es gehet itzunder also:

Wer do wil klug sein, der sol ihme nichts lassen gefallen, das andere achten; er muß ihme etwas machen, wie jener es macht, der die ganze Astronomie umkehren will.

Auch wenn jene in Unordnung ist, glaube ich dennoch der heiligen Schrift. Denn Josua hieß die Sonne stillstehen, nicht die Erde.

Zwei Jahre blieb Rheticus bei Kopernikus in Preußen, und eine tiefe, möglicherweise homoerotische Freundschaft entwickelte sich zwischen den beiden Männern. Zuerst einmal veröffentlichte

Rheticus in Danzig die *Narratio Prima*, einen ersten Bericht in Form eines Briefes an Schöner. Er bemühte sich um die *Rettung der Phänomene*, schrieb also nur von Hypothesen, um die Kirchen nicht zu sehr zu kompromittieren. Im Wintersemester 1541/1542 stellte er an der Universität Wittenberg in einer gut besuchten Vorlesung über Ptolemäus das neue System vor.

1542 dann fuhr Rheticus schließlich mit den Manuskripten des Kopernikus und einem Empfehlungsschreiben Melanchthons nach Nürnberg. Er ließ sie dort bei Petreius drucken, wel-

---

Abb. oben: Portrait des Johannes Schöner. Holzschnitt, unbek. Künstler, vermutl. 16. Jh.

Abb. links: Schöners Lehrbuch der Horoskopdeutung mit Vorwort Melanchthons von 1545, UB Leipzig, 4° Astron 4150

16) Schöner 1538, übersetzt von R. S. Hand 1996

17) Röttel 1995

18) Hamel 1994

cher auch die astrologischen Schriften des Gauricus und die *Arithmetica* des Cardanus herausbrachte. Den Druck selbst überwachte der Nürnberger Theologe Osiander. Jener stellte dem Text eine selbst verfaßte Einleitung voran, in welcher der Heliozentrismus ausdrücklich als Rechenmethode, nicht als Modell zur Erklärung des Weltenaufbaus dargestellt wird. In dieser Fassung erschien 1543 *De revolutionibus orbium coelestium*. Sollte dieser nicht mit dem Autor abgesprochene Text die Gesamtaussage verfälschen? Vielleicht – aber sicherlich war dies auch ein Versuch, zu erwartenden Protesten der kirchlichen Seite zuvorzukommen.

Rheticus empörte sich, sah darin einen Betrug. Schließlich hatte sein Fraunburger Lehrer den Text voller Selbstbewußtsein geschrieben, sich eindeutig zu seinem Erklärungsmodell be-

kannt. Auf Vermittlung Melanchthons konnte er eine Professorenstelle an der Universität Leipzig antreten. Er wohnte dort in der ersten Zeit in einem Wirtshaus und betätigte sich auch als Poet, allerdings nicht im Sinne der feinsinnigen Humanisten à la Erasmus von Rotterdam. In seinem Gedicht *De XII. Signis Zodiaci ac Cerevisia Vratislaviensi* beschreibt er die zwölf Tierkreiszeichen am Beispiel eines zünftigen Breslauer Bierrausches. Hier der letzte Teil des lateinischen Originaltextes:

udus ita ingentes effundit
aquarius amnes
zodiacus finem sic prope
noster habet.
fluctibus ille suis toto et
circumdatus omne
iam natat in mediis piscis
avarus aquis.
finis adest operi: fesso
date vina
poetae
ut solis madidus
discat et ille
viam.

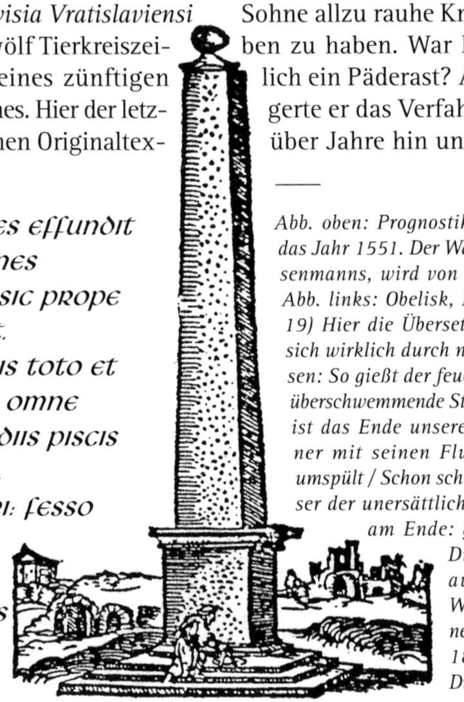

Dieses Gedicht ist wirklich nicht sehr ästhetisch. Man kann es getrost in die Kategorie des Derbhumanismus einordnen – und schleunigst vergessen.[19] Vielleicht sah er in seinen astrologisch versierten Professorenkollegen nur einen Haufen aufgeplusterter und gleichzeitig in unergründliche Mysterien vergrabene Verkünder kosmischer Astralweisheiten, vielleicht wollte er aber auch nur sich selbst aufs Korn nehmen.

Bei seiner überstürzten Flucht nach Prag hinterließ er unter anderem zehn Taler Schulden an Wein. Der Vater eines ihm anvertrauten Studenten hatte ihn öffentlich angeklagt, mit dem Sohne allzu rauhe Knabenliebe getrieben zu haben. War Rheticus tatsächlich ein Päderast? Auf jeden Fall zögerte er das Verfahren von Prag aus über Jahre hin und kam nie wieder

---

Abb. oben: Prognostikum des Rheticus auf das Jahr 1551. Der Wagen Saturns, des Sensenmanns, wird von einem Stier gezogen.
Abb. links: Obelisk, Rheticus 1551

19) Hier die Übersetzung für all jene, die sich wirklich durch nichts abschrecken lassen: So gießt der feuchtkühle Wassermann überschwemmende Sturzbäche heraus / Nah' ist das Ende unseres Tierkreises. Hat jener mit seinen Fluten alles im ganzen umspült / Schon schwimmt mitten im Wasser der unersättliche Fisch. Das Werk ist am Ende: gebt dem erschöpften Dichter Wein / Auf daß auch jener Nasse den Weg in die Tiefen kennenlerne.(Nach Weinhold 1855:88, übersetzt von Dipl.Psych.Ingo Dammer)

nach Sachsen zurück. Sein weiteres Leben verlief sehr unruhig. Er arbeitete weiter an Kommentaren zum Werk des Kopernikus, schrieb in seinen letzten Lebensjahren an monumentalen trigonometrischen Tafeln. In der Vorrede zu *De triangelus sphaericus* von 1557 prophezeite er Kaiser Ferdinand den Sieg über die Türken, was beweist, daß für ihn Astronomie und Astrologie zusammengehörten.

Er deutete professionell Horoskope, verfaßte mehrere in großer Auflage gedruckte Jahresprognostiken. Sein Schüler Valentin Otho brachte sie als *Opus Palatinum* zu Ehren des Heidelberger Kurfürsten heraus. Irgendwie verlor Rheticus in jenen Jahren aber immer mehr den Halt, kannte keine Grenzen mehr, neigte zum Größenwahn. Er beschäftigte sich mit den Ägyptern und anderen großen archaischen Kulturen. Duch Heraufbeschwörung ihrer alten mystischen Kraft glaube er der modernen Planetentheorie des Kopernikus zum Durchbruch verhelfen zu können. Im Alter lehrte er an der Universität Krakau. Dort ließ er einen *Genom*[20] errichten, ganz im Stil jener alten ägyptischen Obelisken zum Zwecke der Beobachtung des Sonnenstandes – eventuell auch als phallisches Symbol, sicherlich aber in schwärmerischer Huldigung der alten ägyptischen Kultur.

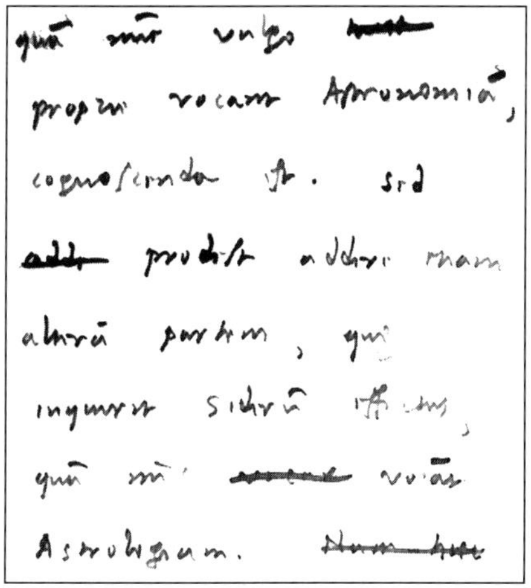

Tabulae Pruthenicae

Oft heißt es, mit der Erkenntnis, daß sich die Erde um die Sonne dreht, sei der Astrologie jegliche Grundlage entzogen worden. Zumindest historisch ist dies nicht korrekt. Vielmehr hat man das Kopernikanische System gerade an der wohl am meisten astrologisch ausgerichteten Universität Deutschlands gefördert und publiziert. In der ersten Auflage seiner *Initia doctrine physicae* 1549 zeigt sich Melanchthon noch ablehnend. Mit dem Hinweis auf Sinneseindrücke, die Heilige Schrift und Argumente auf der Grundlage der aristotelischen Physik tritt er dem neuen System entgegen. Diese Texte beinhalten eine Zusammenfassung von Vorlesungen, die er über zehn Jahre an der Universität hielt. Ein Jahr später wurden in der Neuauflage alle Kopernikus kritisierenden Passagen gestrichen.

1549 ließ Melanchthon in einer Gedächtnisrede zu Ehren des astronomisch interessierten Universitätsrektors

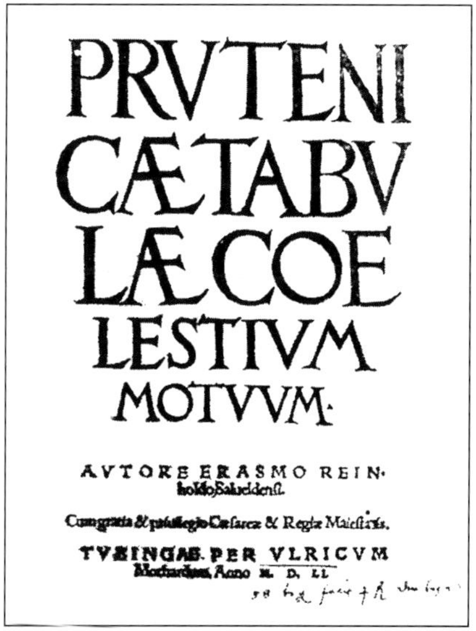
PRVTENICÆ TABVLÆ COELESTIVM MOTVVM.

AVTORE ERASMO REINHOLDO Salueldensi.

Cum gratia & priuilegio Caesareae & Regiae Maiestatis.

TVBINGAE PER VLRICVM Morhardum. Anno M. D. LI.

Cruciger (Luthers engster Freund und Mitarbeiter) von dessen wachsender Liebe und Bewunderung für Kopernikus berichten. Erasmus Reinhold hielt die Ansprache.

Reinhold selbst arbeitete ein Jahrzehnt lang an neuen Planetentafeln auf Basis der neuen Theorie, verbrauchte dabei seine Lebenskraft und starb schon mit wenig mehr als 40 Jahren. Finan-

---

Abb. oben: Frontspiz der "Prudensischen Tafeln" des Erasmus Reinhold

Abb. links: Manuskript Melanchthons für die „Initia doctrinae physicae": „... der Teil, durch den er die Bewegungen der Sterne überliefert, den man jetzt allgemein ... Astronomie nennt, muß erlernt werden. Aber es ist nützlich, noch einen anderen Teil hinzuzufügen, durch den er die Wirkungen der Sterne untersucht, die man jetzt Astrologie nennt." UBL 0358^{X}, 52^{v}

20) Hoppmann 1997:104

ziert wurde das ganze Projekt von Herzog Albrecht von Preußen unter stetiger Vermittlung Melanchthons. Diese Prudensischen Tafeln lösten die Alfonsinischen Tafeln ab. Sie wurden fortan für die meisten astronomischen und astrologischen Berechnungen verwendet, sogar in England von John Dee und in Dänemark von Tycho de Brahe. Johannes Kepler zitierte Erasmus Reinholds Gedanken in seinem *Mysterium Cosmographicum*. Aufgrund der Berechnungen erstellte Erasmus Reinholds langjähriger Schüler David Origanus[21] die Brandenburgischen Ephemeriden, und selbst der englische Astronom und Observatoriumsleiter John Flamsteed[22] verwendete sie noch Ende des 17. Jahrhunderts bei der Erstellung neuer Gestirnsstandstabellen.

Die vielfach vorgebrachte Behauptung, mit der Wandlung des Bildes vom Kosmos hin zum Heliozentrismus, zur Vorstellung einer zentralen Sonne, um welche die Erde mit allen anderen Planeten kreist, hätten sich alle Wissenschaftler von der Astrologie abgewendet, läßt sich also nach historischer Forschung nicht halten. Richtig ist vielmehr, daß Astronomen, die auch gleichzeitig in vollster Überzeugung als Astrologen arbeiteten, der neuen wissenschaftlichen Erkenntnis Bahn brachen – auch wenn ihnen diese undankbare Fleißarbeit wenig Lohn einbrachte, und die ersehnte Anerkennung erst posthum, nach ihrem Tode eintraf.

Wie sehr die geistige Arbeit an der körperlichen Substanz zehrte, zeigt die *Warhafftige Abconterfeiung des Herrn Philippi Melanthonis.*

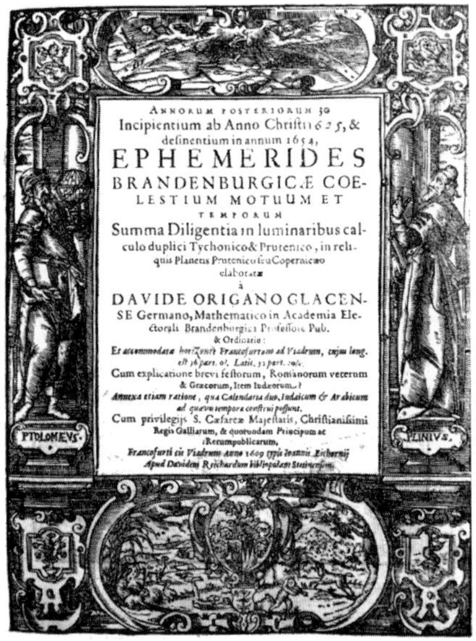

Man vergleiche diesen von Lucas Cranach d. J. erstellten Holzschnitt mit Dürers Kupferstich-Portrait des einst noch so jugendlich begeisterten Magisters. Die Euphorie des Anfangs ist gewichen. Doch auch das Altersportrait hat eine Schönheit. Ein fast provozierender Mut zum Realismus jenseits aller damals wie heute üblichen Verklärung humanistischer Säulenheiliger spricht aus diesem Bild. Und ist da nicht auch etwas von der inneren Freiheit aller selbstaufopfernd Dienenden zu spüren?

Abb. links: Melanchthon, Holzschnitt (1550–1560) von Lucas Cranach der Jüngere
Abb. oben: Brandenburgische Ephemeriden des Origanus, gültig für 1625–1654
21) Kroker 1900:15
22) Hunter 1987

Von der Jungkfrawen

behaltend krafft zu stercken gut /
wann das der monat rühren thut /
die jungkfraw / darzu kind entwehn /
nägel kürtzen / zu acker gehn.
sähwen / pflantzen / alchimey / metall /
welchs offt das feur durchlauffen soll.

Jungkfraw das sechst zeychen / kalt vnd trucken / mit tägig / irdischer natur / mittel / fräwlich / melancholisch / hat an dess menschen leib den bauch vnnd eingeweyd. wann die sonn ist in der jungkfrawen / ist hübsche zeit / vil feuchtigkeyt auff dem feld.

so der mon in der jungkfrawen / ist nicht gut obgenannte glider artzeneyen / oder mit eisen berüren / nit gut beyschlaaffen / recht anfahen / noch im feur arbeyten. ist gut witwen nemmen / kauffen vnd verkauffen / tuch / rinder / vnnd andere schwere ding / gesind dingen / kind entwehnen / wandern gegen mittag / botten mit brieffen senden / mit schreibern / kauffleuten vnnd künstlern handlen / gesellschafft machen / kind zur schul vnd subtilen handwercken thun / silber vnnd goldt ferben / müntz wechsslen vnd ausleihen / kauffmanschafft treiben / ampt annemmen / bäum pflantzen / äcker bawen / sähen / vnd was man im erdtricht thut.

wer vnder diesem zeichen empfangen oder geborn / der wirdt schamhafft vnd forchtsam / kranck / erbar / vnd rein / glaubt bald / sihet gern schunpff / vnnd frembde land / ist barmhertzig / gut / trew / demütig.

ein knäblin geborn zwischen

Text und Abb.: Bacharach 1583

dem 23. tag augst / vnd 22. herbstmonats / ist der natur vnd eygenschafft dess zeychens der jungkfrawen / der complexion mercurij / ein melancholicus / kalt / trukken / weibisch / gemeyner sinnen / hubschen haupts vnn angesichts / kurtze stirn / schlechte nasen / scharpffes gesichts / langen leibs / schenckel vnd füss / geystlicher sitten / schöner geberden / gichtigen zornes / klug / scharpffer wort / erbar / rein / wirt leichtlich bwegt wozu man wil / glaubet was man jhm sagt. nach dem halben alter stehet sein glück erst auff. ist einfeltig vnnd forchtsam. sein höchstes glück zeygen jhm die land dem mittag vnderworffen / auch der sonnen vndergang. die mitnächtigen seind mittelmessig / nicht fast vnglücksam / doch vor der sonnen auffgang soll er sich hüten / in denen stehet sein vnfall vnd tödlich vnglück. alle farben seind jhm glückhaft / ohn braun / grün / schwartz / leberfarb / seind vnglücklich vnd böss. sein höchste nutzung seind erwachsende ding / vnnd was auss der erden erwunnen mag werden / auch alle lüfftige wässerige ding oder erbschafft. aber alles das auss feur kompt / oder damit erwunnen / wirt ihm vnglücksam. sein kranckheyt dess leibs geschicht / dass er durch gefängkniss leiden wirdt / auch wehetagen dess haupts / ohren / augen / hertzen / bauch / eingeweyds / am feber / abnemmung der vernunfft vnd sinn. sein todt wirt trückne / irdisch / dürre dess megens / vnd hitz dess haupts / gespüret werden.

ein meydlin geboren zwischen obgenannten tagen / hat auch mehr ertheyls dieselbige natur an jhm. ist eins leichten hertzens / viel zufellige glücks / rathgebig / schamhafftig / jre arbeyt mit lernen viel subtilen künsten / kompt nach viler anfechtung zun ehren / von zweyen mannen / durch ein weib / wirdt wol an jhr thun. / sie wird etlich zeit zörnen mit jren eltern / letzung im haupt empfahen / vnd viel seltsame kranckheyten.

*

Von den häusern

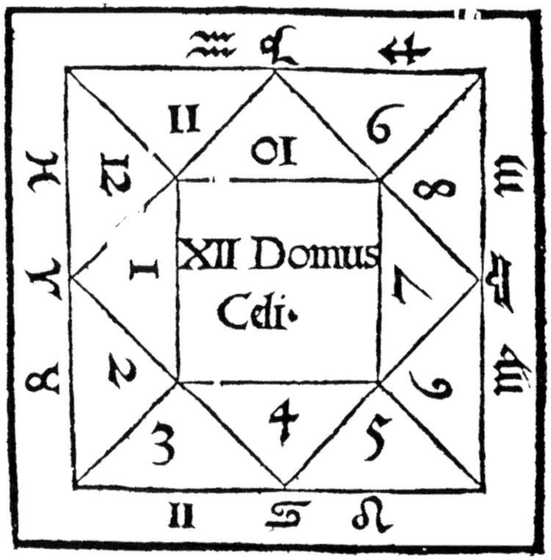

theilung des himels in die 12. heuser / jhjre namen vnd vrtheilen / nach der figur dess himels.

Damit der himlischen gestirn influentz vnd verwandlung desto verstendiger erlehrnet würde / ist mit verwilligung aller gelehrten / erfunden / durch etliche circkel / das gantz firmament in 12. theil oder heuser zutheilen / daran der gantze handel dess vrtheilens oder judicieren gelegen.

I. domus. vitae. setzen also die die philosophi den anfang des ersten hauss / in orient oder auffgang / nenns den ascendenten / angel oder ort dess auffgangs / wirt diss hauss zugeeignet dem leben vnd aller werck anfang . dann im orient fahet an die bewegung dess himels / derhalb alle vermöglicheit von anfang jhrenm vrsprung hat. daher auch aller völcker anbetten gegen orient gericht ist.

II. domus. substantiae. das 2. hauss begreifft die besitzung / vermöglicheit / handel/ kauf- fen / vnd verkauffen / dienstbotten beystandt/ zinss/ gült / haussrath / vnd allen gewinn.

III. domus. fratrum. breujum itinerum. das 3. hauss / so sich am ort gegen mitnacht endet / wirdt zugegeben der brüderschafft / schwestern / gesipten / freunden / günnern / kurtzen reysen vnn gastungen.

IV. domus. parentum. das 4. hauss / ein angel / ort vnd

Text und Abb.: Bacharach 1583

spitz der mitnacht / genannt / imum coeli, das ist das vnderst theil dess firmaments / wirt eltern / erbschafften / verborgenen schätzen / akkergang / vnd vnbeweglichen dingen zugeschrieben.

V. domus, filiorum. das 5. hauss / kindern / freundtlicheiten / gaben / botten / vnd gesandten zugeeignet.

VI. domus, aegritudinum. das 6. hauss / bedeut vnd zeiget an von kranckheiten / glieder / knecht / gefangen / vnd zamer thier.

VII. domus, seruorum, inimicitiae, aduersitatum, belli. das 7. hauss / ein hauss der frauwen / hochzeiten / zancks / mittel dess lebens.

VIII. domus, mortis, haereditatum ex mortuis. das 8. hauss / zeigt dess lebens end / der todten erbschafft / heimlich gut.

IX. domus, religionis, longorum irinerum, & c. dass 9. hauss bezeigt weit reysen / den glauben / warheit / geistlicheit / weissheit / secten / warsagen vnd ausslegung der träume.

X. domus, regia, praelaturae, dignitatum. dess 10. hauss anfang ist im mittag / ein angel / ort vnd spitz dess mittags / gegen vber mitnacht / ist ein königlich hauss / gewalts / oberkeit / erhöhung / adels / ehren vnd guten namens.

XI. domus, amicorum. das 11. ist ein hauss dess vertrawens / hoffnung / glücks / gunst / freundtschafft / raths / er.

XII. domus, inimicorum, captiuitatum. das 12. hauss endet sich am anfang dess orients / ein hauss der traurigkeit / neidts / nachredens / betrugs / vnd listigkeit.

anguli fortiores: 1, 4, 7, 10
succedentes fortes: 2, 5, 8, 11
cadentes debiles: 3, 6, 9, 12

*

Modelle kosmischer Harmonie

NIEMALS WÜRDE ICH IN EINEN CLUB EINTRETEN, DER MICH ALS MITGLIED AKZEPTIEREN KÖNNTE.

Oscar Wilde

Klienten sind es, die heutzutage zur Horoskopberatung kommen. Der psychologische Astrologe soll sie über ihre Persönlichkeitsanlagen beraten. Der bewußt lebende Mitteleuropäer des 20. Jahrhunderts erwartet keinen Hokuspokus mehr. Das Sprechzimmer kann ruhig dem eines Steuerberaters, Rechtsanwalts oder Therapeuten gleichen: sachlich, kühl, funktional. Oder doch lieber nicht ganz so streng? Das Kind in uns erträumt sich etwas anderes.

Wie schön doch, wenn der bislang nur durch das Telefon kontaktierte Sternendeuter so eine Art Zauberer wäre, in einem windigen Schloß oder zumindest hoch über den Dächern der Stadt in einem Turmzimmer hauste! Vielleicht nimmt er uns ja bei der Hand und deutet mit eleganter Geste zu den Wolken, ja darüber hinaus zu den Sternen und fernen Galaxien – und erklärt ganz nebenbei in wenigen, gut gesetzten Worten die Konstruktion des Weltengebäudes. Doch die Beratungskultur sieht heutzutage anders aus. Astrologen zeigen uns die sicherlich ebenso interessante Welt der Archetypen, jenen Kosmos innerer Seelenbilder des Menschengeschlechts. Ja, ganz bestimmt, das ist auch gut und wichtig, doch wie wäre es mit ein bißchen mehr Kultur und stilvollem Ambiente? Wenigstens ein unverwechselbarer Individualist soll er sein, der Sternendeuter!

Das Sternenschloß

Einst lebte im fernen Norden ein dänischer Edelmann, den stahl der Onkel aus dem Kindbett, kaum daß er geboren ward.[1] Zurück blieb nur ein Brief, auf dem geschrieben stand, daß die Familie ja schon mehrere Kinder hätte, jene in Knudstrup aber noch immer keines, und deshalb sollten sie sich bitteschön nicht so anstellen. Tycho Brahe (1546 – 1601) wuchs also beim Bruder seines Vaters auf, und auch der Rest seines bis dato doch noch recht kurzen Lebens sollte ungewöhnlich verlaufen.[2] Edelleute arbeiteten bekanntlich nicht, und schon gar nicht, wenn sie zum elitären Kreis der Brahes gehörten. Schließlich gibt es dazu Untertanen, Leibeigene, kurzum: das Volk. Also reiste der junge Adelige zunächst einmal zur Unterhaltung und

---

Abb.: Tycho Brahes Sternenschloß Uranibur (=Uranus-Burg) auf der Insel Hven (=Venus)

1) Borup 1996

2) Thoren 1990

Orientierung durch Europa. Im Ausland zu studieren, das entsprach schon eher seinem noblen Stand. Ein Ziel brauchte er dabei nicht unbedingt zu verfolgen. Nun – Jura wäre nicht schlecht, das könnte er später einmal als Mitglied des dänischen Adels am Hof des Königs in Kopenhagen gebrauchen, deuteten seine Verwandten nur ganz vorsichtig an.

Doch Tycho ließ sich nicht drängen. Er paßte einfach in keine dieser herkömmlichen Rollen. In Leipzig beobachtete er lieber die Sterne, und er schaute nicht in Gesetzesbücher, sondern verglich die Prudensischen Gestirnstabellen aus Wittenberg mit den Alfonsinischen aus dem 13. Jahrhundert. Der Mathematiker Erasmus Reinhold hatte nicht schlecht gearbeitet, und außerdem schien Kopernikus recht interessante Theorien zu verfolgen. Doch wieso blieb die errechnet Position des Planeten Mars dann so ungenau?

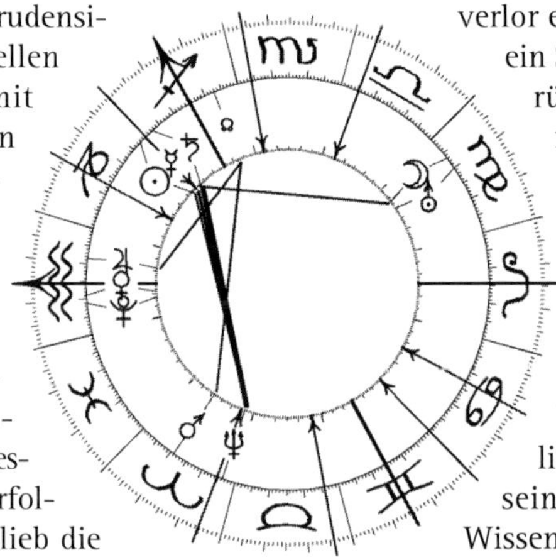

Der Däne besuchte dann die Universität Wittenberg, wie es so viele dänische Adlige und Königssöhne vor ihm taten – auch der blutrünstige König Christian II., nach dem Shakespeare dann seinen Hamlet schrieb: *Here I am standing at the market-place of Witemberg.*[3] Dort hörte Tycho Vorlesungen über Astronomie und Astrologie bei Melanchthons Schwiegersohn Caspar Peucer. Über Rostock kehrte er nach Dänemark zurück. Tycho Brahe, geboren am Aufgang von Venus, Herrscherin über das Zeichen Waage, war in erster Linie ein Ästhet. Doch seine Steinbock-Sonne machte ihn auch zum Skeptiker und kritischen Typus, der alles ganz genau wissen muß, keine Halbheiten duldet. *Theorien* über die Bewegungen der Sterne reichten ihm nicht.

Im nächsten Jahr studierte Tycho wieder in Wittenberg und Rostock. Dort verlor er nach einem Duell ein Stück seines Nasenrückens und mußte fortan mit Wachs eine Kupferplatte an der Stelle fixieren.[4] Es folgten ausgedehnte Studienreisen nach Basel und Augsburg, die hauptsächlich der Erweiterung seines astronomischen Wissens dienten.

Protestantische Bigamie

Philipp von Hessen, genannt der Großmütige, galt seit einem Treffen mit Melanchthon als Förderer der Reformation. Im Krieg von Schmalkalden führte er die Truppen der Protestanten gegen den katholischen Kaiser Karl V. an. Er verwandelte einen leichten Sieg in eine schmähliche Niederlage, verbrachte fünf Jahre in kaiserlicher Gefangenschaft.[5] Als der sinnlich ausschweifende Landgraf Philipp, von der Nachwelt in protestantischer Verklärung *Magnani-*

Abb. oben: Tychos Horoskop auf den 14.12. 546 in Knudstrup 10:48 Ortszeit lt. Svoboda 1994

Abb. links: Tychos Grabstein in der Kirche der heiligen Jungfrau Maria vor dem Tyn in Prag

3) Shakespeare 1948:45f

4) Als man seine in der Prager Tynkirche bestatteten sterblichen Überreste später exhumierte, fand man im Grab die „Nasenprothese".

5) Sievert 1996:45

mus (der Charaktervolle) genannt, im Jahre 1526 zum Glauben Luthers überschwenkte, war er nicht nur verheiratet, sondern auch durch eine seiner Mätressen mit Syphilis infiziert. Nach mystisch-abergläubischer Vorstellung konnte er nur durch die Umarmung eines reinen Engels erlöst werden. Und so bemühte er sich hitzig um die jungfräuliche Margarethe von der Saal. Deren kupplerisch-geschäftstüchtige Mutter bestand auf Heirat.

Und so sah sich der Landgraf *gezwungen*, seinen *Gewissenskonflikt* Luther mitzuteilen. Mit anderen Worten: Entweder kommt aus Wittenberg eine theologische Begründung für die Bigamie, oder der Landgraf wendet sich an den Papst. Im Antwortschreiben vom 10.12.1539 heißt es:[6)]

Gottes Gnad durch unseren Herrn Jesum Christum. Durchlauchtigster Fürst und Herr

(...) So Euer Fürstliche Gnaden darauf beschließen, noch ein Eheweib zu haben:

So bedenken iwr, daß ein solches heimlich zu halten sey, wie von der Dispensation droben gesagt. (...)

Was vom Ehestand zugelassen im Gesetz Mosis, ist nicht im Evangelium verboten, so es die verderbliche Natur wieder zurechtbringt. Also hat Euer Fürstliche Gnaden nicht allein unser Gezeugnis im Fall der Nothdurft, sondern auch unsere Erinnerung (...)

Euer Fürstliche Gnaden willige und unterthänige Diener Martinus Luther · Philippus Melanchthon · Martinus Bucer

Nach der Trauung vollzog Philipp die Ehe an dem blutjungen Ding im Bette. Er wurde 63 Jahre alt und überlebte sie alle. Die geheime Erlaubnis zur Nebenehe verursachte zwar bald einen öffentlichen Skandal, doch Hessen blieb beim protestantischen Glauben. Fortan beriefen sich auch andere Fürsten auf das Gutachten der Reformatoren, so z.B. gut 200 Jahre später Preußens reformierter und zugleich wollüstiger König Friedrich Wilhelm II.

Auf den astrologisch-mantisch orientierten Philipp von Hessen folgte Wilhelm IV. Fortan spielte Astronomie eine bedeutende Rolle. Im Jahre 1575 besuchte dann Tycho Brahe den Hof in Kassel. Inspiriert durch die großen Sternbeobachtungsinstrumente gab er einen gewaltigen Himmelsglobus in Auftrag, schon bei den römischen Caesaren Symbol für geistige Herrschaft.[7)]

Himmelskunde – ein Frondienst

Noch als Student wollte Tycho Brahe seine Heimat Dänemark für immer verlassen. Er konnte sich einfach nicht anpassen, und wahrscheinlich langweilte ihn das stets gleichförmige Leben der dänischen Adeligen: Festgelage, dann zur Jagd, Ausruhen, Festgelage, zur Jagd, etc. pp. Auf mathematischem Gebiet war er tatsächlich ein Genie, und überhaupt konnte man einen Fürsten doch nicht einfach mit samt seiner Habe ins Ausland ziehen lassen. So muß König Friedrich II. gedacht haben, als er Brahe ein äußerst verführerisches Ange-

---

Abb.: Landgraf Wilhelm IV. von Hessen-Kassel (links ein astronomisches Gerät, rechts unten im Schloßgarten sieht man Tycho Brahe), gemalt 1577 von Caspar van der Borcht

6) Fernau 1958:126f

7) Stierlin 1988.

bot machte: Das Lehen über eine komplette Insel mit Mann und Maus, d. h. Leibeigenschaft. Tycho nahm sich eine Woche Bedenkzeit und sagte dann zu.

Die Bewohner der Insel Hven (= Venus, schaumgeborene Tochter des Himmelsgottes Uranus) im Øresund wurden verpflichtet, zwei Tage in der Woche für ihren neuen Lehnsherrn zu arbeiten. Und der war streng und hochmütig. Mehrmals beschwerten sie sich bitter über ihn beim königlichen Hof in Kopenhagen. Am 1. Juli 1776 begannen die Bauarbeiten für Uranibur (=Burg des Uranus), ein kleines, aber wunderbar verwinkelt und geometrisch durchkonstruiertes Schlößchen.

Unten im Keller entstand eine alchemistische Werkstatt. Im Erdgeschoß zur Linken befand sich die Bibliothek mit dem inzwischen fertiggestellten gewaltigen Himmelsglobus.[8] Holzplattformen zu jeder Seite ermöglichten das Aufstellen von astronomischen Beobachtungsinstrumenten. Ein gewaltiger Mauerquadrant von bislang nie dagewesenen Dimensionen wurde errichtet. So konnte man Gestirnsmessungen mit äußerster Präzision durchführen. Solche Beobachtungen dokumentierte Tycho über mehr als ein Jahrzehnt äußerst exakt und regelmäßig.

Eine von ihm selbst entworfenes Gemälde aus jener Zeit veranschaulicht seine Arbeitsweise: Durch das Loch in der Wand links oben wird der jeweilige Planet oder Stern anvisiert. Seine Polhöhe wird auf der gewaltigen Skala bogensekundengenau abgelesen. Ein Assistent fixiert die genaue Zeit, ein weiterer schreibt die Daten nieder.

Als der Wind exaktere Beobachtungen unmöglich machte, ließ Brahe in unmittelbarer Nähe eine zweite Beobachtungsstation bauen. Stjernebur[9] bestand aus mehreren tief in die Erde eingelassenen Räumen, die auch im Winter beheizt werden konnten.

Tycho Brahes Beobachtung einer Supernova im Sternbild der Kassiopeia erregte das Interesse der europäischen

Abb. oben: Sternenbeobachtung Brahes und seiner Assistenten am großen Mauerquadranten. Kupferstich aus Joan Blaeus Atlas von 1587.

Abb. links: Die Insel Hven mit Uranibur

8) Als Tycho Jahrzehnte später die Insel verließ, nahm er ihn mit allen Instrumenten, seinen Verwandten und dem Dienertroß mit – über Rantzaus Bredenburg in Schleswig-Holstein, Rostock, Schwerin, Wittenberg bis nach Prag, wo er nach seinem Tod verrottete.

9) Heutzutage teilrekonstruiert zu besichtigen.

Gelehrtenwelt. Unter dem Titel *De Stella novae* veröffentlichte er seine Gedanken über dieses Himmelsphänomen. Da das Drucken von Büchern zu damaliger Zeit in Dänemark noch in den Kinderschuhen steckte, ließ er eine eigene Druckerei und eine Papiermühle erbauen.

Jedermann in Europa konnte nun nach dem Studium seines Buches an den Himmel schauen und den neuen, noch nie dagewesenen Lichtpunkt flimmern sehen. Man zweifelte nun ernstlich daran, daß das Weltall festgefügt sei für alle Zeiten. Bestand das Firmament der Fixsterne nicht aus einer festen, unverrückbaren Sphärenschale?

Figura domorum cœlestium Prima.

Altera.

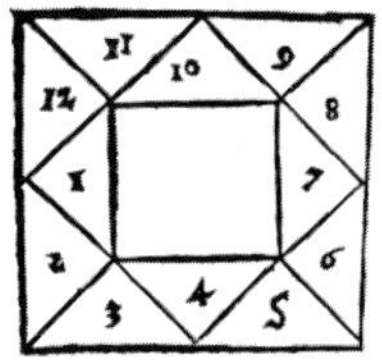

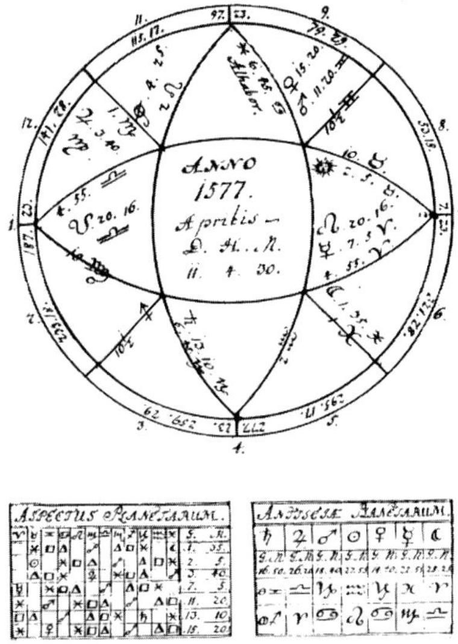

Diplomatisches Königshoroskop

Zu seinen Pflichten bei der Übernahme des Lehens von Hven gehörte das Erstellen von Horoskopen für den dänischen König. Damals betrieb man Astronomie vor allem, um exaktere Daten für die Astrologie zu erhalten. Zwei Monate dauerten die Arbeiten an der Nativität des neugeborenen Königssohnes Christian IV. Die Arbeit wurde dann persönlich am Kopenhagener Hof übergeben und ist äußerst feinsinnig und diplomatisch formuliert.

Ausgefeilte, schwierig zu berechnende Progressionen und Direktionen gehörten zu den bevorzugten Techniken.[10] Nur geringe Abweichungen in der Berechnung der Planetenstände für den Zeitpunkt der Geburt können bei dieser Methode zu einer Verschiebung prognostizierter Ereignisse über mehrere Jahre führen. Deshalb war es so wichtig, die exakten Planetenstände zu kennen.

Diplomatie erforderte auch die Gestaltung der Deutung: Die Mars-Venus-Konjunktion im Horoskop des kommenden Königs zeigt eine Neigung zu sexueller Ausschweifung und Trunksucht – da mußten die Worte wohl gewählt sein.

Tychos runde Horoskopzeichnung weist ein für die damalige Zeit ungewöhnliches Format auf. Es kann wohl als Übergangsmodell zwischen der quadratischen Darstellung des Mittelalters und der runden neuzeitlichen Form angesehen werden. Ähnliches ist nur von Heinrich Rantzau bekannt. Mit jenem Statthalter des dänischen Königs in Schleswig-Holstein stand er in gutem Kontakt. Rantzau diskutiert in seinen astrologischen Lehrbüchern verschiedene Methoden der Horoskopzeichnung.

Ein ästhetisches Himmelsmodell

Viele bedeutende Gelehrte Europas besuchten ihn, mit anderen stand er in Briefkontakt. Die neuen Theorien des Kopernikus waren ihm spätestens seit Wittenberg bekannt. Doch auch die hierauf gestellten Prudensischen Tafeln

---

Abb. Mitte: Alte und neue Horoskopzeichnungsmanier aus Rantzaus „Tractatus Astrologicus"
Abb. rechts: Horoskop Tychos für Prinz Christian IV. auf den 11.4.1577 Kopenhagen 4.30 Ortszeit

10) Plantiko 1993, Larsen 1995

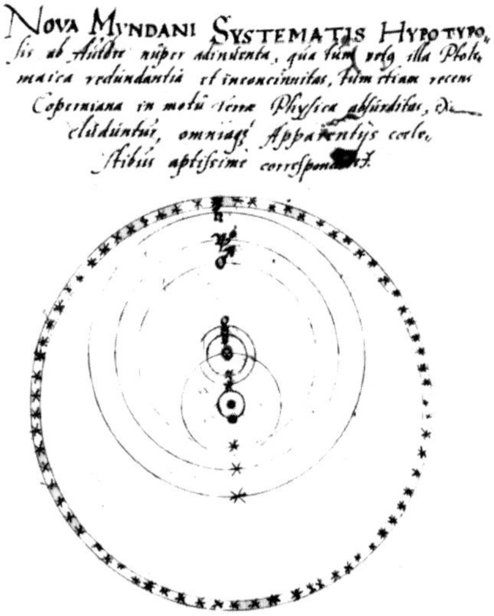

zeigten erhebliche Abweichungen von den tatsächlich beobachteten Gestirnsstellungen. Außerdem störte es die Protestanten, daß so keine philosophische Übereinstimmung mit der Bibel zustande kam. Briefwechsel mit Caspar Peucer, Melanchthons Schwiegersohn und Professor an der Wittenberger Universität, lassen vermuten, daß beide gemeinsam den Kompromiß zwischen dem heliozentrischen Modell des Ptolemäus und der Geozentrik von Kopernikus entwickelten. Im sogenannten *Tychonischen System* bewegen sich die Erde und alle Planeten um die Sonne – genau so, wie es auch die Bibel behauptet. Im Zentrum des Weltalls befindet sich die Erde. Um sie herum kreisen Sonne und Mond. Dieses Modell ist zum einen ästhetisch befriedigend, zum anderen bietet es die Möglichkeit, Astronomie und Theologie wieder miteinander zu vereinbaren. Es konstituierte sich in darauffolgenden Jahrzehnten als bevorzugtes Himmelsmodell protestantischer Universitäten.

Kosmisches Mysterium

Johannes Kepler (1571-1630), in Tübingen ein Schüler Mästlins, sollte eigentlich Theologe werden. Seine intensive Auseinandersetzung mit der Abendmahlsfrage (zu der er wohl ähnlich wie Melanchthon stand) verhinderte dies jedoch. Zugleich faszinierte ihn die Astronomie. Aus einer plötzlichen Eingebung heraus stellte er eine Beziehung zwischen den Abständen der Planeten untereinander und den Platonischen Körpern her. Tetraeder, Oktaeder etc. ergaben ineinander geschachtelt ungefähr die Größe der Himmelssphären.

Man kannte damals noch keine Gravitationsgesetze und ging statt dessen von unsichtbaren Schalen aus. Der junge Kepler veröffentlichte mit diesen Gedanken seine erste Schrift und erlangte wohlwollendes Interesse. Die Suche nach letztlich mathematisch befriedigenden Berechnungsmethoden für die Bahnen der Gestirne ließ ihn nie mehr los. Sein ganzes Leben suchte er nach befriedigenden Erklärungen. *Mysterium Cosmographicum* nannte er sein Lebenswerk.

Kepler konnte sich einfach nicht anpassen. Genau wie Tycho Brahe war er Individualist, zeitlebens bettelarm, ohne Pfründe in der Hinterhand. Man vermittelte ihm eine schlecht bezahlte Stelle als Schullehrer und Mathematiker im österreichischen Linz. Einen großen Teil seines Lebensunterhaltes verdiente er dort mit dem Deuten von Horoskopen und Erstellen von Jahresprognostiken.[11)]

Dabei schuf er Grundlagen für eine moderne, sich den Naturwissenschaften sehr annähernde Astrologie: Tierkreiszeichen und Häuser spielten eine untergeordnete Rolle, in den Vordergrund traten die Aspektwinkel zwischen den Gestirnen und Lichtern.[12)] Der 150°-Aspekt *Quincunx* ⊼ ist eine seiner Neuschöpfungen auf diesem Gebiet. Auf der Suche nach dem richtigen Horoskop für Jesus Christus untersuchte er Gesetzmäßigkeiten zwischen den Zyklen der Langsamläufer Jupiter und Saturn, der großen Konjunktion. Nach seiner Berechnung fand die Konjunktion Jupiters zu Saturn im Zeichen Fische (bekannt als Stern von Bethlehem) bereits sechs Jahre vor Beginn des offiziellen Julianischen Kalenders statt.

Brahe hatte sich inzwischen mit dem neuen Dänenkönig Christian IV. (der besagter Mars-Venus-Konjuntion alle Ehre machte) überworfen und war mit seiner ganzen Familie, Hab und Gut aus Dänemark weggezogen. Auf der Zwi-

---

Abb. Konzept eines Briefes Peucers an Tycho
11) Hammer 1971
12) Koch 1950

schenstation nach Prag hatte er in Rostock, dann bei Rantzau im holsteinischen Bredenburg und letztlich ein halbes Jahr in Melanchthons Haus in Wittenberg gelebt. Dort wurde ihm eine Prachtausgabe von Peter Apians *Astronomia Caesaricus* geschenkt. Drucktechnisch galt diese Arbeit als Meisterwerk, jedoch bereits zur Zeit ihres Entstehens hinkte sie dem wissenschaftlichen Forschungsstand völlig hinterher. Sie war noch an der geozentrischen Astronomie des Ptolemäus ausgerichtet. Tycho traf sich im Melanchthonhaus mit Caspar Peucer, dort erreichte ihn auch ein Brief aus Graz von Johannes Kepler, der Erasmus Reinhold erwähnte.

Der Däne bat den Wittenberger Mathematikprofessor Ambrosius Rhodius, ihn nach Prag zu begleiten. Bei der Ankunft am böhmischen Hof hielt er eine feierliche Rede über die Würde der Astrologie und erstellte hernach dem stark astrologiegläubigen Kaiser Rudolf II. das Horoskop.

Kepler benötigte zur Nachprüfung seiner Theorien unbedingt die umfangreichen Aufzeichnungen von Gestirnsbewegungen, die Brahe in Hven gemacht hatte. Und Tycho Brahe warb um das eigenwillige Rechengenie, um seine Beobachtungen mathematisch auswerten zu können. Nach einigem Hin und Her konnte Kepler Einsicht in die Aufzeichnungen nehmen, doch dann starb Brahe. Johannes Kepler bemühte sich um die nun freigewordene Stelle des kaiserlichen Hofastronomen bei Rudolf II. Der habsburgische Kaiser finanzierte ihm in den nächsten Jahren den Druck neuer Gestirnstafeln, einer Weiterentwicklung des kopernikanischen Modells. Es wurde sein Lebenswerk.

Das Titelbild der *Rudolphinischen Tafeln* zeigt in der Mitte die Insel Hven. Über allem schwebt der kaiserliche Adler. Goldtaler fallen aus seinem Schnabel als Zeichen für die Gunst des Hofes. Dieser von Kepler selbst entworfene Kupferstich enthält übrigens das einzig tatsächlich autorisierte Portrait des großen Astronomen und Astrologen. Ganz links unten im Sockel sitzt ein kleines Männchen mit Bart und Zipfelmütze am Tisch, vor einem Modell seines Astronomentempels. Ab und zu fällt ein spärlicher kaiserlicher Taler auch in seine Ecke: zu wenig zum Leben und zu viel zum Sterben.

Melchior Jöstelin, Professor für Mathematik und Astronomie, machte eigene Berechnungen und Beobachtungen und stand im Kontakt zu Kepler.

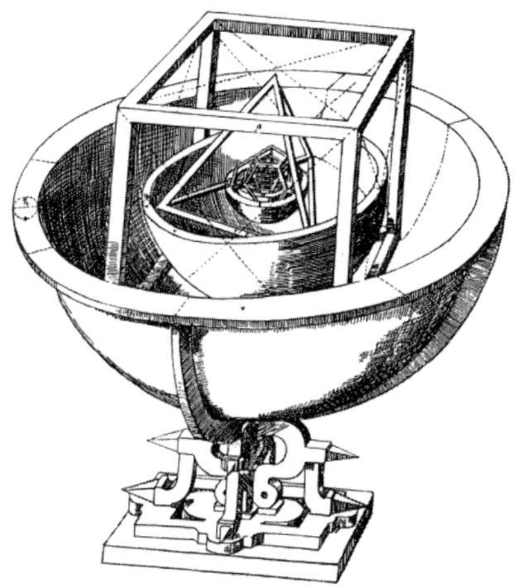

Nach Jöstelins Tod 1611 favorisierte die Universität zunächst den kaiserlichen Hofastronom Kepler. Seine außergewöhnlichen Talente bei der Berechnung von Planetenbahnen genossen mittlerweile Bekanntheit. Es könnten aber durchaus auch seine mehr philosophischen Ideen zur *Harmonie der Welt*[13] gewesen sein, die das Interesse der dortigen Universität weckten. Töne, Klänge und Rhythmen den Gestirnen zuzuordnen bot dort nichts Neues. Allein das Oberkonsistorium lehnte die Bewerbung des weithin geachteten Astronomen und Astrologen Kepler ab. Warum?

Abb. links: Zyklus der großen Konjunktionen, berechnet auf Christi Geburt. Johannes Kepler: „Epitome astronomiae Copernicae“, Linz 1616
Abb. oben: Platonische Körper als Sphärenmodell aus dem „Mysterium Cosmographicum“
13) Kepler 1615, Wattenberg 1972, Field 1987

Bereits während seines Tübinger Theologiestudiums hatte er innerliche Widerstände gegen die Abendmahlslehre der protestantischen Kirche entwickelt. Daß sich an der Wittenberger Universität nach Melanchthons Tod die orthodoxen Lutheraner durchgesetzt hatten, wird ihn abgestoßen haben. Ambrosius Rhodius erhielt die Professur.[14] Doch es blieb bei guten Kontakten zwischen beiden Städten. Wie ein großes, in Wittenberg erhaltenes Tafelbild beweist, Geschenk eines Linzer Malers oder Astrologen an die Wittenberger Bürgermeister.

Kepler arbeitete als Astrologe auch für den Feldherrn Wallenstein. Über diese Horoskope wurde viel geschrieben. Mal heißt es, Kepler hätte die Astrologie gehaßt und nur zum Broterwerb genutzt. Andere wiederum wollen aus der Tatsache, daß die für exakt zehn Jahre ausgearbeitete Prognose für den Feldherrn um die Zeit dessen Todes endet, den Schluß ziehen, er sei ein fähiger Sternendeuter.[15] Sie mögen bitteschön ein Buch Keplers lesen. Es hat den aussagekräftigen Titel:[16]

Tertius Interveniens. Das ist Warnung an etliche Theologos, Medicos und Philosophos, sonderlich D. Philippum Feselium, daß sie bey billicher

---

Abb.: Frontispiz der Rudolphinischen Tafeln mit Selbstbildnis nach Keplers eigenem Entwurf

14) Boockmann 1997

15) Förster 1862, Henseling 1940, Hammer 1971, Strube 1985, Steele 1995

16) Kepler 1971:15

Verwerffung der Sternguckerischen Aberglauben/ nicht das Kindt mit dem Badt außschütten/ und hiermit ihrer Profession unwissend zuwieder handlen.

Buchstabenrätsel aus Italien

Das Universalgenie Galileo Galilei (1564 -1642), Professor der Mathematik an der Universität Pisa, kam zwar ebenfalls ohne große Reichtümer zur Welt. Er konnte sein Wissen aber viel besser verkaufen, sich zur Schau stellen. Der Universalgelehrte pflegte allerbeste Kontakte zu den reichen Kaufleuten der Medici in Florenz, denen er auch die Horoskope stellte.[17] Aus Holland erreichte ihn zu der Zeit die erste Kunde über den Bau von Fernrohren. Er hatte die Mittel und obendrein die nötigen Sachkenntnisse, um sich selbst eines zu bauen. Binnen kurzer Zeit veröffentlichte er die Beobachtungen seines Instruments.

Die Monde des Jupiter (er hielt sie für Planeten) nannte er *Mediceische Sterne* und präsentierte sie den wohlhabenden Patriziern in einer stilvollen Zeremonie. Das Instrument schenkte er mit großer Geste Cosimo de Medici und wurde reichlich belohnt. Galileo vergaß nicht, auf den militärischen Nutzen *seiner* Erfindung hinzuweisen. Astronomisch war Galileos von jedermann nachzuvollziehende Entdeckung der Monde Jupiters eine Sensation, denn sie ließ den Rückschluß zu, auch die Erde könne sich um die Sonne drehen.

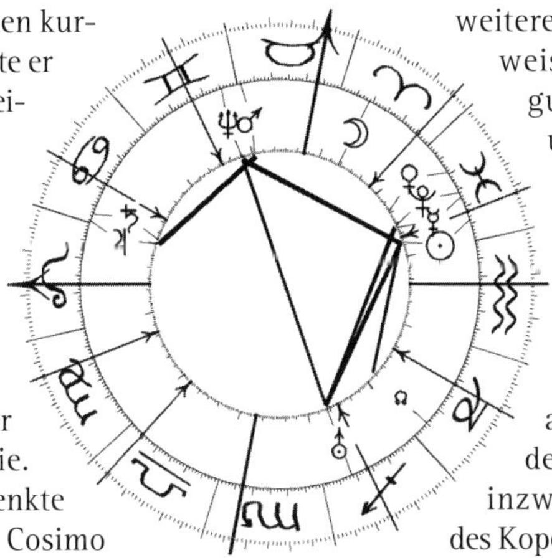

Kepler hörte von dieser Entdekkung und war bemüht, sich wenigstens für ein paar Tage solch ein Instrument zu leihen. Die Beobachtung begeisterte ihn ungemein, und er bat Galileo um weitere Informationen und um Unterstützung für das kopernikanische Modell. Als Antwort erhielt er ein Rätsel. Kepler machte sich mit unendlicher Mühe daran, aus den sinnlos zusammengewürfelten Buchstaben einen lateinischen Satz zu bilden. Endlich kam aus Italien die Lösung. Galileo hatte durch das Fernrohr auch die Phasen des Planeten Venus beobachtet – ein weiterer deutlicher Hinweis auf eine Bewegung der Planeten um die Sonne und nicht um die Erde. Galileo Galilei kannte sich auch in Diplomatie und Strategie hervorragend aus. Um sich vor der Inquisition, die inzwischen das Werk des Kopernikus auf den Index gesetzt hatte, zu schützen, kleidete er seine Erkenntnisse in die Form eines Dialoges zwischen gebildeten Männern der Klassik. Natürlich ging

das heliozentrische Modell aus dieser imaginären Diskussion eindeutig als Sieger hervor.

Einige Jahre später gelangte mit Urban VIII. ein Mann auf den Papststuhl, mit dem ihn eine enge persönliche Freundschaft verband. So konnte er hoffen, endlich kirchlicherseits den Segen für das Modell des Kopernikus zu bekommen. Er täuschte sich. Angestachelt durch mobbende Professoren-Kollegen aus Pisa zwang die Inquisition der katholische Kirche den alternden Galileo, seine Thesen zu widerrufen.[18] Immerhin: Er endete nicht wie Tycho Brahe in der Fremde, auch nicht wie Kepler gänzlich verarmt, sondern

---

Abb. oben: Galileos Radix, Autor unbekannt

Abb. links: Horoskop Galilei Galileos auf den 15.2.1564 Pisa 16 Uhr Ortszeit (julianisch)

17) Mirti 1992

18) Das Urteil gegen Galileo nahm Rom erst im Jahre 1992 zurück.

lebte fortan unter Hausarrest in der komfortablen Villa Il Giojello (Das Juwel) auf dem Lande.[19] Im Jahre 1633 sorgte er dafür, daß sein *Dialog* nach Straßburg in die Hände des Protestanten und Keplerfreundes Matthias Bernegger kam.[20] Aus dem Italienischen in die Gelehrtensprache Latein übersetzt, wurde es in Holland gedruckt.

Abb. oben: Frontispiz zu Galileos Dialog über die beiden Weltsysteme von 1632

19) Anm.: Auch Bertold Brecht scheint auf Galileos gloriose Selbstdarstellung als Opfer der Inqusition hereingefallen zu sein. Die im Theaterstück „Leben des Galilei“ geschilderte Kerkerhaft ist reine Fiktion.

20) Hembleben 1969:140

Von der Wagen

wag ist zum halber theyl erwehlt /
allein die lenden nit gezehlt.
die däwend krafft man stercken soll /
baden / clistiern / bekompt dir wol.
artzneyen gemeyngklich/ sahw vnd pflantz/
das haar vnd nägel lass nit gantz.

Wag das sibend zeychen / warm vnnd feucht / occidentisch / luffts natur / vnstät / männlich / cholerisch / venus hauss. hat am menschen den nabel / das vndertheyl dess bauchs / vnd die lenden. wann die sonn darinn ist / seind tag vnd nacht gleich lang.

so der mon darinn / ist nicht gut genannte glider artzneyen / oder mit eisen berüren / weder heuser bawen / noch darein ziehen / herrschafft oder ampt annemmen / inn krieg ziehen. gut tuch kauffen / neuwe kleyder anlegen / artzneyen / wunden schneiden / aderlassen / baden / haar abschneiden / vber land naher orient reyssen / botten senden / kauffen vnd verkauffen. das zeychen gibt feuchte warme zeit / macht offt regen vnnd wind / so es von dir sonnen auffgang gehet.

wer vnder disem zeychen geboren oder empfangen / wirdt natürlich / gleich als mit der wogen abgewegen / glückhafft vn vnglückhafft / gemeynklich gut / gerecht / rein / ehrlich / demütig.

ein knäblin geborn zwischen den 23. tag herbstmonats / vnn den 22. weinmonats / ist der natur dess zeychens wag / auss dem sanguineo. warm vnnd feucht / gleich männlich / vnstäten muts / kein langlecht haupt / tieffe schöne augen / scheibelecht

---

Text und Abb.: Bacharach 1583

stirnen / kleinen bart / grosse zapffen an der kelen / schönen angesichts / bleych vermisch mit rot / scharffe nase / grossen mundt / weit erhaben lefftzen / gehet gern mit gebogenem haupt / schamhafft / frölichen wesens / hat grossen fleiss seines leibs / hört gern das lob von ihm selbst / redet mit jedermann zärtlich / ist mildt / schnelles zorns / keret sich doch bald vmb / vergesslicher sinn / wirt jung vnkeusch / vnd geneusst dess / zu vilen künsten hat er liebe / helt seine sachen in geheym.

falb / vnd schwartz.

sein höchsten nutzung zeygen jm an alle lüfftige wässerechte ding / vnnd was das gewicht geben mag / gewürtz / artzney / vnnd was mit feur erwunnen wirt / ist mittelmessig.

aler alle jrdische ding seind jhm vnglücksam. sein kranckheyten dess leibs / werden im haupt / letzung / grosse feuchte im halss / schultern / eingeweyd / inn der lincken seiten. sein todt keret sich zu vergifftung dess geblüts / oder wirdt gifft empfahen durch böse weiber.

sein höchstes glück neyget sich gegen den landen der sonnen nidergang / gegen mitternacht / der auffgang ist mittel / nit vnglücksam / aber die land dem mittag vnderworffen / geben jm anzeygung dess vnfalls / angst vnd not.

die farben seind im allein gut / als braun / weiss / gelb /

ein meydlin geborn zwischen diesen zweyen tagen / ist leichten muts biss an jr ende / etwan weise / aber nit lang. ein ehemann hat sie nicht fast lieb / sie wirdt letzung am angesicht odder schmertzen derch heyss wasser empfinden. im alter zufälliger kranckheyten vmb haupt / halss / füssen / vnd bauch erleiden.

*

Von Aspecten

zu klarem verstandt / beschauwe folgende figur der aspecten.

✶

Sextilis Aspectus.

der sechst aspect ist / so 2. planeten oder zeichen vmb das sechste theil dess circkels (darinnen diss zeichen ✶ vndertheilt] von einander seind. der ✶ aspect bedeut eine heimlichen gunst / doch nit vollkommene freundschafft.

Quartilis

□

der vierig aspect / so sie vmb das viertheil dess circkels /durch disen □ quader vnderscheiden] von einander sind / vnd ist ein aspect dess hass / vnd vnvollkommener freundtschafft.

Trinus Aspectus

der dritt aspect / so die planeten der zeichen

△

vmb den dritten theil dess circkels / hie mit △ vndertheilet] von einander seind / bezeichnet offenbare vnd vollkommene freundtschafft.

Oppositus Aspectus

der dritt aspect / so die planeten vmb 6. zei-

☍

chen von einander / das ist gerichts gegen einander vber seind / ist ein aspect dess kriegs vnd offener feindtschafft.

Coitus, Coniunctio,

zusamenkommung / wirdt vnbillich ein aspect genant /

Text und Abb.: Bacharach 1583

Dist so die planeten weniger dann 12. grad von einander seind / oder so einer vnder dess andern glast. als dann wirt auch der mon oder ein planet der sonnen zugethan gesagt / so er derselben auff 16. grad der nechsl ist / wirdt auch also von der sonnen liecht verbrennt genannt.

So aber zween gute planeten vnder jhnen zusamen kommen / bedeutet offenbarlichen gunst vnd freundschafft / vnd jhre güte wirdt gemehret.

Zusamenkommung oder coniunctio ein guten planeten mit einem bösen / benimpt dess bösen bossheit / doch nit schaden dess guten / darumb dass seine güte etwas gemindert wirt.

Aspect △ vnd ⚹ / seind gut. ☍ vnd □ / seind bös. ☌ soll kein aspect genannt werden.

Der guten planeten guter aspect ist gut / als / △ / oder ⚹ ♃ vnd ♀.

Guter aspect böser planeten ist nit bös / als / △ / ♄ vnd ♂.

Guter aspect der mittelmessig ist gut / als / △ / ☽. vnd ♀.

Guter mittelmessiger mit einem guten / ist gul / als / △ / ♃ vnd ☽.

Guter mittelmessiger mit eim bösen / ist nit bös / als / △ / oder ⚹ / ♄ vnd ♀.

Böser der bösen / ist bös / als / ☍ oder □ / ♄ oder ♂.

Böser aspect guter planeten / ist nit bös / als / ☍ / ☽ / vnd ☿ / vnd □ / ♄ vnd ☉ / oder ☽.

Böser mitler / mit einem guten / ist nit bös / als / ☍ / ☿ vnd ♃ / vnd ☍ /♃ vnd ☉.

So man spricht / das ist guter aspect / verstehet man / dass er fürdere. So man aber spricht: er ist nit bös / gilt als vil / als fürdere er wol nit / so hindert er doch nit.

*

Schattenthemen

Die schwierige Verbindung
von spiritualisierter Erotik
und erotisierter Spiritualität
macht dem Skorpion sehr zu schaffen.

Liz Greene – Schicksal und Astrologie

Unter dem Zeichen Skorpion Geborene gehörten nach der Astrologie des Mittelalters zu den unliebsamsten Zeitgenossen. Ihnen wurden alle unangenehmen und negativen Charaktereigenschaften zugeordnet. Sie standen stets im Verdacht, mit den Mächten der Finsternis zusammenzuarbeiten, wurden buchstäblich in den Schattenbereich gedrängt. Von hier aus war es nicht mehr weit in die Folterkeller der Inquisition.

Wir aufgeklärten Mitteleuropäer des ausgehenden 20. Jahrhunderts erheben uns nur allzu gern über den Aberglauben des Mittelalters. Hexenverfolgung gehört längst der geschichtlichen Vergangenheit an, über die päpstlichen Moralenzykliken lachen wir und dank Sigmund Freud können wir seelische Probleme von akademisch ausgebildeten Experten wissenschaftlich fundiert bearbeiten. Und wenn wir zum Astrologen gehen, dann zu einem, der bitteschön auch einen „Dipl. Psych." in seinem Titel trägt. Man geht nicht mehr zum Wahrsager, sondern pflegt *Beratungskultur*. Berühmte Analytiker wie C. G. Jung und Fritz Riemann[1] haben den Weg geebnet. Das Horoskop auf Krankenschein rückt in greifbare Ferne.[2] Daß die Sternendeuterei 450 Jahre nach Melanchthon bald wieder glorreich die Universitäten erobert, daran zweifeln nur noch wenige.[3]

Immerhin, die Personalchefs arbeiten heutzutage bereits im großem Stil mit den Geburtsdaten von Stellenbewerbern.[4] Und im Internet-Zeitalter der globalen Vernetzung ist es auch überhaupt kein Problem, Computerhoroskope zu erstellen und global auszutauschen. Eigentlich fehlen nur noch Querverbindungen zu den Großrechnern der Krankenkassen und Geheimdienste. Aber wer weiß? Vielleicht gibt es das schon, und wir wissen es nur noch nicht. Brave New World, Aldous Huxleys *Schöne Neue Welt* läßt herzlich grüßen.

Um es mit anderen Worten auszudrücken: Die Unterschiede zur Kultur des Mittelalters sind gar nicht so groß. Wer heutzutage in die Fänge psychologischer Gutachter oder ins Visier von Rechtsanwälten gerät, tut gut daran, sich ähnlich geschickt zu verhal-

---

Abb.: Hexe mit „Incubus", einem (aufliegenden) Buhlteufel, dem Dämon des Alpdrückens

1) Riemann 1976; Meyer 1986
2) Jehle 1993:1,1995:1
3) Vetter 1993:45
4) Wierig 1994

ten wie jene, die vor einem halben Jahrtausend der Gesinnungsprüfung von Pfaffen und Bütteln ausgeliefert waren. Damals wurde man gefoltert, geächtet, mit Bann belegt, für vogelfrei erklärt.

In unserer modernen Warengesellschaft hat der auf einen langwierigen Gerichtsprozeß fast zwangsläufig folgende materielle Ruin nicht selten den sozialen Tod zur Folge. Wer nichts mehr kaufen kann, kommt auch kaum noch unter die Leute. Damals geißelte man sich nach übersteigerten christlichen Idealen, gab all sein Vermögen für Wallfahrten und Ablässe aus. Heutzutage gieren viele nach immer neuen psychotherapeutischen Kicks. Und wer es sich leisten kann, zahlt Zigtausende für eine Freudsche Psychoanalyse. Ihr Erfinder verglich sich abwechselnd mit solchen Größen wie Kolumbus, Moses, Kopernikus, Leonardo da Vinci, Darwin, Alexander dem Großen, Napoleon, Kepler und Göttervater Zeus.

Ausrottung des „Bösen"

Zumindest was Freuds anmaßenden Vergleich mit dem Astronomen und Astrologen Johannes Kepler betrifft, so wird an dieser Stelle Einspruch angemeldet. Wegen geschäftlicher Differenzen geriet Keplers Mutter mit der Glasersgattin Ursula Reinbold aneinander. Sie warf ihr liederlichen Lebenswandel vor, die Widersacherin antwortete mit dem Vorwurf der Hexerei. Katharina Kepler sei eine Hexe, hätte der Reinboldin vor Jahren einen bitteren Trunk verabreicht, worauf sie elend und krank geworden sei.[5]

Just zur Jahreswende 1615/16 waren im württembergischen Leonberg sechs Frauen als Hexen hingerichtet worden. Der Prozeß zog sich über fünf Jahre hin. Mit Hilfe eines Rechtsanwalts, Gesuchen und vor allem klugen Schreiben und Bittbriefen schaffte es Johannes Kepler tatsächlich, seine Mutter aus dem Kerker herauszuholen. Ein erwirkter Freispruch – zu jener Zeit eine wahre Meisterleistung!

Seit ihrer Etablierung durch Papst Innozenz IV. im Jahre 1252 hat die Inquisition je nach Schätzung zwischen einer und zehn Millionen Menschen das Leben gekostet. Anfangs noch wurde derjenige, welcher seinen Mitbürger zu Unrecht der Ketzerei bezichtigte, selbst bestraft. Erst als diese höchst praktikable Regelung außer Kraft trat, begann die eigentliche Zeit der Hexenverfolgung. Die Dimension der Hexenverfolgung nahm im 16. und 17. Jahrhundert schier unvorstellbare Maße an.[6]

Allein auf Anweisung des bischöflichen Kurfürsten von Trier landeten von 1587 bis 1593 in 27 Dörfern 368 Personen auf dem Scheiterhaufen, darunter sogar als Ketzer verschriene Geistliche, Ärzte und Beamte. In zwei Dör-

---

Abb.: Hexenverbrennung. Mittelalterlicher Holzschnitt eines unbekannten Meisters

5) Lemcke 1995:94f

6) Kühne 1995

fern blieben nur zwei Frauen übrig. An einem einzigen Tag brannten in dem so frommen Quedlinburg 133 Frauen. Oft fielen diese Menschen übler Nachrede zum Opfer. Meistens gaben die Frauen unter Folter alles zu, wie folgendes Protokoll von 1614 zeigt:

Da in der Güte nichts aus ihr zu bringen gewesen ist, so ist sie denn dem Scharfrichter befohlen worden, sie peinlich zu befragen und anzugreifen; als derselbe sie nochmals erinnert und vor der Tortur verwarnt, hat sie sich im Geringsten nichts gefürchtet oder entsetzt.

Der Scharfrichter hat sie bis aufs Hemd ausgezogen, die Hände gebunden und auf die Leiter gebracht. Wie ihr nun die Füße zusammengebunden, hat der Scharfrichter sie hineingedehnt.

Danach einen Pfefferkuchen oder spanischen Stiefel, wie sie es nennen, auf das rechte Schienbein gesetzt und allgemach solchen tiefer und härter hineingeschoben, worauf sie heftig geschrien.

Da hat ihr der Henkersknecht den Knebel ins Maul geschoben und ihr bedeutet, wenn sie bekennen wolle, solle sie mit dem Kopfe nicken.

Die Haare an allen Orten mit brennendem Schwefel weggesengt – und obwohl der Scharfrichter länger als zwei Stunden mit ihr zugebracht, eine heiße Pechfackel unter den rechten Arm – ihr die Haut mit weggerissen und etliche Tropfen brennenden Schwefel auf den Bauch geworfen, die dann fast eine halbe Viertelstunde gebrannt, hat sie nichts bekennt - sie könne nichts bekennen, sie habe nichts Böses getan.

Brechen wir hier die Beschreibung ab. Die Folter wurde am nächsten Tag wiederholt, worauf die Frau starb. Es ist klar, daß bei solchen Untersuchungen nur die Schuldigkeit der Angeklagten das Ergebnis sein kann.

Heilkundige Hexen

Als Neujahrsgruß für seine Freunde zeichnete Hans Baldung, genannt Grien (wegen seines grünen Hütchens) 1527 die *Drei Hexen beim Einsalben.*

Mit Aphrodisiaka und Rauschdrogen vermischte Salbe hat die drei Körper schon glänzend gemacht. Während die unterste sich bückt und ihre Dienste als Reitpferd anbietet, steigen die beiden anderen rittlings, d.h. umgekehrt auf. Alle Nacktheit und Erotik dieses Bildes zeigt, was die damalige päpstlich-christliche Moral tabuisierte.

Sicherlich waren solche Drogenexzesse damals üblich. Doch auch in das Bier, welches das Volk mehr als Wasser trank, mischten die Brauer alle möglichen rauschsteigernden Zusätze: Vor allem Bilsenkraut (daher der Name für das Pils). Die traditionelle Naturheilkunde der Frauen, reich an Praxiserfahrung, Körperlichkeit und Wissen um die Anwendung von Heilkräutern befand sich damals schon auf dem Rückzug. An den Universitäten entstanden medizinische Fa-

Abb.: Drei Hexen beim Einsalben. Hans Baldung, genannt Grien, 1514

kultäten, zu denen nur männliche Studenten eine Zulassung erhielten - die zudem wohlhabend genug sein mußten, um die Studiengebühren zu bezahlen. Wenn man von der Hilflosigkeit der Ärzte zu jener Zeit hört, muß man bedenken, daß diese Herren an der Universität erst einmal jahrelang Latein, Philosophie, Theologie und natürlich Astrologie lernten, und als einziges Heilmittel den Aderlaß kannten.

Frauen blieben von diesem Bereich völlig ausgeschlossen. Als Beispiel sei der Fall der Jocoba Felicie genannt.[7] 1322 war sie von der medizinischen Fakultät der Pariser Universität wegen illegaler Berufsausübung angeklagt mit dem Vorwurf: „... daß sie ihre Patientinnen von inneren Krankheiten und Entzündungen sowie äußeren Abszessen heilte."

Im englischen Parlament reichten universitätsgebildete Ärzte mit ähnlichen Argumenten ein Gesuch ein, in dem sie über die „nichtsnutzigen und vermessenen Frauen klagten, die sich den Beruf auszuüben maßten".

Wenn Ärzte auch die Naturheilkunde erlernten, dann mußten sie aufpassen, nicht selbst in den Strudel der Inquisition hineingezogen zu werden. Sogar der dickschädelige und eigensinnige Philippus Aureolus Theophrastus Bombastus von Hohenheim, genannt Paracelsus (1493–1541), mußte im Jahre 1527 seine Schrift über die Pharmazeutika mit dem Geständnis verbrennen, er habe „von der Zauberin alles gelernt, war er wisse". Paracelsus hat übrigens eine ganze Reihe von astrologischen Prognosen herausgegeben. Die las auch Melanchthon, allerdings mit erheblicher Skepsis.[8]

Der Schweizer Arzt, Astrologe und Alchemist Paracelsus korrigierte viele falsche Auffassungen über das Wesen der Natur, erdachte und entwickelte Medikamente und führte diverse neue medizinische Behandlungsweisen ein. In seinen zahlreichen, nicht immer leicht nachvollziehbaren theoretischen Schriften und magischen Unterweisungen forderte er unter anderem von den Ärzten, sich in Astronomie und Astrologie kundig zu machen, um astrale Einflüsse auf die Gesundheit verstehen zu können.

Paracelsus ist letztlich für die Medizin wichtiger gewesen als für die Astrologie, dennoch hat er wesentlichen Einfluß auf die Verfeinerung der Mikro-Makro-Kosmos-Theorie gehabt und auch die Brücke zwischen Astrologie und Medizin geschlagen.[9] Viele Erkenntnisse und Methoden der Astromedizin sind auf seine Thesen und Theorien zurückzuführen:

Die Sterne zwingen uns zu nichts, sie verleiten uns auch zu nichts.

Wenn wir sagen, daß ein weiser Mann über die Sterne herrscht, meinen wir, daß er Herr ist über die Kräfte, die in seinem Geist tätig sind und durch die sichtbaren Sterne am Firmament symbolisiert werden.

Zu den prominentesten Absolventen der Wittenberger Universität, die Astrologie und Medizin erfolgreich miteinander verbanden und es zu öffentlichem Ansehen brachten, gehört Peter Cnemiander, dessen Horoskopzeichnungen auch heute noch im Geheimen Preußischen Staatsarchiv eingesehen werden können.[10] Als Stadtarzt und erster Apotheker in Cottbus beriet er den Markgrafen von Stettin.[11]

Der Gang in die eigene Tiefe

Die Grundidee der Hexenverfolgung liegt in der Vorstellung, daß Dämonen wollüstige Träume verursachen und im Schlaf in Gestalt eines Mannes mit Frauen bzw. in Gestalt von Frauen mit

---

Abb.: Theophrastus Bombastus von Hohenheim, genannt Paracelsus

7) Ehrenreich und English 1977
8) Rhein 1991
9) Mertz 1993
10) Cnemiander 1554, 1562
11) Liersch 1904

Männern verkehren. *Incubus* heißt der Teufel, wenn er in der männlichen Rolle beim Geschlechtsakt oben liegt, und entsprechend *Succubus* als Untenliegende in weiblicher Gestalt.[12)]

Sobald Theologen im 9. Jahrhundert all ihre wohlklingenden lateinischen Fachtermini in die Welt gesetzt hatten, begann das jahrhundertelange Blutbad im Namen der Kirche. Tiefenpsychologisch könnte diese Wahnvorstellung als Resultat einer in den Schatten gedrängten und nicht ausgelebten Sexualität der männlich dominierten christlichen Kirche gedeutet werden.

Aus Wittenberg sind zumindest für die Zeit der Reformation keine Hexenverbrennungen zu verzeichnen. Vielleicht ist dies ein Ergebnis der Bemühungen Luthers und Melanchthons, Zugang zum eigenen Unbewußten zu erlangen und sich mit dem eigenen inneren „Teuflischen" zu versöhnen? Luther beklagte als Mönch lange die Unterdrückung seiner Sexualität. Auf der Wartburg schrieb er an Melanchthon:

Ich brenne durch das große Feuer meines ungezähmten Fleisches.

Ich, der ich brünstig sein sollte im Geist, bin brünstig im Fleisch, Geilheit, Faulheit, Müßiggang und Schlafsucht.

Und einige Wochen später dann:

So viel Schreckliches tritt mir täglich in dem elenden Zölibat der jungen Frauen und Männer entgegen, daß meinen Ohren nichts widerwärtiger ist als der Name Nonne, Mönch und Priester.

Letztlich stellte er die Beziehung zwischen Mann und Frau ganz ins Zeichen der evangelischen Freiheit. In der Folge gestattet man den protestantischen Pfarrern die Heirat. Luther selbst erlebte auf diesem Gebiet eine Spätzündung. Erst mit mehr als 40 Jahren heiratete er eine ehemalige Nonne namens Katharina von Bora, die sogar noch von selbst auf den Gedanken gekommen war, ihn zu ehelichen.

Zuerst schien es wie eine reine Vernunfheirat auszusehen. Später dann gab er zu, die „größten Siege gegen den Teufel nachts zu Seiten seiner Käthen" errungen zu haben. Melanchthon irritierte die Heirat des ehemaligen Augustinermönchs so sehr, daß er nicht einmal zur Hochzeit kam. Als man ihm vorschlug, die Tochter des Bürgermeisters zu ehelichen, mußte man ihn anfangs auch sehr drängen. Melanchthons Prüderie hatte kuriose Seiten. Studenten schrieben einen Traum[13)] ihres Professors damals in ihrer mittelalterlichen Schreibweise wie folgt auf:

D. Philippus hat geträumet, er were in einem schönen gemach, welches mit köstlichen Teppichen und gülden stucken gezieret.

Und wie er die schöne Teppiche besihet, wird er unter einem teppiche einer Thür gewar, das findet er eine Kammer, die vil hüpscher dann das vorige gemach zu gericht, darinnen ist ein brautbette aus dermassen köstlich geschmuckt. Und in dem er das köstlich Brautbette besiehet, wird er eines gar nacketen schönen weibes bildes hinder dem bette auff einer laden sitzend, gleich als obs auff jren breutigam wartet, gewar und wie ja gedaucht, so hatte er alle seine lebtag kein solches schön Weibsbild gesehen, darob er dann erschrocken, und zur kammer hinausgeeilet.

Aber gleich im eilen, hat ja das schön nacket weiblin angered, Ah Philippe weich nicht von mir, In dem ist er erwacht.

Melanchthon betrübte dieser Traum im höchsten Grade, denn er glaubte, derselbe bedeute seinen eigenen Abfall von der evangelischen Sache. Nun, er hätte sich vielleicht auch mehr über diese erotische Fantasie freuen können. Aber

---

Abb.: Inschrift Rabine SchemhaMphoras *am „Judenschwein", Stadtkirche Wittenberg*

12) Gerlach 1980:15

13) Corpus Reformatoricum XX, 688. Nach Hartfelder 1889. Siehe auch: Hark 1977

immerhin lauschte auch er in sein eigenes Unbewußtes hinein und entging so der Gefahr, Schattenthemen zu verdrängen und auf sogenannte *Hexen*, d.h. machtvolle Frauen, zu projizieren.

Der alternde Luther leistete sich die größte Entgleisung beim Aufruf, den Juden ihre Synagogen anzustecken. Bereits damals hatte der Antisemitismus Tradition. In Wittenberg hatte man die Juden schon im 15. Jahrhundert aus der Stadt gejagt. An zentraler Stelle der Stadt, dem Sims der Stadtkirche, prangte eine damals in vielen Orten Deutschlands übliche Verhöhnung: Das Judenschwein. Luther konnte es bei seinen Kirchgängen allsonntäglich sehen, denn er predigte just in dieser Kirche.

Daß man die Juden, gegen die Luther hetzte, lange vor seiner Zeit aus der Stadt vertrieben hatte, zeigt den irrealen Hintergrund seiner Hetze. Und überhaupt: Juden wurden seit dem Mittelalter praktisch für alles verantwortlich gemacht, auch für den Ausbruch der Pest.[14]

Antisemitismus propagierte die christliche Kirche bereits seit dem frühen Mittelalter. Er zieht sich bis in die nahe Gegenwart.[15] Kurz nach der sogenannten *Reichskristallnacht* verschickte der thüringische Landesbischof Martin Sasse eine Zusammenstellung von Antisemitica aus Luthers Schrift *Von den Juden und ihren Lügen*, versehen mit einem Vorwort, in dem es heißt: „Am 10. November 1938, an Luthers Geburtstag, brennen in Deutschland die Synagogen".[16]

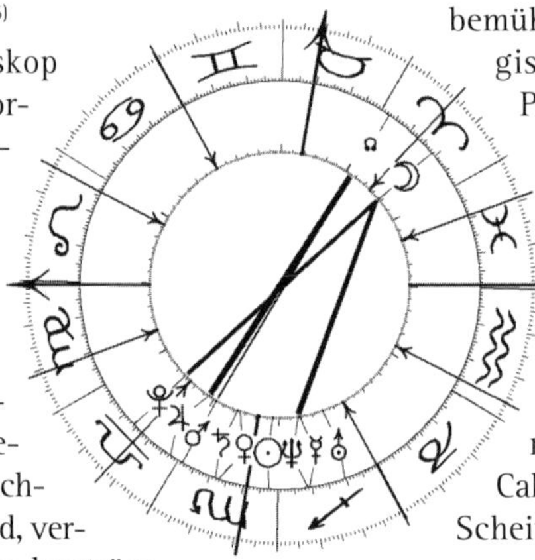

Ob Luthers Horoskop tatsächlich auf jenes skorpionische Datum berechnet werden sollte? Sein Judenhaß ist ein Werk jener unglücklichen Jahre, in denen er krank dahinsiechte und das mutmaßliche Scheitern seiner Theologie befürchtete. Philipp Melanchthon, sein engster Freund, vertrat hingegen eine ganz konträre Haltung. Mehr noch: Philipps Onkel Reuchlin galt als prominentester Vertreter eines toleranten Christentums, setzte sich vehement für die Aussöhnung mit dem Judentum ein.

Im Alter entwickelte sich allerdings auch bei Magister Philippus Fanatismus und Rachsucht. Einst verband ihn mit dem Arzt und Astrologen Miguel Servet ein enges geistiges Band. Mit den Jahren dann wandelte sich Zuneigung in Haß.[17] Der spanische Adelige gehörte zum Hofstaat Kaiser Karls V. und war dort wahrscheinlich auch Melanchthon persönlich begegnet. Er konvertierte zum protestantischen Glauben, konnte aber das lutherische Dogma der Dreifaltigkeit Gottes nicht akzeptieren.

Mit der Veröffentlichung seiner Schrift *Christianismi restitutio* (Die Wiederherstellung des Christentums) brachte er die sich verhärtende protestantische Bewegung gegen sich auf und mußte sich verstecken. In Lyon bemühte er sich, astrologische Schriften des Ptolemäus zu reformieren.

Servet wurde bei einem Aufenthalt in Genf erkannt und gefaßt. Der dort gesinnungsdiktatorisch herrschende Calvin ließ ihn auf dem Scheiterhaufen verbren-

---

Abb. oben: Luther-Horoskop 10.11.1483 um 23.20 LMT Eisenach, nach Garcaeus
Abb. links: Portrait des Miguel Servet
14) Schulte van Pol 1997
15) Goldhagen 1996:74f
16) Weiss 1997
17) Tollin 1876

nen. Melanchthon gratulierte Calvin in einem offenen Brief zur Verbrennung mit den Worten: „Ein frommes und denkwürdiges Beispiel für die ganze Nachwelt."

Im Zeichen der gekrönten Fledermaus-Schlange

Lucas Cranach, Hofmaler Friedrichs des Weisen, bekam 1509 von seinem Kurfürsten die Erlaubnis, eine geflügelte Schlange (Symbol des sich verwandelnden Skorpion-Naturells) im Wappen zu tragen. Er signierte damit alle seine Gemälde und Holzschnitte. Nach dem frühen Tod seines Sohnes zeichnete er die Fledermausflügel nur noch traurig herabhängend.

Anfangs zeichnete er auch noch prachtvolle Planetentafeln, dann aber konzentrierten sich seine Werke fast ausschließlich auf die Bildpropaganda der Reformation.[18] Cranach baute seine Werkstatt in Wittenberg immer mehr aus, sie hatte mit ihren vielen Angestellten bald die Größe einer Manufaktur. Malereien und Kupferstiche arbeitete er nur noch in Grundzügen aus, delegierte sie dann weiter an seine Werkstatt.

Bald bekam er das lukrative Apothekenrecht hinzu, das auch mit der Erlaubnis zum Verkauf von Wein verbunden war. Cranach ließ sich zum Bürgermeister wählen, erwarb Häuser und betrieb einen florierenden Druckereibetrieb.

Die Reformation wurde vor allem durch Flugblätter und Bücher verbreitet, und das kleine Städtchen Wittenberg gehörte Anfang des 16. Jahrhunderts zu den größten Druckorten Europas.[19] Um das einfache Volk für die Reformation zu begeistern, brachte man Flugschriften wie *Der Höllensturz des Antichrist* in Umlauf: Der Papst, umgeben von fliegenden Monstern, stürzt ins Fegefeuer. Er soll der falsche Prophet sein, nicht Luther – darum geht es in diesen zahlreichen Drucken, die sich in ihrem ganzen Stil völlig von der subtilen Bildsprache der italienischen Renaissance unterscheiden.

Religion – ein Machtspiel

Wir sahen in den vorausgegangenen Kapiteln, wie stark sich der katholischen Kirche nahestehende Astrologen darum bemühten, aus Luthers Horoskop negative Seiten herauszulesen. Daß Luther im Zeichen Skorpion geboren sei, war dabei schon Argument genug. Eine moderne Horoskopdeutung würde aus diesen Konstellationen herausdeuten, sein Charakter neige zu Schattenprojektionen, er sei sehr leidenschaftlich und könne sowohl bei sich als auch bei anderen tiefgehende Wandlungsprozesse auslösen. Es heißt, daß Menschen mit der Sonne im Skorpion bewußt oder unbewußt im intensiven Kontakt zur Kollektivpsyche stehen.

Luther dachte aufgrund seiner Herkunft als Sohn einfacher Bergleute nicht strategisch, sondern sehr einfach. Das machte ihn beim Volk so beliebt. Möglicherweise war er nicht mehr (aber auch nicht weniger!) als eine Kristallisationsfigur für die Kollektivpsyche seiner Zeit. Es heißt, Skorpion-Geborene suchen das Tabu, haben eine intensive Beziehung zum Dunklen und zur Sexualität. Lange hielt sich das Gerücht, Luther habe die Erleuchtung „beim Pissen" bekommen, in der Kloake. Möglicherweise handelt es sich hierbei um einen Übersetzungsfehler, wurde ihm diese Mähr nachträglich angedichtet.[20]

In der mittelalterlichen Tradition ist jener Ort ein beliebter Aufenthalt des Teufels und anderer unreiner Geister. Sollte der Reformator seine Inspiration folglich durch den Leibhaftigen dortselbst bekommen haben, wären auch alle seine Anhänger große Sünder. Letztlich waren diese Gerüchte damals auch nur Teil einer Politik, die darauf abzielte, den Gegner zu verteufeln.

Lucas Gauricus behauptete in seiner bereits erwähnten Horoskopdeutung, der Reformator sei im Tode vom

---

Abb.: Wappen Lucas Cranachs d. Ä.

18) Zimmermann 1937

19) Kühne 1993

20) Joestel 1992

Satan geholt worden und zur Hölle gefahren. Nicht wenige einfache Menschen hielten damals so etwas wirklich für möglich. Deshalb bemühte man sich auch von evangelischer Seite so sehr darum, das Ende des Reformators möglichst harmonisch zu schildern.

Daß Luther wenige Wochen vor seinem Tode die Welt als einen After bezeichnete und sich als die Wurst, die nun hinausgequetscht werden müsse, war zugegebenermaßen nicht zitierfähig.

Was ein Augenzeuge berichtet, klang da doch schon viel besser: „Er tat einen tiefen, doch sanften Atemzug, mit dem er seinen Geist aufgab, mit Stille und großer Geduld."

Und damit niemand Zweifel am guten Ende hegte, waren immer viele Zeugen zugegen, wurde der Verstorbene noch schnell gezeichnet - möglichst mit entspanntem Gesicht. Auch Philipp Melanchthon ist, wenn man dem posthumen Portrait Lucas Cranach des Jüngeren glauben darf, friedlich entschlafen und hat im Todeskampf nicht die Hölle gesehen. Sein Schwiegersohn Caspar Peucer fragte den Sterbenden nach einem letzten Wunsch. „Nichts als der Himmel", so lautete die Antwort des Sterbenden.[21] Nach anderer Überlieferung hoffte er, wenigstens dort Ruhe vor den zänkischen Theologen zu haben - wohl ebenfalls nicht zitierfähige letzte Worte.

Antichristi.

Es ist ergriffen die Bestia vñ mit yr d falsch prophet der durch sie tzeychen than hat do mit er vorfurdt hat/ die sso seyn tzeychē von yme genommen /vnd sein bildt angebet sseynt versenckt yn die teuffe des fewirs vnd schwefels vnd seynd getodt mit dem schwerdt des der do reydt vffim weyssen pferdt/ das auß seynē mauel gehet. Apocal: 19. Danne wirdt offenbar werden der schalckhafftige denn wirdt der herr Jesus toeten mit dem atem sseyns mundes vnd wirdt yn sturtzen durch die glori seyner zukunfft. 2. ad Tessa. 2.

Dem Geist auf die Schnauze

Auch nachdem Luther die Mönchskutte ausgezogen hatte, blieb er geistig dem Gründer des Augustiner-Ordens verpflichtet. Vielleicht ist hierin ein Grund für Luthers überwiegend ablehnende Haltung gegenüber der Sternendeuterei zu sehen - neben dem Ärger über die verteufelnde Deutung seines Horoskops durch den katholischen Bischof Lucas Gauricus. Kirchenvater Augustinus (geb. 13.11.354 in Algier) nahm des öfteren Stellung zur Astrologie. Unter anderem heißt es, daß er „von Freunden davon abgehalten wurde, für diese Dummheiten Mühe und Arbeit zu verschwenden".

Andererseits steht bei ihm geschrieben, daß „es durchaus nicht widersinnig ist anzunehmen, daß himmlische Einflüsse gewisse Veränderungen des menschlichen Körpers bewirken können".[22] Für den Christen Augustinus galt das intellektuelle Herangehen an die Welt jedoch wenig, Herz war wichtiger als Hirn:[23]

Miteinander reden und lachen / sich gegenseitig Gefälligkeiten erweisen / zusammen schöne Bücher lesen / sich necken / dabei aber auch einander sich Achtung erweisen /
mitunter sich auch streiten / ohne Haß / so wie man es wohl einmal mit sich selbst tut /
manchmal auch in den Meinungen auseinandergehen und damit die Eintracht würzen / einander belehren und voneinander lernen / die Abwesenden schmerzlich vermissen /
die Ankommenden freudig begrüßen / lauter Zeichen der Liebe und Gegenliebe / die aus dem Herzen kommen / sich äußern in Miene / Wort und tausend freundlichen Gesten und wie Zündstoff den Geist in Gemeinsamkeit entflammen / so daß aus den Vielen eine Einheit wird.

In diesen Worten muß sich auch Luther wiedergefunden haben. Die von der Astrologie ausgehende Gefahr, mechanistisch an die Welt heranzugehen, schreckte ihn ab. Wenn man seine wenigen, aber etwas rüde-ablehnenden Bemerkungen zu diesem Thema liest, dann muß man sich auch gleichzeitig

---

Abb.: Der Höllensturz des Antichrist, Schlußbild im Passional Christi und Antichristi. 1521

21) Urban 1991

22) Bekenntnisse, Buch IV, Kap. 3, Gottesstaat, Buch V, Kap. 6., nach: Sementowskiu-Kurilo 1970

23) Bekenntnisse. In.: Diakonie 2/96, Berlin 1996

gewahr sein, daß der Reformator Konkurrenz zu seiner Vorstellungswelt nicht dulden konnte.

Ohne diesen unbedingten Willen Luthers zu geistiger Herrschaft hätte die Reformation buchstäblich einpacken können. Der ehemalige Mönch initiierte die Reformation, und er erstickte ihre Weiterentwicklung, als ähnlich machtbesessene Charaktere auf den Plan traten. Sein primitives und brutales Verhalten in kritischen Situationen entlarvt das Anliegen der evangelischen Christen. Es geht – zumindest was die folgende Geschichte betrifft – nicht um Glaube oder Religiosität, sondern einzig und allein um die geistige Herrschaft über möglichst viele Menschen.

Als Luther zurückgezogen auf der Wartburg an der Bibelübersetzung arbeitete, erhielt er die Nachricht von Zwickauer Propheten, die in Wittenberg immer populärer wurden. Um seine Macht zu sichern, zog er Melanchthon für Erkundigungen heran:

Frage, ob sie jene geistlichen Ängste und göttlichen Geburten erfahren haben, Tod oder Hölle.

Wenn Du hörst, es sei alles sanft, ruhig, andächtig und religiös, so lasse sie nicht gelten, auch wenn sie in den dritten Himmel gerissen sein wollen.

Die göttliche Majestät redet nicht unmittelbar. Er redet durch Menschen – ihn selber reden zu hören, kann niemand ertragen. Gott ist ein verzehrendes Feuer; selbst der Heiligen Träume und Visionen sind schrecklich.

Zurück in Wittenberg kam es dann zum direkten Kampf mit Markus Stübner, dem führenden Kopf der radikalreformerischen Zwickauer Propheten:[24]

Luther: *„Wer versteht denn solche Sprache?"*

Stübner: *„Ich predige nur für geschickte und verständige Menschen."*

Luther: *„Woher weißt du denn, ob sie geschickt sind?"*

Stübner: *„Ich wills ihnen bald ansehen. Wenn ich einen ansehe, merk ich sofort, was er für ein Pfund hat."*

Luther fröhlich: *„Lieber Markus, was habe denn ich für ein Pfund?"*

Stübner: *„Du bist im ersten Grade der Beweglichkeit. Du wirst noch kommen in den Grad der Unbeweglichkeit, in dem ich bin."*

Luther: *„Wie kommt man in den Grad der Unbeweglichkeit?"*

Stübner: *„Stehe in der Langeweile, wie ich es gestanden bin, dann wirst du es auch erfahren. Da wird die himmlische Stimme kommen und Gott selbst mit dir reden."*

Luther ist etwas verblüfft. *Er begreift, warum Freund Melanchthon so hingerissen war von den Propheten. Diese kühle Sicherheit, dieser feierliche Ernst imponieren ihm selber. Für einen Augenblick versucht er, sich in den Geist des Menschen zu versetzen ...*

Da lächelt Markus milde: *„Da du den Geist Gottes in mir wirken siehst, will ich dir sagen, was du gegenwärtig denkst. Du fängst jetzt an zu glauben, daß es wahr ist, was ich sage."*

Luthers Trotz fährt hoch. *Gott straf dich, Satan! Denkt er und streckt die Hände hoch: „Gott läßt es bei seinem Wort bleiben und will außerdem nicht mit uns handeln. Ich will mit dir nichts zu schaffen haben, es sei denn, du tust Zeichen!"*

Stübner: *„In sieben Jahren wirst du Zeichen sehen."*

Luther schreit: *„Mein Gott wird deinen Gott verhindern, Zeichen zu tun ohne den Willen meines Gottes!" Und nach einem Moment der inneren Bestürzung setzt er hinzu: „Eurem Geist hau ich auf die Schnauzen!"*

Die moderne Astrologie ordnet dem Tierkreiszeichen Skorpion einen Planeten zu, der erst im 20. Jahrhundert entdeckt wurde. Möglicherweise lassen sich die bislang geschilderten psychischen Themen besser diesem Planeten zuordnen als dem alten Planetenherrscher des Skorpion, dem Mars.[25] Auch das Verständnis der tiefen menschlichen Kräfte, die der ganzen Hexenthematik letztendlich zugrunde liegen, hat in der heutigen Zeit eine neue Bewertung erfahren.[26] Insofern muß die ganze Problematik der Schuld, wie sie das Mittelalter auffaßte, jetzt natürlich aus einem völlig anderen Blickwinkel betrachtet werden.

Umgekehrt ist es jedoch auch wahr, daß viele Tabuthemen unserer heutigen Gesellschaft nicht hinterfragt werden. Schattenprojektionen gibt es wie früher, inquisitorische Gewissensprüfungen, die in Form des *Mobbings* genauso zum Tode führen können, nicht durch die Folterbank, aber durch z.B. psychosomatisch-streßbedingte Magengeschwüre und Herzinfarkte.

All dies sei nur erwähnt, um die Leser einzustimmen in eine astrologisch-christliche Thematik, die ansonsten möglicherweise lächerlich empfun-

---

24) Nigg 1957
25) Orban 1989, Frey 1995
26) Simons 1982, Cunningham 1986

den wird. Wir modernen Jetztzeitmenschen sind nicht klüger oder besser, nur ganz einfach anders als unsere Vorfahren des Mittelalters. Lassen wir uns inspirieren vom uralten Kindergruselmärchen der

Sieben Todsünden

Nach katholischer Lehre bezeichnet *Peccatum mortale* im Unterschied zur läßlichen Sünde diejenige Sünde, welche den Verlust des Gnadenstandes zur Folge hat. Sie kennzeichnet drei Merkmale: Versündigung in einer wichtigen Angelegenheit, volle Erkenntnis der Sündhaftigkeit sowie völlige Einwilligung.

Die Todsünde wird nachgelassen durch das Bußsakrament, im Notfall auch durch die Liebesreue allein. Das Christentum greift bei der Definition der verschiedenen „wichtigen Angelegenheiten" wie in vielen anderen Bereichen auch auf die Analogie-Ketten der Astrologie zurück. Jede der sieben Sünden entspricht einem der damals bekannten Planeten und Lichter.[27]

Auf die Psychomarkt-Terminologie der heutigen Zeit übertragen steht der Begriff *Todsünde* wohl für die Gefahr, sich seiner selbst untreu zu werden, den Kontakt zur inneren Stimme zu verlieren. Wenn Wolfgang Döbereiner, einer der renommiertesten Astrologen im Deutschland an der Schwelle zum 21. Jahrhundert, im Zusammenhang mit astrologischen Konstellationen von den „drei Stufen der Selbstvernichtung" schreibt, dann meint er dies auch nicht wortwörtlich, sondern bedient sich nur einer recht drastischen Bildersprache, in Anpassung an den Zeitgeist.[28] Es geht halt darum, den trägen Geist wachzurütteln, Bewußtheit zu erreichen.

Beginnen wir nun mit den mittelalterlichen Sünden-Beschreibungen, angepaßt an die modernen Deutungsanalogien.

♄

Geiz ist die Schattenseite des Saturn und der dazu gehörenden Zeichen Steinbock und Wassermann. Die Kräfte Saturns bewahren, werden sie richtig genutzt, die Substanz des Körpers. Sie halten die Ichgrenzen, geben Stringenz und Charakter. Das Zusammenziehen kann sich aber auch im psychischen Kleinmachen gegenüber anderen bzw. im Kleinmachen Anderer, in übertriebener materieller Sparsamkeit und Lustverweigerung äußern. Geiz bedeutet im Extrem seelische Kälte, Verweigerung gegenüber dem Leben.

♃

Maßlosigkeit, das findet sich in ewiger Gier nach Lob und Anerkennung, Freßsucht und Völlerei - heutzutage als Größenwahn und Konsumideotie bekannt. Die große Stärke Jupiters liegt in der Fähigkeit zu Kompensation, zum Ausgleich von Schwächen, und in einem Optimismus, der über Schlimmstes hinweghilft.

♂

Jähzorn: Als Jupiter seinen über alle Maßen strengen Göttervater Saturn stürzen wollte, konnte er dies erst er-

---

Abb.: Planetengötter aus Pegius' Geburtsstundenbuch. Basel 1586/1924

27) Mertz 1987

28) Döbereiner 1985:60

reichen, als er nach vielen Bedenken seinen zornesroten Bruder Mars um Hilfe bat. Mars steht für Zerstörung, aber auch für die Fähigkeit, Individualität zu erkämpfen und die ansonsten ewig bestehende psychische Nabelschnur zu Familie, Herkunft und Sippe zu durchtrennen.

Gerechter Zorn wird von der Bibel ausdrücklich gutgeheißen. Was dies allerdings im Angesicht der Millionen von Toten bedeutet, die Opfer von Hexenverfolgungen, Zwangschristianisierungen, Religionskriegen, Judenprogromen, Bartholomäusnacht etc. bedeutet, darüber könnte spekuliert werden. Mars, der orientierungslose Kriegsgott, kennt keine Moral. Eine moderne Deutung wäre: „Energie, richtungslos in Bewegung."

♀

Wollust als Todsünde zu bezeichnen, das klingt im modernen liberalen Mitteleuropa mehr als lächerlich. Sie gilt als die menschlichste und auch schönste Todsünde, von der man meinen könnte, daß hier selbst Venus Milde walten läßt. Gemeint ist aber im Grunde nicht die prüde spießbürgerliche Moral, sondern die Gefahr eines alles beherrschenden Lustprinzips. Man denke hierbei an die

Gefahren übertriebener Eitelkeit, blinden Potenzwahns und eines destruktiven Materialismus, der zur Instrumentalisierung des Menschen als Ware führt, an das Benutzen und Ausbeuten um jeden Preis. Der Körper, sei es nun der eigene oder der des anderen, mutiert unter dem Diktat des Lustprinzips nur allzu schnell vom treuen Diener zum furchtbaren Herrn.

☿

Neid gehört zur Schattenseite der intellektuellen Fähigkeiten des Merkur. Er ist kein Gefühl, sondern Produkt der merkurischen Verstandeskräfte. Ange-

sichts des heutzutage herrschenden Leistungsprinzips gelingt es kaum, sich der mittelalterlichen Philosophie der Selbstbeschränkung und Selbstgenügsamkeit zu nähern. Neid zerfrißt die Psyche und lenkt den Blick weg von der Suche nach den eigenen Fähigkeiten und Bedürfnissen.

☽

Die **Trägheit**, auch als Faulheit oder Müßigkeit bekannt, gehört zum lunaren Bereich, dem Zeichen Krebs und seinem Planetenregenten Mond. Ein Sich-nicht-Abnabeln-Wollen, Anspruchsdenken, Versorgungsmentalität und Phlegmatismus zählen zu seinen Schattenseiten, emotionale Empfänglichkeit, Fürsorglichkeit und Geduld zu seinen Stärken. Mond steht für das Menschlich-Allzumenschliche in uns allen, das Kindliche und zugleich das Mütter- und Väterliche. Über das Mondhaftige könne wir mit unseren Mitmenschen wortlos Kontakt aufnehmen.

☉

Hochmut kommt vor dem Fall, sagt der Volksmund. Als negative Eigenschaften wären weiterhin Stolz, Eitelkeit, Selbsterhöhung und Egozentrik zu nennen, Blindheit gegenüber den Belangen der Umwelt. Solarer Exhibitionismus ist eine Eigenschaft, die im religiös-spirituellen Mittelalter viel weniger sozial gefordert war als im sensationsheischenden Zeitalter der elektronischen Massenmedien. Dem stehen positive Eigenschaften wie Herzlichkeit, Vitalität und vor allen Dingen Authentizität gegenüber. Der solare Typ ist *ganz einfach da*. Er strahlt Lebendigkeit und Gegenwart aus, leuchtet von innen heraus, verkörpert Autonomie.

Von dem Scorpion

der scorpion zur wag gezehlt /
zum andern theyl / vnd ist erwehlt /
zu artzneyen mit getranck /
clistieren auch / nun machts nit lang.
räuch vnden auff / vnd bad beyzeit /
die langen nägel auch beschneid.

Scorpio das acht zeychen / kalt vnn feucht / mitternächtig / stät / legmatisch / martis hauss / mons fall / hat am menschen die scham / niren vnd blasen.

wann die sonn darinn / ist wunderbarliche zeit / jetzt kalt / jetzt warm / reiff / kälte vnnd regen / die tag kürtzen sich / wirdt finsterniss der wolcken / vnd böse forchtsame zeit.

so der mon darinn / ist nit gut benannte glider artzneyen / ist lützel gut zuthun dann tranck vnd artzney nennen / mittel aderlassen / nit gut wunden schneiden / reysen / new gewandt anlegen / sorglich schiffen / steigen / vnd herrschafft einnemmen.

wer vnder dem zeychen empfangen odder geborn / hat zugleich glück vnn vnglück / ist forchtsam / still / vngeschaffen / vntrew / geitzig / mit seinen dingen heymlich.

ein knäblin geboren zwischen dem 23. tag weinmonats / vnnd dem 21. tag wintermonats ist der naturen scorpionis / flegmatisch / kalt vnnd feucht / weibisch / der complexion martis / eins runden haupts / grosser stirn / vollen angesichts / vil haar / grober gestalt / rein vnd hoffertig in seinen geschäfften / stät als der löw. hat lust zu künsten / kompt zu ehren durch ein eheliche frawen / verthut

---

Text und Abb.: Bacharach 1583

sein gut leichtfertig / ist ehren geitzig. all sein gedancken stehn zun frawen / vnnd bekommen ihm wenig / mag auch dess spils nit vil / ist gern still / heymlich mit seinen sachen / vnd forchtsam / andern weiser dann jhm selber. gedenckt viel / kompt jhm doch nit nach / dummen muts / ein grosser zecher / schläfft vbel / mit melancholey beladen / hitzig / bald bewegt zu zorn / redet dann offenbarlich / das jm darnach leyd wirdt / in zorn vnbarmhertzig / gedenckt böse ding / getrawet nit wol.

sein höchstes glück seind die läünder gegen auffgang der sonnen vnnd mitternacht / der mittag ist mittelmessig. aber sein höchstes vnglück zeygen ihm die land der sonnen vndergang. sein beste farben seind allein grün / weiss / braun / falb / gelb. sein gewinn seind wässerechte ding oder erbschafften / vnnd das mit feur zugeht / oder hitzige ding / specerey / würtz / wein / erdübung / seind jhm nit vnglücksam / soder mittel. aber alle lüfftige ding seind jm tödtlich vnd vnglücksam. sein kranckheyt dess leibs ist / verwundung vnd wehetagen dess haupts / augen / gehöre / der zän / stürtzen vnn fallen / lincken seiten wehe / gebrech der arm / hend / der mannheyt.

ein meydlin geboren zwischen zweyen gemeldten tagen / helt sich gleicher naturen. stäten muts / kompt zu ehren durch jhren mann / ist nit lang bey jhm. sie ist fromb / thut jr arbeyt / vnn redet viel zornisch / neidisch / hässig / innwendig göttlicher gedancken / oder geystlichen muts. ihr schmertzen ist vmb den nabel / milz / blasen / haupt / augen / vnn zän / wirt ein fall thun / letzung im angesicht vnd an den henden bekommen.

*

Von dem Aderlasse

die 7. planeten vnd 12. zeichen / was sie in dess menschen cörper innen haben / welches zur aderlässe dienlich.

Saturnus hat am menschen innen das miltz / linck ohr. jupiter die leber /rippen. mars die gall. sonn das gesicht / hertz. venus vnnd mercurius die nieren / zung. mon hat innen das haupt.

der widder hat am menschen innen das haupt / angesicht / zän / darinn ist gut lassen / ohn zum haupt.

ochs hat innen den hals / keel / nack / darinn ist böss lassen.

zwilling die arm / schultern vnd hende / darinn ist böss lassen.

krebs / die lung vnd gantze brust / gut artzneyen / mittelmessig.

löw hat innen das hertz / magen / rucken / darinn ist böss aderlassen.

jungkfraw das eingeweyd / bauch / vnd nieren / böss artzneyen vnd lassen.

wag hat innen den nabel vnd blase / gut artzneyen vnd aderlassen.

scorpion die schame / nieren / vnd afftern / gut artzneyen / mittelmessig.

schütz / die diech vnd beyn / darinn ist gut lassen.

steinbock die knie / schinbeyn / böss aderlassen vnd artzneyen.

Text und Abb.: Bacharach 1583

wasserman / die schinbeyn / gut artzneyen vnd lassen.

fisch / die füss / gut artzneyen / mittelmessig.

Was die Planeten für Kranckheiten innhalten.

Saturnus das viertägig feber / aussatz / angesichts vngestalt / schebigkeit / frantzosen / krebs / die schwindsucht / wassersucht / vnd all langwirige kranckheit.

jupiter / halsgeschwulst / brust / vnnd lungen geschwer / den schlag vnd gehen todt / vnd allerley kranckheyten die von vbrigem blut entstehen mögen.

mars / gibt schnupffen / hitzige feber / blutgang / hitzige apostemen / geelsucht / geschwer der frawen gemächt / vnd fast alle kranckheiten die von der gallen entspringen.

sonn / macht böss trieffende augen / krampff / hertzgespan / vnd onmacht dess hertzens.

venus / bringt die kranckheit der nieren / blasen / vnd wehe der beermutter / als gomorrheam, priapisinum, tropff harnen / kranckheit der beermutter.

mercurius / vrsachet vnsinnigkeit / gross hauptkräncke / kranckheit vnd geschwulst der zungen / vnd den schlag der zungen.
mon hat hauptgefluss / fallend siechtag / den schlag / bauch krimmen / blutfluss der frawen / bauchfluss / vnd fast alle kranckheiten die von obriger kalter feuchtigkeit kommen.

Von Baden / Schrepffen / Fussbaden / Zwagen.

In heyssen zeychen soll man baden / als im wider / löwen / vnnd schützen / so der mon darinn ist / aber im löwen / vnnd schützen / so der mon darinn ist / aber im löwen micht schrepffen wann man baden vnd schrepffen wil / sol der mon im abnemenmen seyn / vnnd im widder / schütz / krebs / wag /scorpion / oder fisch.

inn irdischen zeychen ist nicht erwehlt baden / dann solche seind kül. nun stopffet was kalt ist / seind also die schweysslöchen verschlossen. in feurigen zeychne ist bequeme zeit baden / werden also darauss die schweysslöchen eröffnet. in wässerigen zeychen ist bequeme zeit zu baden / als dann ist der leib zu eröffnung bequem.

Himmlische Sphärenklänge

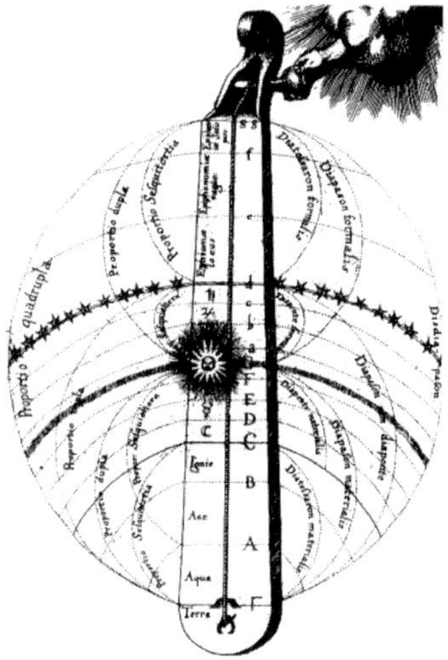

„Die Natur ist so, daß die Dreieinigkeit sie nicht besser machen könnte. Es ist eine Orgel auf der unser Hergott spielt, ..."
„... und der Teufel tritt die Bälge dazu."

Johann Wolfgang von Goethe [1]

Das Zeichen Schütze und der dazugehörige Planet Jupiter richten den Blick auf das Ganze. Sie stehen symbolisch für Religion, Weltanschauung, Verständnis, Toleranz, Bildung und positives Denken, aber auch für Größenwahn, Anmaßung und Selbstgerechtigkeit. Gewaltausübung und Machtdenken werden verschleiert bzw. hinter pompösen Ritualen versteckt – oder geistig verarbeitet und sinnvoll in größere Zusammenhänge integriert.

Viele dieser Themen finden wir in der Barockzeit wieder, im Anschluß an das Jahrhundert der Reformation. Der protestantische Kirchenmusiker Henricus Sagittarius, mit bürgerlichem Namen Heinrich Schütz, ist mutmaßlicher Komponist des legendären sächsischen Planetenballetts – eines jener vielen fruchtbaren Versuche, die Analogien zwischen Musik und Astrologie künstlerisch darzustellen.

Eine moderne Planetensinfonie

Die Kombination von Sternenglauben und Klang war zu jeder Zeit fruchtbar. Das moderne Astrodrama des ausgehenden 20. Jahrhunderts gehört zu den gruppendynamischen Selbsterfahrungstherapien.[2] Die urbildlichen Gestirnsmythen[3] werden auf spielerische Weise zum Aufarbeiten innerseelischer Probleme verwendet. Astrodrama ähnelt in vielem der Familientherapie, nur daß es hier um die 'innere kosmische Familie' geht, um die verschiedenen Seiten der Psyche eines Menschen. Daß sich die Teilnehmer einer Astrodrama-Gruppe auch verkleiden, beispielsweise in das dunkle Gewand eines Saturn schlüpfen oder sich venusgleich in ein farbenprächtiges Kostüm werfen, ist dabei nur Mittel zum Zweck. Im Vordergrund der modernen psychologischen Astrologie steht die innerseelische Erfahrung.

Wenn heutzutage opulent ausgestattete Tänzer auf der Bühne stehen, dann hat dies entweder lediglich dekorativen Show-Charakter[4] oder es handelt sich um detailgetreue Neuaufführungen von Choreografien der Barockzeit.[5] Der zeitgenössische Kompo-

---

Abb.: Robert Fludds Weltenharfe

1) Eckermanns Gespräche, lt.: Zipp 1985:69

2) Jehle 1993

3) Jung 1968

4) Hippie-Musical „Hair" und Astroshow „Sterne" 1993 im Friedrichstadtpalast Berlin

5) Sächsisches „Planetenballett" Frühjahr 1999 im Anhaltinischen Theater in Dessau

nist Karlheinz Stockhausen steht mit *Sternenklang* für die raren Ausnahmen. Seine experimentellen Opern sind ein einziges avantgardistisches Environment. In der Uraufführung des *Mittwoch* aus seinem Opernzyklus *Licht* ließ er das Streichquartett in einem Helikopter spielen. Kameras übertrugen die Szene auf Großbildschirme am Boden. Die ideale Inszenierung des Wochenzyklus fände nach seiner Vorstellung in einem schönen, stillen Park mit sieben Musikhäusern statt.

Man glaubt in unseren modernen Zeiten nicht mehr an die Sterne – zumindest nicht öffentlich. Gustav Holst gestand nie ein, daß sein vielgespieltes Orchesterwerk *The Planets* irgendetwas mit Astrologie zu tun hat. Er schrieb es von 1914 bis 1916, also in einer Zeit, als das professionelle Deuten von Horoskopen noch gesetzlich verboten war. So berühmte Astrologen wie Evangeline Adams und Alan Leo mußten sich damals vor Gericht verantworten. Freunde luden Holst 1913 nach Mallorca ein. Unter ihnen befand sich der enthusiastische Astrologe Clifford Bax. Dadurch intensivierte sich das langjährige Interesse des Komponisten an diesem Thema. Er las Leos *The Art of Synthesis*. Dort hieß eine Kapitelüberschrift *Mars the Energiser* – sein erstes Werk nannte er *Mars the Bringer of War*. Aus Leos psychologischer Beschreibung von *Venus the Unifier* entstand *Venus the Bringer of Peace*. Den Titel *Neptune the Mystic* übernahm er direkt. Die Uraufführung 1920 war ein großer Erfolg.[6)]

Den Anthroposophen unserer Zeit hingegen offenbart sich das Wesen der Sphärenharmonie[7)] als Astralbereich der Weltseele. Einen modernen mathematisch-physikalischen Ansatz finden wir in der Musiktheorie. Interessenten seien an das „Hans-Kayser-Institut für harmonikale Grundlagenforschung“ der Musikhochschule Wien verwiesen.[8)] Diese komplizierten theoretischen Berechnungen sind auch sinnlich erfahrbar, z. B. über spezielle Stimmgabeln[9)], Planetengongs[10)], meditative Musik[11)] oder die Seiten des Monochords[12)]. Auf eine wunderschön poetische Weise hat Hermann Hesse das Thema in seinem *Glasperlenspiel*[13)] verarbeitet:

> *Diese Regeln, die Zeichensprache und Grammatik des Spieles, stellen eine Art von hochentwickelter Geheimsprache dar, an welcher mehrere Wissenschaften und Künste, namentlich aber die Mathematik und die Musik (beziehungsweise Musikwissenschaft) teilhaben und welche die Inhalte und Ergebnisse nahezu aller Wissenschaften auszudrücken und zueinander in Beziehung zu setzen imstande ist.*

Wem dies alles noch viel zu verkopft, zu abstrakt und intellektuell anmutet, der lese sich einmal in Hesses Beschreibung des Musikmeisters hinein – und begebe sich anschließend für ein paar Tage bei den Benediktinern in Klausur. Kloster Niederaltaich liegt am Rande des Bayerischen Waldes und ist weit über 1.000 Jahre alt. Die Mönche dort pflegen ihre gregorianischen Gesänge wirklich meisterhaft. Mit Pater Gerhard kann man sich trefflich über Astrologie unterhalten. Auch heutzutage gibt ihr die katholische Kirche einen Raum, und Niederaltaich hat diesbezüglich eine weit zurückgehende Tradition: An der Südwand der Klosterkirche befindet sich ein riesiges Horoskop. Es zeigt den 24. Juli 1514 um 14.10 Uhr, mit der Sonne im religiösen neunten Horoskopfeld und den Glaubensplaneten Jupiter im achten Haus, dem Bereich der geistigen Bindung, und wurde zur Grundsteinlegung des neuen Kirchturmes (das Kloster selbst war damals bereits weit über 600 Jahre alt!) erstellt. Ein steinernes Zeugnis für die Bedeutung der Astrologie zu Luthers Zeiten.[14)]

Sirenen- und Mönchsgesänge

Im antiken Griechenland glaubte man, die sieben sichtbaren Wandelsterne würden auf unsichtbaren Schalen über den Himmel ziehen. Eine siebensaitige Leier sollte mit diesen sieben Sphären im Zusammenhang stehen. Plato lehrte, daß die Himmelskörper von Sirenen beherrscht werden, die den Sphärenklang

---

6) Head 1998
7) Oberkogler 1987:18
8) Kolk 1995
9) Cousto 1988
10) Wu Wei – Klang und Kunst in Kiel
11) Berendt 1983
12) Neubäcker 1993
13) Hesse 1943
14) Voss 1990:70, Hoppmann 1997:65

erzeugen.[15] Auch die siebenteilige Panflöte geht auf solch einen Astralmythos zurück. Aristoteles lehnte diese Ansicht ab. Wenn die Sphären Töne erzeugten, warum hörte man sie dann nicht? Die Pythagoräer verwiesen auf die Gewohnheit unserer Sinneswahrnehmungen. Gerade weil wir ständig von diesen Tönen umgeben wären, könnten wir sie nicht hören. Schließlich nehmen wir die Luft um uns herum auch nicht wahr. Später dann, zur Zeit Christi Geburt, vertrat Philo von Alexandrien die Meinung, die herrliche Harmonie der himmlischen Bewegungen könne nur als übersinnlich wahrgenommen werden. Ansonsten würden wir vor empfundener Lust geradezu verrückt werden. Die *Ars Musica* gehörte bereits seit Cicero[16] genau wie Astrologie bzw. Astronomie, Dialektik, Geometrie, Grammatik, Arithmetik und Rhetorik zu den *Artes liberales*, den sieben freien Künsten, den vornehmen und edlen Wissensgebieten, weil sie sich, jedem banalen Erwerbszweck entbunden, für einen adeligen *freigeborenen* Bürger ziemten. Im 13./14. Jahrhundert gingen sie ins Lehrprogramm der Universitäten ein. Sie bildeten die *Facultas artium*. Diese Fakultät handelte von *allem wißbaren* und war als erster Studiengang zu absolvieren.[17]

Die frühchristlichen Kirchenväter Clemens von Alexandrien und Origines brachten die Sphärenharmonie mit dem siebenarmigen Leuchter Moses' in Verbindung, wie sie überhaupt einen großen Teil ihres religiösen Weltgebäudes aus der Astrologie schöpften. Zugleich waren sie peinlich darauf bedacht, die Namen der Tierkreiszeichen und Planeten nicht zu erwähnen. Die Konkurrenz mit dem *mystischen Aberglauben* erschien einfach zu groß. So fand beispielsweise St. Benedikt, als er im Jahre 529 auf dem Monte Cassino ein Kloster gründen wollte, noch ein Apollo-Heiligtum vor. Dies wird ihn inspiriert haben. Vielleicht erlernte er dort auch die Sternendeuterei: Die zwölf Mönchs-Weisungen Benedikts sind den zwölf Archetypen des Zodiak überraschend ähnlich. Wie sehr gleicht doch die neunte Stufe der Demut dem neunten Zeichen Schütze! Um gute, heilende und aufbauende Gespräche zu ermöglichen, möge der Mönch in Schweigsamkeit verharren und nicht eher reden, als bis er gefragt wird. Auch in der katholischen Kirchenmusik finden sich starke Parallelen zum Gestirnskult. Zum Herzstück der römischen Adventslithurgie gehören die vor Weihnachten, also zur Schütze-Zeit gesungenen O-Antiphonen. Man könnte sinngemäß jede einem Planeten zuordnen. In Entsprechung zum Jupiter singen die Mönche im zweiten O-Antiphon (den jovischen Pathos, das *Ringen mit Gott*, ist gut herauszuhören):

O Adonai und Führer des Hauses Israel, der du Mose in der Feuerflamme des Dornbuschs erschienst und ihm auf dem Sinai das Gesetz gabst: komm, uns zu erlösen mit erhobenem Arm.

Abb.: Horoskopstein am Südturm der Niederaltaicher Klosterkirche

15) Stege 1925:56

16) Cicero: „De inventione". 84 v. Chr.

17) Finscher 1994:919

Die Herangehensweise der modernen katholischen Kirche an die Astrologie ist sehr vorsichtig, stets ihrem christlichen Glaubenskodex verpflichtet. Man muß sich in Erinnerung rufen, zu welcher Skrupellosigkeit und Perversion der Gestirnskult im alten Rom verkam, als die christliche Kirche entstand. Mönche deuten keine Horoskope, weder damals noch heute.

Regino von Prüm (*De harmonica institutione*, um 915), Isiodor von Sevilla und Aselm von Canterbury (12. Jahrhundert) hielten die griechischen Vorstellungen von kosmischer Musik lebendig. Marsilius Ficino sprach davon, daß der Himmel nach harmonischer Teilung zusammengesetzt, harmonisch bewegt und durch die harmonischen Bewegungen und Töne Ursache alles Geschehens sei.

Daß niemand die himmlischen Töne im geringsten hören könne, da wir alle in sie hineingeboren seien, meinte der Dominikanermönch Campanella. Niemand? Im 13. Jahrhundert betont Omons in einem Gedicht die Sensibilität der Kinder. Um ihrer Unschuld willen würden sie die himmlische Harmonie vernehmen, und ihr Lächeln während des Schlafes sei die Folge jenes Genusses, den ihnen die himmlische Harmonie bereite.

Okkulte Musiktheorien

Ende des 16. Jahrhunderts beschäftigten sich drei völlig gegensätzliche Denker mit dem Wesen der Sphärenharmonie. Der englische Rosenkreuzer Robert Fludd[18] schöpfte ausschließlich aus den Quellen esoterischer Weltanschauung. Er teilte die Welt in zwei Oktaven ein, ausgehend von der Erde als ihrem Grundton. Daraus entwickelte er ein pyramidenartiges System von Terzen, Schnittpunkten, harmonischen Übergängen. Als 1604 eine Supernova im Zeichen Schlangenträger sichtbar wurde, schrieb er voller Hoffnung auf eine nun anbrechende glückliche Zeit:[19]

Der Serpentarius ist in der Länge des Schützen angetroffen worden, der seinen natürlichen Stand im neunten Haus hat, das dem Jupiter angehört. Dieses Haus zeigt Weisheit, Religion und wahre Gesichte an ...

Fludd sah in diesem kosmischen Phänomen ein bedeutendes Zeichen, ein Omen. Sein Weltmonochord[20] zeigt auf der linken Seite die Elemente, Gestirne und Himmelsregionen, zur Rechten die Tonstufen. Die Seite ist auf der Erde (Terra) verankert, bei G, dem tiefsten Ton der mittelalterlichen Musik. Darauf baut sich die Reihe der Planeten und Lichter auf. Über dem Fixsternhimmel liegen dann die Gefilde der Seligen, die Region göttlicher Offenbarung. Die aus einer Wolke kommende Hand ist Gottes eigene. Er selbst stimmt das Weltensystem und wacht über die Harmonie aller Bewegungen. In Fludds *Schutzschrift für die Echtheit der Rosenkreutzergesellschaft* heißt es zum Wesen der Musik:

Überhaupt verhält sich die Musik, so wie sie von uns gemeiniglich erlernet und ausgeübt wird, zu jener hohen und geheimen Musik der Natur, wie der weiße Anstrich zur Wand, oder die Oberfläche zum Körper, denn die Instrumental- und Vokalmusik wird bloß deswegen von Menschen gebraucht, weil ein Schatten von Wollust ihre Ohren kitzelt. Die Welt- und Menschenmusik hingegen, wodurch die menschliche Seele zum Throne ihres Schöpfers erhoben werden kann, ist gänzlich vernachlässigt und unbekannt.

Sein Zeitgenosse Johannes Kepler erforschte in *De stella nova* das Phänomen mathematisch-geometrisch. Auf diese Weise näherte er sich auch der Himmelsmusik. Er geht von der Kreisform (Sinnbild himmlischer Harmonie) aus und vergleicht die täglichen Kreisbögen der Gestirne am Himmel. Die Geschwindigkeit des Mondes ändert sich von Erdferne zu Erdnähe im Verhältnis 3:4. Ergo ordnet Kepler dem Mond die Quarte zu. Ähnliche Berechnungen stellte er für die Sonne und alle damals

---

Abb.: Epistulae ad Johannes Kepplerum, 1751
18) Fludd 1619
19) Sievert 1996:45
20) siehe Abbildung zu Kapitelbeginn

sichtbaren Planeten an, er findet sogar Äquivalente zur Molltonleiter. In seiner *Harmonica Mundi* führt er aus:

Darum wird man sich nicht weiter wundern, daß die schöne, zweckmäßige Folge der Töne in den musikalischen Tongeschlechtern von den Menschen gefunden wurde, wenn man sieht, daß sie dabei nichts anderes getan haben als Gottes Werke nachzuahmen, um nur sozusagen das Schaustück des himmlischen Bewegungsbildes herunterzuspielen.

Kepler löst sich hier ganz von der Vorstellung, die Planeten seien auf Sphären aufgehängt und könnten selbst Klänge erzeugen. Nach seiner Auffassung habe Gott, der kosmische Tonmeister, die Planeten auf ihre komplizierten elliptischen Bahnen gebracht, um auf diese Weise noch schönere Klänge produzieren zu können.[21] Keplers symbolischer Denkansatz führte auch in anderen Bereichen der Astrologie, so z. B. in der Aspektlehre, zu fruchtbaren Ergebnissen. Irdisches Musizieren ist nach seiner Meinung den kosmischen Phänomenen ähnlich, ahmt sie nach. Damit steht er ganz im Gegensatz zum englischen Arzt Robert Fludd, der noch davon ausgeht, daß das Göttliche eine direkte Wirkung auf die irdischen Klänge ausübt. Obwohl Kepler einen ganz anderen Ansatz hat, kommt auch dies in seiner Ganzheitlichkeit der rosenkreuzerischen Anschauung nahe.[22]

Als Reaktion auf die protestantische Abspaltung gestattete der Papst die Gründung des Jesuitenordens. Pater Athanasius Kircher, Mitglied der gelehrten Gesellschaft Jesu, zog das geheime Leben der Rosenkreuzer in seinen Bann. Er stellte eigene Theorien über die Planetenharmonien auf, immer komplizierter und verzweigter, ergänzt durch Erfahrungen, die er beim Sammeln von mechanischen Putten und akustischen Apparaten machte. Er zeichnete zur Versinnbildlichung eine Weltorgel. Die sechs Gruppen ihrer Pfeifen entsprechen den ersten sechs Tagen der Schöpfung. In den sechs kleinen Kreisen auf seiner Zeichnung stellt er die Themen der Schöpfungstage sinnbildhaft dar. Im obersten Kreis fliegt eine Taube als Lichtbotin, verkündet Gottes erstes Wort „Fiat Lux!" (Es werde Licht). Jupiter wird als lösend und beschwichtigend eingestuft, Mars und Saturn gelten als dissonant, der Mond wirkt entsprechend seiner Stellung zwischen Erde und Sonne ausgleichend.

Daraus entwickelt Kircher dann ganz konkrete vierstimmige Notensätze, die auch spielbar sind. Astronomisch folgt er als Katholik natürlich auch im 17. Jahrhundert noch dem längst überholten ptolemäischen System mit der Erde als Zentrum des Weltalls. Rom lehnte dieses an den evangelischen Universitäten gelehrte heliozentrische Modell mit der Sonne im Zentrum ab. Die Werke von Kopernikus und Kepler standen auf dem Index der verbotenen Werke.

Ut Sol inter planetas ...

In diese Zeit wurde der evangelische Kirchenmusiker Heinrich Schütz (1585-1672) hineingeboren.[23] Reformation und Gegenreformation führten letztendlich zum 30jährigen Krieg, der die Bevölkerung Europas radikal reduzierte und die geistigen, wirtschaftlichen und politischen Machtverhältnisse umwälzend veränderte. In seiner Kasseler Zeit als Kapellknabe am Hofe Moritz' von

Abb.: Weltenorgel des Athanasius Kircher. Aus: „Musurgia universalis". Rom 1650

21) Berendt 1983:93

22) Stege 1925:63

23) Stein 1997:47

Hessen lernte er die damals bedeutendste Sternwarte kennen, erbaut mit Hilfe Tycho Brahes. Er führte Gespräche mit dem Dresdner Kapellmeister und Hofpoeten Seussius. Jener stand mit Johannes Kepler in Briefkontakt. Und während seines Venedig-Aufenthaltes konnte Schütz vermutlich mit eigenen Augen erleben, wie Galileo unter großem Gepränge dem Rat von Venedig das neuartige Fernrohr vorführte.[24] Mit Melanchthons Bildungsstreben war er bestens vertraut. Er verwirklichte dessen *Musicus poeticus* in seinem Werk erstmals vollgültig.[25] Bezüge zu Luthers Anschauung vom Zusammen wirken der *irdischen und himmlischen Cantorey* sind unverkennbar.

Sagittarius (so sein Humanistenname) gilt als der bedeutendste evangelische Kirchenmusiker der Barockzeit. Es finden sich einige wenige Hinweise darauf, daß sich dieser bibeltreue Christ ähnlich wie Melanchthon für Astrologie interessierte. Ins Stammbuch des Andreas Möhring schrieb er folgende Widmung:

> *Vt Sol inter planetas/*
> *Ita MVSICa inter Artes/*
> *liberales in medio radiat.*

Das kopernikanische System (Sonne im Zentrum der Planetenbahnen) überzeugte ihn also, und er sah die Musik im Zentrum der freien Künste, zu denen bekanntlich auch die Gestirnskunde zählt. Gleichnisdenken und die symbolische Verwendung von Zahlen lassen sich in vielen seiner Werke ausmachen, irdisches und himmlisches Musizieren gehörten für ihn zusammen. Zu seiner Zeit wurden sehr viele astrologische Werke verfaßt, beispielsweise das *Arboretum mathematicum* von Tobias Beutel. 1669 in Dresden herausgegeben, befaßt es sich auf über 700 Seiten hauptsächlich mit Astrologie, bringt Horoskope historischer Persönlichkeiten und regierender Monarchen, daneben Länge und Breite von nahezu 500 Städten. Über Handlesekunst schrieb am gleichen Druckort 1676 Philip Meijens in seinem *Collegium chiromanticum*.[26]

1647 nahm er am herzoglichen Hof in Weimar an Aufführungen der Ballette *Die sieben Planeten* und *Die vier Jahreszeiten* teil.[27] Ob das sechs Jahre nach seinem Tod mit großem Prunk in Dresden uraufgeführte Planetenballett ihm oder seinem Schüler Bernhard zuzuschreiben ist, läßt sich nicht eindeutig klären.[28] Konnte, durfte oder wollte Schütz kosmologische Gedanken nicht unverschlüsselt zum Ausdruck bringen?

Abb.: Johann Crüger: Synopsis musica, continens rationem constitutiendi ... Berlin 1630. Zu ihm und den Arbeiten Abby Trew von 1645 (Trew 1996) siehe Dammann 1984:440

24) Gregor-Dellin 1984:73

25) Eggebrecht 1959

26) Thorndyke 1965

27) Dellin 1985:275/6, lt. Dr. Ingeborg Stein, Direktorin „Heinrich-Schütz-Haus" Bad Köstritz

28) Bittrich 1931; Stemmle 1990

Die orthodoxen, gegen astrologisches Gedankengut eingestellten Lutheraner hatten damals einen gewaltigen Einfluß. Und als Hofmusiker in Kassel und später in Dresden galt er praktisch als Leibeigener der Fürsten. Die Brutalität eines Kasseler Landgrafen namens *Moritz der Gelehrte* ist ihm in der Jugend überdeutlich zu Augen gekommen: Hofjunker Eckardsberg hatte man wegen Mordes aus Eifersucht zum Tode verurteilt. Die vom Landgraf befohlene öffentliche Hinrichtung bestand aus dreimaliger Folter, d. h. Abschlagen der Hand, Aufschneiden des Leibes und anschließendem Herausreißen des Herzens, danach Vierteilen und letztendlich Verscharren unter dem Galgen.

In diesem Zusammenhang sollte wohl noch ein Stammbucheintrag des Heinrich Schütz erwähnt werden. Dem Georg Rüdel schrieb er im Anschluß an einen lateinischen Zweizeiler noch in italienischer Sprache hinzu:

Il mondo è fatto per i savii
et i pazzi lo godono.

Die Welt sei zwar für die Weisen gemacht, doch Narren genießen sie.

Henricus Sagittarius brachte viel an südländischer Mentalität nach Dresden. Dies blieb kirchlicherseits nicht unkritisiert – und möglicherweise ist auch hier der Grund zu sehen, warum der Komponist des Planetenballetts nie ermittelt werden konnte. Oberhofprediger Geiers Leichenrede am Grabe Schützens veranschaulicht die kritische Haltung der Lutheraner:[29)]

Verzeihet mir, ihr Herrn Musice, jetzt herrschet in der Kirche gar eine schon neue Singart, aber ausschweiffig, gebrochen, täntzerlich und gar im wenigsten andächtig, mehr reimt sie sich zum theater und tantzplatz als zur Kirche. Denn was ist diese neue hüpfferliche manier zu singen alders als eine comoedia, da die täntzer die agirenden Personen sein.

Kastratengesänge

Der italienische Mönch Placido Titi aus der Franziskaner-Stadt Perugia brachte in der zweiten Hälfte des 16. Jahrhunderts nicht nur eine ganze Reihe astrologischer und astronomischer Werke heraus und entwickelte ein heute noch anerkanntes Horoskopfelder-Berechnungssystem. Er schrieb auch die von astrologischen Gedanken getragene Oper *Pulchrae sunt mammae tuae*[30)] (Oh wie schön sind deine Brüste), bei der die Frauenrollen mit ihren hohen Stimmen, wie damals allgemein üblich, von Kastraten gesungen wurden.

Frauen haben in der Kirche zu schweigen. So steht es zumindest in der Bibel, in den Korintherbriefen des Apostel Paulus. Die buchstabengläubige christliche Kirche mußte die hohen Stimmen also von Männern besetzen lassen, genauer gesagt von ehemaligen Männern, von Kastraten. Im katholischen Italien des 16. und 17. Jahrhunderts gab es in den Kirchen große Schubladen, in die arme oder ledige Mütter unerkannt ihre Neugeborenen hineinlegen konnten. Eine Nonne öffnete auf der anderen Seite des Mauerwerks die Schublade und nahm das Kind heraus. Knäblein kastrierte man zugleich, so die Aufnahmebedingung für das *Conservatios*, die Findelkind-Bewahranstalt und Chorschule.

Das protestantische Dresden gilt als deutsche Hochburg des Kastratenwesens.[31)] Dort bemühte man sich seit 1613 um fähige *Gesangseunuchen.* Der Italiener Bontempi-Angeli (=wohlklingende Engelsstimme) entstammte der päpstlichen Singschule und der Chorerziehung der Markuskirche von Venedig. Manche Männerprimadonnen galten in Dresden als anmaßend, unzuverlässig und unbeliebt. Einem Skandal gleich kam die Ehe des Kastraten Bartolomeo Sorlisi mit einer Dresdner Bürgerstochter. Juristische und theologische Autoritäten diskutierten darüber, ob solch eine *Eunuchi conjugium* mit einem Halbmanne überhaupt geschlossen werden dürfe. Schließlich konnte sie im Bette nicht vollzogen werden. In Sachsen kamen Flugschriften in Umlauf, Neid und Mißgunst machten sich breit. Jedoch widerstand der Kastratensänger Sorlisi allen Anfech-

---

29) Gregor-Dellin 1984:73
30) Titi 1650. Seine Oper wurde 1997 in Venedig beim 2. internationalen Kongreß des ital. Astrologenverbandes CIDA wieder aufgeführt. Siehe auch: Thorndyke 1965 Bd.VIII S. 303f.
31) Schnoor 1949:63

tungen. Als Günstling Johann Georg II. stieg er auf zum Geheimkämmerer und Amtshauptmann, wurde Großgrundbesitzer.

Schon Heinrich VIII. konnte im 16. Jahrhundert aus einem ähnlichen Grunde Dispens erlangen, da sein spanisches Eheweib ursprünglich seinem Bruder versprochen gewesen war. Dazu mußte er allerdings die päpstliche Kirche in England entmachten und sich selbst zum obersten Kirchenherrn erklären. Der von ihm eingesetzte Bischof erklärte dann die Ehe des Königs für nichtig. Heinrichs nächste Frau stellte sich als Giftmörderin heraus. Er ließ sie köpfen. Heinrich heiratete dann noch sechs weitere Male, und die Scheidungen gestalteten sich ähnlich turbulent.[32] So schlecht man auch über ihn reden möge: Er befreite die Ehe vom Joch der Kirche, und das ist doch Verdienst genug.

Was aber tun, wenn man weder zu den Kastraten noch zu den Frauenmördern zählte, vielmehr seinem Weibe treu ergeben und gläubiger Protestant – und dennoch stellte sich kein Nachwuchs ein? Schließlich besaßen die Ehegattinnen sogar ein verbrieftes Recht auf Empfängnis, und mit dem Beischlaf allein hatte der Ehemann seine Pflicht als Zeuger ja noch keineswegs erfüllt. In diesem Falle schickte der mittelalterliche Bauer seine liebe Bäuerin, schön gekleidet und mit stärkenden Wurstbroten versorgt, dazu noch mit gefüllten Geldbeutelchen versehen, auf das nächste Kirchweihfest oder den Jahrmarkt. „So diess nichts nütze, so helfe ihr tausend Deüffel!" steht es in der Chronik des alten Bochumer Landrechts.

Doktor Martinus Lutherus umschreibt die Pflichten eines wackeren Christenmenschen wie folgt:[33]

Wenn ein tüchtig Weib zur Ehe einen untüchtig Mann überkäme und wollte auch nicht gern wider Ehre tun, soll sie zu ihrem Mann also sagen: Sieh lieber Mann, du kannst mein nicht schuldig werden und hast mich und meinen Leib betrogen und ist vor Gott keine Ehe zwischen uns. Vergönne mir, daß ich mit deinem Bruder oder nächsten Freund eine heimliche Ehe habe, und du den Namen habst, auf daß dein Gut nicht an fremde Erben komme.

Saturnalien - ausschweifende römische Sternenkultorgien

Das frühe Christentum beging das Osterfest ursprünglich zum Widder-Vollmond. Zu diesem Zeitpunkt wurden auch „heidnische" Fruchtbarkeitsfeste gefeiert, das indische Holifest und das Passahfest der Juden. Im Jahre 325 beschlossen die anwesenden Bischöfe auf dem Konzil von Nikäa, das Osterfest immer erst nach dem Vollmond, bei abnehmendem Mond zu feiern. Astrologisch bedeutet dies eine Minderung der sexuellen und vitalen Energien.[34] Ob sich so Kastratengesang und Zölibat erklären lassen? Die christliche Kirche wollte sich auf jeden Fall gegen den ausschweifenden Hedonismus der sterngläubigen Römer abgrenzen.

Der Geschichtsschreiber Petronius[35] beschreibt in *Satyricon* ein Tier-

kreismenü, wie es zu Neros Zeiten üblich war. Auf einem tiefen, runden Teller mit zwölf Tierkreiszeichen am Rande waren die jeweils passenden Leckereien drapiert: Rinderbraten beim Stier, eine Waagschale mit Obsttorte auf der einen und Kuchen auf der anderen Seite für die Waage, zwei Meerbarben für die Fische usw. Jeweils am 17. Dezember, also noch im Zeichen des Schützen, feierte das Volk im alten Rom die *Saturnalien.* Zu den Festbräuchen gehörten: Aufhebung der Standesunter-

Abb.: Tierkreismenü nach dem „Satyricon" des Petronius, holländische Ausgabe 18. Jhdt.

32) George 1997
33) Fernau 1958:151
34) Cousto 1988:107
35) Shulman 1978: 44

schiede, gegenseitiges Beschenken, üppige Gelage. Parallelen zum heutigen Weihnachtsfest sind unübersehbar.

Das im 4. Jahrhundert zur Staatsreligion erhobene Christentum empfand eine starke Abscheu vor theatralischen Darstellungen.[36] Als Ersatz für die verwahrlosten und geächteten Historienspiele wurden Krippenfeste veranstaltet, mit als Engel verkleideten Knaben, die das *Gloria* anstimmten. Passionsspiele fanden meist ohne jeden Dialog statt. Sie dienten dazu, den Heiden die Grundanschauungen des Christentums auseinanderzusetzen. Auch gab es prunkvolle Umzüge gleich unserem heutigen Karneval. Man stellte auf Wagen biblische Geschichten dar: den Kampf der Engel, die Geburt Adams, die Versuchung, die Vertreibung aus dem Paradies usw.

Daraus entwickelte sich mit der Zeit eine immer opulentere Festspieltradition, die sich auch weltlichen Themen widmete. Mythologische Gestalten aus heidnischen Zeiten kamen wieder zum Vorschein. Anläßlich der Hochzeit Karls des Kühnen 1468 in Brügge mit Margarete von York stellte eine regelrechte Pantomime die zwölf Arbeiten des Herakles dar, eine mythologische Beschreibung der Tierkreiszeichen.

1507 konnte das Volk in Mailand die Sternengötter Mars und Jupiter in einer dem Sinn des Aufzugs entsprechenden Situation bewundern, zusammen mit einer in einem Netz gefangenen weiblichen Schönheit namens *Italia*. Auf diese Weise dokumentierte man beim Einzug Ludwig XII. die Unterwerfung Italiens unter die siegreichen französischen Truppen. Unterwerfen wollten sich übrigens im Jahre 1377 auch mehr als 100 verkleidete Bürger in London: Als Ritter, Kaiser, Kardinäle, Neger usw. ritten sie auf den Hof Richards III. und luden ihn mit pantomimischen Gesten zum Würfelspiel ein. Daß sie ihren Herrscher bei jedem Spiel gewinnen ließen, muß ihm ungemein geschmeichelt haben.

Im Jahre 1521 führten unbekannte Schauspieler vor Kaiser Karl V. eine weit weniger ehrerbietige Pantomime auf (so jedenfalls die Sage). Zuerst erschien ein als Gelehrter verkleideter Schauspieler mit der Aufschrift *Reuchlin* und legte ein Bündel mit krummen und geraden Stäben auf den Boden. Danach versuchte *Erasmus von Rotterdam* vergeblich, die Stäbe zu ordnen.

Hernach tauchte ein als *Luther* gekleideter Pantomime auf, separierte die geraden von den krummen und setzte letztere in Brand. Nun versuchte ein wie der Kaiser gekleideter Mime, das Feuer mit dem Degen zu ersticken. Doch es wurde nur noch größer. Zuletzt kam ein *Papst* zu Hilfe, goß in blinder Aufregung Öl auf die Glut. Im Chaos der hoch aufschlagenden Flammen entkamen die Schauspieler, und auch der zornentbrannte *echte* Kaiser konnte ihrer nicht mehr habhaft werden, so sehr er sie auch suchen ließ.

Sächsisches Planetenballett

Das Pariser Hofballett führte 1621 ein *Ballet d'Apollon* vor. Im *Ballet des Voleurs* tritt im musikalischen Prolog die *Zeit* auf und singt im Wechselgesang mit dem *Chor der Monate* ein Lied. Dann erscheint Merkur und überrascht die Damen mit der Versicherung, daß er der Gott und Beschützer aller Räuber sei.

Die früheste Nachricht über eine Ballettaufführung an einem deutschen Fürstenhof stammt aus dem Jahre 1618. Mehr als 1.000 Personen waren am Stuttgarter Hof Zeuge, wie in einem schwimmenden Garten zwölf in Atlas und Silber gekleidete Ritter um einen Springbrunnen gruppiert saßen, hinter ihnen drapierte sich ein mit Dreizack bewaffneter Neptun. Ein 1660 in Wolfenbüttel aufgeführtes *Ballet der Natur/ vorstellend die vier Elemente/ und solche Personen und Dinge/ so unter dieselbige zugehören* ... wird mit Hilfe eines schon verhältnismäßig komplizierten theatralischen Apparates aufgeführt.

Das Treffen von vier Fürsten Wettiner Geschlechts im Dresden des späten 17. Jahrhunderts war von großer politischer Bedeutung, und Anlaß zur Aufführung des *Ballet von Zusammenkunft und Wirckung deren VII Planeten / auf Ihr. Churfl. Durchl. zu Sachsen großem Theatro gehalten den 3. Februarii Anno*

---

36) Bittrich 1931:19f

1678. Die Uraufführung fand im gerade errichteten Palais des Großen Garten statt. Kunstgeschichtlich leitet sich hiermit die sächsische Barockzeit ein.

Komponiert wurde das Werk wahrscheinlich durch den Hofmusikmeister Christian Bernhard, eventuell auch noch von seinem zu jener Zeit bereits verstorbenen Lehrer Heinrich Schütz. Alles ist in ganz großem Stil angelegt. Bereits auf dem Bühnenvorhang prangt Merkur. Wie sehr er doch der amerikanischen Comicfigur Superman ähnelt! Zu Beginn zeigt das Bühnenbild lauter Ruinen, aus denen sich der Venus-Tempel erhebt. Cupido kommt aus den Wolken geflogen und singt als Prolog:

Ich zwinge nur die Welt/
Denn meine scharffen Waffen
die geben stets zu schaffen
auch dort dem Himmels-Zelt:
Ich habe zu regieren
man halte es gleich Spott/
es kan ein eintziger Gott
den Scepter nur entführen/
auch hab ich itzo noch
die sämtlichen Planeten
bey meinem süßen Joch/
in Lieb und Eintracht aufgebracht.
Damit durch ihrer Sternen-Goldt
der Sachsen-Helden hohe Macht
umb sie sich kan erröthen/
und darauf ihnen bleiben holdt:
Ich melde sie gleich itzo an/
Sie werden selbst es höher schätzen/
daß sie sich sollen hier ergetzen ...

In sieben Bildern (Saturn bis Mond) stellten jeweils drei Tänzer die Gestirnsarchetypen dar. Tänzerinnen ließ das Ballett jener Zeit vermutlich noch nicht zu. Der Kulissenhimmel trägt eine prachtvolle Bemalung mit dem Wagen des Sonnengottes. Das Bühnenensemble ist streng symmetrisch aufgeteilt.

Saturn kommt auf seiner Maschine, hernach erscheinen dann ein Zauberer, der Neid, drei Bettler und zwei Bettlerinnen, sechs Berghauer. Jupiter singt „Setzt, Helden meine Kräntze ...". Ihn umgeben eine Mohrenkönigin, zwei Monarchen, dann noch vier Monarchen, Nimrod, Cyrus, Alexander Magnus und Julius Caesar – letzteres eine Huldigung an den regierenden Sachsenkönig Johann Georg II., Anhänger des mittelalterlichen Weltreichschemas, demzufolge die Zeitgeschichte im Rahmen des Römischen Reiches verläuft.[37]

Mars singt „Ich bin ein Herr der Generalen ...". Ihn begleiten zwei Fechtmeister und vier Amazonen. „Ich bin das Auge dieser Welt ...", beginnt das Rezitativ der Sonne. Es folgen ein Spanier, die vier Jahreszeiten und die vier Teile der Welt.

Der Venus sind Kavaliere, Damen und Kupplerinnen zugeordnet, dem Merkur Alchemisten, Narren und die sieben freien Künste. Es folgt die Mondgöttin, ihr zur Seite gestellt sind Schäfer, Fischer und Jäger.

Ein Jahr später dann im Jahre 1679 folgt in Dresden anläßlich eines Friedensfestes die Uraufführung der Oper *Urteil des Paris*. Jupiter befiehlt, auf das Wohl aller Sachsen zu trinken. Die Göttin der Zwietracht beklagt sich sodann, nichts zu tun zu haben. Gelangweilt bricht sie einen Zank um die

---

Abb.: Proszenium des Planetenballetts und Vorhang mit Merkur im Klengelschen Opernhaus

37) Kretzmar 1965:259. Im Jahr der Uraufführung wurde auch Johann Sebastian Bach geboren, dessen Werke derart symbolisch-gleichnishaft durchkonstruiert wird, daß ihr Verständnis esoterisches Wissen voraussetzt.

Schönheit der Juno, Pallas und Venus vom Zaun. Die Göttin der Liebe singt:

Schau die Wohnstatt aller Lüste /
Meine Brüste . . .
Oder wilstu meinen Leib /
Voller Lieblichkeiten sehen? /
So soll es alsbald geschehen . . .

Sieben Planetenlustbarkeiten

Im Jahre 1719 heiratete der sächsische Kurprinz die österreichische Erzherzogin Maria Josepha. Ein Fest, das die hohe politische Bedeutung der Verbindung Sachsens mit dem deutschen Kaiserhaus noch demonstrativ überhöhen sollte, rief alle Kräfte auf den Plan. Wie opulent müssen die damit verbundenen Festlichkeiten gewesen sein![38] Allein für 100 Theaterproben des Planetenfestes mußten Lichter angesteckt werden. Sonntag, den 10. September begann es mit einem Sonnenfest. In einer Wolke erschienen die sieben Planeten, dargestellt von Mitgliedern der italienischen Oper.

Die Sonne machte an diesem Tag den Anfang, indem nach einem glänzenden Souper im Palais an der Elbe ein prachtvolles Feuerwerk abgebrannt wurde. Am 15. September fand im Dresdner Zwinger das Jupiterfest statt, ein Karussell der vier Elemente. Oberhalb des Portals zur Ostraallee befand sich eine von Mauro gefertigte Maschine, das Chaos darstellend, in welcher Jupiter saß. Am 18. September kam das Dianafest an die Reihe, bestehend aus

einer Jagd auf der Altdresdner Wiese. Nach einigen Kantaten näherte sich dem Ufer ein vergoldetes und versilbertes Schiff, welches in Form einer Muschel den Wagen der Diana darstellte, von Nymphen getragen und von vier Hirschkühen gezogen.

Am 20. September zelebrierte man dann das Merkurfest im Zwinger, bestehend aus einer sogenannten *Wirtschaft aller Nationen* und einer Messe. Neben dem Hof, den Kavalieren und Damen, der Kapelle, mehreren Musikchören, den französischen und italienischen Schauspielern usw. sah man Seiltänzer, Wunderdoktoren, Marionettenspieler, ein Serail des türkischen Kaisers, französische und italienische Komödien. Nach einem glänzenden Souper im Pavillon des Zwingers und einer gewinnreichen Lotterie fand bei prachtvoller Beleuchtung des Gartens in Boutiquen der Verkauf verschiedener Gegenstände statt, welche Kaufleute der Stadt dort ausgelegt hatten. Den Schluß bildete ein Ballett, in welchem Merkur, die Musik, Architektur, Malerei und Bildhauerkunst auftraten.

Abb.: Dekoration (mit Sonnengott) zum Planetenballett: Sonne, Jahreszeiten, Weltteile

38) Prölss 1878:138f

Das Venus- oder Damenfest wurde am 23. September im großen Garten begangen. Nach einem Damenrennen führte man auf einem Platz im Freien, welcher zu dieser Vorstellung als Theater eingerichtet worden war, ein französisches Divertissement *les quatre saisons* auf.

Es schauspielerten als Dilettanten die Mitglieder des Hofes. Die Chöre wurden von den Theatermitgliedern gesungen, der instrumentale Teil von der Kapelle ausgeführt. Schlußendlich folgte ein Ball im Venustempel, der bis morgens fünf Uhr dauerte.

Am 26. September beschloß das Saturnfest im plauenschen Grunde die Festtage. Nach einer zünftigen Jagd gab es eine italienische Komödie. Saturn sang Arien in der Kuppel des Festsaales, begleitet von sieben Instrumentalisten. Parallel dazu spielte in den Nebensälen fortwährend höfische Tafelmusik.[39] Zum Finale sangen Bergmusikanten. *Constellatio felix* (glückliche Konstellation) verhießen als letztes Kompliment die sieben Planetenzeichen. Ein mit Pauken und Trompeten zelebriertes *Te Deum* (Dir, oh Herr) bildete den christlichen Rahmen zu Beginn und am Ende der Festlichkeiten.

Zu erwähnen bleibt noch, daß die italienische Oper bereits ein Jahr später, nach dem sogenannten *ungeschliffenen Virtuosenstreich* des Kastraten Sonesino, aufgelöst werden mußte. Eine leere Staatskasse und Schulden, die erst Jahre später getilgt werden konnten: ein wahrhaft jovisch-verschwenderischer Ausgang des Planetenfestes!

Astraler Herrscherkult

200 Jahre nach der Reformation galt Sachsen nun als machtvolle Hochburg des evangelischen Glaubens. Zugleich bestimmte astrologisches Gedankengut die Form der Rituale und Festlichkeiten bei Hofe. Dennoch würden sich Luther und Melanchthon angesichts dessen vermutlich vor Grausen im Grabe umgedreht haben. Eine im Grunde schon längst zur Amtskirche erstarrte Reformation, kombiniert mit einer zur reinen Dekoration verkommenen Astrologie – beides kaum mehr als nützliche Vehikel landesfürstlichen Größenwahns. *Saturnalien* nannte man diese Feiern in Anlehnung an die antike Verbindung von Astrologie und Herrschaft.

Bereits römische Caesaren wie Nero und Hadrian benutzten den Gestirnskult, um ihre Macht zu legitimieren und zu dokumentieren. Gottgleich stellten sie sich dar, als Mittler zwischen irdischem Volk und himmlischen Mächten. Aufgeblasenheit und Verlogenheit sind die Schattenseiten dieses Pomps: große philosophische Gedankengebäude werden instrumentalisiert für das Ritual des Staatsakts, in dem sich die Herrschaft selbst ein Denkmal setzt. Doch hätten sich die Untertanen wohl kaum von all der Pracht blenden lassen, wenn sie nicht auch tiefste Wünsche und Sehnsüchte befriedigten, Träume vom Paradies auf Erden. Und so möge dieses Kapitel mit der Beschreibung eines herrlichen byzantinischen Thronsaales aus dem 5. Jahrhundert n. Chr. ausklingen:[40]

In der Tat hatte dieser Saal als Decke einen Himmel, an dem der Lauf der Sterne zu sehen war. Der Lauf der Sterne?

Wie war das möglich? Es war ein Werk von ungeheurem Einfallsreichtum und bewundernswürdiger Kunstfertigkeit. An dieser Decke aus Gold war Chronos mit seinen weißen Haaren zu sehen, er saß auf einem erhabenen Thron und hielt den Himmel in den Händen.

Zeus, der strahlende Wandler am Himmel, war dort auch dargestellt, er hatte die Züge eines großen Königs, eines stolzen Herrschers, eines Herrn über alle Reiche und Inhaber aller Kronen. Dort glänzte der leuchtende Stern der Aphrodite (Venus) mit seinen glitzernden Strahlen.

Der Künstler hatte auch Ares (Mars) dargestellt, wie er mit Aphrodite spielt. Dann war da noch die thronende Athena, die Grazien zierten den Himmel. In der Mitte figurierten schließlich die Konstellationen der Sterne.

---

39) Blume 1954:770
40) Stirlin 1988:246

Von dem Schützen

zulassen ist der schütz bequem /
doch sein die diech nit angenem.
die ansich ziehend krafft ist gut /
stercken / vnd wer schweissbadend thut.
das haar auch kürtz / vnd wunden schneid /
im feur arbeyten gar nit meid.

Schütz das neundt zeychen / heyss vnnd trucken / mittaglich / männlich / cholerisch / Jupiters hauss / vnnd hat am menschen die hüfft / vnd die diech.

Wann die sonn darinn / wirt die zeit mit wind / regen / schnee vnnd reiffen / als dann der schütz mit seinem bogen vnstättigkeyt dräwet. so der mon darinn / ist nit gut genannte glider zu artzneyen / bös schiffen / pflantzen.

Gut ists baden / wunden schneiden / kauffen / verkauffen / new kleyder anlegen / kinder zur schul thun / wandern / ehe machen / mit fürsten / besonder geistlichen / handeln / recht anfahen / im feur arbeyten / rachtung machen / wechsslen / kauffmanschafft treiben.

Wer vnder diesem zey chen geboren oder empfan- gen / hat zugleich glück vnnd vnglück / erstlich forchtsam / darnach kün / danckbar / bewert viel / vnkeusch / reich / werdt bey dem volck / gewinnet viel ehr vnd guts.

Ein knäblin geboren zwischen dem 22. tag windermonats / vnnd dem 20. tag christmonats / wirdt die natur ansich nemmen dess zeychens schützen / heyss / trucken / ein hübscher jüngling / schöner farben / scheiblechtes haupts / lang haar / lang antlitz / die obern zän

---

Text und Abb.: Bacharach1583

grösser dann die vndern / starck / hat gerechtigkeyt lieb / barmhertzig / wirt reich / gegen leuten guter reden / es werden jm zwey ehlicher weiber angezeygt / ist er geystlich / so werdens zwo pfründ / darvon er wirt haben gut vnnd ehr. sein höchstes glück zeygen die land dess auffgangs der sonnen vnd mittags.

Der nidergang ist mittelmessig. aber sein höchstes vnglück / not vnnd arbeyt / seind die land der mitternacht vnderworffen. sein glückhafftige farben / schwartz / rot / gelb / leberfarb / blaw gemenget. aber grün / blaw / weiss / seind böss. sein höchste nutzung des gewinns ist feurwerck / auch alles das auss der erden wächsst / sein höchster vnnutz in wässerechten dingen. seine kranckheyten dess leibs werden sich inn der lincken seiten vmb die brust / miltz / lung / eingeweyd / auch im hals eräugen. im werden zukommen viel seltzamer kranckheyten. so er inn sein bestes wesen kompt / stirbt er / vnd geht auss wie ein liecht.

Ein meydlin geborn inn solcher zeit / ist sich mit solcher naturen vergleichen. wirt hübsch / schamhafft / hat nit weibisch geberden an jr / leidet viel anfechtung / vnd ein nachbaur thut vbel an jr. sie ist ausswendig weise vnnd geystlicher geberden / innwendig aber närrischer liebe / aber sie kompt im alter zu guter narung von zweyen ehelichen männern. ihr glück / vnfall / vnnd farben dess gewandts / stehet wie obgemeldet.

*

Von Sonnuhren und der 12. Zeychen Qualitäten

in sommer zeiten merck diss lehr /
dein rucken zu der sonnen ker.
so aber fachst der winter an /
solt du für dich auffrecht stan.
dein angesicht zu der sonnen keren /
wi du es vnden wol wirst hören.

Folgt hernach der gebrauch der Sonnuhr

In dess menschen lincken hand / und lehre zum ersten / wie man den strohalm in die haand nemmen / vnd durch seinen schatten / allentag so die sonn scheinet / ein jede stund von vnd nach mittag erkennen soll.

so du gern woltest wissen vnnd erfaren / inn welcher stund dess tags es sey / so nimm einen schlechten strohalm / oder ein dünn schlecht hölzlin / oder ein pfriemen von einem messer / etc. vnnd mess den selben strohholm / höltzlin / oder andergleichen / als lang dein zeygerfinder ist / von vorne an / biss das gleych mitten inn der hand / oben da die lini dess lebens anfahet / mit der selben längelege den halm auff gedachten anfang der lini dess lebens / zwischen dem daumen vnnd zifferfinger / vnnd leg den daumen auff den halm / dass du den halm desto bass vnnd schlechter fürsich gehalten mögest / so das also gewiss geschehen / habe acht auff welches gleych an dem finger oder an der hand / der schatten vom strohalm zeyge / demnach sprich auss die stund / darauff der schatten deutet / so erferestu dein begeren / wo du anderst nach der sonnen deinen leib gerecht gestellt / vnnd wie nachfolget / dein

---

Abb.: M. Elucidorius, 16. Jh.
Text: Bacharach 1583

lincke hand aussgestreckt
vnd gehalten hast.

*

Wider / löw / schütz / seyn feurigen zeychen / warm / trucken / mänlich / tägig / cholerisch / bitter / von aauffgang.

zwilling / wag / wassermann / seind lufftig / warm / feucht / männlich / tägig / saaanguinischer complex / süss / vnd von nidergang / etlich sagen von mittag.

krebs / scorpion / fisch / wässerig / kalt vnnd feucht / weibisch / nächtlich / phlegmatisch / herb / von mitternacht / etlich sagen von nidergang.

ochs / jungkfraw / steinbock / seind jrdisch / trucken / weibisch / nächtlich / melancholisch / lüfftig / von mittag / etlich sagen von mitternacht.

*

Astralmythen – die Wissenschaft grenzt sich ab

Es wird mit der Zeit immer deutlicher,
dass die blinde Bewunderung eines rein kausalen
Gedankengebäudes uns nie befähigen wird,
eine umfassende Theorie der Astrologie zu
entwickeln.

Stephen Arroyo

Steinbock, das ist seit alters her das Zeichen der Realisten, jener humorlosen Charaktere, die sich ernsthaft bemühen und fleißig streben, mürrisch, karg und knickerig. In der griechischen Mythologie hieß das Zeichen noch Fischbock. Sein Hinterteil zierte eine geschuppte Flosse. Ob damit angedeutet werden sollte, daß unter diesem Zeichen Geborene auch eine irrationale Seite haben, gewissermaßen als Schatten einer allzu dominanten Ratio?

Planetenherrscher analog zu diesem Zeichen ist Saturn. Dort, wo er im Horoskop steht, finden sich nach moderner Analogie Normen und Wertvorstellungen, hierarchischen Denkens. Die dazugehörige astro-psychologische Lernaufgabe heißt Ehrlichkeit vor allem sich selbst gegenüber, und damit verbunden das Eingeständnis auch unserer negativen (Schatten-)Seiten.[1] Im Mittelalter stand Saturn für das große Übel. Sein Wortstamm weist Ähnlichkeiten mit Satan, dem Teufel auf. Man zeichnete ihn als alten Mann, mit Hinkefuß und Sense, Symbol für die Endlichkeit alles Sterblichen. Carpe diem, finas latet – nutze den Tag ...

Als im Jahre 1975 an die 200 führende Wissenschaftler, darunter allein 19 Nobelpreisträger, eine feurige Stellungnahme gegen die Astrologie unterschrieben, hatten einige von ihnen erklärtermaßen keine Ahnung vom dem Metier, über das sie urteilten.[2] Der Wissenschaftstheoretiker Paul Feyerabend bemerkte hierzu:

Wir sehen, das Urteil der „186 führenden Wissenschaftler" ruht auf einer vorsintflutlichen Anthropologie, auf einer Unkenntnis neuer Resultate in ihren Wissenschaften (Astronomie, Biologie, Verbindung zwischen beiden) sowie auf der Unfähigkeit, die Implikationen von Resultaten zu sehen, die sie kennen. Es zeigt, wie oft Wissenschaftler ihre Autorität selbst dann einsetzen, wenn sie nichts wissen.

Wer sich wie der historische Dr. Faustus mit der Sternendeuterei beschäftigt, ge-

---

Abb. oben: Zauberkreis aus einem Faust zugeschriebenen Höllenzwang. Neumann 1693
Abb. links: Stein-/Fischbock. Münster 1533
1) Vetter 1989:68
2) Weiss 1998:17

rät in Verdacht, einen Pakt mit dem Teufel einzugehen. Die Vertreter des Wissenschafts-Establishments oder zumindest jene, die dazugehören möchten, wissen um die Gefahr einer solchen Rufschädigung. Freilich gibt es auch im 20. Jahrhundert bedeutende Physiker, die anderer Meinung sind. Carl Friedrich von Weizsäcker:[3]

Ich bin als Physiker an die Sache [Astrologie] herangegangen mit aller Skepsis. Ich habe den Eindruck gewonnen, einfach in der Beschäftigung damit, daß empirisch etwas dran ist. Ich bin zwar skeptisch gegen die Astrologen, aber auch skeptisch gegen die Meinung der Physiker.

Und dann gibt es da noch Albert Einstein, dessen Relativitätstheorie bekanntlich Grundlage der Physik des 20. Jahrhunderts wurde:[4]

Die Astrologie ist eine Wissenschaft für sich. Aber eine wegweisende. Ich habe viel aus ihr gelernt und vielen Nutzen aus ihr ziehen können. Die physikalischen Erkenntnisse unterstreichen die Macht der Sterne über irdisches Geschick. Die Astrologie aber unterstreicht in gewissem Sinne die physikalischen Erkenntnisse.

Forschung und Ethik

Angesichts der Tatsache, daß sich sowohl die heutige Astrologie als auch die heutige Astronomie erheblich von den Konzepten des Mittelalters unterscheiden, wäre die Frage berechtigt, ob nicht „die von Melanchthon in dieser Sache vertretenen Positionen mit Recht schon lange auf dem Müllhaufen der Geschichte gelandet“ [5] seien.

Moderne Horoskopdeutungen halten sich frei von Determinismus und haben die Entfaltung der Persönlichkeit zum Ziel. Der Astrophysiker unserer Zeit versucht hingegen, das Naturgeschehen in Gesetze zu fassen, beobachtet Vorgänge im Kosmos und bemüht sich, deren Anfangsbedingungen und Endergebnisse durch Beobachtung und Rechnung festzustellen. Es sieht zunächst so aus, als könne eine wissenschaftliche Überprüfung möglich sein: Man beobachtet Sonne, Mond, Planeten und den Menschen in einem bestimmten Zustand und kann daraus den Zustand des Menschen für einen anderen Zeitpunkt bestimmen. Nur: Der Mensch ist ein höchst kompliziertes, aus vielen sehr spezifischen Organen zusammengesetztes Wesen, das mit allen anderen Wesen auf der Erde in höchst komplizierter Wechselwirkung steht. Auf diese Weise kann das Experiment Mensch, Sonne, Mond, Planeten nicht durchgeführt werden. Der Anspruch ist zu hoch, es lassen sich keine eindeutigen Resultate erzielen.[6]

Interessanterweise hat Melanchthon neben seinem Einsatz für eine an den Universitäten gelehrte Astrologie auch zur faustischen Mythenbildung beigetragen. Ahnte der Reformator bereits, in welche Richtung sich eine von jeglicher Ethik und Moral entbundene Wissenschaft entwickeln könne? Diese Schreckensvision ist Ende des 20. Jahrhunderts Wirklichkeit geworden. Forschung und Technologie wenden sich gegen die Natur, unterliegen in der globalen Gesellschaft kaum noch irgendwelchen Grenzen.

Im Jahrhundert der Reformation, an der Schwelle zur Neuzeit, unterstand die Forschung noch weitgehend der Macht der Kirchen. Sicherlich schufen die Reformatoren hier nicht ohne theologischen Eigennutz eine dunkle Gestalt, neben der ihre eigene *christliche Rechtschaffenheit* in um so hellerem Glanze erstrahlte. Und der Teufel, das war eben für die Ära Luther eine Figur, die alles zu erklären vermochte, was sonst im Dunkel blieb. Doktor Faustus, dieser Wundermann, müßte zwangsläufig jenen schwarzen, bösen, höllischen Gegen-Gott zum Gevatter haben, wenn er für die Leute nicht dem menschlichen Maßstab völlig entgleiten sollte.[7]

Erschlichene Doktorwürden

18 Jahre lang führte der Abt Kilian Leib im Kloster Rebdorf ein Wettertagebuch. Am Seitenrand der Stoefflerschen Gestirnstands-Ephemeride *Almanach nova* notierte er wichtige Ereignisse wie Ernteerträge und Wachstum von Früchten, aber auch den Tod von Mitbrüdern, Verbrechen, Lebensmittelpreise und vieles

---

3) Jungschlaeger 1980
4) Mertz 1995:62
5) Wunder 1997:13
6) M. Gauquelin 1967, Eysenck und Nias 1982, Gauquelin 1987, Smith 1995, Sachs 1997. Siehe auch: Elwell 1988:159f
7) Mahal 1980

mehr – eine Langzeitstudie zur Bestätigung bzw. Widerlegung der Astrologie. Im Jahre 1528 trug er folgendes ein:[8]

Georgius Faustus helmstet, quinta Junii dicebat, qu[ando] so et Jupiter sunt in eodem unius signi gradu tunc nascuntur propheti. (ut puta7 sui similes).

Wenn Sonne und Jupiter im gleichen Zeichengrad zusammenstehen, dann würden Propheten geboren, wie er selber einer sei: so die großmäulig astrologisch-autobiografische Aussage seines Besuchers. Namenstag des heiligen Georg (Faustens Vorname) ist der 23. April. Konjunktionen von Sonne und Jupiter im Zeichen Stier an besagtem Tag ereigneten sich 1466, 1478 und 1490. Da noch andere historische Quellen auf die mittlere Jahreszahl hindeuten, wurde der historische Johann Georg Faust höchstwahrscheinlich am oder kurz vor dem 23. April des Jahres 1478 geboren.

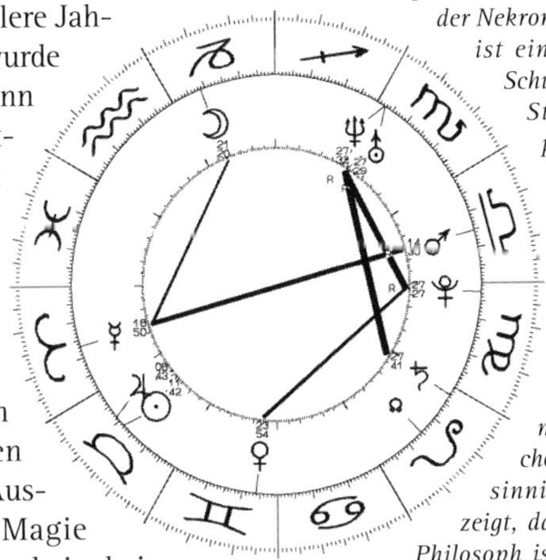

Dr. Faust existierte tatsächlich. Dies bezeugt auch ein Brief des wegen des Verdachts der Ausübung schwarzer Magie aus dem Kloster Sponheim bei Kreuznach verjagten Abtes Johannes Trithemius an den Heidelberger Mathematiker und Hofastrologen Johann Virdung.[9] Letzterer erstellte auch die Geburtshoroskope Franz von Sickingens und Philipp Schwarzerdts (= Melanchthon). Trithemius konnte mit 21 Jahren ohne Studium und ohne Priesterweihe Abt des unbedeutenden Klosters Sponheim werden. Mit unglaublichem Ehrgeiz sammelte er dort immer mehr Bücher an. Das Kloster wurde bald zum Wallfahrtsort deutscher Humanisten, auf Kosten des Essens-Budgets seiner Mönche, die rebellierten. Mit Schimpf und Schande entlassen brauchte er dringend eine spektakuläre Aktion, um seinen lädierten Ruf aufzupolieren. Der Brief über Faust an Virdung ist denn auch größtenteils Geschichtsfälschung, ein Versuch der Weißwäscherei:

Jener Mensch, über welchen du mir schreibst, Georg Sabellicus, welcher sich den Fürsten der Nekromanten zu nennen wagt, ist ein Landstreicher, leerer Schwätzer und betrügerischer Strolch, würdig ausgepeitscht zu werden, damit er nicht ferner mehr öffentlich verabscheuungswürdige und der heiligen Kirche feindliche Dinge zu lehren wage.

Denn was sind die Titel, welche er sich anmaßt, anders als Anzeichen des dümmsten und unsinnigsten Geistes, welcher zeigt, daß er ein Narr und kein Philosoph ist!

So machte er sich folgenden ihm konvenierenden Titel zurecht: Magister Georg Sabellicus Faust der Jüngere, Quellbrunn der Nekromanten, Astrolog, Zweiter der Magier, Chiromant, Aeromant, Pyromant, Zweiter der Hydromantie.

Aeromantie, Pyromantie und Hydromantie entsprechen weitgehend der heutigen Luft-, Feuer- und Gewässerforschung. Doch wer damals mit den Elementen experimentierte, bekam schnell den Ruf des Teufelsbündlers angehängt. Unter der Hand jedoch wurden damals tüchtige Alchemisten (d.h. auch: Chemiker) von höchster Stelle umworben. Johann Entenfuß, bauwü-

---

Abb. links: Fausthoroskop auf den 23.4.1478
Abb. oben: Grabmal des Abtes Johannes Trithemius im Würzburger Neumünster
8) Mahal 1998:38f
9) Kuper 1998

saturnin-satanischen Feinden an Euphrat und Tigris gönnen würden. Anno Domine 1540 starb Faust bei einer Explosion inmitten von Retorten und Destilliergefäßen in Staufen im Breisgau. Diese Kunde drang über einen ehemaligen Wittenberger Studenten bis zu Magister Melanchthon vor. Wie sehr sich doch die Schilderungen des katholischen Trithemius und des evangelischen Philippus[12] ähneln. Wer andere derart in den Schatten setzt, möchte halt selbst um so strahlender glänzen:

tiger Abt des Klosters Maulbronn, engagierte 1521 (vermutlich) den Faust als Goldmacher. Aus gesicherten historischen Quellen läßt sich entnehmen, daß Faust im Jahre 1520 für den Bamberger Erzbischof ein Geburtshoroskop erstellte. Das wahrhaft fürstliche Honorar betrug zehn Gulden. Moritz von Hutten konsultierte seinen astrologischen Rat für eine 1534 beginnende Expedition nach Venezuela. Schiffshoroskope bezogen sich auf den Tag des Stapellaufs bzw. den Abreisetermin und waren weit verbreitet.[10] Auch der gelehrte Joachim Camerarius, ein enger Freund Melanchthons, erstellte eine Prognose. Doch Faust, der Praktiker, traf den Nagel auf den Kopf, wie ein Brief aus dem Jahre 1540 dokumentiert.[11]

Als Heiler betätigte er sich laut Zeugnis des Wormser Stadtarztes Philipo Begardi aus dem Jahre 1539. Legende sind die zahlreichen Notizen über Faust als Weintrinker, wie er z. B. auf einem prallen Faß aus Leipzigs Auerbach'schen Keller entfleucht. Und sein Ende als Chemielaborant ist schrecklicher, als es moderne amerikanische Christenmenschen jemals ihren ach so

Ich hab einen gekennet / mit nammen Faustus von Kundling (ein kleines stettlein / nicht weit von meinem Vatterland) derselbige da er zu Crockaw in die Schul gieng / da hatte er die Zauberey gelernet ...

Vor wenig jaren ist derselbige Johannes Faustus / den tag vor seinem letzten ende /& in einem Dorff in Wirtenberger landt gantz trawrig gesessen. Der Wirt fragt jn / Wie es keme / das er so trawrig were / das er doch sonsten nicht pflegte (dann er war sonsten gar ein unverschämbter Vnflat / vnnd fürete gar vberauß ein bübisch leben / also das er etliche mal schier vmbkommen were von wegen seiner grossen Hurerey)

Da hat er zum Wirt gesagt: So er etwas in der nacht hören würde / solt er nicht erschrecken. Vmb Mitternacht ist im Hause ein grosses getümmel worden.

Des morgens wolte der Faustus nicht auffstehen. Vnd als es schier auff den Mittag kam / hat der Wirt etliche Menner zu jm genommen / vnd ist inn die Schlaffkammern gegangen / darinn er gelegen ist / da ist er neben dem Bette todt gelegen gefunden / vnd hatte jm der Teuffel dz angesicht auff den rücken gedrehet. Bey seinem leben hatte er zween Hund mit jhm lauffen / die waren Teuffelen ...

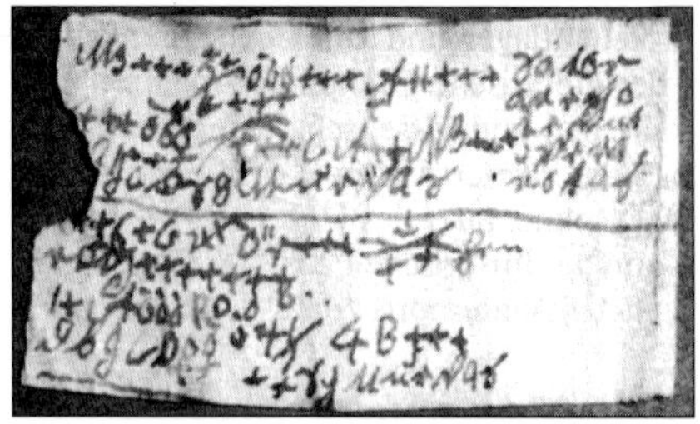

Nachtrag: Aller Wahrscheinlichkeit nach stammt Dr. Faustus aus Kundling (= Knittlingen) nahe Melanchthons Geburtsstadt Bretten. Dort fand sich 1921/22 im Astloch einer Türschwelle, sorgsam verborgen hinter einem Holzzapfen, in einem Lederbeutelchen ein kleines Pergament. Es enthielt ein alchemistisches Zahlenquadrat:

S A T O R
A R E P O
T E N E T
O P E R A
R O T A S

Die bislang unentschlüsselte Formel findet sich auch an manch alter Kirche.

Abb. rechts: Zauberformeln auf Pergamentzettelchen, gefunden im Astloch einer alten Türschwelle des alten Knittlinger Rathauses

Abb. links: Sator Arepo an der Kirche San Giovanni, Campiglia Marittima, Etruskien (1075)

10) Bankhofer 1985

11) Baron 1978:210

12) Zu Melanchthon siehe Manlius 1563

Ein Gelehrter und sein Medium

Adrian Mathams Federzeichnung von 1642 zeigt einen Bücher-Faust, einen Forscher, Grübler und Sucher. Zu jener Zeit war Melanchthons Schreckensmoritat schon längst (1587) in einen Bestseller übernommen worden, namens: *Historia von D. Johann Fausten / dem wenbeschreyten Zauberer vnnd Schwartzkünstler / Wie er sich gegen dem Teuffel auff eine benannte zeit verschrieben / Was er hierzwischen für seltsame Abentheuwer gesehen / selbst angerichtet vnd getrieben / buis er endtlich seinen wol verdienten Lohn empfangen.* 1589 veröffentlichte Marlowe sein Skript zum legendären Theaterstück *The Tragicall History of the Life and Death of Doctor Favstvs.* Faust mutiert vom Erbsünder zum Außerordentlichen, der mit seinem Erkenntnishunger für eine immer noch kirchlich geprägte Epoche zu früh gekommen ist. Marlowe, der kurze Zeit später durch einen nie aufgeklärten Messerstich ermordet wurde, hat in das Werk auch viele Elemente eines zeitgenössischen englischen Astrologen eingearbeitet, von dessen Leben sich auch Shakespeare inspirieren ließ.[13]

John Dee (1527-1608) zählte zu den gelehrtesten Köpfen Englands. Seine Privatbibliothek war umfangreicher als diejenige der Universitäten von Oxford. Er beschäftigte sich mit Geographie, Magie, Mathematik, Medizin, Philosophie, Astronomie und Astrologie. So schrieb er 1557 das Vorwort für die von John Field in einem englischen Jahrbuch veröffentlichten Preußischen Tafeln des Wittenberger Universitätsprofessors Erasmus Reinhold. Während der Regierungszeit von Queen Mary wurde er zu Kerkerhaft verurteilt, da er ihr aus dem Heiratshoroskop Kinderlosigkeit und Unglück prophezeite. Wieder entlassen arbeitete er im geheimen weiter für Marys Schwester und Nachfolgerin auf dem englischen Thron, Queen Elisabeth. Für sie berechnete er später dann auch den astrologisch günstigsten Zeitpunkt der Krönung[14]

Er beriet die Königin auch in späteren Jahren und signierte seine Berichte mit einem Augenpaar, das auch als 007 gelesen werden kann.[15] Ob er, gleich dem von ihm astrologisch beratenen Piraten Sir Francis Drake, eine Liaison mit ihr hatte, darüber wird gemunkelt. Elisabeth I., Tochter Heinrichs VII. und der auf seine Anweisung hin enthaupteten Giftmörderin Anna Boleyn, hatte viele Liebhaber, war aber nie verheiratet. Sie ließ sich *Virginia* (die Jungfräuliche) nennen.

Abb.: Mephistopheles führt Faust die Helena zu. Federzeichnung Adrian Mathams um 1642

13) Tegtmeier 1995:101

14) Barclay 1997

15) Parker 1988:268

Ein ausländischer Besucher beschrieb ihr Auftreten bei einem Empfang folgendermaßen:[16)]

Sie trug ein Kleid aus weiß und karmesinrot gemusterter Silbergaze mit geschlitzten, rot gefütterten Ärmeln. Der vordere Teil ihres Kleides stand offen, so daß man ihren ganzen Busen sehen konnte. Überhaupt knöpfte sie ihr Kleid häufig eigenhändig vorne auf, als ob es ihr zu warm wäre. Der Kragen der Robe war sehr hoch und innen mit Gehängen aus Rubinen und Perlen geschmückt.

1578 erkrankte die Königin schwer, und Dee reiste zur Konsultation berühmter Ärzte (und vermutlich auch zur geheimdiplomatischen Erkundung) nach Europa, bis nach Frankfurt an der Oder. Dort feierte gerade ein Schweizer Alchemist und Astrologe namens Thurneysser große Erfolge. Ein legendärer Ruf als Harnbegutachter sowie ein mineralogisches Buch, in welchem er von Gold in der Spree sprach, hatte bereits den brandenburgischen Kurfürsten Johann Georg samt kranker Gattin angelockt, und nach ihrer erfolgreichen Genesung wurde Leonhard Thurneysser zu Thurn als Leibarzt und Hofastrologe nach Berlin geholt.

Als Alchemist forschte er sowohl nach den geistig-esoterischen Geheimnissen der Flüssigkeiten, Essenzen, Metallen und Chemikalien als auch nach deren praktischer Verwendung. Unter anderem gilt er als Erfinder des künstlichen Mineralwassers. Ferner errichtete er in Spandau bei Berlin die größte Druckerei des Landes Brandenburg mit bis zu 250 Angestellten. Dort ließ er seine Kalenderblätter drucken, astrologische Flugschriften mit den jeweils aktuellen Jahresprophezeiungen, eine Auflistung aller Schriften des Paracelsus, eine Apothekertaxe, ein lateinisches Kräuterbuch, und anatomische Tafeln. Seine prachtvollen großformatigen Werke *Archidoxa* sowie *Erklärung der Archidoxa* enthalten zur Horoskopberechnung drehbare Scheiben. Die Bücher sind Lehrwerke der Astrologie und Alchemie, geschmückt mit Reiseberichten aus fernen Ländern .[17)]

Es ist gut möglich, daß sich John Dee durch die Werke Thurneyssers oder sogar eine persönliche Begegnung hat inspirieren lassen. Zurück in England fertigte er Karten von Afrika, Amerika und den Nordpolarländern an

und forderte seine Königin zur Eroberung derselben auf. Aufgrund seiner Bemühungen begann England schließlich mit der Eroberung der amerikanischen Kolonien. Möglicherweise hat John Dee aber Leonhard Thurneysser dazu angeregt, sich auf die Suche nach okkulten Phänomenen zu begeben. Dies geschah erst mittels Klopfzeichen, dann über das Medium Edward Kelley, einer dubiosen Person, der man wegen Fälschung bereits die Ohren abgeschnitten hatte.[18)] Durch ihn konnte John Dee – oder hoffte es zumindest – mit den höchsten Geistern Kontakt aufnehmen. Zeit seines Lebens war er von der Vorstellung be-

---

Abb. oben: Portrait des John Dee
Abb. links: Bildnis der Königin Elisabeth I. von England, nach 1604, vermutl. n. Hogenberg

16) Zeit-Magazin 38, Hamburg 1997
17) Moehsen 1783/1976, Darmstaedter 1922: 127, Spitzer 1996:75f und 1997:80
18) Kuper/Kiesewetter1993:67f

sessen, ein totales und umfassendes Wissen erlangen zu können.

Giordano Bruno hielt sich zu jener Zeit in London auf. Die Schilderung des Tempel im Aschermittwochsmahl könnte als Symbol des Okkultismus verstanden werden. Wollte Bruno hier auf die magischen Praktiken Dees anspielen?[19] Vielleicht hat den Gedächtniskunst-Experten aber auch das von Dee entworfene Symbol der Monade interessiert, diese Synthese von Möglichkeiten magischen Denkens und Operierens. Sie setzt sich aus den Zeichen der sieben Wandelsterne Sonne ☉, Mond ☽, Merkur ☿, Venus ♀, Mars ♂, Jupiter ♃, Saturn ♄ und den Symbolen für Widder ♈ und Stier ♉ zusammen. Die Monade steht für das Zusammenspiel zwischen Mikrokosmos und Makrokosmos.[20]

John Dee reiste mit seinem trunksüchtigen Medium durch Europa, auf Einladung eines polnischen Edelmannes, dem er höchste politische Erfolge prophezeit hatte. Er war derart von den Botschaften seines Mediums überzeugt, daß er Kelley auch die merkwürdige Vision einer weißen Säule glaubte. Sie sei überkront mit den Häuptern von ihnen und ihren Frauen, meinte Kelley. Die Erklärung des Mediums „Ihr sollt eure Frauen derart haben, daß ihr sie gemeinsam gebraucht!“ teilte Dee seiner jungen Gattin schonend mit. Es folgte eine feierliche, schriftlich bestätigte Erklärung aller vier Beteiligten zu absolutem Stillschweigen – und neun Monate später wurden dann ein Junge und ein Mädchen geboren.

Schließlich und endlich, nach all diesen Abenteuern, landete er am Hof Rudolfs II. in Prag. Jener war mißtrauisch, lebte seit der Horoskopdeutung Tycho Brahes weitgehend von der Außenwelt zurückgezogen. Ein Mönch werde ihn im Auftrag des französischen Königs ermorden, hatte der dänische Astronom und kaiserliche Mathematicus in Prag[21] vorausgesagt.

Dee konnte den Kaiser nicht beeindrucken und reiste ab. Kelley hingegen begeisterte durch alchemistische Taschenspielertricks und blieb. Er wurde später dann eingekerkert und starb letztendlich an den Folgen eines Fluchtversuches. Zurück in England mußte Dee feststellen, daß der Pöbel seine Bibliothek geplündert hatte. Er verlor seine

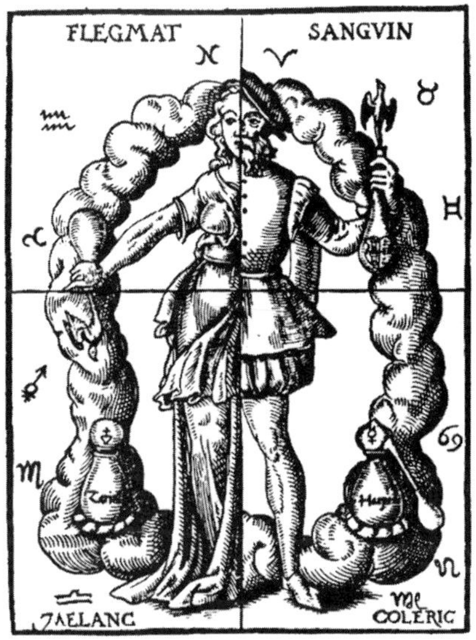

akademische Reputation, lebte zurückgezogen und in völliger Armut. Bittere Not zwang ihn sogar, kostbare Bücher zu verkaufen.

Ein Ort absoluter Normierung

„It was for the Observators habitation and a little for pompe“, beschrieb Sir Christopher Wren die Anweisung des englischen Königs für den Bau der legendären Sternwarte in Greenwich im

---

Abb. oben: Die vier Elemente bzw. Temperamente aus Thurneyssers „Quinta Essentia“ von 1574

Abb. links: Monade aus John Dees „Propädeumata aphoristica“ von 1558

19) Wildgen 1998:33

20) Beese 1998

21) Svoboda 1994

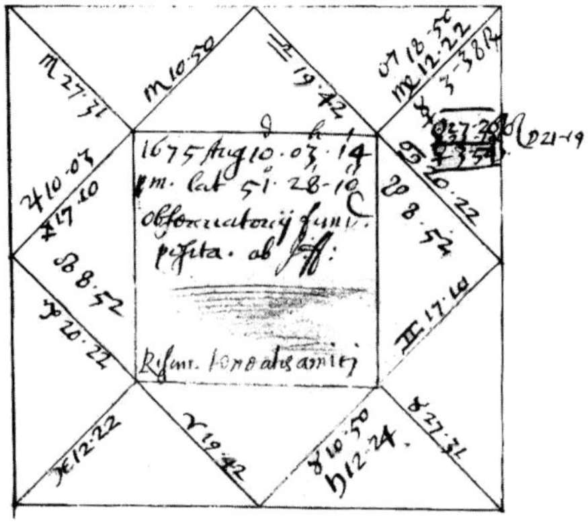

Jahre 1675. Der eigentliche Gründungszweck, die Erstellung exakter Mondtabellen für die Seefahrt, konnte in den ersten 100 Jahren ihres Bestehens nur schleppend realisiert werden. Bestimmung von Greenwich war es aber, Normen für Zeit und Raum zu setzen. Genau durch das Hauptgebäude der Sternwarte verläuft der Null-Meridian, die Hauptbezugsgröße für die geographische Einteilung von Erd- und Himmelsglobus. Auf diesen Ort bezieht sich auch die Weltzeit, abzulesen an einer großen alten Präzisionsuhr.

Saturn stand zum offiziellen Eröffnungszeitpunkt der Sternwarte im fünften Haus im Trigon zu den Mondknoten – nach astrologischer Terminologie Ausdruck des Anspruches, das Maßstäbliche würdig darzustellen. Das vom Sternwartendirektor erstellte Gründungshoroskop enthält in dünnem Bleistiftstrich eine vielfältig interpretierbare Inschrift: *Risum teneatis amici* (Möget ihr darüber lachen, Freunde).[22] Royal Astronomer John Flamsteed hatte sich neben seiner Astronomie jahrelang mit Astrologie beschäftigt, erst interessiert, dann ablehnend. Hatte er Angst, man würde über sein Horoskop lachen? Oder handelte es sich um eine Pflichtarbeit, der er nur ungern nachkam?

Die Gründung der Sternwarte resultiert aus seinem Bittbrief an den damals äußerst erfolgreichen Astrologen William Lilly. Es kam zu einem Treffen mit ihm, dem königlichen Astrologen Sir George Wharton und Sir Jonas Moore auf der halben Strecke zwischen Derby und Greenwich. Die einflußreichen Herren, von den astronomischen Fähigkeiten Flamsteeds sehr angetan, legten ein gutes Wort beim König ein.[23] In den folgenden Jahren erstellte Flamsteed selbst mehrere Horoskope, so für die Astronomen Edmund Halley und Johann Hevelius. Den Astrologen John Wing und George Parker lieferte er exakte Angaben für ihre Jahresalmanache.

Flamsteed erhielt nur ein sehr karges Jahresgehalt, von dem er auch noch den Bau astronomischer Instrumente bezahlen mußte. Im Alter wollte er auf Basis der *Preußischen Gestirnstafeln* des Wittenberger Erasmus Reinhold eigene Ephemeriden in England herausbringen – allerdings ohne die üblicherweise beigefügten astrologischen Prognosen. Es gelang ihm einfach nicht, einen Verlag zu finden! Gegen seinen Zeitgenossen William Lilly, einem finanziell und literarisch überaus erfolgreichen Prominentenastrologen, und dessen Kalenderalmanach konnte er auf dem Buchmarkt einfach nicht bestehen.

Der englische Merlin

Gegen Ende des 16. Jahrhunderts hatte die Astrologie in England an humanistischem Niveau verloren. Die Abhängigkeit von den Höfen bewirkte eine Bewegung hin zum Volk. Nur über die populären Kalender und Horoskopdeutungen für das aufstrebende Bürgertum konnte der Sterndeutungskunst wieder zu Ruhm und Ansehen verholfen werden. Eine gewisse inhaltliche Verflachung und axiomatische Verkürzung ging damit sicherlich einher.

Die Konkurrenz war groß, man machte sich gegenseitig schlecht, es wurde kaum geforscht und archiviert. William Lilly (1602-1681), Sohn eines Freisassen aus einem Dörfchen in Leicestershire, ging als Diener eines ungebildeten Ratsherrn nach London und heiratete eine reiche Witwe.[24] So verfügte er über genug Vermögen, um sich über Jahre sehr intensiv dem Studium

---

Abb.: Grundsteinlegungs-Horoskop Greenwich 20. August 1675, 15:14 Uhr. RGO 1/18 f2ᵛ

22) Baily 1835:34, Maunder 1900:42, J. Brit. astron. Ass. 47/9, 47/10, 97/4, 97/6, 98/4

23) Hunter 1987:264

24) Zu den Bemühungen des heutigen Britischen Astrologenverbandes, in seinem Geburtshaus ein Forschungszentrum aufzubauen, siehe: http://www.astrology-world.com/lilly.html

der klassischen und zeitgenössischen astrologischen Literatur zu widmen.

Erst nach etwa 20 Jahren Selbststudium veröffentlichte er Bücher mit so populär-sensationsheischenden Titeln wie *Merlinus Angelicus Junior* (Der junge Zauberkünstler) und *Eine Prophezeiung des weißen Königs und Erklärungen des furchterregenden Todesboten.* Mit seinen astrologischen Kalendern fand er bei der Masse des Volkes großen Anklang. Er wurde von König Karl I. ebenso konsultiert wie von Bediensteten, Armeegenerälen und der bürgerlichen Schickeria. Ruhm erlangte er mit der Voraussage des großen Feuers in London. Für kurze Zeit kam er deswegen ins Gefängnis mit der Begründung, er hätte seiner Voraussage durch Zündeln womöglich nachgeholfen.

Lillys großes Werk ist die *Christian Astrology* von 1687. In diesem mehr als 1.000 Seiten umfassenden Werk verbindet er bedeutende griechische, römische und arabische Horoskopie mit zeitgenössischen Interpretationstechniken zu einem einzigartigen Lehrgebäude. In wie weit der Begriff „christlich“ dabei als Selbstschutz vor der Kritik des Klerus und seiner zahlreichen Neider diente oder tatsächlich seiner innersten Überzeugung entsprach, läßt sich nicht eindeutig klären. Eine innige Verbindung zwischen Astrologie und Christentum zeigte sich bei Astrologen aus den Reihen der Geistlichen. Richard Napier (1590–1674), der Pfarrer von Great Linfort in Buckinhamshire, soll „eine Hornhaut vom Beten“ bekommen haben, weil er vor Erstellen eines jeden Horoskopes auf die Knie ging. Diese Beschreibung klingt etwas lächerlich. Doch sie zeigt, daß die Verbindung zwischen religiöser Ethik und Astrologie, wie sie Melanchthon einst mit gutem Recht forderte, auch in England ihre Nachahmer fand.

Von Lilly selbst heißt es, daß ihm der Ruhm bald zu Kopfe stieg und er größenwahnsinnig wurde. Sein Auftreten im Alter und zahlreiche schwülstig-dramatische, gut bezahlte, aber danebengehende Prophezeiungen sprechen dafür. Dessen ungeachtet bleibt es sein Verdienst, der astrologischen Ausbildung mit seinen Werken ein solides Fundament gebaut zu haben.

THE STARRY
MESSENGER;
OR,
An Interpretation of that strange Apparition of three Suns seene in London, 19 Novemb. 1644. being the Birth Day of King CHARLES.

The effects of the Eclips of the Sun, which will be visible in ENGLAND, 11 August 1645. whose influence continues in force, from January, 1646. to Decemb. 1647. almost two whole yeares; and cannot but be the fore-runner of some extraordinary mutation in most Common-wealths of Europe, but principally in ENGLAND. With an Answer to an Astrologicall Judgement. Printed at Oxford, upon his Majesties present March.

By WILLIAM LILLY Student in Astrologie.

LONDON,
Printed for John Partridge and Humphry Blunden, and are to be sold at the Signe of the Cocke in Ludgate Streete, and the Castle in Cornhill, 1645.

Ich studierte es – ihr nicht!

In späteren Jahren geriet John Flamsteed als Direktor der Königlichen Sternwarte mit Sir Isaak Newton in Konflikt. Dieser sonnte sich nach Veröffentlichung von *Principia mathematica* im Glanze eines ersten Wissenschaftlers und Präsidenten der Royal Society.[25)] Seine Theorie der Gravitation zeigte, daß das Universum durch einfache, mathematisch zu errechnende Gesetze geregelt wird. In das Buch hatte er auch Unterlagen von Flamsteed hineingearbeitet. Als Newton nun auf Herausgabe weiterer Information bestand, weigerte sich der arme Astronom. Newton machte sich selbst zum Vorstand der Königlichen Sternwarte und versuchte, die Herausgabe zu erzwingen. So litt der arme Flamsteed inzwischen mehr unter seinen Wissenschaftler-Kollegen denn unter den ihn einst protegierenden Astrologen.

Newton (1643–1727) stand der Astrologie in ihrer damals ausgeübten Form völlig gleichgültig gegenüber. Sein berühmtes Statement „I have studied these things – you have not“ gegenüber der Kritik des Astronomen Halley verteidigte nicht die Sternendeuterei, sondern bezog sich auf New-

---

Abb.: William Lillys Sternenbote, Titelblatt, 1645

25) Hawking 1988:223

tons sehr weitgehende kosmologische und metaphysische Interessen.[26]

In seinen *Philosophical origins* erläuterte er: Für den Fall, daß die Sterne durch die Kraft ihrer Seelen auf ihren Himmelsbahnen Halt fänden und sie aus der Sicht der Menschen göttlich seien, müsse die ursprüngliche Astrologie und Theologie durch Priester entstanden sein, um das Studium der Sterne zu fördern, die Priesterschaft zu entwickeln und lebenslang auf Erden zu verbreiten.[27] Newton transformierte Astrologie in eine von esoterischen Gedanken durchdrungene Naturphilosophie. Profane Horoskopdeutungen interessierten ihn nicht. Für ihn war der Kosmos göttlich und beseelt. Seine *Chronologie der Alten Königreiche mit drei Tafeln von König Salomons Tempel* beweist, wie wenig sich dieser bedeutende Physiker auf die reinen Naturwissenschaften beschränkte.[28] Er hoffte, über die Alchemie die Struktur und Natur der Materie ausfindig machen zu können.

Wie groß der Anteil dieser Arbeiten an seinem Gesamtwerk ist, läßt sich an einer Auktion von Newtons Manuskripten im Jahre 1936 ermessen, die allein schon 121 Pakete zu diesem Thema anbot.

Christentum als Astralkult

Eine Welt ganz ohne Christengott und ohne Sternenkult: Ende des 18. Jahrhunderts wurden alle Dinge, die nicht mit dem menschlichen Verstand eindeutig zu erklären waren, ins Abseits gedrängt. In letzter Konsequenz sah man Christus nur noch als Astralmythos – eine übrigens ganz einleuchtende Erklärung![29]

Voltaire, ein Spötter par Excellence, überschüttete die Astrologie mit Hohn und Spott: Auf Einladung Friedrichs des Großen (für diesen mit erheblichen Honorarkosten verbunden) hielt er sich ein paar Monate auf Schloß Sanssouci in Potsdam und noch länger in Rheinsberg auf. Ob es seinem Einfluß zuzuschreiben ist, daß der Alte Fritz alle Hinweise auf Einflüsse der Sterne in den jährlich mit Hilfe des astronomischen Instituts herausgegebenen Gestirnstandstabellen verbieten ließ? Die Kalenderblätter waren damals wie heute ungeheuer beliebt. Und da die Berliner Astronomen durch die Lizenzausgaben ihrer Ephemeriden viel Geld verdienten, bedeutete dies für sie

---

Abb.: Prospectus Intra Cameram Stellatam: Oktagonraum in Greenwich, RGO, Nr. D5593

26) Tester 1987:229

27) Schaffer 1987:242

28) Thorndyke VIII: 635

29) Knappich 1988:296

eine erhebliche finanzielle Einbuße. Nach heftigem Widerstand der bäuerlichen Bevölkerung wurde die Verordnung wieder zurückgezogen.

Zu Beginn des 18. Jahrhunderts betrachtete man den Himmel mit anderen Augen. Man wollte sehen, was wirklich am Himmel vorging. Da störten die alten Seelenbilder, die zwar am Himmel in Form von Lichtpunkten erahnbar, jedoch letztlich nur vor dem inneren Auge zu sehen waren. Die Technik stand jetzt im Vordergrund. Mit Fernrohren erforschte man das Unbekannte. Dabei wurden die wichtigsten Entdeckungen wiederum von skurrilen Außenseitern gemacht: Ein Militärmusiker aus Hannover hatte sich in London angesiedelt und stellte in seinem Vorgarten ein gewaltiges, selbst konstruiertes Fernrohr auf. Als William Herschel den Planeten Uranus[30] entdeckte, mußten sich die Astronomen des Royal Greenwich Observatory selbst zur Nachtzeit in seinen Vorgarten bemühen, denn ihre eigenen Refraktoren erbrachten nicht eine solche Leistung. Inzwischen kann man Herschels Fernrohr auch nachts am Himmel sehen – zum ersten Male schufen sich die Astronomen ein eigenes Sternzeichen!

Nach ihrem Geschichtsverständnis war mit dieser Entdeckung der Astrologie jegliche Grundlage entzogen. Für die Astrologen selbst sieht es anders aus. Nach ihrem Denken in Analogien werden alle Ereignisse dieser Zeit, so z. B. die Französische Revolution und die damals einsetzende Industrialisierung, der Uranus-Analogie zugeordnet, seine Stellung im Geburtshoroskop entsprechend gedeutet.

Innerhalb des esoterischen Weltbildes der Astrologie gibt es keine Zufälle. Auch die Entdeckungen der äußeren Planeten Neptun und Pluto werden mit neuen Phasen in der Entwicklung des menschlichen Bewußtseins gleichgesetzt.[31] Neptuns Entdeckung gingen jahrzehntelange komplizierte Berechnungen voraus. Die Fernrohrerkundung wurde in London und Paris regelrecht verschlafen. In Berlin sah dann der Hilfsassistent Galle den Planeten zum ersten Male. Man hatte ihn während einer feuchtfröhlichen Feier zum Sternwarten-Notdienst eingeteilt. Neptun wird der Mystik und Fantasie zugeordnet. Pluto entdeckte der Amateurastronom und Cowboy Percival Lowell indirekt über Fotoplatten, zur Zeit des beginnenden Faschismus. Mit diesem Planeten assoziieren die modernen Astrologen unter anderem Schattenprojektion, Masse und Macht.

Ganz dem Geist der Aufklärung verschrieben war Ernst Friedrich Florenz Chladni.[32] Dieser eigentümliche Individualist aus Wittenberg stellte Forschungen über die Akustik an und fuhr auf Vortragsreise mit dem Planwagen durch ganz Europa. Er glaubte nicht an Zeichen und Symbole. In seinen Werken betont er ausdrücklich, daß man nun gänzlich auf die Werke des Ptolemäus verzichten könne. Zeit seines

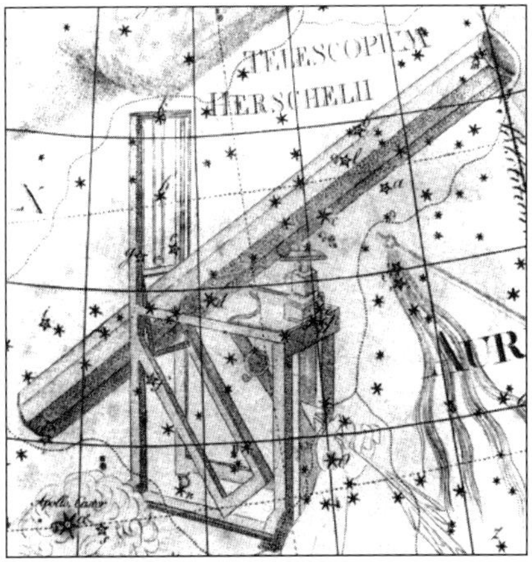

Lebens gelang es ihm nicht, eine sichere akademische Anstellung zu bekommen. Selbst das Lob Napoleons, der ihn zu einer mehrstündigen Privataudienz einlud, konnte hier nicht weiterhelfen. Chladni erforschte nicht nur die wissenschaftliche Natur der Töne, sondern auch die der Meteoriten. Auf allen seinen Wanderungen sammelte er diese winzig kleinen Brocken, Spritzer von Einschlägen größerer Weltraumkörper. Er wies nach, daß ihre Einschläge gewaltige Krater wie z. B. das Nördlinger Ries und den Böhmischen Kessel erzeugen können.

Damit bestätigte er nachträglich die Kometenfurcht des Mittelalters.

Abb.: Sternbild „Herschel-Teleskop" in der Nähe des Sternbildes der Zwillinge

30) am 17.3.1781 in London um 23.00 LMT

31) Neptun: 23.9.1846 Berlin, ca. 23.00 LMT, Pluto: 18.2.1930 Flaggstaff / Arizona 16.00 MST; siehe Orban 1989 und Taeger 1991

32) Chladni 1787/1979, Schmitt 1997

Diese Himmelserscheinungen waren also nicht nur *Zeichen*, die Luther und Melanchthon auf unterschiedlichste Art deuteten, sondern auch ganz reale physikalische Phänomene. Und Einschläge größerer Weltraumkörper können durch ihre ungeheure Geschwindigkeit selbst bei geringer Masse gewaltige Krater und Brände verursachen, sind vielleicht sogar für das Aussterben der Dinosaurier verantwortlich. Warnungen wie die des Rates der Stadt Lübeck haben also einen ganz realen Hintergrund. Ob allerdings öffentlich verordnetes Bußen und Beten hilft, wäre zu diskutieren. Die alte christliche Weltsicht formulierte Georg Caesius noch im Jahre 1582:[33)]

Die Kometen sind heimliche verborgene werck Gottes und werden ein zeitlang uns Menschen zur Warnung fürgestellt, das wir, in Betrachtung zukünftiger straffen und grosser verenderungen, uns warhafftig zu Gott bekeren, und unser sündlich leben bessern sollen.

Eines
Edlen Hoch-Weisen Raths
Der Käyserl. Freyen/ und des H. Reichs
Stadt Lübeck/
Christliche
Anordnung/
Wie es bey instehendem/in Ansehung des jüngst-
erschienenen grossen und schrecklichen
Cometens/
Und besorglich obhandenen vielfältigen Straf-
fen deß durch unsere Sünde zu Zorn
gereitzeten GOttes/
Auff den 10. Febr. dieses 1681. Jahres
angesetztem
Buß- und Bet-Tage
Mit Anstellung und Verübung des
öffentlichen GOttes-Dienstes in den Kirchen
gehalten werden sol.

Glückliches Ende eines Forscherlebens

Eine ganze Reihe von Astronomen und Astrologen aus der Schule von Melanchthon wanderten nach Jena aus und beteiligten sich an der Gründung der dortigen Universität.[34)] Bekannt wurde z. B. der lutherische Theologe und Mathematiker Michael Stifel mit seiner Berechnung des Weltunterganges auf den 19. Oktober 1533 vormittags um 10 Uhr. Später distanzierten sich Astronomen wie Hoffmann und Weigel ganz von der Sternendeuterei. So mußte sich der aufgeklärte Friedrich Schiller bei Recherchen für seinen „Wallenstein" an Goethe wenden.[35)] Wie war der Gestirnsglaube des Feldherrn zu verstehen, warum hörte er so stark auf die Ratschläge seines italienischen Astrologen Zenno (=Seni) und die Deutungen Keplers? Die Antwort Goethes aus Weimar lautete:

Der astrologische Aberglaube ruht auf dem dunklen Gefühl eines ungeheuren Weltganzen. Die Erfahrung spricht, daß die nächsten Gestirne einen entschiedenen Einfluß auf Witterung, Vegetation etc. haben; man darf nur stufenweise immer aufwärts steigen, und es läßt sich nicht sagen, wo die Wirkung aufhört.

Findet doch der Astronom überall Störungen eines Gestirns durchs andere. Ist doch der Philosoph geneigt, eine Wirkung auf das Entfernteste anzunehmen. So darf der Mensch im Vorgefühl seiner selbst nur immer etwas weiter schreiten und diese Entwicklung aufs Sittliche, auf Glück und Unglück ausdehnen. Diesen und ähnlichen Wahn möchte ich nicht einmal Aberglauben nennen, er liegt unserer Natur so nahe, ist so leidlich und läßlich als irgendein Glaube.

Goethe beschäftigte sich bereits als Kind mit dem eigenen Horoskop. Dies hielt ihn jedoch nicht davon ab, nach dem frühen Tod seines Freundes den Aufbau einer Universitätssternwarte im Schillerschen Gartenhaus zu betreuen.[36)]

Das Faust-Thema begleitet ihn ein Leben lang: In der Jugend schrieb er den Urfaust, das viel gespielte Theaterstück Faust I im reifen Mannesalter. Faust II, sein Spätwerk, durfte erst nach seinem Tode erscheinen.[37)] Aus dem historischen Faust, Melanchthons moraltheologischer Schilderung und Christopher Marlowes kurios-schrecklicher Erinnerung an den Astrologen-Alchemisten John Dee entstand des Dramas zweiter Teil. Der astrologisch-astronomische Wissenschaftler Doktor Faustus fährt nicht zur Hölle, sondern wird buchstäblich in letzter Minute – trotz oder gerade wegen seines Teufelspaktes – der Macht des Satans entzogen und in den Himmel aufgenommen.

Abb.: Lübecker Kometenverordnung von 1681

33) Hamel 1987:86

34) Oehme 1983, Schielicke 1986

35) Knappich 1988:297

36) Pfau 1988

37) Der Theaterregisseur Peter Stein zeigt pünktlich zur Jahrtausendwende auf der Weltausstellung Expo 2000 alle drei Faust-Versionen.

Von dem Steinbock

der steinbock thut anzeygen mir /
ich soll rathen getrewlich dir /
zu stercken die behaltend krafft.
so ist auch das sein eygenschafft /
entwehnen / kind / zu acker gan /
sähwen / pflantzen / nit vnderlan.

Steinbock das zehend zeychen / kalt vnnd trucken / irdisch / melancholisch / saturnus hauss / hat am menschen dieknie. wann die sonn in dem zeychen / ist truckener vnnd kälter zeit dann kein monat / das erdrich vnfruchtbar geschaffen / wenig arbeyt. so der mon / darinn soll man die knie nit artzneyen / ist böss aderlassen / weiben / tränck nemmen / krieg anfahen / im feur arbeyten. gut ists mit alten handlen / äcker / gärten / vnn reben bawen / sähwen / kind entwehnen / bley / stahel / vnd schwere ding kauffen / feucht vnnd tunckel neblechte wolcken lauffen.

wer vnder dem zeychen geborn oder empfangen / hat zu gleich glück vnd vnglück / arm vndanckbar / forchtsam.

ein knäblin geborn zwischen dem 21. tag christmonats / vnn 19. dess jenners / ist von der natur dess steinbocks / auss der melancholey / der complexion saturni. kalt / trucken / weibischer sitten / vnstät / wanckelmütiger sinn / falsch vnd vndanckbar / eygen guts karg / hat lust mit vielen geschefften / das jn nit angehet / fast vnkeusch. ihm werden angezeygt zwey ehelicher weiber / hat glück von jnen / er helt jhn kleinen glauben / leidet viel arbeyt biss in 40. jar. am letzsten alter wendet sich sein glück

---

Text und Abb.: Bacharach 1583

zu vnfall / durch einen hund oder thier wirt er geletzt oder gezeychnet / diebisch / förcht sich vbel.

sein höchstes glück neyget sich zu den landen dess nidergangs der sonn vnnd mittags / die länder der mitternacht seind mittel. die land dess auffgangs zeygen jm vnglück vnd widerstand. sein glück vnd narung kompt jhm auss lufftigen dingen / erbawung. sein beste farben seind schwartz / rot / aber gemenget / blaw / weiss / seind mittel / die andern seind vnglücksam / böss vnd widerwertig. alle handlungen dess feurs seind jhm vnglücksam. sein kranckheyten dess leibs werden sich erheben an den armen / henden / schenckeln / füssen / hertz / magen / vnd nieren. er wirt solcher seuchten sterben / auch die wasser schmertzen empfinden.

ein meydlin in bestimpter zeit geboren / ist derselbigen natur / trew / züchtig / weise / wirt lieb gehabt / kompt zu ehren vnd reichthumm von frembder hand. zween ehelicher männer wirt sie nehren durch jren rath / hat die kinder fast lieb / sie erleidet viel widerwertigkeyt von jren nachbauren / vil schmertzen vmb das hertz. ir ander glück / vnfall vnd kranckheyt / ist wie obsteht.

*

von den Stunden Regenten und Erwehlungen in allen anfängen.

welcher von den siben planeten zu jelicher stund regiere / im tag vnd nacht / durch das gantze jar: was eygenschafft vnd natur ein mensch haaabe / der vnder einer derselben figuren v. sternen geboren wirt.

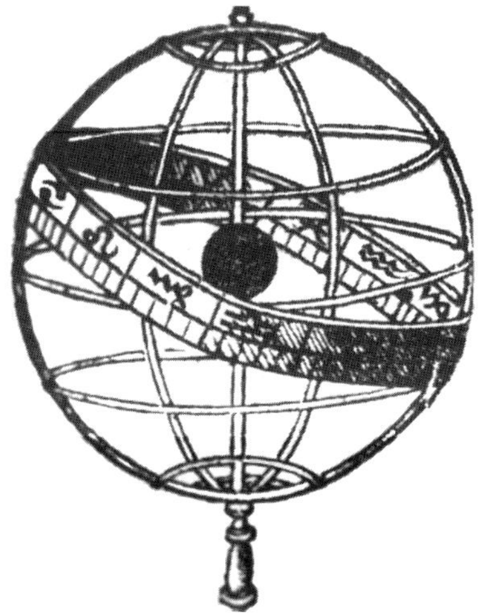

Auf den sambstag / in der ersten planeten stund dess tags / fahe an mit dem saturno zu zehlen / sprich: ♄, ♃, ♂, ☉, ♀, ☿, ☽ für vnd für / als wider vorne angefangen / so viel man stunden hat.

am sontag fahe an zu zehlen an ☉. am montag ☽. am dinstag von ♂. am mittwoch von ☿. am donnerstag von ♃. am freytag von ♀. und also wider an. solche rechnung fahe an morgens zu einer vhren / nach mittelm lauff. willtu aber den waren lauff erfahren / so mustu einen jeglichen tag von auffgang der sonnen biss zum nidergang / vnd die nacht von nidergang biss wider zu auffgang / in 12. gleiche theil vnderscheiden / vnd demnach von auffgang der sonnen allweg dein rechnung anfahen.an dem 20. tag dess mertzen zwischen 10. vnd 11. vor mittag / ist die zal gefunden wor den 5. ey tag / vnd ist auff sambstag / heb man von saturno an zuzehlen / also / gib den ♄1. ♃2. ♂3. ☉4. ♀5. also ist der planet venus die regiererin / oder wirt genannt die stund veneris. auff den samstag zu der 5. stund were saturnus der planet regierer / auf montag sol / auff dinstag luna / auff mitwoch mars. verstehe / so der tag gefiele auff den 20. tag martij / zwischen 10. nd 11. vor mittag.

saturni ☌ mit ☽ ist in allen geschäfften zu vermeiden / vorab mit alten bauren

---

Abb.: Sacrobosco 1550, Text: Bacharach 1583

vnd ackerleuten sey vnbekümmert. ♄ / ⚹ mit ☽. thu dich zum alten vnd rathsherren / hab nit mit frauwen zuschaffen / baw die erden / leg grundfeste / baw häuser / pflantz reben vnd gärten / besser das bawfällig. ♄ / □ mit ☽. gehe der alten müssig / sähwe vnd pflantz nichts / ziehe nit vber feld / brich deinen begierden ab / vorab den bösen. ♄ / △ ☽. thu dich zum alten / baw das erdtrich / pflantze bäume / weingärten / leg grund zu schlossen vnd stetten. ♄ / ☍ ☽. fahe gar nichts an.

♃ / ☌ mit ☽. handel mit richtern / edlen / geistlichen / lege bitt an / beger alles gut an. ♃ / ⚹ mit ☽. thu gut geistlichen richtern / vnd juristen / fahe alles gut an. ♃ /□ mit ☽. ist gut zu geistlichen / richtern vnd fürwesern bekommen / rechnen / studieren. ♃ / △ mit ☽. ist gut handeln mit richtern / juristen / vnd allen geistlichen vnd jren prelaten / begere von jhnen was du wilt / greiff alle ding an ohn trauren. ♃ / ☍ mit ☽. thu dich zun edlen / begegne richtern vnd geistlichen / vnd studier.

♂ / ☌ mit ☽. hüt dich vor krieg vnd strengen leuthen / fliehe alles gezänck. ♂ / ⚹ / △ mit ☽. führe ein volck zum krieg / königen / fürsten / vnd wäpnern geselle dich / besprich fürsten / treib alchimey im feuwer / kauff reysspferd / vnd was rot ist. ♂ / ☍ mit ☽. mache kein kundtschafft oder freundtschafft / dinge kein knecht / fahe gar nichts an.

☉ / ☌ mit ☽. richt auss heymliche sachen vnd rathschläge / die du nit wilt offenbar haben / in andern sachen scheuhe diesen aspect. ☉ / ⚹ mit ☽. geselle dich zun königen / fürsten / rathsherren / vnd weisen / begere gerechtigkeit / ehr vnd gewalt. ☉ / □ mit ☽. begegne keinem fürsten oder edlen. ☉ / △ mit ☽. thu dich zu fürsten / hern vnd gewaltigen / fordere von jhnen was du begerest / komme ins gericht / mache kundtschafft

♀ / ☌ mit ☽. nimm ein weib / pflege bulschaft / schlaff bey / vnd dinge gesinde. ♀ / ⚹ mit ☽. beweibe dich / spiele der lieb / pflantze das haar / schneid vnd leg kleyder an. ♀ / △ mit ☽. ist am besten weiben / haar ziehen / frawen lieb begeren / jhnen beywohnen / neuwe kleyder anschneiden vnd anlegen.

☿/ ☌ mit ☽. fahe schrifften an / mach rechnung / lege bitt an / kauff / verkauff / ziehe vber land. ☿ / ⚹ / △ mit ☽. ziehe vber land. ☿ / □ mit ☽. besitze rechnung / schicke auss redner vnd botten / handel mit gelerten / kauff / verkauff / reyse auss. ☿ / ☍ mit ☽. begegne schreibern / treib kauffmanschafft / schicke redner vnd botten auss in sachen der religion / thu kindern zur schul / ist fast glückselig.

*

Literatur

Adamczewski, Jan: *Mikolaj Kopernik.* Warschau 1972

Aebly, Jakob: *Astrologie als Kosmische Symbolik und Periodik.* In: *Der Leuchter, Band 9.* Darmstadt 1930

Aland, Kurt (Hrsg.): *Lutherlexikon.* Stuttgart 1957; *Luther Deutsch, Registerband.* Göttingen 1974

Alexis, Willibald: *Der Wehrwolf – Ein Vaterländischer Roman in drei Büchern.* Berlin 1925

Arroyo, Stephen: *Astrologie, Karma und Transformation.* München 1980; *Astrologie, Psychologie und die vier Elemente.* München 1982

Anrich, Elsmarie: *Groß Göttliche Ordnung – Thomas von Aquin, Paracelsus, Novalis und die Astrologie.* Tübingen 1951

Augustijn, Cornelis: *Erasmus von Rotterdam, Leben, Werk und Wirkung.* München 1986

Bacharach, Hans Orth von: *Astronomia Teutsch – Himmels Lauff, Wirkung und natürliche Influenz.* Frankfurt 1583

Bailey, Alice: *Die Arbeiten des Herkules.* 2. Aufl. 1988

Baily, Francis: *An Account of the Revd John Flamsteed.* London 1835

Bainton, Roland H.: *Martin Luther.* Göttingen 1984

Bankhofer, Hademar: *Das große Buch der Schiffs- und Seemannsastrologie.* Herford 1985

Barclay, Olivia: *The Need for Traditional Astrology.* In: *The Astrolgical Journal Vol. 39 N. 1.* London 1997

Barker, Douglas: *Verborgene Aspekte in Leonardo da Vincis Abendmahl.* In: *Astrolog 10 /2.* Adliswil

Baron, Frank: *Camerarius and the historical Doctor Faustus.* In: *Joachim Camerarius.* München 1974; *Faustus, Geschichte, Sage, Dichtung,* München 1982; *Faust on Trial.* Tübingen 1992

Bartmuss, Hans-Joachim: *Zur Rezeption der copernicanischen Lehre an der Universität Wittenberg.* In: *Nicolaus Copernicus.* Berlin 1973

Batsch, Gerhard: *Zum Umbruch im weltanschaulichen Denken der bürgerlichen Neuzeit – Nicolaus Copernicus und Giordano Bruno.* In: *Nicolaus Copernicus.* Berlin 1973

Battisti, Eugenio: *Hochrenaissance und Manierismus.* München 1970

Beckerath, Erich von: *Geheimsprache der Bilder. Die astrologische Lehre und ihre Symbolik in der bildenden Kunst.* Wien 1984

Beese, Alexandra: *Symbolik des Kosmos: John Dee. Internet-Homepage zur Ausstellung „450 Jahre Giordano Bruno".* Bremen 1998

Berendt, Joachim Ernst: *Nada Brahma – Die Welt ist Klang.* Frankfurt/Main 1983

Bellucci, Dino: *Melanchthon et la Défense de l'Astrologie.* In: *Bibliothèque d' Humanisme et Renaissance 50.* 1988

Bergengruen, Werner: *Am Himmel wie auf Erden.* Hamburg 1940.

Bernhard, Prof. Dr.: *Philipp Melanchthon als Mathematiker und Physiker.* Reprint, Vaduz 1960

Bezold, Friedrich von: *Das Fortleben der Götter im mittelalterlichen Humanismus.* Bonn 1922

Biskup, Marian: *Nicolaus Copernicus – ein tätiger Bürger des polnischen Staates.* In: *Nicolaus Copernicus.* Berlin 1973

Bittrich, Gerhard: *Ein deutsches Opernballett des siebzehnten Jahrhunderts* (Diss.). Leipzig 1931

Blume, Friedrich: *Die Musik in Geschichte und Gegenwart, Band 3.* Kassel 1954

Blumenberg, Hans: *Die Genesis der kopernikanischen Welt.* Frankfurt/Main 1985

Böhringer, Siegfried: *Astrologie heute, EZW-Texte, Nr. 97.* Stuttgart 1986; *Astrologie – Kosmos und Schicksal. Mainz 1990; Astrologie und christlicher Glaube – von Melanchthon bis in die Gegenwart.* Vortrag im Ev. Schuldekanat Bretten am 24.2.1994

Boeser, Kurt: *Nostradamus.* Hamburg 1994

Boll, Franz: *Sternglaube und Sterndeutung.* Leipzig 1931

Boockmann, Friederike: *Wittenberger Gelehrte im Leben von Johannes Kepler.* In: Hoppmann 1997

Boockmann, Hartmut: *Der Deutsche Orden - Zwölf Kapitel aus seiner Geschichte.* München 1994

Borup, Christian: *The Rise and Fall of Tycho Brahe (1546-1601) – The Life, Times, Charts and Predictions of a Royal Astrologer.* Vortrag am 6. Astrologie-Welt-Kongress. Luzern 1996

Bott, Gerhard (Hrsg.): *Martin Luther und die Reformation in Deutschland.* 1983

Brand, Rafael Gil: *Zur Geschichte der Astrologie in Spanien.* In: *Meridian 2 /92,* Freiburg 1992

Brant, Sebastian: *Das Narrenschiff.* 1494

Braunger, Günther: *Lehrbuch der Astromedizin.* München 1984

Braunsperger, Gerd: *Beiträge zur Geschichte der Astrologie der Blütezeit vom 15. bis zum 17. Jahrhundert* (Diss.). München 1928

Bretschneider, Karl Gottlieb: *Corpus Reformatoricum (CR) Philipp Melanchthon.* Frankfurt/Main 1841, 1842, 1852

Brodde, Otto: *Heinrich Schütz – Weg und Werk.* Basel 1972

Bruno, Giordano: *Von der Ursache, dem Prinzip und dem Einen. Herausgegeben von Paul Richard Blum.* Hamburg 1977; *Heroische Leidenschaften und individuelles Leben, Hrsg. von Ernesto Grassi.* Hamburg 1957; *Gesammelte Werke,Band 1-6, Ludwig Kuhlenbeck (Hrsg.).* Jena 1904-1909; *Spaccia delle bestia trionfante.* 17. Jhdt., (Italien?), Herzog-August-Bibliothek Wolfenbüttel, Codex 273 Blankenburg

Bürgel, Bruno: *Weltall und Weltgefühl.* Berlin 1925

Buck, August (Hrsg.): *Die okkulten Wissenschaften in der Renaissance.* Wiesbaden 1992

Bunkowsky, Eberhard: *Vierhundert Jahre Deutsche Musik Kultur.* Dresden 1949

Burmeister, Karl-Heinz: *Georg Joachim Rhetikus. 1514 -1574, 3 Bände.* Wiesbaden 1967-1968

Busch, Werner: *Die Autonomie der Kunst. In: Funkkolleg Kunst, Band I, W. Busch (Hrsg).* München 1987

Campion, Nicholas: *An Introduction to the History of Astrology.* Bromley (Kent)1982; *The Great Year – Astrology, Millenarianism and History in the Western Tradition.* Bristol 1994

Canfield, Benedikt von: *Die evangelische Perle, deutsche Übersetzung von Angelus Silesius,* 16. Jahrhundert

Capra, Fritjof: *Der kosmische Reigen.* München 1977; *Wendezeit.* München 1982

Cardano, Girolamo: *Hieronymi Cardani libelli due, Geniturae LXVIII (liber de iudiciis genitarium).* Nürnberg 1543

Carion, Johannes: *Nativität (Vaticinum) dem Kurfürsten Joachim gestellt 1532 auf dem Februar 1482; Chronica Carionis.* (Rotterdam ?) (1526 ?); *Chronica.* Lugduni 1546; *Prognosticatio und Erklärung der großen Wesserung.* Leipzig 1522

Caroti, Stefano: *Melanchthon's Astrology.* In: *Astrologi hallucinati, Paola Zambelli (Hrsg.).* Berlin 1986

Cassirer, Ernst: *Individuum und Kosmos in der Philosophie der Renaissance.* Darmstadt 1976

Centurio, N. Alexander: *Die großen Weissagungen des Nostradamus.* Bietigheim 1977

Chernow, Ron: *Die Warburgs. Odyssee einer Familie.* Berlin 1994

Chladni, Ernst Florens Friedrich: *Entdeckungen über die Theorie des Klanges.* Leipzig 1787; *Über den kosmischen Ursprung der Meteorite und Feuerkugeln.* 1794 *Neuauflage mit Erläuterungen von Günter Hoppe.* Leipzig 1979

Chojecka, E.: *Astronomische und astrologische Darstellungen und Deutungen bei kunsthistorischen Betrachtungen alter wissenschaftlicher Illustrationen des 15. - 18. Jh.* (Veröffentlichungen des staatlich mathematisch-physikalischen Salons Dresden 4). Dresden 1967

Christianson, J. R.: *Tycho Brahe's German Treatise on the Comet of 1577, A Study on Science and Politics.* In: *Isis, Nr. 251* Decorah. Iowa 1979

Clement, Otto: *Aus den Anfängen der Universität Wittenberg,* In: *Neue Jahrbücher für Pädagogik.* Leipzig 1906

Cnemiander, Petrus: *Des Markgrafen Johannes von Küstrin Revolution gestellt auf das Jahr 1562 /63; für Kurfürst Joachim I. auf 1565-1566; für Johann Markgraf von Stettin 1554 erstelltes Horoskop, Revolution für Kaiser Karl V, für Markgraf Albrecht von Preußen; 33. Revolution, und über den König von Frankreich*

Copernicus, Nicolaus: *De Revolutionibus.* Faksimile der Erstauflage von 1543

Couliano, Ioan P.: *Eros e magia nel Rinascimento.* Mailand 1991

Cousto, Hans: *Die Oktave – Das Urgesetz der Harmonie.* Berlin 1988

Cunningham, Donna: *Healing Pluto Problems.* Maine 1986

Cuno, Iacobus: *Kurfürstlich Brandenburgischer Astronomus 1512 für Johann Kurfürst erstellt zu Wittenberg in Sachsen; Prognostica für einzelne Jahre sowie Revolution 1555 für Joachim II,* Geheimes Staatsarchiv Berlin

Curry, Patrick: *Astrology, Science and Society.* Suffolk 1987

Dammann, Rolf: *Der Musikbegriff im deutschen Barock.* München 1984

Darmstaedter, Ludwig: *Aus der Handschriften-Abteilung der Preußischen Staatsbibliothek in Berlin (Festschrift).* Berlin 1922

Dee, John: *Das Büchlein von der Venus, herausgegeben, übersetzt und kommentiert von Jörg M. Meier.* Bonn 1989

Denzinger, Wolfgang: *Die zwölf Arbeiten des Herakles im Tierkreis.* München 1994

Dickes, William Frederick: *Holbeis's celebrated Picture, now called „The Ambassadors".* London 1903

Dilthey, Wilhelm: *Weltanschauung und Analyse des Menschen seit Renaissance und Reformation. 9. Auflage.* Göttingen 1970

Diwald, Hellmut: *Luther. Eine Biographie.* Bergisch-Gladbach 1982

Döbereiner, Wolfgang: *Astrologischer Lehr- und Übungskurs.* München 1978; *Astrologisch-homöopathische Erfahrungsbilder zur Diagnose und Therapie von Erkrankungen, Band 1.* München 1980/1982/1985; *Astrologisch definierbare Verhaltensweisen in der Malerei.* München 1986; *Flumsberger Seminare 7.* München 1993

Domandl, Sepp: *Agrippa von Nettelsheim, Faust und Paracelsus – drei unstete Wanderer.* In: *Paracelsus und sein dämonenfürchtiges Jahrhundert.* Wien

Drewermann, Eugen: *Giordano Bruno.* München 1992

Dreyer, I. L. E.: *Tychonis Brahe Danie opera omnia.* 1924

Drössler, Rudolf: *Planeten, Tierkreiszeichen, Horoskope.* Leipzig 1989; *Als die Sterne noch Götter waren.* Leipzig 1976

Dunn, Richard: *The true Place of Astrology among the math. Arts of the late Tudor England.* In: *Annals of Science 51.* London 1994

Durant, Will: *Das Zeitalter der Reformation.* Bern und München 1962

Durme, Maurice (Hrsg.): *Correspondence Mercatorienne.* Antwerpen 1959

Durovic, Ilia: *Talismans; the Astrologer's Rubi-*

con. In: *The Astrological Journal (Periodikum der Astrologers Association of Great Britain), Adrian Ross Duncan (Hrsg.), Ed. Vol 40, No. 3.* London 1998

Eberl, Nikolaus: *Cardanos Encomium Neronis* (Diss.). Frankfurt 1994

Ebertin, Baldur R.: *Das ABC der Kosmobiologie.* Freiburg i.Br. 1989

Eggebrecht, Hans Heinrich: *Heinrich Schütz – Musicus poeticus.* Göttingen 1959

Ehrenreich, Barbara und English, Deidre: *Hexen, Hebammen und Krankenschwestern.* München 1977

Eis, Gerhard: *Martin Pollichs Vorhersage für 1490.* In: *Libri.* Kopenhagen 1954

Elwell, Dennis: *Das kosmische Netzwerk.* Wettswil 1988

Eysenck und Nias: *Astrologie - Wissenschaft oder Aberglaube?* München 1982

Faivre, A. u. Zimmermann, Chr. (Hrsg.): *Epochen der Naturmystik, Hermetische Traditionen im wissenschaftlichen Fortschritt.* Berlin 1979

Farrant, Sheila: *Die Kraft weiblicher Symbole.* Braunschweig 1997

Fechner, Jörg-Ulrich: *Wie die Sonne unter den Planeten ...* In: *Schütz-Jahrbuch.* Jena 1984

Fernau, Joachim: *Und sie schämten sich nicht.* Berlin 1958

Field, J. V.: *Astrology in Kepler's Cosmology.* In: *Astrology, science and society,* Patrick Curry (Hrsg.). London 1987

Filbey, John und Filbey, Peter: *Astronomie für Astrologen - Zwei Wege zu den Planeten.* Zürich 1986

Fillipetti, Hervé und Trotereau, Janine: *Zauber, Riten und Symbole - Magisches Brauchtum im Volksglauben.* Freiburg i.Br. 1987

Finscher, Ludwig (Hrsg.): *Die Musik in Geschichte und Gegenwart.* Kassel 1994

Fleckner, Uwe u. a. (Hrsg.): *Aby M. Warburg - Bildersammlung zur Geschichte von Sternglaube und Sternkunde.* Hamburg 1993

Fludd, Robert. *Metaphysica, Physica atque technica...* Historia. Linz 1619

Foister, Susan und Ashok, Roy und Wyld, Martin: *Holbein's Ambassadors.* London 1997

Förster, Wilhelm: *Johann Keppler und die Harmonie der Sphären.* Berlin 1862

Frank, Günther: *Die theologische Philosophie Philipp Melanchthons 1497-1560.* In: *Erfurter Theologische Studien 67.* Leipzig 1995

Frey, C. F. (Akron): *Das Astrologie-Handbuch: Charakteranalyse und Schicksalsdeutung.* München 1995

Freiesleben, Hans Christian: *Trügen die Sterne? Werden und Wesen der Astrologie.* Stuttgart 1975

Fricke-Hilgers, Almut: *Die Syntflutprognose des Johannes Carion für 1524.* In: *Astronomie und Astrologie in der frühen Neuzeit,* Stephan Füssel (Hrsg.). Nürnberg 1990

Fridell, Egon: *Kulturgeschichte der Neuzeit.* München 1927

Friedeberg, Max: *Das Bildnis des Philosophen Johannes Carion von Crispin Herranth, Hofmaler des Herzogs Albrecht von Preußen.* In: *Zeitschrift für bildende Kunst Jg.54, Nr. 12.* Berlin 1919

Friedrich, Johann: *Astrologie und Reformation – Die Astrologen als Prediger der Reformation und Urheber des Bauernkriegs.* München 1864

Friedrich, J. und Bezold, F. v.: *Astrologische Geschichtskonstruktion im Mittelalter,* In: *Aus Mittelalter und Renaissance.* München 1918

Fürst, Dietmar und Hamel, Jürgen: *Johann Carion (1499 - 1537), der erste Berliner Astronom.* Berlin 1988

Fürstenau, Moritz: *Zur Geschichte der Musik und des Theaters am Hofe der Kurfürsten von Sachsen.* Dresden 1861

Füssel, Stephan (Hrsg.): *Astronomie und Astrologie in der frühen Neuzeit: Akten des interdisziplinären Symposiums 21./22. April 1989 in Nürnberg. Pirckheimer Jahrbuch Band 5.* Nürnberg 1990

Gärtner, Hannelore: *Kleines Lexikon der griechischen und römischen Mythologie.* Berlin 1989

Garcäus, Johann: *Astrologus Methodus.* Basel 1576

Gauquelin, Francoise: *Psychologie der Planeten.* Freiburg i. Br. 1987

Gauquelin, Michel: *Die Uhren des Kosmos gehen anders.* Bern 1967

Gauricus, Lucas: *Nativität Luthers, Ausgabe Venedig 1552; Tactatus Astrologicus. Venedig, Curtius Troianus Navo, 1552. Mit handschriftlicher Horoskopsammlung der Familie Ritter.* Wolfenbüttel 35.2 Astronom.4°

George, Margaret: *Heinrich VIII.* München 1997

Gerlach, Hildegard: *Hexen, Brocken, Walpurgisnacht (Ausstellungkatalog).* Knittlingen 1980

Gessmann, G. W.: *Katechismus der Sterndeutekunst.* Berlin 1910

Giehlow, C.: *Dürers Stich 'Melencolia I' und der maximilianische Humanistenkreis.* In: *Mitteilungen der Gesellschaft für vervielfältigte Kunst.* 1903

Gillmann, Paul: *Die evangelische Perle.* In: *Wege & Visionen 1/95,* Herrischried 1995

Gingerich, Owen und Miriam: *Immatriculation Ages in Sixteenth-Century Wittenberg.* In.: *History of Universities,* Vol. VI. Oxford 1987

Goldhagen, Daniel Jonah: *Hitlers willige Vollstrecker. Ganz gewöhnliche Deutsche und der Holocaust.* Berlin 1996

Gombrich, Ernst H.: *Aby Warburg - Eine intellektuelle Biographie.* Hamburg 1992

Graichen, Gisela: *Das Kultplatzbuch. Ein Führer zu den alten Opferplätzen, Heiligtümern und Kultstätten in Deutschland.* Hamburg 1988

Greene, Liz: *Ich, Nostradamus.* München 1980; *Schicksal und Astrologie.* München 1985; *Die Dame des Puppenspielers.* Müchen 1989

Gregor-Dellin, Martin: *Heinrich Schütz.* München 1984

Grun, Klaus: *Lucas Cranach. Ein Maler-Unternehmer aus Franken.* Augsburg 1994

Gupp, Eugen: *Astrologie und Theologie,* Geislingen 1958

Haack, Friedrich-Wilhelm: *Astrologie. In: Münchener Reihe.* München 1973

Hahn, Gernot von und Schönfels, Hans-Kaspar: *Wunderbares Wasser - Von der heilsamen Kraft der Brunnen und Bäder.* Aarau1980

Hahne, Hans: *Die Wittenberger Horoskope.* In: *Leopoldina,* Band 5. Halle 1929

Hamel, Jürgen: *Die gesellschaftliche Stellung des Astrologen in der Geschichte,* In: *Rostocker Wissenschaftshistorische Manuskripte Heft* 6. Rostock 1981; *Astrologie - Tochter der Astronomie?* Leipzig 1987; *Astronomie und Astrologie im 17. Jhdt.* In: *Beiträge zur Wissenschaftsgeschichte Band 7.* Berlin 1988; *Nicolaus Copernicus.* Berlin 1994

Hamman, Gustav: *Treysa und Melanchthons Aberglaube.* In: *Schwalmer Jahrbuch.* Schwalm 1978

Hammer, Franz: *Die Astrologie des Johannes Kepler.* In: *Sudhoffs Archiv 55.* Wiesbaden 1971

Hansen, Reimer: *Philipp Melanchthon - Lehrer des Friedens.* In: *Grenzfriedenshefte 29.* 1981; *Krieg und Frieden im Denken und Handeln Heinrich Rantzaus (1526-1598).* In: *Krieg und Frieden im Horizont des Renaissancehumanismus,* Worstbrock (Hrsg.). Weinheim 1986; *Tycho Brahes Korrespondenz mit Herzog Ulrich von Mecklenburg 1597-1599.* In: *Festschrift für Dietrich Kurze.* Berlin 1993; *Wittenberg, Tycho Brahe und sein astronomisches Weltsystem.* In: Hoppmann 1997

Hark, Helmut: *Der Traum-Glaube Melanchthons.* In: Hoppmann 1997

Hartfelder, Karl: *Der Aberglaube Philipp Melanchthon's.* In: *Historisches Taschenbuch.* Leipzig 1889

Hauber, A.: *Planetenkinder und Sternenbilder, Zur Geschichte des menschlichen Glaubens und Irrens.* In: *Studien, zur deutschen Kunstgeschichte 194.* 1916

Haupt, Richard: *Heinrich Rantzau und die Künste.* In: *Zeitschrift der Gesellschaft für Schleswig-Holsteinische Geschichte, Band 56.* Kiel 1927

Hauschild, Thomas und Staschen, Heide und Troschke, Regine (Hrsg.): *Hexen-Katalog zur Ausstellung . Hamburger Museum für Völkerkunde.* Berlin 1986

Hausmann, Tjark: *Alte Uhren – Kataloge des Kunstgewerbemuseums Band VIII.* Berlin 1979

Hawking, Stephen: *Eine kurze Geschichte der Zeit.* Reinbek bei Hamburg 1988

Head, Anthea: *Astrology and Holst's the Planets.* In: *The Astrological Journal,* Adrian Ross Duncan (Hrsg.), Ed. Vol 40, No. 3. London 1998

Heckscher, W.S.: Melancholia (1541). *An Essay in the Rhetoric of Description by Joachim Camerarius.* In: *Humanistische Bibliothek Reihe 1, Abhandlung Band 24,* E. Grassi (Hrsg.). 1978

Heinemann, Michael: *Heinrich Schütz und seine Zeit.* Laaber-Verlag 1993

Hellmann: *Aus der Blütezeit der Astrometeorologie.* In: *Beiträge zur Geschichte der Meteorologie,* In: *Veröffentlichungen des Königlich Preussischen Meteorologischen Instituts.* Berlin 1914

Hemleben, Johannes: *Galilei.* Reinbek 1969

Henseling, Robert: *Umstrittenes Weltbild.* Berlin 1940

Herrmann, Joachim: *Das falsche Weltbild - Astronomie und Aberglaube.* Stuttgart 1962

Hervey, Mary F.S.: *Holbein's celebrated picture, now called „The Ambassadors".* London 1903

Hesse, Hermann: *Das Glasperlenspiel.* Zürich 1943

Heyerdal, Thor: *Kon Tiki.* München 1970

Hirsch, Emanuel: *Die Theologie des Andreas Osiander und ihre geschichtlichen Voraussetzungen.* Göttingen 1919

Höss, Irmgard: *Georg Spalatin and the Astrologers.* In: *Astrologi hallucinati, Paola Zambelli (Hrsg.).* Berlin 1986

Hoffmann, Konrad: *Dürers Melencolia.* In: *Kunst als Bedeutungsträger. Gedenkschrift für Günter Bandmann. Busch, W. und Hausherr, R. (Hrsg.), 1978. 251-277; Das Buch als Kritik.* In: *Funkkolleg Kunst I, II. Busch, W. (Hrsg.)* 1987

Hoffmann-Aleith, Eva: *Herr Philippus,* Berlin 1961

Hoppmann, Jürgen G. H.: *Die Astrologenprüfung und das Glasperlenspiel.* In: *Astrologie Heute 32.* Zürich 1991; *Melanchthons Astrologie – Der Weg der Sternendeutung zur Zeit von Humanismus und Reformation (Ausstellungskatalog, Hrsg.).* Wittenberg 1997; *L'artista come raffigurazione di Dio l'astrologia nella pittura al tempo di Lutero.* In: *Linguaggio Astrale,* No. 110, Grazia Mirti (Hrsg.). Turin 1998; *The Lichtenberger Prophecy and Melanchthon's Horoscope for Luther.* In: *Culture and Cosmos,* Vol.1 Nr.2, Nicholas Campion (Hrsg.). Bristol 1998; *Zwischen Anpassung und Widerstand: Deutschlands astrologische Presse im Dritten Reich.* In: *Meridian 4/98.* Freiburg i.Br. 1998

Hubatsch, Walter: *Albrecht von Brandenburg-Ansbach.* Frankfurt/Main 1985

Huber, Bruno: *Masaccio - der revolutionäre Maler.* In: *Astrolog 35/2; Das Zifferblatt einer Sonnenuhr, gezeichnet von Hans Hol bein d. J.* In: *Astrolog 34/16; Ferrara Palazzo Schifanoia.* In: *Astrolog 27/8, Adliswil*

Hübner, Wolfgang: *Die Eigenschaften der Tierkreiszeichen in der Antike.* In: *Sudhoffs Archiv, Beiheft 22.* Wiesbaden 1982; *Die Begriffe „Astrologie" und „Astronomie" in der Antike. Mainz 1990*

Huibers, Jaap: *Krank sein - lästig, aber doch gesund.* Freiburg i. Br. 1980

Huizinga, Johan: *Erasmus. Eine Biographie.* Amsterdam 1924

Hunter, Michael: *Science and Astrology in the seventeenth-century England: An unpublished polemic by John Flamsteed.* In: *Astrology, science and society,* Patrick Curry (Hrsg.). London 1987

Jaritz, G.: *Zur Funktion des religiösen Bildes in der spätmittelalterlichen Geschichte.* In: *Beiträge zur historischen Sozialkunde 10, Heft 1.* 1986

Jaschinski, Andreas (Hrsg.): *Die Musik in Geschichte und Gegenwart.* Kassel 1994

Jehle, Markus (Hrsg.): *Astrodrama und erfahrbare Astrologie.* In: *Meridian 1/93.* Freiburg i.Br. 1993; *Astrologie und Therapie. Editorial zum Schwerpunktthema.* In: *Meridian 3/93.* Freiburg i.Br. 1993; *Astrologische Beratung. Editorial zum Schwerpunktthema.* In: *Meridian 5/95.* Freiburg i.Br. 1993

Joestel, Volkmar: *Legenden um Martin Luther.* Berlin 1992

Jung, Carl Gustav: Der Mensch und seine Symbole. Olten 1968

Junghans, Helmar: Das Jahrhundert der Reformation. Berlin 1989

Jungschlaeger, Paul: *Astrologie heute – Stimmen der Wissenschaft.* 1980; *Melanchthons Astrologie,* In: *Grenzgebiete der Wissenschaft.* Pater Resch (Hrsg.). 1966

Karrer, Iso: *Tierkreis und Jahreslauf.* Basel 1985

Kepler, Johannes: *Harmonices Mundi Librum V. - Weltharmonik in fünf Büchern.* Linz 1619; *Warnung an die Gegner der Astrologie - Tertius Interveniens,* erläuterte Neuauflage, Fritz Krafft (Hrsg.). München 1971

Kiesewetter, Karl: *John Dee und der Engel von westlichen Fenster.* Michael Kuper (Hrsg.). Berlin 1993; *Die Geheimwissenschaften Teil 2.* Leipzig 1894

Kirchhoff, Jochen: *Giordano Bruno.* Reinbek bei Hamburg1980

Kissing, Inge: *Berliner Sagen.* Berlin 1990

Klein, Nicolaus und Dahlke, Rüdiger: *Das senkrechte Weltbild - symbolisches Denken in astrologischen Urprinzipien.* München 1986

Klibansky, Raymond und Panofsky, Erwin und Saxl, Fritz: *Saturn und Melancholie: Studien zur Geschichte der Naturphilosophie und Medizin, der Religion und der Kunst.* Frankfurt/M. 1990

Knappich, Wilhelm: *Geschichte der Astrologie.* Frankfurt 1967/1988

Koch, Walter: *Melanchthon, Zwingli und die Astrologie.* In: *Kosmobiologisches Jahrbuch 39.* Aalen 1968; *Die Aspektlehre nach Johannes Kepler.* Hamburg 1950

Koch, Hans-Theodor: *Medizinische Promotionen an der Universität Wittenberg in der Vorreformationszeit.* In: *Medizin und Naturwissenschaften in der Wittenberger Reformationsära (Wissenschaftliche Beiträge der Martin-Luther-Universität Halle-Wittenberg, 45).* Halle 1982

Körber, H.-G.: *Katalog der Hellmannschen Sammlung, Jahrbuch, des Adolf-Schmidt-Observatorium in Niemegk.* Berlin 1964

Koestler, Arthur: *Die Nachtwandler.* Bern und Stuttgart 1959

Kolk, Dieter: *Zahl und Qualität – Abhandlungen zur Harmonik Hans Kaysers.* Berlin 1995

Kopp, H.: *Die Alchemie in älterer und neuerer Zeit.* 1885

Kretzmar, Hellmut: *Sächsische Geschichte.* Frankfurt/Main 1965

Kroker, Ernst: *Nativitäten und Konstellationen aus der Reformationszeit.* In: *Schriften des Vereins für die Geschichte Leipzigs, Band 6.* Leipzig 1900

Krotzky, Fred: *Apokalypse: Die vier Reiter.* In: *Astrolog 45.* Adliswil 1988

Kühne, Heinrich: *Kaspar Peucer - ein großer Gelehrter an der Wittenberger Universität im 16. Jahrhundert und Schwiegersohn Melanchthons.* Wittenberg 1984; *Lucas Cranach der Ältere in Wittenberg.* Wittenberg 1993; *Die Geschichte des Hauses Bürgermeisterstraße 16 und seiner Bewohner in Wittenberg.* Wittenberg 1994; *Vom Wittenberger Rechtswesen, von Scharfrichtern und ihren Tätigkeiten.* Wittenberg 1995

Kuhlenbeck, Ludwig: *Giordano Bruno - Zwiegespräche vom unendlichen All und den Welten.* Jena 1904; *Giordano Bruno - Die Vertreibung der triumphierenden Bestie.* Jena 1904; *Giordano Bruno – Kabbale, Kyllenischer Esel, Reden, Inquisitionsakten.* Jena 1909

Kuhnow, Hermann F.: *Johannes Carion – Ein Wittenberger am Hofe Joachim I.* In: *Jahrbuch für Berlin-Brandenburgische Kirchengeschichte, 54. Jahrgang.* Berlin 1916

Kuper, Michael: *Roger Bacon. Der Mann, der Bruder William war.* Berlin 1996; *Johannes Trithemius – Der Schwarze Abt.* Berlin 1998

Kurze, Dietrich: *Johannes Lichtenberger – Eine Studie zur Geschichte der Prophetie und Astrologie.* Lübeck 1960

Lämmel, Klaus. *Luthers Verhältnis zu Astronomie und Astrologie.* In: *Lutherina, Archiv zur Weimarer Ausgabe, Band 5.* Weimar 1984

Landscheidt, Theodor: *Astrologie – Hoffnung auf eine Wissenschaft?* Innsbruck 1994

Larsen, Lars Steen: *The Idea of Astrology - from Babylon to the Big-Bang-Theory.* Kopenhagen 1995

Laube, A. (Hrsg.): *Akademie der Wissenschhaften der DDR, Flugschriften der frühen Reformationsbewegung (1518-1524).* 1983

Lauring, Palle: *Tyge Brahe*. Allingabro 1989

Lemcke, Mechthild: *Johannes Kepler, Rowohlt Monographie*. Hamburg 1995

Liersch: *Dr. Peter Cnemiander, Leibarzt und Astrolog des Markgrafen Johann von Cüstrin*. In: *Schriften des Vereins für Geschichte der Neumark, Heft XIV*. Landsberg a. W. 1904

Lilje, Hans: *Martin Luther*. Reinbek bei Hamburg 1965

Lippmann: *Die sieben Planeten*. 1895; *Entstehung und Ausbreitung der Alchemie*. 1919

Ludendorff, Hans: *Zur Frühgeschichte der Astronomie in Berlin*. Berlin 1942

Ludolphi, Irmtraut: *Luthers Verhältnis zur Astrologie*. In: *Astrologi Halluzinati, Zambelli (Hrsg.)*. Berlin 1986

Lohmeier, Dieter: *Arte et Marte, Studien zur Adelskultur des Barockzeitalters*. Neumünster 1978; *Saxionius*. In: *Bibliographisches Lexikon für Schleswig-Holstein und Lübeck*. Neumünster 1979

Lullies, Reinhard: *Die Typen der griechischen Herme*. In: *Königsberger Kunstgeschichtliche Forschungen, Heft 3*. Königsberg 1931

Luther, Martin: *WATR = Weimarer Gesamtausgabe der Tischreden Luthers*. Weimar 1912-1921

Lutz, Heinrich: *Der politische und religiöse Aufbruch Europa im 16. Jahrhundert*. In: *Propyläen Weltgeschichte, Band 7*, Golo Mann (Hrsg.). Frankfurt/M. 1964

Machilek, Franz: *Astronomie und Astrologie. Sternforschung und Sternglaube im Verständnis von Johannes Regiomontanus und Benedikt Ellwanger*. In: *Astronomie und Astrologie in der frühen Neuzeit*. Stephan Füssel (Hrsg.). Nürnberg 1990

Mahal, Günther: *Faust - Die Spuren eines geheimnisvollen Lebens*. Bern und München 1980; *Der historische Faust - Ein wissenschaftliches Symposium*. Knittlingen 1982; *Faust-Museum Knittlingen*. Braunschweig 1984; *ABC um Faust*. Freiburg i. Br. 1985; Faust: *Untersuchungen zu einem zeitlosen Thema*. Neuried 1998

Manlius: *Collectanea*. Wittenberg 1563

Mann, A. T.: *Mystische Architektur*. Wettswil 1996

Mann, Golo (Hrsg.): *Propyläen Weltgeschichte*. Frankfurt 1964

Maunder, E. Walter: *The Royal Observatory*. London 1900

Maurer, Wilhelm: *Der junge Melanchthon, Band 1*. Göttingen 1967

Meier, Marco: *Ludwig Oechslin. Die Uhr, die Welt, der Kosmos*. In: *Du - die Zeitschrift der Kultur, Heft 2*. Zürich 1995

Melanchthon, Philipp: *Initia doctrine physicae*. Wittenberg 1550; Wittenberg 1559 bei Peter Seitz; Nativität Luthers (Bayer. Staatsbibl., Cod.Monac. Lat. 27003); *Brief an Stöffler 1517, Brief an Friedr. II 1555* (Wolfenbüttel); *Oratio de dignitate astrologiae*. Wittenberg 1537; *Übersetzung der Tetrabiblos von Ptolemäus mit Vorwort, CR XVIII; Tetrabiblos, nach der von Philipp Melanchthon besorgten seltenen Ausgabe aus dem Jahre 1553 / Claudius Ptolemäus. Ins Deutsche übertragen von Erich Winkel, Nachdruck von 1923, mit Vorwort von Thomas Schäfer*. Mössingen 1995; *weitere Quellen s. Corpus Reformatoricum (CR)*

Mertz, Bernd A.: *Die Todsünden als Symbole für die astrologischen Planetenkräfte*. In: *Astrologie Heute, Heft 8 und 9*. Wettswil 1987; *Gehäufte Konjunktionen*. In: *Astrologie Heute, Heft 22*. Wettswil 1990; *Die Lichter des Himmel geben Zeichen. Astrologie und Christentum*. Münsingen 1990; *Paracelsus und seine Astrologie*. Wettswil 1993; *Folgt dem Stern. Die Astrologie der Bibel*. München 1994; *Also sprachen für die Astrologie*. Wettswil 1995

Meyer, Hermann: *Astrologie und Psychologie. Eine neue Synthese*. München 1981; Befreiung vom Schicksalszwang - Astropsychotherapie. Wettswil 1986

Meyrink, Gustav: *Der Engel vom westlichen Fenster*. München 1981

Mirti, Grazia und Foglia, Serena: *The astrological work of Galileo*. London 1992

Moehsen, J. C. W.: *Leben Leonhard Thurneissers zum Thurn*. In: *Beiträge zur Wissenschaftsgeschichte in der Mark Brandenburg*. Berlin 1783/1976

Montgomery, J.W.: *L'astrologie et alchemie lutherienne a l'epoque de la Réforme*. In: *Revue d'Histoire et de Philosophie Religione 46, Nr.4*. Paris 1975

Mori, Gioia: *Arte e Astrologia. In: Art e Dossier*. Florenz 1987.

Morin de Villefranche, Jean Baptiste: *Astrologia Gallica, Buch 21*. Erich Tha (Übers.). Mössingen 1997

Müller, Erich Hermann: *Heinrich Schütz*. Leipzig 1925

Müller, Karl F.: *Antike Mythologie*. In: *Meridian 1-5/92*. Freiburg i.Br. 1992

Müller, Thomas Martin: *Claudius Ptolemäus. In: Astrolog 47/22. Adliswil*

Müller-Jahncke, Wolf-Dieter: *Magie als Wissenschaft im frühen 16. Jahrhundert*. *Marburg 1973; Astrologisch-magische Theorie und Praxis in der Heilkunde. Wiesbaden 1984; Kostbarkeiten aus dem Deutschen Apotheken-Museum. Berlin 1993; Magister Philippus und die Astrologie - eine kleine Zitatensammlung. In: Hoppmann 1997; Philipp Melanchthon und die Astrologie – Theoretisches und Mantisches. In: Melanchthonpreis 3, Stefan Rhein (Hrsg.). Bretten (bislang unveröffentlicht, Auszüge mit Genehmigung des Autors)*

Münster, Sebastian: *Horologiographia*. Basel 1533

Nemenyi, Geza von: *Heidnische Naturreligionen*. Berlin 1991

Neubäcker, Peter: *Harmonik und Glasperlenspiel, Beiträge '93 u. '94 Arbeitskreis Harmonik*. München 1993 und 1994

Neumann, Johann Georg: *Faustdruck.* 1693

Neuser, Wilhelm H.: *Luther und Melanchthon – Einheit im Gegensatz.* München 1961

Nietzsche, Friedrich: *Der Antichrist.* Weimar 1895

Nigg, Walter: *Prophetische Denker.* Zürich 1957

Norelli-Bachelet, Patrizia: *Der Gnostische Kreis.* Frankfurt 1977

Norlind, Wilhelm: *Tycho Brahe.* Lund 1970

North, John D.: *Horoscopes and History.* In: *Warburg Institute surveys and texts.* London 1986; *Medievial Concepts of Celestial Influence, A Survey.* In: Astrology, science and society. London 1984; *The Quadrivium.* In: *A History of the University in Europe.* Cambridge 1992

Oberkogler, Friedrich: *Tierkreis- und Planetenkräfte in der Musik.* Schaffhausen 1987

Oehma, Ruthardt, und Zögner, Lothar: *Landesaufnahme der Ämter Zweibrücken und Kirkel des Herzogtums Pfalz.Zweibrücken (1564) / Tilemann Stella.* Lüneburg 1989

Oehme, Barbara: *Jenaer Professoren im Bildnis.* Jena 1983

Oestmann, Günther: *Die astronomische Uhr des Straßburger Münster.* Stuttgart 1993 (1); *Schicksalsdeutung und Astronomie, Ausstellungskatalog.* Stuttgart 1993 (2)

Olschowka, Nina: *Die Geschichte der Syphilis.* In: *Elias Journal.* 1996

O'Malley, Charles Donald: *Michael Servetus.* Philadelphia 1953

Orban, Peter: *Pluto - Über den Dämon im Inneren der eigenen Seele.* Reinbek bei Hamburg 1989

Owen, S. und Gingerich, M.: *Matriculation Ages in Sixteenth-Century Wittenberg.* In: *History of Universities 6.* 1986-87

Pässler, Günther: *Die Sterne lügen nicht.* Leipzig 1961

Pagel, Walter: *Das medizinische Weltbild des Paracelsus.* Wiesbaden1962

Paglia, Camille: *Die Masken der Sexualität.* Berlin 1992

Panofsky, Erwin: *Das Leben und die Kunst Albrecht Dürers.* Hamburg 1977; *Sinn und Deutung in der bildenden Kunst.* Köln 1978

Panofsky , Erwin und Saxl, Fritz: *Dürers Melencolia I.* In: *Studien der Bibliothek Warburg.* 1923

Panshall, F.W.: *Camerarius on Dürer – Humanist Biograph as Art Criticism.* In: *Humanistische Bibliothek,* Reihe 1, Abhandlungen Bd. 24, E. Grassi (Hrsg.). 1978

Paris, Ernst-Günter: *Der Schlüssel zum Horoskop, Band 1.* Neuhausen 1977

Parker, Derek und Julia: *Astrologie – Ursprung, Geschichte, Symbolik.* München 1988

Pegius, Martin: *Geburtsstundenbuch.* Basel 1586, Faksimile, München 1924

Percopo, Erasmo: *Luca Gaurico, Atti della reale accademia die archeologia, lettere e belle arti, XVII.* Neapel 1896

Perrig, Alexander: *Der Rennaissance-Künstler als Wissenschaftler.* In: *Funkkolleg Kunst, Band II, W. Busch. (Hrsg.).* München 1987; *Albrecht Dürer oder die Heimlichkeit der deutschen Ketzerei - Die Apokalypse Dürers und andere Werke von 1495 bis 1513.* Weinheim 1987

Petzold, Richard (Hrsg.): *Heinrich Schütz und seine Zeit in Bildern.* Kassel 1972

Peucer, Caspar: *Commentarius de Praecipuis generibus divination, in quo a Prophetico.* Wittenberg 1560 /1580 /1588

Peuckert, Will-Erich: *Die große Wende [apocalypt. Saeculum und Luther].* Hamburg 1948; Astrologie. Stuttgart 1960; *Gabalia.* Berlin 1967

Pfau, W.: *175 Jahre Universitätssternwarte Jena.* In: *Die Sterne.* 64. Band, Heft 2, Leipzig 1988

Pfister, Silvia: *Parodien astrologisch-prophetischen Schrifttums 1470- 1590.* Baden-Baden 1990

Plant, David: *Johann Kepler and the Music of the Spheres.* In: *The Traditional Astrologer 9.* Mansfield 1995

Plantiko, Rüdiger: *Lucas Gauricus – Ein Astrologe der Renaissance.* Zürich 1993; *Primärdirektionen: eine Darstellung ihrer Technik.* Mössingen 1996; *Die Horoskope Luthers und Melanchthons in der Deutung durch Lucas Gauricus.* In: Hoppmann 1997

Prölss, Robert: *Geschichte des Hoftheaters zu Dresden.* Dresden 1878

Rade, Martin: *Zum Teufelsglauben Luthers.* In: *Marburger Theologische Studien 2.* Marburg 1931

Ranzau, Heinrich: *De conservanda valetutine.* Leipzig 1576; *Diarium calendarium romanum, exeudebat Christopherus Axinus* 1593; *Tractatus astrologicus.* Frankfurt 1633

Rebel, Ernst: *Albrecht Dürer, Maler und Humanist.* München 1990

Regiomontanus, Johannes: *Der deutsche Kalender des Johannes Regiomontanus, Nürnberg, um 1474.* (Faksimiledruck nach einem Exemplar der Preußischen Staatsbibliothek). Berlin 1937

Reichel, Ute: *Astrologie, Sortilegium, Traumdeutung – Formen von Weissagungen im Mittelalter.* Bochum 1991

Reinhold, Erasmus: *Nativität Luthers,* Leipziger SB, Cod. DCCCCXXXV, Bl. 31 u.158. Wittenberg, um 1540

Rheticus, Georg Joachim: *Canon doctrinae triangulorum.* Leipzig 1551; *Prognosticus oder Practica Teutsch / auff das jar Christi M.D.L.I. gestellet / durch Georgium Joachimum Rheticum / Mathematicum zu Leipzig.* Leipzig 1551

Rhein, Stefan: *Melanchthon und Paracelsus.* In: *Parerga Paracelsica,* Joachim Telle (Hrsg.). Stuttgart 1991; Melanchthonpreis 1 und 2 (Hrsg). Sigmaringen 1988 und 1992

Riemann, Fritz: *Lebenshilfe Astrologie.* München 1976

Röttel, Karl: *Peter Apian - Astronomie, Kosmo-*

graphie und Mathematik am Beginn der Neuzeit. Buxheim 1995; *Religionspolitische und astronomische Themen in Hans Holbeins „The Ambassadors".* In: Hoppmann 1997

Rohr, Wulfing von: *Nostradamus – Seher und Astrologe.* Ariston 1994

Rolland, Roman: *Das Leben Michelangelos.* Berlin 1969

Roob, Alexander: *Alchemie und Mystik.* Köln 1996

Rosenberg, Alfons: *Zeichen am Himmel.* Zürich 1949

Rosenthal, A: *Dürers Dream of 1525.* In: *Burlington Magazine 69,* 82ff. 1936

Rump, Johann: *Melanchthons Psychologie.* Kiel 1897

Sachau, Ursula: *Das Licht der himmlischen Akademie.* Stuttgart 1997

Sachs, Gunther: *Die Akte Astrologie.* München 1997

Sacrobosco, Johannes: *Libellvs des Sphaera.* Übersetzung Erasmus Reinhold / Vorwort von Philipp Melanchthon. Wittenberg 1548

Salomon, Ernst von: *Die schöne Wilhelmine.* Reinbek bei Hamburg 1965

Sandauer, Heinz: *Geschichte gelenkt von den Sternen.* Salzburg 1978

Saxl, Fritz: *Probleme der Planetenkinderbilder.* In: *Kunstchronik* LIV. 1013-1021; *Verzeichnis der astrologischen und mythologischen illustrierten Handschriften.* Heidelberg 1915

Schaffer, Simon: *Newton's Comets and the Transformation of Astrology.* In: *Astrology, science and society.* Patrick Curry (Hrsg.). London 1987

Schäfer, Thomas: *Vom Sternenkult zur Astrologie.* Solothurn 1993

Schavernoch, Hans: *Die Harmonie der Sphären.* Freiburg und München 1981

Scheible, Heinz: *Gründung und Ausbau der Universität Wittenberg, Beiträge zu Problemen deutscher Universitätsgründungen der frühen Neuzeit.* In: *Wolfenbütteler Forschungen 4, Seite 131-147,* Peter Baumgart und Notker Hammerstein (Hrsg.). Nendeln 1978; *Theologische Realenzyklopädie.* 1992; *Melanchthons Briefwechsel (Regesten), Band 1 und 2.* Stuttgart 1977 und 1978

Schielicke, Reinhard: *Astronomie in Jena – historische Streifzüge von den mittelalterlichen Sonnenuhren zum Universarium.* Jena 1988

Schmatzberger, Herbert: *Das aufsteigende Zeichen.* Berlin und Schlechtenwegen 1983

Schmidt, Ph.: *Die Illustration der Lutherbibel 1522-1700.* Basel 1977

Schmieder, K.: *Geschichte der Alchemie.* 1832, Neuauflage 1927

Schmitt, Ralf T.: *Der Wittenberger Meteoritenforscher Chladni – 200 Jahre nach Melanchthons Tod etabliert sich die naturwissenschaftliche Meteoritenforschung.* In: Hoppmann 1997

Schnackenburg, Bernhard: *Gesamtkatalog Gemäldegalerie Alter Meister Kassel.* Mainz 1996

Schnoor, Hans: *Dresden – Vierhundert Jahre Deutsche Musik Kultur.* Dresden 1949

Schöner, Johannes: *Opusculum Astrologicum, Nürnberg 1538, Übersetzung ins Englische von Robert S. Hand.* Berkeley Springs 1996

Schönsperger, Hanns: *Teutscher Kalender.* Augsburg 1490 (Nachdruck 1922)

Scholl, Hans: *Johannes Calvin. Periodisierung seines Lebens und Werkes.* In: Calvin, Erbe und Auftrag, Festschrift für Wilhelm Neuser. Den Haag 1991

Schollmeyer, Matthias: *Gastmahl der Engel.* Wittenberg 1993

Schopp, Caspar: *Cursus Mathamaticus.* Band 4, 1661

Schubert-Weller, Christoph: *Die Kirchen und Astrologie.* In: *Meridian, Hefte 1,2,3/88.* Freiburg i.Br. 1988 ; *Kirchen und Astrologie – Eine Zwischenbilanz.* In: *Meridian,* Heft 1/90. Freiburg i.Br. 1990; *Spricht Gott durch die Sterne?* München 1993

Schuder, Serveto: *Serveto vor Pilatus.* Berlin 1982

Schukowski, Manfred: *Die Astronomische Uhr in St. Marien zu Rostock.* Königsstein im Taunus 1992; *Astronomische Monumentaluhren in Kirchen – Indikatoren für mittelalterliche Mentalitäten.* In: Hoppmann 1997

Schulz, Alwin (Hrsg.): *Der Weißkunig.* Wien 1888

Schuster, Georg u. Wagner, Friedrich: *Die Jugend und Erziehung der Kurfürsten von Brandenburg und Könige von Preußen.* In: *Monumenta Germaniae Paedagogica.* Berlin 1906

Schuster, Peter-Klaus: *Melencolia I, Dürers Denkbild, Band 1 und 2.* Berlin 1991

Schulte-van Pol, Klaus: *MD-Day 1347: Die Invasion des Schwarzen Todes.* In: *Die Zeit Nr. 50,* Hamburg 1997

Schwarz, Paul: *Die Politik des Markgrafen von Johann Cüstrin unter dem Einfluß der Astrologie.* Und: *Die astrologischen Schriften aus dem Nachlaß des Markgrafen Johann von Küstrin.* In: *Schriften des Vereins für Geschichte der Neumark, Heft II und XII,* Landsberg a.W. 1894 und 1901

Sebas, Gottfried: *Das reformatorische Werk des Andreas Osiander,* EKGB 44, S. 85. Nürnberg 1967

Seifert, Theodor: *„Alles hat seine Zeit." Über Zeitpunkte, Zeit und Zeitlosigkeit.* In: *Zeit als Archetyp - Zeit in der Psychotherapie.* Festschrift zum 25-jährigen Bestehen des C.G. Jung-Instituts Stuttgart. Stuttgart 1996

Sementowsky-Kurilo, Nikolaus von: *Der Mensch griff nach den Sternen – Astrologie in der Geistesgeschichte des Abendlandes.* Zürich 1970

Shakespeare, William: *Hamlet - Prinz von Dänemark,* Paul Wiegler (Hrsg.). Berlin 1948

Sheldrake, Rupert: *Das Gedächtnis der Natur.* Bern und München 1991

Shulman, Sandra: *Geschichte der Astrologie.* Eltville 1978

Sievert, Hans H.: *In Zeichen von Kreuz und Rose. Zur Geschichte der Rosenkreuzer, Band 1.* Clemens Zerling (Hrsg.). Berlin 1996

Simons, Miriam (Starhawk): *Dreaming in the Dark/Wilde Kräfte.* 1982/1987 Freiburg i.Br.

Smith, Rudolf H. (Hrsg.): *Correlations – Journal of Research into Astrology.* Zwolle und London 1995

Speler, Ralf-Torsten: *Kunst- und Kulturschätze der Alma Mater Halensis et Vitebergensis.* Halle 1987; *Schätze aus den Sammlungen und Kabinetten.* Halle 1994

Spengler, Oswald: *Der Untergang des Abendlandes.* München 1922

Spitzer, Gabriele: *Leonhard Thurneysser zum Thurn – Arzt, Astrologe und Drucker im Berlin des 16. Jahrhunderts.* In: Hoppmann 1997

Springer, Jaro: *Albrecht Dürer, Kupferstiche.* München 1914

Staats, Reinhard: *Luthers Geburtstag 1484 und das Geburtsjahr der evangelischen Kirche 1519.* In: *Bibliothek und Wissenschaft, Band 18.* Wiesbaden 1984; *Noch einmal, Luthers Geburtsjahr 1484.* In: *Ebernburger Hefte.* Zu: *Blätter für pfälzische Kulturgeschiche.* Koblenz 1994

Steeg-Rotterdam, Rupertus: *Melanchthon-Gauricus-Horoskop; Philippus Melanchthon.* In: *Astrologischer Auskunftsbogen, Nummer 67.* 1957

Steele, Joelle: *Johannes Kepler: Astronomer & Astrologer.* In: *California Astrologer, Vol. 1. No. 1.* Santa Monica 1995

Stege, Fritz: *Das Okkulte in der Musik.* Münster i.W. 1925

Stein, Ingeborg: *Musikalischer Ausdruck kosmologischer Ordnungen im Werk von Heinrich Schütz.* In: Hoppmann 1997

Steinmetz, Max: *Johann Virdung von Haßfurt.* In: *Astrologi Halluzinati, Zambelli (Hrsg.).* Berlin 1986

Stemmle, Claudia: *Johann Sebastian Bach. Genie und Mystiker – eine Annäherung aus astrologisch-psychologischer Sicht.* In: *Astrolog Nr. 57.* Adliswil 1990

Sterneder, Hans: *Also spricht die Cheopspyramide.* Freiburg i. Br. 1977

Stierlin, Henri: *Astrologie und Herrschaft.* Frankfurt 1988

Strasser, Sylvia und Würker, Wolfgang: *Sonne, Mond und Sterne.* München 1996

Straubinger, Felix M.: *Du sollst keine anderen Götter neben mir haben – Die heutige Astrologie nimmt Stellung.* Basel (Eigenverlag) 1994

Strauss, Heinz Arthur: *Der astrologische Gedanke in der deutschen Vergangenheit.* München und Berlin 1926

Strobel, Georg T.: *Von Carions Leben und Schriften.* In: *Miscellaneen literarischen Inhalts, Band 6.* Nürnberg 1782

Strube, Wilhelm und Helga: *Kepler und der General.* Berlin 1985

Svoboda, Svatopluk: *Praha Astrologicka.* Prag 1994

Taeger, Hans-Hinrich (Hrsg.): *Internationales Horoskope-Lexikon (IAS Institut of Astroenergetic Studies, Portsalon, IRL) Band 1-4.* Freiburg 1991-1995

Talkenberger, H.: *Sintflut. Prophetie und Zeitgeschehen in Texten und Holzschnitten astrologischer Flugschriften 1488-1528.* 1990

Tegtmeier, Ralph: *Magie und Sternenzauber – Okkultismus im Abendland.* Köln 1995

Teissier, Elisabeth: *Astrologie, die Wiederkehr einer Wissenschaft.* Berlin 1989; *Verbrennt die Hexe nicht.* Berlin 1989

Tester, Jim: *A History of Western Astrology.* Woodbridge 1987

Thoren, Victor E.: *The Lord of Uraniborg.* Cambridge 1990

Thorndyke, Lynn: *A History of Magic and Experimental Science.* New York 1965

Thüringer, Walter: *Die Melanchthonhandschriften der Herzog-August-Bibliothek.* Frankfurt/Main 1982

Titi, Placido de: *Physiomathematica sive coelestis philosophia naturalibus hucusque desideratis ostensa principiis.* Mailand 1650

Tollin, Henri: *Charakterbild Michael Servets.* Berlin 1876; *Servet und die oberländischen Reformatoren, Band 1.* Berlin 1880; *Philipp Melanchthon und Miguel Servet.* Berlin 1876

Trew, Abdias: *Grundriss einer verbesserten Astrologie. Übersetzt von Josef Fuchs.* Mössingen 1996

Troels-Lund: *Himmelsbild und Weltanschauung im Wandel der Zeiten.* Leipzig 1913

Tyler, Pamela: *Mercury - the astrological Anatomy of a Planet.* Wellingborough 1985

Ulbrich, Hans-Joachim: *Giodano Bruno, Dominikaner, Ketzer, Gelehrter.* Würzburg 1994

Urban, Georg: *Philipp Melanchthon, 1497-1560 – sein Leben.* Bretten 1991

Van der Waerden, B. L.: *Die Pythagoräer.* Zürich und München 1979

Vana, Zdenek: *Mythologie und Götterwelt der slawischen Völker. Die geistigen Impulse Ost-Europas.* Stuttgart 1992

Vetter, Richard: *Lebendige Astrologie: Struktur und Logik eines schöpferischen Weltbilds.* Basel 1989; *12 (Anti-)thesen zum Thema „Astrologie und Wissenschaft".* In: *Meridian 3/93.* Freiburg i.Br. 1993; *Einige ketzerischen Gedanken zur Geburtszeitkorrektur.* Berlin 1997

Vickers, Brian (Hrsg.): *Occult and Scientific Mentalities in the Renaissance.* Cambridge 1984

Voigt, Johannes: *Briefwechsel der berühmtesten Gelehrten mit Herzog Albrecht von Preußen.* Königsberg 1841

Voss, Gerhard: *Astrologie christlich.* Regensburg 1990; *Musik des Weltalls wiederentdecken - christliche Astralmystik.* Regensburg 1996

Waerden, Bartel L. van der: *Die vier Wissenschaften der Pythagoräer.* 1977

Waldemar, Claus: *Paracelsus.* München 1959

Waltari, Mika: *Sinuhe, der Ägypter.* Bergisch Gladbach 1976

Warburg, Aby: *Heidnisch-antike Weissagung in Wort und Bild zu Luthers Zeiten.* In: *Sitzungsberichte der Heidelberger Akademie der Wissenschaften, Jahrgang 1920, 26. Abhandlung.* Heidelberg 1920

Wattenberg, Dietrich: *Johannes Kepler.* Berlin 1972; *Die Astronomie in Wittenberg zur Zeit des Copernicus.* In: *Die Sterne.* 49 Jg. Heft 1. Berlin 1973; *Zur Geschichte der Astronomie in Berlin im 16. bis 18. Jahrhundert. I.* In: *Die Sterne.* 49. Jg. Heft 2. Berlin 1973; *Martin Luther und die Astronomie.* In: *Die Sterne.* Berlin 1983; *Gestirnter Himmel über mir.* Berlin 1984

Weber, P.: *Beitrag zu Dürers Weltanschauung.* In: *Studien zur deutschen Kunstgeschichte 23.* 1900

Weinhold, Karl: *Beiträge zu einem schlesischen Geschichtsbuch.* Wien 1855

Weiss, E.: *Albrecht Dürers geographische und astronomische Tafeln.* 1888.

Weiss, John: *Der lange Weg zum Holocaust.* Hamburg 1997

Werner, Anna Maria: *Der Dom zu Havelberg.* München 1993

Wießner, Edeltraut (Hrsg.): *Die weisse Frau im Wittenberger Schloss - Sagen und Geschichten aus dem Kreis Wittenberg Teil 1.* In: *Schriftenreihe des Stadtgeschichtlichen Museums Wittenberg, Band 2.* Wittenberg 1970

Wierig, Jürgen: *Astrologie und Beruf.* Wettswil 1994

Wildgen, Wolfgang: *Giordano Bruno in Wittenberg.* In: Hoppmann 1997; *Das kosmische Gedächtnis: Kosmologie, Semiotik und Gedächtnistheorien im Werke Giordano Brunos (1548-1600).* Frankfurt 1998

Will, Wolfgang: *Auf den Flügeln der Träume.* In: *Berliner Morgenpost.* 10./11.August. Berlin 1996

Winter, Eduard: *Zur Bildungsgeschichte des Copernicus, Regiomontan.* In: *Nicolaus Copernicus.* Berlin 1973

Wittendorf, Alex: *Tyge Brahe.* Kopenhagen 1994

Wolf, Gustav: *Die Kirchenpolitik Herzog Georgs von Sachsen,* In: *Neues Jahrbuch für das klassische Altertum.* Leipzig 1906

Wollgast, Siegfried: *Zu Unterschieden und Gemeinsamkeiten in den philosophischen Auffassungen von Nicolaus Copernicus und Johannes Kepler.* In: *Nicolaus Copernicus.* Berlin 1973

Wunder, Edgar: *Melanchthons Verhältnis zu Horoskopen - eine Beurteilung aus heutiger wissenschaftlicher Sicht.* In: Hoppmann 1997

Wußing, Hans: *Nicolaus Copernicus.* Leipzig 1972

Zambelli, Paola (Hrsg.): *Astrologi hallucinati - Stars in the End of the World in Luther's Time,* Berlin 1986; *The speculum astronomiae and its enigma.* Dordrecht 1992

Zehren, Erich: *Das Testament der Sterne.* Berlin1957; *Der gehenkte Gott.* Berlin 1959

Zemb, Jean-Marie: *Aristoteles.* Reinbek bei Hamburg 1961

Zenkert, Arnold: *Die Arachne von Görlitz - Dokument der Astrologie.* In: Hoppmann 1997

Zimmermann, H.: *Lucas Cranach der Ältere und Lucas Cranach der Jüngere.* Berlin 1937

Zinner, Ernst: *Die Geschichte der Sternkunde.* Berlin 1931; *Die Fränkische Gestirnskunde.* Bamberg 1934; *Das Leben und Wirken des Nikolaus Koppernick.* In: *Deutsches Museum, 9. JaHrsgang.* Berlin1937; *Entstehung und Ausbreitung der Copernicanischen Lehre.* Erlangen 1943; *Astronomie.* Freiburg 1951; *Astronomische Literatur in Deutschland zur Zeit der Renaissance.* Stuttgart 1964

Zipp, Friedrich: *Vom Urklang zur Weltharmonie - Werden und Wirken der Idee der Sphärenmusik.* Berlin und Kassel 1985

Register

A

B

C

D

E

F

G

H

I

M

N

O

P

Q

R

S

T

U

V

W

Z

Bildnachweis

ArsAstrologica, Vehlen im Havelland:
Vorsatz links, Umschlag hinten, 11, 12 rechts, 17, 18 links und rechts, 20 rechts, 26 rechts, 42 links, 52, 62, 64 rechts, 65 rechts, 65 links unten, 66 rechts, 66 links unten, 67 rechts, 68, 70, 75 unten, 77 links, 81 rechts, 83 rechts, 85 rechts, 91, 92 links, 93 Mitte, 95 rechts, 106, 107, 110, 111, 113, 114, 123, 124, 125, 126, 127, 129 rechts, 135, 137, 138, 140, 141, 145 links, 149, 154, 155, 156 rechts, 157, 160, 161, 162, 167, 171, 181, 185 links, 186 links, 191, 193, 194, 197, 219

Bayerische Staatsbibliothek, München:
42 rechts, 64 links unten, 85 links

nach Bergengruen, 1940:
46

nach Boockmann, 1994:
46

nach Bott, 1983:
80

nach Busch, 1987:
66 links oben, 114, 158 links

nach Burmeister, 1967:
130

Cambridge University Library, RGO:
190, 192

nach Fillipetti, 1987:
94 rechts

nach Foister, 1997:
41

Faust-Archiv, Knittlingen:
181 oben, 185 rechts, 186 rechts, 187

Francisceumsbibliothek, Zerbst:
Vorsatz rechts, 7, 15, 26 rechts, 67 links unten, 69, 93 rechts, 142, 181 links

Geheimes Staatsarchiv, Berlin:
48

Gemäldegalerie Alte Meister, Kassel:
Umschlag vorne, 99 rechts, 100 links, 139

nach Gerlach, 1980:
96, 151, 152, 153

Germanisches Nationalmuseum, Nürnberg:
63, 77 rechts, 78 rechts, 79 links, 93 links, 94 links, 188 links

Grünes Gewölbe, Dresden:
83 links

nach Hahn, 1980: *119, 120*

Heinrich-Schütz-Haus, Bad Köstritz:
143 rechts

Humboldt-Universität, Berlin:
44

nach Kiesewetter, 1993:
34, 188 rechts, 189 links

Kustodie der Martin-Luther-Universität, Halle:
12 links

Kühne, Wittenberg:
131 rechts, 132 rechts

Kuhlenbeck, 1909:
86

nach Lullies, 1931:
75 oben

Lutherhalle, Wittenberg:
13 rechts und links, 64 links oben, 65 links oben, 67 links oben, 78 links, 122

Mann, Kopenhagen:
14

Melanchthonhaus Bretten:
82

Melanchthonhaus Wittenberg:
132 links

nach Mertz, 1993 und 1994:
35, 97, 108

nach Mirti, 1992:
145 links, 146

Museum der Bildenden Künste, Leipzig:
60

National Gallery, London:
50, 51, 53, 54

nach Panofsky 1997:
105,

Pater Gerhard Kloster Niederaltaich:
169

nach Perrig, 1987:
109

Planetarium Hamburg:
16, 28, 29, 31, 32, 61

Predigerseminar, Wittenberg:
143 links

Schleswig-Holst. Landesbibliothek, Kiel:
84 links

Schukowski, Rostock:
19

nach Shulman, 1978:
43, 95 links, 100 rechts, 174

Stadtbibliothek, Berlin:
21, 23, 37, 39, 55, 57, 71, 73, 87, 89, 101, 103, 115, 117, 133, 147, 163, 165, 179, 195, Nachsatz links und rechts

Staatsbibliothek Unter den Linden, Berlin:
144, 172, 176, 177, 189 rechts

nach Strauss, 1926:
25, 27 rechts, 92 rechts, 99 links, 121

TU Berlin, Institut für Geodäsie:
128, 170

nach Tollin, 1876:
156 links

Universitätsbibliothek, Bremen:
98

Universitätsbibliothek, Leipzig:
59, 129 links, 131 links

nach Urban, 1991:
76, 81 links

Württembergisches Landesmuseum, Stuttgart:
27 links

Zenkert, Potsdam:
20 links

ELECTRIC EPHEMERIS

Ars Astrologica
Jürgen G. H. Hoppmann
Sternguckerhaus, Bergstraße 43
D - 14789 Vehlen im Havelland
Telefon und Faksimile: 033839 - 63080
Email: jgh.hoppmann@t-online.de
Homepage: www.come.to/ars.astrologica

Member of
The Astrological Association
of Great Britain

Gegen eine Versandpauschale von DM 10,- erhalten Sie eine zeitlich limitierte Version des Astrologie-Programms PCA von Electric Ephemeris (DOS & Win). Damit können Sie alle Radixberechnungen eines Jahres und unbegrenzt Prognosen berechnen, sowie Horoskopgrafiken anschauen und drucken.

Zusätzlich erhalten Sie (ebenfalls kostenlos) alle Texte und Grafiken der in diesem Buch nur auszugsweise wiedergegebenen *Astronomia Teutsch* als Deutungsprogramm. Sie können damit Horoskope auf mittelalterliche Manier berechnen und deuten. Geben Sie bei der Bestellung Ihr Geburtsdatum an, dann schalten wir das Computerprogramm für alle Berechnungen des entsprechenden Jahres frei.

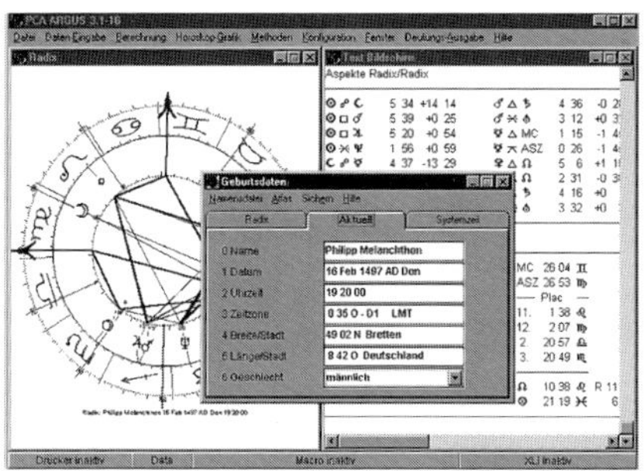

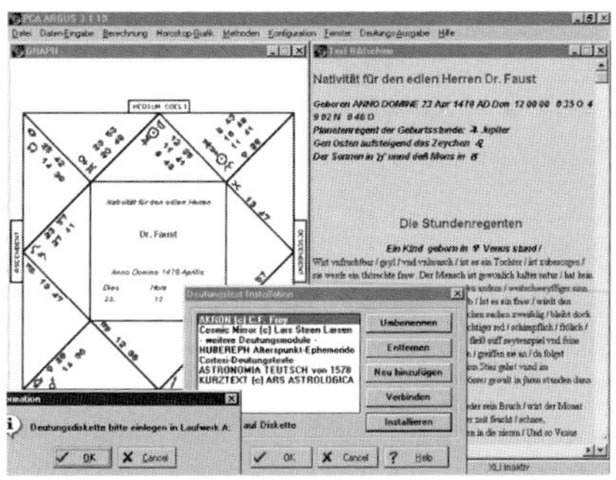

Weitere Informationen zu Astrosoftware sind auf oben angegebener Homepage abrufbar. Dort (bzw. telefonisch oder per Fax) erhalten Sie auch Informationen über die vom Autor konzipierte Wanderausstellung „Faust, Luther, Melanchthon und die Sternendeuterei“. Anfragen von Sponsoren und Veranstaltern sind willkommen.

Jürgen G. H. Hoppmann können Sie natürlich auch gerne persönlich konsultieren – für eine moderne Deutung Ihres Geburtshoroskopes!

Verlagshinweis

Joscelyn Godwin
Athanasius Kircher
Ein Renaissancemensch auf der Suche nach dem verlorenen Wissen
Edition Weber
96 S., 105 Abb., geb., DIN A 4, ISBN 3-929660-06-7, DM 44,- , öS 321, sFr 41,-
Dem Jesuit Kircher (1602-1680) erschien der gesamte Kosmos als eine gloriose Theophanie, die nur darauf wartete, erforscht zu werden.

Frances A. Yates
Die okkulte Philosophie im elisabethanischen Zeitalter
263 S., 17 Abb., ISBN 3-929660-03-2, DM 34,-, öS 248, sFr 32,50
Die englische Renaissance ist das Zeitalter, in deren Mittelpunkt nicht nur Shakespeare, Francis Bacon, Chapman und Marlowe stehen, sondern auch John Dee, Pico della Mirandola, Francesco Giorgi und Agrippa von Nettesheim.

Reihe Biografie
Bd. 1
Karl Kiesewetter / Michael Kuper
John Dee und der Engel vom westlichen Fenster
144 S., 12 Abb., ISBN 3-88468-053-6, DM 19,80. öS 145, sFr 19,-
Meister Dee, Ahnherr vieler Geistesforscher, wurde besonders durch seine spiritistischen Experimente mit dem Medium Edward Kelly berühmt-berüchtigt, deren Enthüllungen ganz Europa Gesprächsstoff lieferten.

Bd. 2
Michael Kuper
Agrippa von Nettesheim - ein echter Faust
164 S., 24 Abb., ISBN 3-88469-056-0, DM 24,-, öS 175, sFr 22,-
Noch mehr als John Dee war der Allround-Gelehrte Agrippa Vorbild für Goethes Faust, dessen streitvolles Leben und Werk ihn Zeit seines Lebens auf der Flucht hielt.

Bd. 3
Michael Kuper
Roger Bacon. Der Mann der Bruder Williams Lehrer war
168 S., 32 Abb., ISBN 3-88468-059-5, DM 24,-, öS 175, sFr 22,-
Dem an den Universitäten Paris und Oxford lehrenden Franziskanermönch und Vater der experimentellen Wissenschaft wurde spätestens im Buch "Der Name der Rose" ein unsterbliches Denkmal gesetzt.

Bd. 4
Gerhard Wehr
Louis Claude de Saint-Martin, der Unbekannte Philosoph
167 S., 16 Abb., ISBN 3-88468-062-5, DM 24,-, öS 175, sFr 22,-
Auch wenn die Philosophiegeschichte von St. Martin (1743-1803) so gut wie keine Kenntnis nimmt, gilt der Vater des neueren Martinismus in der Esoterik als eine Schlüsselfigur, beeinflußte die Romantiker und Dichterfürsten Goethe, Schiller und Herder.

Bd. 5
Michael Kuper
Johannes Trithemius - der Schwarze Abt
168 S., 40 Abb., ISBN 3-88468-065-X, DM 24,-, öS 175, sFr 22,-
Schon mit 21 Jahren wird Johannes Trithemius zum Abt des sich im Niedergang befindlichen Klosters Sponheim/Eifel gewählt, das er bald zu einem Hort der Gelehrsamkeit umzuwandeln gedachte. Emsig war der Klosterhumanist fortan beschäftigt, die wundersamsten Bücher seiner bald weltberühmten Bibliothek einzuverleiben. Daneben betätigte er sich als Legendenstifter, Geschichtsschreiber, früher Literaturhistoriker, Theologe, Fabulierer, Klosterpoet, Stammbaumfälscher für den Hochadel, Philologe und kaiserlicher Hofberater - verschrien als einer der größten Geschichtsfälscher und Adept hermetischer Künste.

Verlag Clemens Zerling

Graefestr. 26 A, 10967 Berlin
Telefon und Fax: 030 - 6929278

Mitternacht Auffgang. Mittag. Nidergang. Mitternacht.

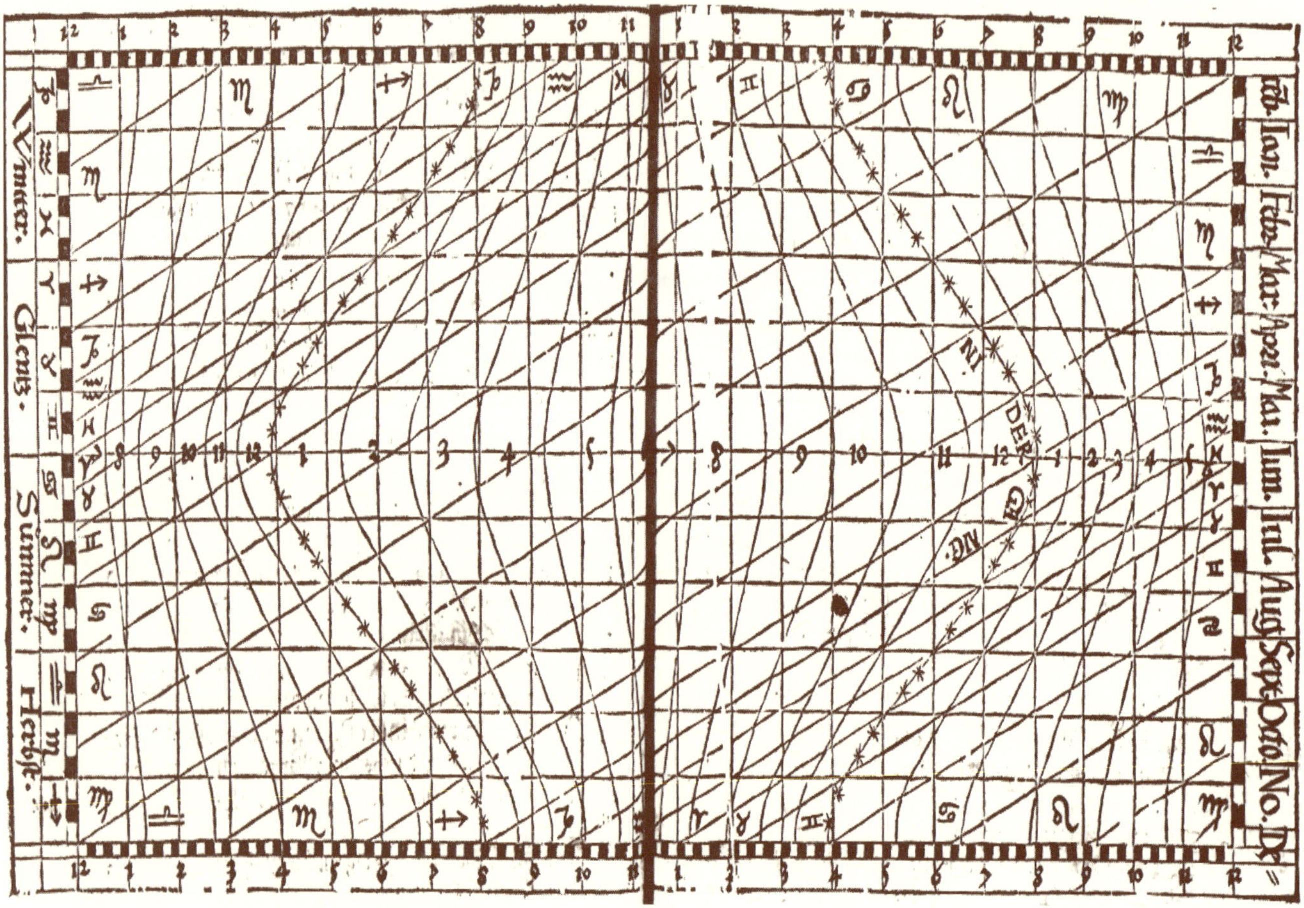

Mitternacht Auffgang. Mittag. Nidergang. Mitternacht.

die feuchtigket flegma herschet / oder erduget sich am meisten von mitternacht biss die sonn auffgehet.

sanguinisch complex eräugt meistens von auffgang der sonnen biss an den mittag.

cholera von mittag biss zur sonnen nidergang jre wirckung kräfftig hat.

melancholia hat nach dem nivergang der sonn biss mitternacht jr krafft am grössten.

also die kranckheiten / nach dem sie von dieser compley oder feuchtigkeiten ein angefach haben / seind in den stunden / darinn solche jhre wirckung hat / desto hefftiger.